당신은 이 책으로 역학의
대가(大家)가 될 수 있다!

작명대비전

저자 雲情 秋一鎬

도서
출판 **청연**

作名大秘典을 펴내면서

　인간은 태어나서 하나의 사주팔자를 가지고 이 세상을 자기 나름대로의 운명으로 살아간다.
　그 하나의 운명을 우리는 항상 숙명적인 굴레라고 생각하며 또 삶의 연속속에 기쁨과 불행을 그리고 지나온 시절을 회상하고 또한 앞날을 설계하는 시간과 공간이 반복되는 것은 과거나 지금이나 변함없이 세상을 지배하는 보이지 않는 힘이 있기 때문이다.
　그래서 사주팔자의 개념 속에서 팔자의 실체를 간명하여 수많은 역학자들이 불행의 운명을 조금이라도 행운으로 전환시키고 더하여 궁극적으로 세상의 모든 운명이 존재하는 것이라면 전부 길로 전화시키기 위해 지금도 그 노력은 끊임없이 계속되고 있는 것이 현실이다.
　그와 같은 역학자들이 있었기에 지금의 현대 사람은 그래도 조금이나마 역(易)의 방패막을 이용하여 미약하지만 인간의 불행과 시련을 미연에 방지하고 나아가서는 보다나은 미래를 약속할 수 있는 일면이 있다고 해도 과언이 아니다.

여기 作名大秘典에는 한 사람의 역학자가 수많은 세월의 연속을 고난과 불행의 세월속에서도 굽히지 않고 인간의 운명을 보다 나은 길로 전환시킬 수 가 없을까? 하고 고민과 노력이 들어있으며 그러한 노력 끝에 참으로 어려운 역(易)의 근본을 일일이 파헤쳐 이제야 세상에 내놓게되니 지난 시간의 피로가 비로소 풀리는 듯하다.

시장에 역학서적이나 작명서적이 많을 것이다!

하지만 본 作名大秘典에는 저자의 피나는 노력이 한 페이지 한 페이지 배어 있으며 이것은 인간의 사주팔자의 숙명적인 불행을 이름이나 상호를 통하여 보다나은 길로 전환시킬 수가 있을 것이라고 보기 때문이다.

또한 만약 권력이나 복록을 가진 사주팔자라면 작명이나 상호를 통하여 더욱 더 일보 전진하는 대길함을 가질 수가 있다고 이 사람은 감히 자언하는 바이다.

끝으로 이 책을 대하는 역학자는 부디 역(易)의 근본을 통달하여 먼 훗날에 인간의 길흉화복을 점지하는 스승으로서 학문을 게을리 하지 말 것이며 더하여 후대에 이르러 본 作名大秘典을 평가하는 시절이 오기를 저자는 간절히 바라겠다.

2012년 집필중에 雲情

일러두기

본 작명대비전은 작금 시중의 작명서적과 달리 획수와 수리에 연연하지 않고 사주추명학에 인간사주팔자를 나열하여 놓고 가장 필요한 용신(用神)의 기운을 선정하여 작명과 상호에 임하고 있다.

이것은 본래 인간의 사주팔자의 길흉을 좀더 나은 것으로 가게 하고 싶고 또 바라는 것이며 아울러 사람이면 그러한 기대는 누구나 다 가질 수 있는 욕망인 것이다.

그렇다면 운명을 지배하는 선천성인 사주명조를 무시하고 용신의 기운을 파악하지도 않은채 막연히 획수와 수리에 의존하여 작명을 하게 된다면 아무리 작명이나 상호를 잘 지어본들 사주상 용신의 기운에 부합하지 못하니 작명하는 것 자체가 운명에 아무런 도움을 주지 못할뿐더러 쓸모없는 수고에 불과하다.

따라서 본 작명대비전은 그동안 획수와 수리에 의존하였던 여러 저서와 무조건 부르기 좋은 이름을 선정하여 시중에 배포하는 것을 보고 역의 근간인 음양의 기운에 근거해 새로이 체계를 잡으려 노력한바 아마도 본 서 작명 대비전을 학자들이 대면하게 될 때 진정으로 역학(易學)의 근본을 알고 들어 가야는 것에 대해 가슴 뿌듯하게 생각할 것을 믿어 의심치 않는다.

본 서 작명대비전에는 제일먼저 오행의 근본을 논하고 있으며 그 다음은 역(易)의 성질인 오행상의 천간지지의 성질과 십이운성을 세밀히 분석하여 기술하고 있다.

그리고 나서 본 저자가 바라는 작명법에 가장 중요시하는 사주 팔자에 대한 용신의 성질인 억부, 조후, 병약, 통관, 전왕 등 용신(用神)의 종류를 실제인물에 준하여 대단히 자세하게 기술한 뒤 그것을 작명에 부합시켜 대단히 사실적으로 접목시켰다는 것을 알 수가 있다.

더하여 학자들이 작명이나 상호를 선정하게 될 때 판단의 부분을 빠르게 돕고자 음령오행(音靈五行)순인 한글로 남자 및 여자 이름이나 상호를 순차적으로 표기하였으며 또한 각각의 이름이나 상호에 오행을 표기하여 곧바로 용신의 기운으로 선별할 수 있게 한 것이 돋보일 것이다.

또한 마지막으로 일부 고서(古書)나 원서에 표기되어 있는 한문이 문교부선정 한자에 벗어나는 현실임에 따라 어렵게 작명이나 상호를 하더라고 동사무소에 성명을 호적에 올리려면 한문이 문교부한자에 선정되지 않아 아예 호적등재를 할 수 없는 것을 감안하여 대법원 고시 문교부 선정 5,549 한자를 역시 오행별로 분류 작명대비전 말미 첨부하였으니 학자는 그동안 이러한 한문에 대한 고통은 말끔히 해소시킬 수가 있을 것이다.

본 서 작명대비전이 이상의 부분을 장점으로 가질 수가 있는 것은 그동안 본 저자가 심혈을 기울려 작명법에 대한 새로운 한 기틀을 마련하는 것이 시급한 문제로 대두되었음을 간파하고 고대의 해묵은 작명법을 탈피하고 인간의 궁극적인 용신법에 근거한 작명법을 새로이 시도하였다하여도 과언이 아니다.

본 서 작명대비전을 두고 아마도 고대의 작명법을 신봉하였던 학자라면 대단한 논란의 소지를 제공한 것이 되니 본 저자가 그네들의 입질에 오르내리는 일이 있을 것을 미루어 짐작할 수가 있다.

그러나 오늘날 사주추명학의 근본을 무시하고 미약한 근거와 오류투성이인 논리로 세상을 설득하려하는 저급한 자세를 나무라고 비판하는 것도 좋지만 제대로 된 학문을 독파하여 무지한 세인의 원망을 듣지 아니하게 하는 것도 역학자의 윤리이고 도리이다.

애석한 것은 인간이 살아가는데 하나의 필연적인 운명이 세치 혓바닥을 놀리는 무지한 역자(易者)로 인하여 세상 모든 역학자가 욕을 얻어먹고 사이비라는 딱지와 함께 도매금으로 넘어가는 일은 절대 없어야 할 것이며 이것은 곧 본 저자를 비롯하여 세상 역학의 스승들이 모두 바라는 것이다.

본 서 작명대비전을 읽고 나름의 논리와 근거를 튼실히 한 학자는 곧 그대로 이상의 염려는 하지 않아도 될 것이며 아마도 작명이나 상호부분에는 그대로 정통성을 유지하는 대학자(大學者)가 될 수가 있음을 믿어 의심치 않는다.

끝으로 한 가지 소망과 바람이 있다면 먼 훗날 역학(易學)의 발전 부분에 대하여 그래도 본 저자가 한몫을 하였다는 그 말만 들어도 본 저자는 대단한 환희심과 기쁨을 가질 수 있을 것이다. 그런 시절이 하루빨리 다가왔으면 하는 생각이고 아울러 역학의 발전에 학자들이 기탄없는 조언과 질타를 바라마지 않겠다.

집필을 마치며, 雲情

목 차

作名大秘典을 펴내면서 ······················· 3

제1장. 역(易)의 구성 ··············· 11
1. 오행의 생성(五行 生成)
2. 오행의 상생과 상극(五行 相生 相剋)
   (1). 상생(相生)
   (2). 상극(相剋)
   (3). 모자 멸자(母子滅字)
   (4). 상모(相侮)
   (5). 상모(相母)
3. 천간과지지(天干 地支)
   (1). 천간지지의 음양(天干地支)
   (2). 육십갑자의 도표(六十甲子)

제2장. 역(易)의 응용 ·················· 23
1. 사주의 구성법
   (1). 사자의 정립
   (2). 사자의 분석
   (3). 사주(四柱)의 작성법
   (4). 대운
   (5). 대운 세수(大運歲數) 계산법
   (6). 대운 지배법
2. 천간지지의 합충(天干地支의 合沖)
   (1). 천간의 합과 충
   (2). 지지의 합충

제3장. 십이운성과 육신 ·················· 85
1. 십이 운성(十二運星)
   (1). 십이운성
   (2). 십이운성의 의미와 작용
   (3). 십이운성의 응용
2. 육 신 (六神)
   (1). 육신(六神)
   (2). 지장간(地藏干)
   (3). 지장간의 성정(地藏干의 性情)
   (4). 지장간으로 보는 지지의 육신

제4장. 용신과 격국(用神格局) ······· 114
1. 용 신(用神)
　(1). 일간의 왕쇠(日干의 旺衰)
　(2). 사주간지의 강약(四柱干支의 强弱)
2. 용신의 분류(用神의 分類)
　(1). 억부용신(抑扶用神)
　(2). 조후용신(調候用神)
　(3). 병약용신(病藥用神)
　(4). 전왕용신(專旺用神)
　(5). 통관용신(通關用神)
　(6). 용신으로 본 통변법 (用神 通辯法)

제5장. 작명비법(作名秘法) ············ 222
1. 수리와 획수(數理 劃數)
　(1). 작명오행(作名 五行)
　(2). 작명오행 및 수리 대입법
　(3). 수리의 통변법(數理 通辯法)
　(4). 획수와 수리에 대한 길, 흉
　(5). 획수나 수리에 대한 종합해석
2. 작명에 대한 오행법(作名 五行法)
　(1). 오행의 길, 흉(五行 吉, 凶)
　(2). 성명오행의 길, 흉 해석
3. 작명이나 상호에 대한 이름분석

[부 록]
오행별로 분류한 한자 ······················ 414

제1장. 역(易)의 구성

*. 인간의 사주팔자를 나열하여 천간, 지지의 오행을 대조하고 다시 오행의 상생, 상극을 보아 숙명적인 운로를 파악하는 것이다.

1. 오행의 생성(五行 生成)

사주 운명학에서는 우주의 근본과 삼라만상의 진행과정을 담아 그것을 태극이라는 성질로 나타내어 그것이 발전 및 서로간에 변화하는 부분을 아래와 같이 표시할 수가 있으며 따라서 오늘날의 우주의 변화의 원리는 태극이 발전하여 음양으로 변천하였고 이것이 곧 오행으로 발전된 것이다.

결국 한마디로 오행의 생성과정은 태극이 발전하여 오행이 생성된 것인데 이와 같은 오행을 인간의 사주팔자에 대입하여 천간지지의 변화와 상극 및 상생의 작용으로 숙명적인 운기를 파악할 수가 있다.

┌┘ 도표에서 보면 이상과 같이 최초의 "**태극(太極)**"이 변화되어 "**음양(陰陽)**"으로 분리되었으며 그 "**음양(陰陽)**"이 다시 진보되어 오늘날의 "**오행(五行)**"으로 변천되었음을 알 수가 있다.

*. 오행(五行)의 도표

오행	음령오행	오방	간지	오색	오장
木	가, 카	동	甲乙, 寅卯	청	간
火	나다라타	남	丙丁, 巳午	적	심장
土	아, 하	중앙	戊己, 辰戌, 丑未	황	위장
金	사, 자, 차	서	庚辛, 申酉	백	폐
水	마, 바, 파	북	壬癸, 亥子	흑	콩팥

도표에서 보면 오행을 기준으로 하여 방위와 색깔 및 인체를 구성하는 장기 등을 나타내고 있는데 작명이나 상호를 짓는데 음령오행이라는 것이 있으므로 별도의 오행에 포함시켜 나열시키고 있다.

후장 작명부분에 들어가서 더욱 더 자세하게 기술하겠지만 음령오행이 작명이나 상호에 직접적으로 작용하여 사주주인공의 운기를 좌우하고 있으므로 절대로 소홀히 취급을 하여서는 아니 된다.

더하여 도표에서 보면 같은 목의 기운이라도 양목인 갑목과 음목인 을목이 존재하여 각각 음양이 구별되어 있는 것을 알 수가 있을 것이며 또한 이것은 항상 가만히 있는 것이 아니고 수시로 움직이고 있는데 그렇다면 운로인 세운이나 대운 및 계절의 영향에 따라 수시로 변화가 이루어지고 있다.

*. 참고로 작명학이나 상호는 인간의 사주추명학을 근본으로 하여 사주팔자를 나열시켜놓고 사주의 오행에 부족함이나 용신 및 희신의 기운을 작명이나 상호에 음령오행 등으로 접목하여 기존의 흉함을 제거하고 길함을 취하는 것이 본래 작명학의 근본취지이다.

그렇다면 시중의 작명을 하는 혹자는 이러한 음양오행법에 입각하지 않고 단순히 획수와 부르기 좋은 이름만 선정하여 세인에게 널리 배포하고 있는데 이것은 대단히 위험한 발상인 것이며 만약 이것이 용신이나 희신의 기운에 부합이 되고 있다면 별 문제가 되지 않을 것이다.

하지만 사주상에 불리한 오행이 많아서 흉이 되어 있는 것을 더욱이 작명에서 불리한 오행을 첨가하여 준다면 궁극적인 작명학의 본래의 취지에 완전히 상반되는 결과를 불러 올 수가 있는 것이므로 이 때에는 흉함이 더욱더 가중되어 대단히 불리하다.

결국 상호나 작명은 원래의 사주추명학속에 포함되어 내려오는 것이 분명한데 언제부턴가 사주추명학의 근본을 무시하고 단순히 좋은 상호 또는 이름이라 하여 막연히 획수에 연연하여 판단하고 있다면 대단히 위험천만의 일이라는 것을 본 저자는 명시를 하고 있는 바이다.

그렇다면 한사람의 귀중한 사주의 숙명적 길함을 우매한 혹자의 작명이나 상호로 인하여 불길해지게 하고 있다면 대단히 슬픈 일이 아닐 수가 없는 것이므로 절대로 사주팔자의 용신법에 입각하여 작명이나 상호를 지어야 할 것이다.

*. 용신(用神)과 희신(喜神)이란 무엇인가?

사주팔자를 나열시켜놓고 오행의 균등을 도모하는 것이 추명학의 근본인데 이것을 사주팔자 내 오행이 서로 상생과 상극을 도모하여 중화의 원칙을 세우는데 그 뜻이 있다. 따라서 사주팔자 내 다수의 오행을 일간과 대조하여 강, 약을 정한 뒤 사주에 제일 필요한 오행을 선정하는 것이 용신이라 칭하고 더하여 용신의 기운을 생조하거나 차길로 사주에 필요한 기운이 희신이라고 칭하는 것이다.

2. 오행의 상생과 상극(五行 相生 相剋)

태극이 발전되어 음양오행이 성립되는데 그 중에서 오행은 "木, 火, 土, 金, 水"를 말하는 것이며 오행의 성질은 상징하는 바와 같이 간단히 언급할 수 있지만 이 오행들이 뒤섞여 나타나는 상황에서 한마디로 표현하기가 난해하다.

더하여 이와 같은 음양 역시 서로 공생과 상극하는데 이는 오행의 변화가 이루어지므로 해서 물질의 생성을 의미하기도 하는데 결국 오행의 상생과 상극은 오행끼리 새로운 탄생과 소멸을 반복하는 현상을 나타내는 것임을 알 수가 있다.

★. 오행 상생과 상극의 도표

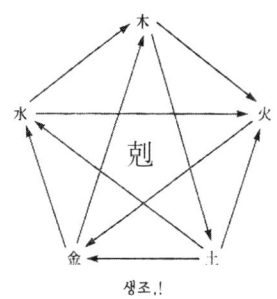

[1]. 상생(相生)

"木生火", "火生土", "土生金", "金生水", "水生木"을 상생이라고 한다.

나무는 불을 일어나게 하며 불은 땅을 자양시키며 땅은 쇠를 만들고 쇠는 물을 생성하며 물은 초목을 키운다.

[2]. 상극(相剋)

"木剋土", "土剋水", "水剋火", "金剋木"을 상극이라고 하는데 나무는 땅을 파헤치며 땅은 물의 흐름을 정지시키며 물은 불을 꺼지게 만들며 불은 쇠를 녹아버리게 하며 쇠는 나무뿌리를 잘라 못쓰게 만들다.

[3]. 모자멸자(母子滅子)

오행상생의 원리에 따라 생조가 있으면 힘을 받아 강해지고 튼튼해지지만 생조하는 오행이 너무 많을 때는 오히려 반대로 약해진다.

이와 같은 현상은 우리일상생활에 비추어보면 나무에 물이 많으면 나무가 강해지는 것이 아니고 오히려 뿌리가 썩어 나무가 고사하는 것이 될 것이고 더하여 더욱 더 물이 많으면 홍수가 나서 나무뿌리 채 강물에 둥둥 떠내려가는 이치이다.

[4]. 상모(相侮)

"土剋水!"하면 흙은 물을 상극해서 물의 흐름을 정지시키고 억제하는 현상이다.

하지만 이와 반대로 물이 강하게 되어 홍수가 나게 된다면 흙의 존재를 흙탕물로 만들어 그 흔적조차 없어지게 만드는데 이것은 상극하는 오행이 비등하게 있어야 상극이 되는 것이지만 상극받는 오행이 너무 강하면 오히려 반대로 상극하는 오행에게 극을 당하게 된다.

따라서 **"상모(相侮)"**나 **"모자멸자(母子滅子)"**의 법칙은 모든 오행에 적용된다.

[5]. 상모(相母)

"木生火"하여 나무는 불을 생조하고 있는데 나무가 많아서 불을 생조하는 현상이 되고 있다면 별 문제가 없지만 이와 반대로 불이 강하고 나무가 쇠약하다면 많은 불에 나무의 힘이 심하게 손상을 당하고 결국에는 나무의 흔적조차 없어지게 된다.

이 **"상모(相母)"**의 법칙 역시 모든 오행에 적용된다.

3. 천간과 지지(天干地支)

천간은 글자 그대로 하늘의 "간"(干) 이라고 말하는 것이며 지지는 땅의 "간"(干)이라고 나타내는데 음양오행의 대변자로서 하나의 부호라고 칭하는 것이다.

따라서 하늘의 간을 나타내는 천간은 "10간"으로 나누고 지지는 "12지지"로 분리된다.

(1). 천간 지지의 음양

천간 : 甲 乙 丙 丁 戊 己 庚 辛 壬 癸
지지 : 子 丑 寅 卯 辰 巳 午 未 申 酉 戌 亥

```
陽 천간 : 甲   丙   戊   庚   壬
   오행 : 목   화   토   금   수
삼원오행 : 1   3   5   7   9
陰 천간 : 乙   丁   己   辛   癸
   오행 : 목   화   토   금   수
삼원오행 : 2   4   6   8   10

陽 지지 : 子   寅   辰   午   申   戌
   오행 : 수   목   토   화   금   토
삼원오행 : 10  1   5   4   7   5
陰 지지 : 丑   卯   巳   未   酉   亥
   오행 : 토   목   화   토   금   수
삼원오행 : 6   2   3   6   8   9
```

*. 참고로 삼원오행이라는 것은 작명이나 상호에 적용하여 수리를 대조 파악하는 것이니 성명학에서는 필수적으로 쓰여지고 있으므로 필히 암기를 바란다.

(가). 천간의 성질

갑목(甲木)
陽木이니 강한 나무를 나타내므로 밤나무, 대나무 등을 표시하며 "火"를 생조하는 힘이 강하다.

을목(乙木)
陰木이니 약한 나무를 나타내는데 낙엽송, 수양버드나무 등을 표시하며 "火"를 생조하는 힘이 甲木보다 약하다.

병화(丙火)
陽火이므로 강한 불길을 나타내고 휘발유, 전기등 급속적으로 붙는 불길을 표시한다.

정화(丁火)
陰火이므로 쇠약한 불길을 나타내고 금시 꺼질 정도의 약한 불길을 말한다.

무토(戊土)
陽土이므로 높은 산이나 많은 흙을 나타내고 그 성질은 대단히 강력하다.

- 기토(己土)

陰土이므로 낮은 산이나 아주 부드러운 입자가 고은 흙을 나타내는데 그 힘이 **"陽土"**인 **"戊土"**보다 쇠약하다.

- 경금(庚金)

陽金으로서 대단히 강한 강철을 나타내기도 하며 그 성질은 매우 강력하다.

- 신금(辛金)

陰金으로서 쇠약한 쇠를 나타내는데 구리나 납등 부드럽고 강하지 않는 철물을 표시한다.

- 임수(壬水)

陽水로서 대단히 많은 물을 나타내는데 바닷물이나 강물을 표시하고 그 성질은 **"陰水"**인 **"癸水"**보다 강하다.

- 계수(癸水)

陰水로서 적은 물을 나타내는데 개울물이나 냇가의 물을 의미하고 그 힘은 **"陽水"**인 **"壬水"**보다 매우 약하다.

(2). 육십갑자(六十甲子)

* 육십갑자(六十甲子)의 도표

甲子	乙丑	丙寅	丁卯	戊辰	己巳	庚午	辛未	壬申	癸酉
甲戌	乙亥	丙子	丁丑	戊寅	己卯	庚辰	辛巳	壬午	癸未
甲申	乙酉	丙戌	丁亥	戊子	己丑	庚寅	辛卯	壬辰	癸巳
甲午	乙未	丙申	丁酉	戊戌	己亥	庚子	辛丑	壬寅	癸卯
甲辰	乙巳	丙午	丁未	戊申	己酉	庚戌	辛亥	壬子	癸丑
甲寅	乙卯	丙辰	丁巳	戊午	己未	庚申	辛酉	壬戌	癸亥

*. 위의 도표에서 보면 육십갑자는 천간과 지지가 서로 짝을 이루어진 것을 말하는데 이와 같은 것은 우리 일상생활에서 남녀가 결혼을 하여 부부를 이루는 것과 같다고 볼 수 있다.

따라서 도표에서 보듯이 양의 **"甲"** 과 음의 **"子"** 가 합을 하여 있는 것을 **"甲子"** 라고 하는데 이렇게 천간 십간과 십이지지가 전부 한 쌍을 이루는 것을 **"육십갑자"** 라고 한다.

결국 사주추명학에 숙명적 운기를 풀이하는데는 이와 같은 육십갑자를 대별하여 오행의 변화를 살펴보고 더하여 숙명적 암시를 판단하는 것으로 이것이 바로 역학의 대변자라고 할 수가 있다.

본 서 작명대비전은 이상과 같은 오행의 대조를 파악한 후 용신이나 희신의 성질을 가려내어 그에 해당하는 오행으로 작명이나 상호를 지어 부름으로써 길한 기운을 보태어 좋은 이름과 좋은 상호가 지향하는 그 궁극적인 목적을 달성한다고 보겠다.

제2장. 역(易)의 응용

*. 사주팔자의 천간지지를 상호 대조하여 육친의 숙명적인 암시와 추명을 하고 여러 구성과 절차를 이용한 부분에 작명이나 상호를 대입하여 숙명적인 흉암을 길로 전환시키는 것이다.

1. 사주의 구성법

(1). 사주의 정립

사주추명(四柱推命)은 사람의 년, 월, 일, 시를 대조하여 각 천간 지지의 오행을 나열시키고 그에 변화되는 법칙에 따라 운명을 해설 감정하는데 천간지지의 여덟 글자의 구성에 따라서 천 가지 만 가지 길흉이 있다는 것을 명심하여야 한다.

더하여 사주팔자라는 것이 소위 여덟 글자에 의해 좌우가 되겠지만 실제 감정에 들어가 보면 팔자 외 붙여지는 육신 즉 "비견", "겁재", "식신", "상관" 등을 함께 붙여 감정을 해야 되고 아울러 지지의 지장간도 표출시켜야 올바른 추명을 할 수가 있는 것이다.

* . 참고로 본 서 作名大秘典에는 시중의 작명서적들과는 조금 그 특성을 다르게 기술을 하고 있는데 그 이유는 시중의 작명서적들은 대부분이 사주추명에 의존하지 않고 획수나 음령오행으로 하는 것이 대부분을 차지하고 있다.

하지만 그와 같은 것은 대단히 위험한 것으로 본래의 사주추명을 모르고 용신이 선정되지 않은 채 작명이나 상호를 짓는다는 것은 오히려 흉을 더욱 더 불러올 수 있는 소지를 다분히 안고 있는 것이므로 학자는 이에 대해 판단의 기준을 신중히 하지 않으면 안된다.

더하여 作名大秘典은 궁극적인 사주추명의 틀속에 용신의 선정과정을 상세히 파악하고 난 후 작명이나 상호에 임하고 있는 것을 볼 수가 있을 것이며 따라서 작명학은 사주 추명의 한 테두리 속에 포함되어 있으므로 궁극적인 사주의 구성법을 모르고서는 절대로 용신이나 희신을 잡아낼 수가 없다.

[2]. 사주의 분석

(가). 년주(年柱)

*. 태어난 해를 말하며 인생 총운을 담당하고 있는데 육친의 운명을 볼 때 조부님 및 조모님 등의 조상들을 나타내며 선산 묘까지 살펴볼 수가 있다.

*. 본인의 유년부터 15세까지 소년시절에 해당하고 유년길흉을 담당한다.

(나). 월주(月柱)

*. 태어난 달을 말하며 부모궁을 보며 또한 형제 및 자매들도 포함된다.

*. 15세부터 30세까지 청년시절에 해당하며 부모유산도 알아볼 수가 있다.

*. 사춘기 학업관계 및 군복무와 결혼들을 파악할 수가 있다.

(다). 일주(日柱)

* 태어난 날을 말하고 자기자신을 보며 일지는 배우자 및 남편, 애인, 가정궁을 나타낸다.
* 30세부터 45세까지 장년에 해당하며 사업, 대인관계 및 본인의 건강관계를 담당한다.
* 남자는 처가의 형편 유, 무 및 여자는 시가의 형편을 보며 부귀의 길흉을 알 수가 있다.

(라). 시주(時柱)

* 태어난 시를 말하며 부귀, 명예를 보며 육친으로는 아들, 손자 및 딸, 손녀, 부하, 형제, 말년자식을 나타낸다.
* 45세부터 80세까지 노년시절이며 늙어서 직업관계, 노후건강 및 질병 등을 나타낸다.
* 본인의 단명, 장수를 담당하며 본인의 묘지를 나타내기도 한다.

[3]. 사주(四柱)의 작성법

(가). 년주(年柱)

보통 '띠'라고 말하는데 여기서 주의를 기울려야 하는 일이 있는데 그것은 년과 년의 경계 지점에서 판단을 잘못하여 실

수를 종종 하는 일이 있다.

예를 들면 금년이 1999년 기묘년인데 기묘년에 태어난 사람이 월건이 입춘이 지나지 않았다면 전년인 무인년생으로 표기를 하여야 하는 등을 말함인데 보통 만세력의 생년은 음력을 표준하여 정한 것이며 전년과 신년의 경계는 정월 초하루를 표준해서 정하는 것이 아니라 절기, 즉 **"입춘(立春)"**으로 기준한 것이다.

따라서 비록 기묘년에 출생을 하였더라도 절기인 **"입춘(立春)"**이 넘지 않았으면 전년인 무인년으로 표시를 하여야 된다.

더하여 같은 입춘당일 출생을 하였더라도 절입시각이 밤 12시라면 12시 이후는 기묘년이 되지만 밤 12시 전에 태어났다면 무인년으로 표기를 하여야 된다.

*. 참고로 보통 子時를 기준으로 보면 밤 11시부터 새벽 1시까지인데 밤 12시를 기준하여 12시를 넘었으면 기묘년, 넘지 않았으면 무인년으로 표시를 하면 별무리가 없을 것이지만 우리나라 시간이 영국 그리니지 천문대를 기준하여 볼 때 한국시간하고 일본시간이 약 **"30분"** 정도가 한국시간이 뒤지고 있다.

따라서 현재의 시간은 일본시간과 한국시간이 같이 되고 있는데 사실상 지구의 거리가 약 **"30분"**이 한국시간이 뒤지고 있으므로 학자는 시간의 갈림길이 불분명할 때 이와 같은 현상을 참고하여 시간을 판단하면 큰 착오는 없을 것이다.

(나). 월주(月柱)

생월의 간지는 만세력에 있는 각 월의 월건(月建)에 준하여 판단하는데 생월의 간지를 정함에 있어 특히 주의해야 할 것은 년의 간지를 정할 때 **"입춘"**을 기준하여 정하듯이 각 월의 간지를 정함에 있어서도 월건 및 절입시기를 표시한다.

이것을 자세하게 예를 들면 기묘년 양력 2월 3일이라면 월건이 입춘을 지나지 않았기 때문에 전년인 무인년이며 월건은 12월인 계축월로 표기를 해야한다.

*. 24절기(節氣)의 도표

월지	1월	2월	3월	4월	5월	6월	7월	8월	9월	10월	11월	12월
절기	입춘	경칩	청명	입하	망종	소서	입추	백로	한로	입동	대설	소한
절기	우수	춘분	곡우	소만	하지	대서	처서	추분	상강	소설	동지	대한

*. 12달의 지지도표

월	1월	2월	3월	4월	5월	6월	7월	8월	9월	10월	11월	12월
지지	寅	卯	辰	巳	午	未	申	酉	戌	亥	子	丑

이상의 도표에서 설명되어 있듯이 지지는 변함이 없으나 천간은 십간이기 때문에 행운마다 달라지게 된다.

따라서 다음 월주 결정기준도표를 참조하면 알 수가 있는데 처음 역학에 입문하는 학자는 시중에서 만세력을 구입하여 같이 대조를 하면서 공부를 하면 도움이 될 것이다.

★. 월주(月柱)간지 도표

절기	입춘	경칩	청명	입하	망종	소서	입추	백로	한로	입동	대설	소한
甲己년	丙寅	丁卯	戊辰	己巳	庚午	辛未	壬申	癸酉	甲戌	乙亥	丙子	丁丑
乙庚년	戊寅	己卯	庚辰	辛巳	壬午	癸未	甲申	乙酉	丙戌	丁亥	戊子	己丑
丙辛년	庚寅	辛卯	壬辰	癸巳	甲午	乙未	丙申	丁酉	戊戌	己亥	庚子	辛丑
丁壬년	壬寅	癸卯	甲辰	乙巳	丙午	丁未	戊申	己酉	庚戌	辛亥	壬子	癸丑
戊癸년	甲寅	乙卯	丙辰	丁巳	戊午	己未	庚申	辛酉	壬戌	癸亥	甲子	乙丑

이상 도표에서 보면 생년이 "甲"또는 "己"년이고 "寅"월이면 "甲, 己" 년에 "寅"을 찾아보니 월주는 "丙寅"이 된다.

따라서 정월이 "丙寅"이 되고 2월이 "丁卯"이며 3월은 "戊辰"의 순으로 월이 되는데 이와 같이 년이 바뀜에 따라 정월이 시작하는 월의 지지가 틀리게 작용하는 것을 알 수가 있다.

더하여 암기하는 방법은 **"갑기병인"**, **"을경무인"**, **"병신경인"**, **"정임임인"**, **"무계갑인"** 등으로 암기한다면 월의 육십갑자를 쉽게 파악할 수가 있다.

(다). 일주(日柱)

사주팔자의 생년이나 생월의 간지는 이상의 부분을 설명한 바와 같이 생년 및 생월의 도표를 보고 찾으면 바로 나타나기 때문에 용이하나 사주운명의 주인공이 태어난 일주(日柱)는 만세력이 없이는 찾아내기가 불가능하다.

따라서 제일 먼저 만세력에서 출생년을 먼저 찾아내고 생월을 찾아낸 다음 출생일을 보면 바로 나오는데 여기서 중요한 부분이 있다.

그것은 본인이 태어난 일부터 절입 일까지를 계산해두어야 한다는 점인데 이것이 바로 **"대운세수"를** 나타내고 있기 때문이다.

후장에서 자세히 설명하고 있지만 대운세수를 계산하기 위해 시중의 만세력 중에서 절입 일의 계산이 불분명하고 서로간의 책자마다 다르게 대운세수가 기록되고 있는 점이 왕왕 발견되고 있다.

이와 같은 것에 대해 본 장에는 대운세수를 계산하는 부분에서 절입일까지를 셈하는 것이 태어난 날도 계산에 집어넣고 절입 일도 계산에 삽입 삼분하여 대운세수를 기록하고 있는 만세력이 있는데 이것은 잘못된 것이다.

따라서 대운세수를 계산할 때는 태어난 날을 집어넣는다면 **"절입"**일을 빼고 계산을 하여야 될 것이며 만약 태어난 날을 넣지 않고 다음날부터 시작하면 **"절입"**일까지를 넣어 삼분으로 나누어 계산을 하게 되면 착오가 없이 정상적인 대운세수가 될 것이다.

(라). 시주(時柱)

시의 간지는 월주와 같이 시의 지지도 항상 일정하게 공전하고 있는데 시간을 결정하는 것은 일간을 중심으로 하여 시간을 정한다.

오늘날 시간은 시침, 분침이 일정하게 표시되지만 옛날은 시계가 없고 또한 음력으로 사용되었기 때문에 현대 시간과는 조금 거리가 있는 것이 사실이다.

그러나 사주시간은 2시간을 기준으로 변화하기 때문에 자칫 잘못하면 경계점에서 시간상 오류를 범할 수 있으므로 좀더 자세히 시간을 파악해야 오차를 줄일 수가 있을 것이다.

실제로 본 저자는 시간 때문에 사주의 일간의 강, 약 및 용신을 정함에 있어 판단에 오류가 많이 나오고 있으므로 시간이 의심스러우면 사주 주인공의 운로를 추적, 파악함으로 해서 시간의 오차를 줄일 수가 있다는 것을 참고 바란다.

★. 시주(時柱)결정도표

시간	23~01	01~03	03~05	05~07	07~09	09~11	11~13	13~15	15~17	17~19	19~21	21~23
甲己일	甲子	乙丑	丙寅	丁卯	戊辰	己巳	庚午	辛未	壬申	癸酉	甲戌	乙亥
乙庚일	丙子	丁丑	戊寅	己卯	庚辰	辛巳	壬午	癸未	甲申	乙酉	丙戌	丁亥
丙辛일	戊子	己丑	庚寅	辛卯	壬辰	癸巳	甲午	乙未	丙申	丁酉	戊戌	己亥
丁壬일	庚子	辛丑	壬寅	癸卯	甲辰	乙巳	丙午	丁未	戊申	己酉	庚戌	辛亥
戊癸일	壬子	癸丑	甲寅	乙卯	丙辰	丁巳	戊午	己未	庚申	辛酉	壬戌	癸亥

도표에서 보면 "甲", "己"일에 "23시"에서 새벽 1시내에 출생하면 "甲子"시가 되는데 이와 같이 출생일에 시간을 대조하여 시간의 간지를 결정한다.

이상과 같이 년, 월, 일. 시를 모두 파악하는 법을 기술하였는데 더욱 더 자세하게 이해하려고 하면 시중에 만세력을 구입하여 서로 대조를 하면서 판단하면 대단히 도움이 갈 것이다.

(예1). 남자, 1963년 양력 3월 27일 낮 12시

	시	일	월	년
	庚	己	乙	癸
	午	巳	卯	卯
(오행) ──▶	金	(土)	木	水
	火	火	木	木

*. 만세력을 준비하고!

남자 사주인데 만세력을 보고 1963년을 찾으면 "癸卯"이 된다. 월건과 태어난 날을 만세력에서 찾으니 "乙卯"월 "己巳"일 이 되며 시주 는 "乙"일간 午시를 시주결정도표에서 대조하면 "庚午"시가 된다.

(예2). 남자, 1953년 음력 4월 12일 새벽 2시

	시	일	월	년
	丁	乙	丁	癸
	丑	丑	巳	巳
(오행) ──▶	火	(木)	火	水
	土	水	火	火

*. 만세력을 준비하고,!

　만세력을 대조하여 1953년이면 "癸巳"년이 되고 음력 4월은 "丁巳"월이 될 것이면 12일은 "乙亥" 일이 되는데 시주 결정도표에서 "乙"일간 새벽 2시는 "丑"시이므로 "丁丑"시가 된다.

(예3). 여자, 1927년 음력 5월 22일 아침 6시

시	일	월	년
辛	丙	午	丁
卯	戌	午	卯

(오행)──▶	金	(火)	火	火
	木	土	火	木

　만세력에 1927년을 보면 출생년이 "丁卯" 생이 되며 음력 5월은 "丙午"월이고 22일은 "丙戌" 일이 되는데 "丙"일간을 주동하여 시주결정도표에 보니 "卯"시는 "辛卯"시가 된다.

(예4). 여자 1998년 음력 1월 7일 저녁 10시

시	일	월	년
己	辛	癸	丁
亥	巳	丑	丑

(오행)──▶	土	(金)	水	火
	水	火	土	土

*. 만세력을 보면서,!

만세력에 1998년은 "**戊寅**"년이 되지만 음력 정월 7일이니 월건이 "**입춘**"이 넘지 않았으므로 전년인 1997년인 "**丁丑**"년으로 표기하며 월건은 "**癸丑**"이 될 것이고 음력 7일은 "**辛巳**"일이 된다.

더하여 일간 "**辛巳**"를 주동하여 시주결정도표에서 대조하니 "**亥**"시는 "**己亥**"시가 될 것이다.

[4]. 대운(大運)

운명의 길흉은 제일 첫째로 사주원국이 생생불식(生生不息)이 되어야 하겠고 다음으로 대운의 지배를 받는다.

인간은 태어나서 희비가 교차되는 시점을 누구나 겪고 있는 것이고 그렇다면 이 희비의 힘이 대운에 의해서 판가름난다고 해도 과언이 아니다.

본 작명대비전에서는 사실상 대운의 흐름을 파악하지 않아도 사주의 팔자만 보고 용신이나 희신의 기운을 찾아내어 성명이나 상호를 음령오행으로 넣어 길한 획수를 길격으로 맞추어 주면 본래의 작명의 궁극적인 목표는 다한다고 전제하고 있다.

그러나 사실상 사주 주인공의 앞으로 미래의 운기를 파악하며 또 어떠한 운로를 맞이하는 가에 따라 성명학이나 상호의 발전여부가 판가름난다고 해도 과언이 아닌데 그렇다면 간명하나 절차가 본 장의 대운의 흐름을 모르고서는 도저히 알 수가 없게 된다.

따라서 언제 어느 때에 길함이 들어오고 또 흉이 들어오는가를 파악하는 것이 좋을 것이며 작명대비전에 기술하는 대운편은 이미 본 저자가 집필한 "**命理入門**", "**命理秘典 下**"권인 "**대운**"편에 자세하게 기록되어 있으므로 여기서는 간단하게 기술한다.

*. 양남음녀(陽男陰女) = 순행,!
*. 음남양녀(陰男陽女) = 역행,!

위의 중요 도표에서 보듯이 암기가 필요한데 우선 양남음녀는 대운의 흐름이 "**순행(順行)**"하고 "**음남양녀**"는 대운의 흐름이 "**역행(逆行)**"한다는 법칙을 암기하여야 한다.

따라서 대운을 나열할 때는 사주의 년, 월, 일, 시 중에서 "**월주**"를 중심으로 하여 대운을 정돈하여야 되는데 만약 월주가 **甲子**월이면 양남인 경우는 "**己丑**", "**丙寅**", "**丁卯**"순으로 또한 양녀인 경우는 "**癸亥**", "**壬戌**", "**辛酉**" 등으로 대운을 정리한다.

더 자세하게 기술하면 남자사주의 년주(年柱)천간이 "**甲, 丙, 戊, 庚, 壬**"으로 "**양(陽)**"천간이라면 사주의 월주를 기준으로 하여 대운을 순행시키고 여자라면 역행이 된다.

또한 사주의 년주(年柱)가 "**乙, 丁, 己, 辛, 癸**"로서 남자라면 "**월주**"를 기준하여 대운을 "**역행(逆行)**"시키고 만약 여자라면 "**양남음녀**"는 "**순행(順行)**",! 한다는 법칙에 따라 "**월주**"를 기준으로 대운을 순행시킨다.

(예1). 남자, 1969년 음력 11월 23일 午시

(대운)

시	일	월	년	68	58	48	38	28	18	8
壬	庚	丙	己	己	庚	辛	壬	癸	甲	乙
午	辰	子	酉	巳	午	未	申	酉	戌	亥

水 (金) 火 土
火 土 水 金

*. 만세력을 준비하고,!

남자의 사주이기 때문에 년천간을 보니 "**음(陰)**"으로 되어 있어 음남양녀는 "**역행(逆行)**"한다는 법칙에 따라 월주 "**丙子**"를 중심으로 해서 대운을 나열하니 "**乙亥**", "**甲戌**", "**癸酉**" ……… 순으로 나열되고 있다.

만약 여자사주라면 년천간이 "**음(陰)**"이나 양남음녀는 "**순행(順行)**"한다는 법칙에 따라 월주 "**丙子**"를 기준하여 "**丁丑**", "**戊寅**", "**己卯**"………순으로 표기하면 될 것이다.

(5). 대운세수(大運歲數) 계산법

방금 전장에 설명한 대운이 월주를 기준으로 하여 대운을 나열하는 법은 설명하였으나 대운세수가 어떻게 해서 계산되었는지를 파악해 볼 필요가 있다.

따라서 우선 만세력을 보면서 사주 주인공의 사주 년 천간을 기준으로 하여 양남음녀는 순행, 음남양녀는 역행, 한다고 했으니 예를 들어보면 양남음녀의 사주를 타고난 사람은 자기 생일부터 다가오는 절입 날짜까지를 센 후 "**3**"등분을 하여 나눈 뒤 나오는 수가 "**대운세수**"이다.

이 때에 나머지가 "1"이 나오면 버리고 "2"가 나오면 반올림을 한다.

이와 반대로 음남양녀는 역행하니 태어난 생일부터 지나온 절입일 까지를 센후 역시 "3"등분으로 나누어 나오는 수가 대운세수인데 역시 이 때에도 나머지가 "1"이 나오면 버리고 "2"가 나오면 반올림을 한다.

전장의 남자사주는 음년 己酉생으로 역행해서 만세력을 보니 태어난 날짜가 음력 11월 23일부터 "**절입**"까지 역행해서 세어보면 "**대설**"절기까지 "24"가 나오는 것을 알 수가 있는데 이것을 "**3등분**"하여 나오는 수가 "8"이 나오고 나머지가 "0"이니 대운세수가 "8"이 된다(전장 남자사주 예1 참조).

(예1). 여자, 1969년 음력 11월 23일   酉시

```
                                   (대  운)
시  일  월  년      62 52 42 32 22 12  2
乙  庚  丙  己      癸 壬 辛 庚 己 戊 丁
酉  辰  子  酉      未 午 巳 辰 卯 寅 丑

木 (金) 火  土
金  土  水  金 ◄─────── (오행)
```

*. 만세력을 준비하고,!

위의 사주는 여자사주로서 음년 "己酉"생이니 양남음녀는 순행이라는 법칙에 따라 태어난 날짜가 음력 11월 23일부터 다음 "절입"인 "소한"까지 세어보니 "6"이 나온다.

따라서 "6"을 "3등분"하니 "2"가 나오고 나머지는 "0"이기 때문에 대운세수는 "2"가 된다.

(6). 대운지배법

이상으로 전장의 인물 등의 중심으로 하여 사주원국을 감정해 볼 때에 대운세수가 각각 틀리게 나온 것을 알 수가 있을 것이다.

전장의 대운세수 편에 나오는 (예1)의 여자사주는 대운세수가 2, 12, 22,…등으로 흘러가고 있는데 여기서 대운이 지배하는 간격을 설명하면 우선 2살부터 6세까지 5년간은 丁丑 대운의 천간 "丁火"가 지배하고 7세부터 11세까지는 대운지지 "丑土"가 지배하므로 각각 "5년"씩 담당하는 것으로 판단할 수가 있다.

그런데 여기서 중요한 부분이 있는데 그것은 예를 들면 "丁丑"대운이라고 가정할 때 처음 대운천간 "丁火"가 시작될 때에도 간접적으로 대운지지 "丑土"가 영향력을 행사하며 대운지지 "丑土"가 끝날 시점에서는 12세대운 "戊寅"대운중에 대운천간 "戊土"가 간접적으로 영향력을 행사한다.

따라서 참고로 위의 사주 용신은 "木", "火"인데 11세 "丑"대운에서는 12세 "戊土"대운이 간접적으로 영향력을 행사하며 그리하여 현재에 丑대운이 흉이라고 가정할 때 다음 12세

"戊寅" 대운이 흉신이라고 볼 수고 그때에는 흉함이 가중되어 더욱 더 흉하게 된다.

또한 이와 반대로 12세 "戊寅"대운이 길신이라 할 때에는 비록 지금의 丑대운은 흉하게 된다고 볼 수가 있겠지만 다음 "戊寅"대운의 영향력이 간접적으로 행사되는 것이 되어 지금의 흉함이 소흉으로 전환된다고 판단하여야 될 것이다.

이상으로 대운지배법을 설명하였으나 모든 사주원국의 대운의 판단법은 대운 지배법에 적용하여 판단할 것이며 이와 같은 것은 추명의 원리를 파악하는 하나의 전환점이 될 것인데 "命理入門"과 "命理秘典" 下권인 "간명비법"에서 실제 인물에 적용하여 대단히 자세하게 수록되어 있음을 참고하기 바란다.

2. 천간지지의 합충(天干地支의 合沖)

(1). 천간의 합과 충

사주간명과 작명 및 상호를 지으려면 천간의 합과 상충의 부분의 성질을 알아야 하는데 이는 곧 명리의 척도이기도 하고 기본이기도 하다.

그러므로 천간, 지지의 각각의 합, 충의 변화와 그 성질을 파악함으로 인하여 추명의 원리에 한걸음 더 다가서게 되는 것이므로 학자는 이와 같은 합, 충의 변화를 소홀히 취급하여서는 아니된다.

(가). 천간의 상충(天干 相沖)

천간은 "甲", "乙", "丙", "丁", "戊", "己", "庚", "辛", "壬", "癸"이라 하여 십간으로 통칭하고 있다.

여기서 이 천간의 성질을 언급하면 부부유정인 "천간합(天干合)"이 있고 또한 배반 상극하는 "천간상충(天干相沖)"으로 나누는데 우선 천간상충을 보면 글자 그대로 충돌한다, 파괴시킨다, 라는 뜻을 지니고 있으므로 이것이 서로 만나면 충돌, 파괴되니 그 의미가 좋은 것은 아니다.

그러나 이와 같은 상충에도 陽의 상충은 강하게 일어나고 陰의 상충은 양의 상충에 비해 조금 그 강도가 약하게 일어난다.

*. 음(陰)천간 상충 도표

오 행	목	화	토	금	수
천 간	乙	丁	己	辛	癸
천 간	辛	癸	乙	丁	己
오 행	금	수	목	화	토

*. 양(陽)천간 상충 도표

오 행	목	화	토	금	수
천 간	甲	丙	戊	庚	壬
천 간	庚	壬	甲	丙	戊
오 행	금	수	목	화	토

*. 참고로 도표에서 보면 "천간상충의 오행이 서로간 상극"으로 구성되어 있음을 알 수가 있을 것이다.

더하여 이와 같은 상충의 오행이 사주 내 근접하여 있는 경우라면 더욱 확실하게 상충의 작용이 일어나고 그러나 원격하다던지 타 오행이 가로막아 있을 것 같으면 상충하는 힘이 쇠약해진다.

*. 천간 상충의 방위도

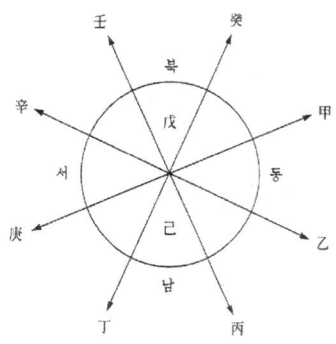

도표에서 보면 양의 상충과 음의 상충을 달리 표시하고 있는데 이는 작용하는 그 강도가 다르기 때문이며 위의 방위도에 준하여 판단하여 보면 천간의 오행중에 각각 "5"번째와 "7"번째끼리 충돌한다.

그 중에 "甲-庚", "丙-壬", "甲-戊", "丙-庚", "壬-戊" 상충은 양의 오행끼리 충돌이므로 대단히 강력하게 일어나고 "乙-辛", "丁-癸", "己-乙", "辛-丁", " 癸-己" 상충은 음의 오행의 충돌이니 그 충돌이 양의 상충보다 약하게 작용한다.

더하여 천간상충의 방위도에 보면 같은 양의 오행과 음의 오행의 충돌부분에서 "甲-庚", "乙-辛", "丙-壬", "丁-癸" 상충은 대단히 강하게 작용하고 그것은 위의 방위도에 표시하고 있듯이 방향이 마주보는 것은 완전하게 충돌이 일어나기 때문이다.

그러나 양의 상충인 "甲-庚", "丙-壬"보다 "乙-辛", "丁-癸" 상충은 음의 작용으로 그 세력과 강도가 조금 약하다고 판단한다.

또한 "丙-庚", "辛-丁", "壬-戊", "甲-戊" 상충은 충돌은 하나 전자보다 그 힘이 약하게 작용하는데 그것은 방향이 정면으로 보고 있지 않고 비켜져 있으니 완전히 충돌하지 않기 때문이다.

(나). 천간합(天干合)

천간합은 부부유정이라 하여 음양화합의 이치가 적용된 것인데 천간 십간중에 "양간(陽干)"은 각각 6번째 "음간(陰干)"과 합을 한다.

*. 甲 + 己 합 = 토 (中情之合)
*. 乙 + 庚 합 = 금 (仁義之合)
*. 丙 + 辛 합 = 수 (威嚴之合)
*. 丁 + 壬 합 = 목 (人壽之合)
*. 戊 + 癸 합 = 화 (無情之合

도표에서 보면 양간이 각각 6번째인 음간과 결합하여 합을 구성하므로 새로운 오행을 탄생시키는 것을 알 수가 있다.

이것을 우리 일상생활에 비추어 판단하여 볼 때 성년인 남, 녀가 결혼을 하여 아이를 출산하는 이치와 같다.

따라서 이렇게 "변화"된 오행이 사주원국에 길신으로 작용하면 더욱 더 길한 것이지만 만약 흉을 돌출하는 **"기신(忌神)"**이 된다면 매우 불길할 것이다.

(다). 천간합의 특성(天干合 特性)

(ㄱ).
시	일	월	→	년
丙	*	丁		辛
*	*	*		酉

(ㄴ).
시	일	월	년
丙	壬	辛	*
*	*	*	*

(ㄷ).
시	일	월	년
壬	丙	辛	丁
*	*	*	*

*. (ㄱ)의 경우 년지 酉金이 십이운성의 건록지에 "통근"하니 합을 잘 이루지 않으려고 하고 있으며 특히 월상에 투출되어 있는 "丁火"가 "辛-丁"상충이 되고 또한 "丙"과 원격해 있으므로 "丙-辛合水"가 되기 어렵다.

* (ㄴ)의 경우 "丙"은 "辛"과 "丙-辛合水"를 하려고 하나 "丙"과 "辛"의 가운데 일간 "壬水"가 가로막고 있으니 거리가 원격하여 합이 힘드는 것이 되어 있으며 더하여 시상에 투출되어 있는 "丙火"를 일간 "壬水"가 "丙-壬"상충하니 "丙-辛合水"가 되기 어렵다.

*. (ㄷ)의 경우 "丙-辛"합이 가까이 붙어 있으므로 완벽한 "丙-辛合水"가 결성되었다고 하나 년간과 시간에 투출되어 있는 양쪽 "丁火"와 "壬水"가 같이 "辛-丁"상충 및 "丙-壬"상충이 되니 "丙-辛合水"가 되기 어렵다.

*. 참고로 모든 천간합과 지지의 합은 서로 "유정(가깝게)"하게 붙어 있어야 완전한 합이 성립되며 만약 원격해 있거나 방해하는 오행이 있을 경우 합이 잘 이루어지지 않는다.

더구나 합이 되는 다시 말하면 합을 하려고 하는 "한쪽오행"이 지지의 십이운성에 "장생", "건록", "제왕지"에 통근하고 있으면 지지에 천간이 뿌리를 튼튼히 하는 것이 되어 잘 합을 하려고 하지 않는다.

[2]. 지지의 합충(地支의 合沖)

지지에도 천간과 마찬가지로 지합과 지지상충이 있으며 그 특성을 세분하여 비교한다면 천간오행은 나무에 비유하면 가지나 잎사귀에 해당하며 길이나 흉이 급속적으로 나타나고 또한 급속적으로 소멸한다.

그러나 지지는 그 성질이 나무에 비유하면 나무뿌리에 해당하기 때문에 길이나 흉이 서서히 발생하면서 그 영향력이 오래가며 이와 같은 현상은 천간의 기운보다 지지의 힘이 약 "3배"에서 "4배"정도 강력하게 일어나기 때문이다.

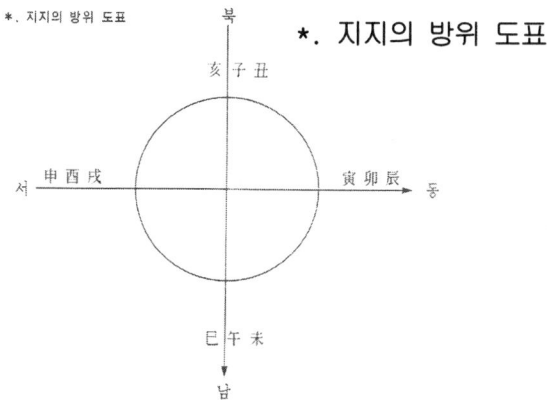

*. 지지의 방위 도표

(가). 지지의 합(地支의 合)

지지의 합에는 보통 3가지의 지지합으로 분류되는데 그 첫째로 "두가지"오행으로 합이 되는 "육합"과 둘째로 "세가지"오행으로 합이 되는 "삼합" 셋째로 씨족집단으로 구성하여 합을 이루는 "방합"등으로 구별한다.

(ㄱ). 지지의 육합 (地支의 六合)
*. 子-丑 합 = 土
*. 寅-亥 합 = 木
*. 卯-戌 합 = 火
*. 辰-酉 합 = 金
*. 巳-申 합 = 水
*. 午-未 합 = 오행은 변하지 않고 합만 된다.

이상 도표에서 보면 "子-丑"이 합을 하여 土로 변하는 것을 볼 수가 있다.

따라서 사주원국이 "土氣"를 필요로 하는 것이 되면"길"하게 될 수가 있고 만약 사주에 "土氣"가 흉이 되는 사주라면 오히려 합이 되어 타 오행으로 변화되는 것은 "불리"하다.

따라서 위의 "子-丑合土"가 성립되면 본래의 "子水"의 성질은 "水"가 "土"와 같은 성질로 변화한다고 판단해서 사주를 감정해야 한다.

*. 참고로 시중에 나도는 일부 역학서적 중에는 이와 같은 지지의 육합에 대한 오행의 변화되는 부분에 대하여 예를 들어 논하기를 "子-丑"이 합을 하여 "土"가 되는 것을 다시 오행을 별도로 "土"가 하나 더 나와 사주팔자가 팔자가 아닌 "구자"나 "십자"로 판단하여 감평을 하여야 된다고 적고 있다.

하지만 이와 같은 것은 대단히 추명학상 혼란을 불러올 소지가 다분히 있는 것이므로 학자들은 절대로 판단의 기준을 신중히 하여야 되며 따라서 말도 되지 않는 혹자의 저서는 마땅히 비판을 받아야 할 것이다.

(ㄴ) 삼합(三合)
*. 申-子-辰　합 = 水
*. 寅-午-戌　합 = 火
*. 巳-酉-丑　합 = 金
*. 亥-卯-未　합 = 木

삼합에서는 천간합 및 육합과 같이 지지중에 세 개의 기운이 합을 하여 결합된 것으로서 육합의 힘보다 대단히 강력하게 작용한다.

더하여 삼합의 대표 오행이 세 가지 기운 중에서 중심이 되는 오행이 "사왕지지(四旺地支)"라 하여 삼합의 전체오행으로 표시하고 있는데 이것은 삼합의 기운이 중심오행을 축으로 하여 합이 결성되는 것을 볼 수가 있다.

*. 참고로 "준삼합(準三合)"이라는 것이 있는데 예를 들면 "申-子-辰"이 다 있으면 "정삼합(正三合)"이라고 하고 "申-辰"이나 "子-辰"등으로 두 개만 있으면 "준삼합(準三合)이라고 한다.

준삼합으로도 오행은 변화가 되며 완전한 정삼합보다는 힘의 강도가 떨어지는데 같은 준삼합이라도 힘의 강약이 "申-子-辰"의 경우 사왕지지인 "子"를 중심으로 하여 "申-子"의 결합이 "申-辰"의 결합보다 훨씬 강력 하게 작용한다.

따라서 자세하게 설명하면 "申-子-辰"의 경우 제일 준삼합의 힘이 강한 것이 "申-子"이고 두 번째가 "子-辰"이며 세 번째가 "申-辰"의 순으로 강약의 판단을 하면 될 것인데 "申-子하고 "子-辰"의 차이는 오행별로 보면 "申-子"는 "金-水"의 결합이고 "子-辰"은 "水-土"의 결합으로 합이 결성되는 것이므로 오행 상생의 법칙을 적용하면 쉬울 것이다.

이하 타 삼합의 준 삼합도 이와 같은 법칙을 적용하여서 판단한다.

*. 사왕지지(四旺地支)이란?

사주지지의 합인 삼합이나 방합중에서 중심오행의 세력을 표시하는 것으로 "子, 午, 卯, 酉"가 삼합이나 방합의 기운을 대표하는 것이다.

따라서 이 "子", "午", "卯", "酉"가 중심이 되어 삼합이나 방합의 기운이 합으로 결성되면 대단히 그 세력이 강하게 작용하는데 특히 사왕지지가 사주원국의 월령에 자리잡고 삼합이나 방합을 이루고 있는 것은 그 세력이 대단히 강력하기 때문에 합을 분산시키는 상충으로 가격하여도 쉽사리 합이 깨어지지 않는다.

(ㄷ) 방합(方合)
*. 寅-卯-辰 합 = 木
*. 巳-午-未 합 = 火
*. 申-酉-戌 합 = 金
*. 亥-子-丑 합 = 水

지지의 방합은 삼합과 달리 씨족혈족이 뭉쳐진 합으로 그 힘은 삼합보다 강하다.

따라서 방합이 사주원국에 형성되어 있으면 하나의 결합체를 형성한 결과이므로 특히 월령에 방합의 중심오행인 "子, 午, 卯, 酉"가 자리잡고 방합이 형성된 것은 형, 충, 파, 해로 가격해도 끄떡도 하지 않으며 쉽게 분산되지 않는다.

그러나 방합은 삼자중에 한자가 반드시 "월지"에 있어야 성격되면 월지에 들어 있지 않고 "3"자가 있는 것은 합이 된다손 치더라도 그 힘은 월령에 자리 잡은 것보다 약하고 더하여 "2자"만 있는 것은 "방합"으로 인정되지 않는다.

그에 반하여 삼합은 사주원국에 어디에 있더라도 삼합이 성격이 되며 또한 "2"가지의 기운만 있어도 "준삼합"이라 해서 오행으로 간주하는데 이것이 삼합과 방합의 차이점이다.

*. 참고로 지지에 "준삼합", "준방합"이 같이 들어 있는 것이 있는데 이때에는 준삼합의 오행에 준방합의 오행이 "일치"하면 비록 방합이 "3"개의 기운이 모여지지 않더라도 "준삼합"의 기운과 "준방합"의 기운이 한곳으로 모이게 된다.

즉 지지의 중심이 준삼합과 방합이 같이 된다하여 이때에는 전부 동일오행으로 변화된다는 것이다.

예를 들면 사주지지에 년지와 월지에 "寅-午合火" 준삼합이 성립되어 있는데 만약 일지에 "巳-火"가 자리잡고 있다면 "巳-午"방합이 성립되어 방합과 삼합의 기운이 동일오행인 "火국으로 성격되는 이치이다.

또한 사주원국이 지지에 "寅-卯"가 들어있어 방합이 성립되지 않고 있는데 운로인 대운, 세운에서 "辰"이 보충되어 들어온다면 "寅-卯-辰"하여 완전한 정 "방합국"으로 오행이 변화되는 것이며 따라서 이와 같은 법칙은 삼합중에서 "2개"인 준삼합이 되어 있어도 동일하게 작용한다.

(예1). 남자 황 모씨(경남 산청) 1927년 음력 5월 22일 巳시

시	일	월	년
癸	丙	丙	丁
巳	戌	午	卯

정관		비견	겁재
水	(火)	火	火
火	土	火	木
비견	식신	겁재	인수

*. 격국(格局)과 용신,!

방금 전 참고부분에 해당하는 사주인데 丙 일간 午 월에 출생하여 득령하고 일간 丙火는 월지 午火인 십이운성에 제왕지에 뿌리를 두면서 일지 戌土와 午-戌合火하여 월천간에 丙火와 년간 丁火가 투출되어 있는 중에 시지 巳 火 비견과 년지 卯木인수까지 일간 丙火를 생조하고 있으므로 일간이 신왕하다 못해 사주가 온통 불바다가 되고 있다.

*. 命理秘典 上권에 인용하여,!

본 저자가 집필한 命理秘典 上권인 일간의 강약도표에서 보더라도 일간의 힘이 중화의 기점인 40%를 훨씬 태과하다 못

해 그의 91%까지 육박하고 있는데 이렇게 되면 일간의 기운을 억부법에 준하여 억제하기가 대단히 곤란하게 된다.

때마침 시상에 癸水 정관이 투출되어 있어 일간 丙火의 기운을 水剋火하여 적절히 억제할 수 있겠지만 전장 오행의 상생과 상극편에 준한 상모(相侮)의 법칙에 판단하여 볼 때 오히려 많은 火氣에 水氣가 상극을 당하는 결과이니 火氣의 기운에 물기운이 없어지는 현상이 일어나고 있다고 볼 수가 있다.

더하여 본 장 참고의 부분에 적용하여 보면 사주원국의 월지 午火와 일지 戌土간에 午-戌合火가 성립되므로 巳火가 午火의 합에 동조하는 결과가 되니 이 때에는 巳-午 방합과 午-戌 준삼합이 전부 합으로 둔 갑하여 불의 나리인 "火局을 형성하는 것이다.

*. 격국에 대한 작명의 판단,!

이와 같은 격국은 命理秘典 下권에서 나오는 종격인 "염상격(炎上格)"이 되는 사주원국인데 이렇게 "火氣"가 태왕하면 오히려 "火氣"를 따르는 기운으로 용신이 귀착하는 것이며 만약 작명이나 상호를 지을 때도 "火氣"의 기운에 부합하는 음령오행인 "ㄴ", "ㄷ", "ㄹ", "ㅌ" 등으로 성명이나 상호에 가미하여 지으면 대단히 길하게 된다.

만약 위의 사주를 억부법이나 조후법에 준하여 사주에 "水氣"가 약하고 "金氣"가 없다고 해서 水와 金을 상호나 성명에 가미한다면 이것을 대단히 "火氣"를 반발케 하는 처사이므로 사주 주인공은 성명이나 상호로 인하여 오히려 생명을 단축하는 결과를 불러일으키게 됨으로 대단히 주의가 요망되는 사주원국이다.

*. 중화(中和)란 무엇인가,!

사주원국에 용신이나 희신을 정함에 있어 일간의 강약의 유무를 살피고 더하여 계절이 추울 때 출생하였는가 또는 더울 때 출생하였는가를 종합적으로 판단하여 사주 내 필요한 기운을 선정하게 된다.

따라서 사주의 필요한 기운을 선정하게 되면 그것이 "용신" 및 "희신"이 라는 성질이 되는데 이것은 사주가 한쪽으로 기울어져 있는 것을 반드시 세우는 것을 알 수가 있을 것이며 결국 이와 같은 현상은 모자라거나 넘쳐흐르고 있는 것을 보충하거나 억제하여 궁극적인 "수평"을 유지하는 것이다.

고로 이와 같은 법칙에 따라 사주의 오행이 골고루 갖추어져 서로간에 수평을 유지하고 있을 때 안정되니 중화가 되었다고 판단하는데 고서에 적기를 사주원국이 중화의 법칙에 부합하는 것을 최상의 으뜸으로 치고 있는 것을 감안하여 볼 때 오행의 안정이 최선이라는 것을 판단할 필요가 있다.

*. 중화(中和)의 법칙은 본 저자가 집필한 命理秘典 下권인 **"간명비법"**에 실제 인물을 적용하여 자세하게 다루고 있으므로 참고하기 바라며 여기서는 그 실체만 약간 언급하고 있다.

(예2). 남자 신 모씨(경기도 인천시) 1950년 음력 1월 21일 巳시

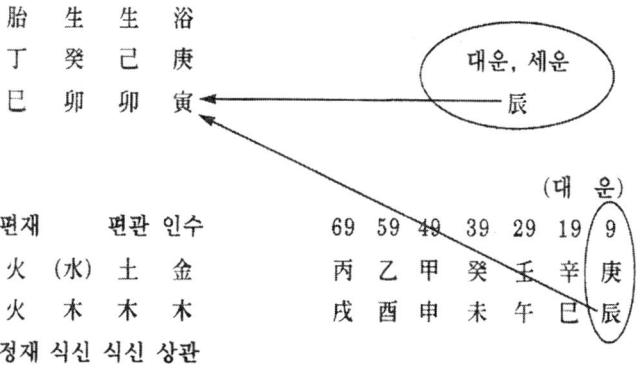

*. 격국(格局)과 용신,!

남자 신 모씨 사주인데 본 장 참고부분에 부합하는 사주원국이다.

癸일간 卯월에 출생하여 실령하고 사주원국의 지지에 식상과 **木氣**와 재성인 木, 火기운이 많아 일간 癸水를 극루하고 있으므로 대단히 신약하다.

이와 같은 현상은 월령에 식신 卯木이 자리잡고 신약한 일간의 기운을 누출 시키면서 설상가상으로 시지 巳火에 십이운성에 제왕지에 뿌리를 두면서 시상천간에 丁火 편재까지 투출되어 있는 것은 신약한 일간에 강력한 木, 火의 극, 루함이 되니 몹시 괴롭다고 볼 것이다.

따라서 격국을 보면 "**진상관용인격(眞傷官用印格)**"으로 신약한 일간을 구조하는 인성 "**金氣**"와 비겁 "**水**"가 용신

이 된다.

*. 일부 학자들의 의문,!

일부 학자들 중에는 사주원국이 신약이 극심하여 때로는 종(從)하지 않겠느냐라고 말할지 모르나 년간에 庚金 인수가 시지 巳중의 지장간의 중기에 庚金이 있으므로 그 속에 인수가 뿌리를 두고 일간 癸水를 생조하니 종하지는 못한다.

이렇게 사주원국에 신약함이 극심하고 용신마저 원격해 있으니 용신을 상극하는 木, 火의 기운을 운로인 세운이나 대운에서 다시 만나게 된다면 극루교가(剋漏交加)라 하여 일간의 의지처를 완전히 파괴시키니 그 재화는 매우 강하게 일어난다.

본 장 참고부분에 적용하여 월지와 일지 卯木 식신이 년지 寅木 상관과 寅-卯-辰 방합을 하려고 해도 辰이 빠져 완전한 방합을 이루지 못하고 있는데 세운 대운에서 辰土가 들어오면 완전한 정방합이 형성되어 일간의 기운을 완전히 木氣로서 水生木하여 전장의 상모(相母)의 법칙에 준하여 일간 癸水의 힘을 완전히 빼어버리니 더욱 더 불리하다.

*. 격국에 대한 대운흐름,!

사주주인공인 신 모씨는 유년 9세 庚辰대운에서 辰土가 들어와서 寅-卯-辰 방합이 완전히 성립되었으나 다행히 대운 천간이 인수인 庚金이 일간을 구조하고 더하여 庚金인수가 金剋木하여 방합이 되어 나오는 木氣를 金氣로서 나뭇가지를 잘라버리니 몸에 수술하는 정도로서 그 흉의 가 지나갔다고 보는 것인데 육친의 운명상 식상은 수술 및 질병을 나타내는 것이다.

만약 신 모씨가 성명이나 상호를 하게 된다면 일간이 신약하여 용신이 일간의 기운을 생조하는 "**金**", "**水**"가 되므로 음령오행인 "**ㅅ**", "**ㅈ**", "**ㅊ**"와 "**ㅁ**", "**ㅂ**", "**ㅍ**" 등으로 작명을 하여야 되고 더하여 획수를 길격으로 가미하여 작명을 하게 된다면 금상첨화이다.

*. **진상관용인격(眞傷官用印格)이란 무엇인가,?**

사주팔자에 일간의 강약을 정함에 있어 사주에 일간을 생조하는 오행이 많으면 신강사주라 하고 주위의 오행이 일간을 극루하는 오행이 많으면 일간이 신약사주라고 하는데 이러한 일간의 강약부분을 판단하는 성질을 "**격국(格局)**"으로 나타내는 것이다.

따라서 사주팔자 내 일간의 기운을 누출시키는 식신이나 상관이 월지에 있거나 주위에 많던지 하여 일간이 신약할 때 식신이나 상관을 억제하고 아울러 일간의 기운을 생조하는 "**인성(편인, 인수)**"를 용신으로 삼는 격국을 "**진상관용인격(眞傷官用印格)**"이라 칭한다.

*. **종(從)이란 무엇인가,?**

사주팔자의 오행이 일간을 기준하여 극루하거나 생조하는 오행이 너무 많아 용신을 선정하는 과정이 억부법이나 조후법 등인 내격(內格)의 기준에 적용하지 못하고 오히려 강력한 오행의 대세에 따라가는 성질을 "**종(從)**"한다, 또한 "**종격(從格)"이라고 말하는데 이와 같은 현상은 용신의 선정이 곧 대세에 따르는 오행을 **"용신"**이나 **"희신"**으로 삼는 것을 칭하는 것이다.

*. 극루교가(剋漏交加)란 무엇인가,?

사주원국이 일간의 강약이 사주 내 일간을 극루하는 오행이 많아 신약이 극심한데 만약 이와 같은 현상이 종격(從格)이나 가종격(假從格)으로 치달리고 있으면 별 문제가 되지 않겠지만 이렇게 일간이 신약한 중에 운로에서 다시 일간을 극루하는 기운을 만났을 경우 신약한 일간은 더욱 더 힘을 소모하게되니 대단히 큰 재화를 불러일으킨다.

따라서 일간이 신약하여 대단히 쇠약한데 운로인 대운이나 세운에서 중첩하여 일간의 기운을 소모하는 기운을 만나고 있을 때 추명용어상 **"극루교가(剋漏交加)"**라고 칭하는 것이다.

(나). 지지의 상충(地支의 相沖)

*. 지지상충의 도표

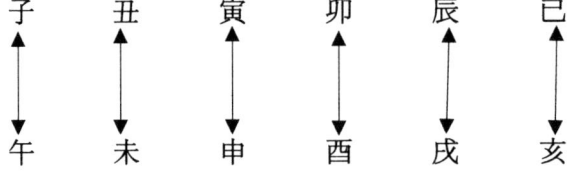

전장에 설명한 천간상충은 각각 5번째와 7번째끼리 서로 상충이 된다고 기술하였지만 지지상충은 각각 :**"7번째"**와 충

돌한다. 여기서 천간상충과 지지상충의 강약의 판단을 하여 보면 천간상층은 나뭇가지와 잎사귀에 비유하여 천간상충이 일어날 때는 그저 잎사귀가 떨어지고 가지가 흔들릴 정도로 피해가 있을 뿐이다.

하지만 지지상충은 근본이 나무뿌리인 관계로 이 지지상충이 일어나면 나무가 뿌리째 흔들리면서 심하면 뿌리째 뽑혀 넘어지니 그 피해는 막심하다 할 것이다.

이와 같은 현상은 사주추명학을 다룰 때 하나의 구분이 되어야 할 것인데 천간상충과 지지상충을 판단하는 성질이 천간의 힘보다 지지의 힘이 약 **"3배"**에서 **"4배"**정도라는 것을 감안하여 볼 때 지지가 충돌이 일어나면 천간보다 그 힘이 대단히 강력하게 작용하는 것을 알 수가 있다.

*. 참고로 일부 시중에서 나도는 역학서적 중에서 상충을 두고 **"살(殺)"**이라 하여 취급하고 있는 것을 엿볼 수가 있는데 도표에서 보면 상충의 작용하는 오행이 **"子-午"** 상충일 경우 오행상 **"水剋火"**로서 서로간에 오행상극으로 구성되어 충돌하는 것을 알 수가 있다.

따라서 이와 같이 상충을 막연히 살의 작용속에 포함시켜 추명의 판단을 하게 된다면 약간의 오류를 불러올 수 있는 소지를 다분히 안고 있기 때문에 학자는 본 상충을 살의 작용에 포함시키기 이전에 먼저 **"오행의 상극"**이라 판단하여 간명을 하는 것이 타당하다.

*. 참고로 학자들 중에는 **"子-午"**, **"寅-申"**, **"卯-酉"**, **"巳-亥"** 상충 등은 오행 상극으로 구성되어 있어 어떻게 상충의 작용이 성립되는지에 의문을 표시하고 있다.

그 부분에 대해서 본 저자는 비록 "辰-戌"과 "丑-未"는 동일오행으로 구성되어 있겠으나 그 성질을 자세하게 파악하여 보면 "辰土"와 "丑土"는 습토(물과 같은 성질)이고 "戌土"와 "未土"는 조토(불과 같은 성질)이니 결국 물의 기운과 불의 기운이 충돌하는 성질임을 알 수가 있다.

좀더 자세하게 지장간의 변화를 살펴보면,!

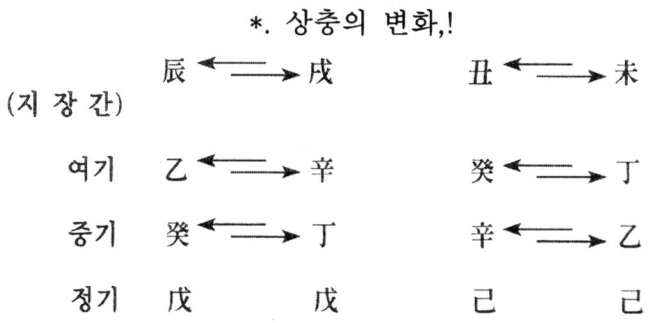

이상과 같이 도표에서 보면 辰-戌 상충이 일어날 때는 辰土의 지장간 여기에 "乙木"과 "辛金"이 그리고 중기의 辰속에 "癸水"와 戌속의 "丁火"가 각각 충돌하고, 丑土는 지장간의 여기에 "癸水"와 未土의 "丁火" 그리고 丑土의 중기에 "辛金"과 未土의 "乙木"이 각각 충돌하여 파괴된다.

이와 같은 현상은 지장간끼리 충돌하는 것은 미미하기 때문에 별 대수롭지 않고 그 세력이 약하다고 일부 학자는 판단할지 모르지만 중요한 것을 전자의 "子-午" 상충 등이 충돌하는 것보다 "고(庫)"인 "辰", "戌", "丑", "未"가 상충이 되는 것이 그 파괴력이 강하게 작용한다.

결국 도표에서 보듯이 같은 土氣의 충돌이라고 볼 수 있지만 엄밀히 따져 보면 습토와 조토의 충돌이니 물의 성질과 불의 성질이 상충하여 일어나는 변화임을 알 수 있을 것이며 만약 운로에서 이와 같은 상충의 성질을 맞이하였을 때 타 상충의 작용보다 "辰", "戌", "丑", "未"의 상충이 강하게 일어나고 그 중에서도 "辰-戌"이 "丑-未"보다 더욱 강하게 작용하는데 그것은 辰-戌의 오행이 서로간 양(陽)의 성질로 충돌하기 때문이다.

*. 고(庫)란 무엇인가,?

辰, 戌, 丑, 未를 나타내며 고장(庫藏)이라고도 하며 창고를 나타내기도 하는데 사주원국에 이와같은 辰, 戌, 丑, 未가 있으면 폐쇄성인 관계로 길신이나 용신이 辰, 戌, 丑, 未의 지장간에 암장되어 있으면 창고에 갇힌 것이 되어 길신으로서 적절히 작용을 못하게 된다. 따라서 "**고(庫)**"란 폐쇄성인 창고, 또는 갇혀있다, 등의 뜻을 나타내고 있다.

(예1). 남자, 황 모씨(경기도 안산시) 1933년 음력 9월 7일 卯시

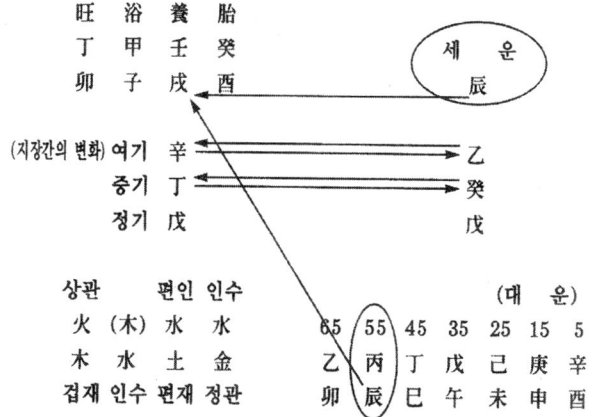

*. 격국(格局)과 용신,?

甲 일간 戌 월에 출생하여 실령하다. 그러나 시지에 십이운성의 제왕지인 卯木에 그리고 일지 인수 子水에 통근하여 월상 및 년간에 壬, 癸水가 투출되어 일간 甲木을 생조하니 신왕하다.

사주원국이 왕성한 인성 水에 의해 일간을 신왕하게 만드니 인중용재격(印重用財格)으로 재성 土를 용신하고 재성 土를 돕는 식상 火는 희신으로 삼는다.

그렇다면 용신은 일간을 생조하는 비겁 木과 인성 水를 억제하는 火, 土를 용신으로 사용하는데 사주원국이 때마침 월령에 戌土가 자리잡아 있고 더하여 희신인 丁火가 또한 시상에 투출되어 배부른 일간의 기운을 자연스럽게 누출시키고 있으니 과히 식상생재로서 사주격국이 아름답다.

*. 본 장 고(庫)에 대한 판단,?

하지만 월령의 용신인 戌土는 고(庫)에 들어있어 정(精)물로서 잘 움직여 주지 않으니 조금 답답한데 이 정물을 세운이나 대운에서 충격을 가해 움직여주어야 길하게 될 것이다.

도표에서 자세하게 표시하고 있듯이 만약 세운이나 대운에서 辰土가 들어오면 왕성한 월령에 있는 길신을 辰-戌 상충이 되어 고에 있는 길신을 충동시키니 길하게 된다.

지장간의 변화를 자세하게 살펴보면 양쪽 戌土 속에 辛, 丁과 辰 속에 乙, 癸가 서로 부딪혀 파괴되고 튀어나오는 것이 양쪽 辰, 戌의 지장간의 정기에 해당하는 戌土 편재가 나오게 되니 고증 속에 길신이 활약하게 된다.

*. 학자들의 서로간 상반된 의견,!

한편으로는 학자들마다 이 부분에 대해 의견이 분분한데 고에 들어있는 길신을 상충을 하면 길한 것이라 판단하는 학자도 있고 또 아무리 길신을 충격하더라도 정물이 움직여져서 길이 된다는 것을 부정하고 아예 흉이라고 판단하는 학자도 적지 않다.

그러나 저자는 지금까지 수많은 운명을 감정하고 운로추적을 통해서 살펴본 결과 분명히 길이라고 판단한다.

하지만 만약 이것이 일지에 용신이나 길신이 있어 그것이 고에 들어 있어 충격을 가하게 된다면 그때는 흉과 길이 교차가 될 것인데 어떤 경우에는 길보다 흉만 가중되는 것을 보고 있다.

그것은 일간과 일지는 자기 몸이기 때문에 아무래도 고에 있는 길신을 튀어나오게 하기 위해서 충격을 가한다면 길신이 튀어나오기 이전에 먼저 자기 몸이 상처를 받기 때문이며 따라서 그것으로 인한 고통이 따른다는 것을 명심해야한다.

결국 고에 들어있는 길신을 **"동(動)"** 하여 길을 얻고자 한다면 사주원국에 고에 들어있는 길신은 **"필히 일지에 해당되지 않아야"** 한다.

*. 참고로 만약 위의 사주주인공인 황 모씨가 유년이라고 할 때 성명을 작명하게 된다면 **"火"**, **"土"** 로 속해있는 음령오행인 **"나"**, **"다"**, **"라"**, **"타"** 와 **"아"**, **"하"** 의 음령으로 성명을 지어주어야 할 것이다.

더하여 또한 사업을 할 경우 상호를 작명한다고 가정하면 이상의 음령오행의 글씨를 간판에 **"붉은색"**이나, **"황색바탕"**으로 되어 있는 곳에 글씨를 새겨 넣게 된다면 용신이나 희신의 기운이 되므로 대단히 발복하게 될 것인데 이 때에는 획수를 길격(吉格)으로 맞추어 준다면 더욱 더 금상첨화일 것이다.

(다). 지지의 형(地支의 刑)

작명이나 상호에서는 보통 살(殺)의 부분은 참고정도로서 파악하는 것이 원칙이나 그 중에서 지지의 **"형"**, **"충"**, **"파"**, **"해"**는 조금 중요시 하여야 할 필요가 있다.

그것은 작명이나 상호에서 자신의 필요한 기운인 용신이나 희신을 선정하기 위해서는 일간의 강약을 결정하여야 되고 더하여 용신의 강령함을 필요로 한다.

따라서 만약 사주원국에 형, 충, 파, 해를 제외한 각종 살성은 용신이나 희신에 직접 오행 상극을 하지 않는 고로 별 문제가 되지 않지만 지금 언급하는 형, 충, 파, 해는 일간과 용신이나 희신에 직접적으로 영향력을 미치게 되는 것은 그만큼 용신이나 희신의 기운을 형, 충, 파, 해로 가격한다면 그것으로 인한 힘이 쇠약해지기 때문이다.

예를 들면 일간의 신강, 신약을 결정하는데 일간을 생조하는 비겁이나 인성이 **"형"**, **"충"**, **"파"**, **"해"**가 없다면 신강이 될 것이지만 사주에 **"형"**, **"충"**, **"파"**, **"해"**가 강력하게 비겁이나 인성을 상극하고 있다면 인성이나 비겁이 쇠약해서 신약

사주로 귀착하고 있는 것 등인데 그렇다면 일간을 생조하는 기운이 용신이 될 것이라고 판단하는 일례이다.

그렇다면 다른 살성은 몰라도 천간이나 지지의 형, 충 및 파, 해를 논하지 않고는 사주의 운명소유자가 작명이나 상호를 부탁하였을 때 사주가 일간이 신강이 될 수도 있고 신약이 될 수도 있는데 학자는 이러할 때 과연 어떻게 용신을 선정하여야 되는지는 **"형", "충", "파", "해"**의 구분을 완전히 지어 주어야만 완벽한 사주의 기운을 가려낼 수 있을 것이다.

그러므로 지지의 형은 보통 사주에 있게 되면 그 성질에 대해 학자들마다 약간씩 견해를 달리하고 있는 것을 보고 있는데 그것은 상충의 작용과 삼형의 작용을 놓고 어느 것이 강력하는지에 각각의 의견 차이를 보이고 있기 때문이다.

하지만 본 저자는 상충의 작용은 **"2개"**의 오행으로 충돌이 일어나지만 삼형은 **"3개"**의 오행으로 성립되기 때문에 상충보다 삼형의 작용이 강하게 작용하는데 예를 들면 **"寅-申"**은 상충이 되지만 다시 **"巳"**가 중복되면 **"寅-巳-申"**이라는 삼형이 되므로 그 때에는 상충보다 그 의미가 대단히 강력하게 성립한다고 본다.

이상과 같이 삼형의 작용이 있게 되면 사주주인공은 무관이나 권력의 사주라 해서 군인, 경찰, 판사, 검사, 의사 등의 직업을 갖게 된다.

하지만 사주원국이 신약이고 격국이 순수하지 못하면 오히려 재난이 따르는데 그 흉폭성은 이루 말할 수가 없고 따라서 관재, 색난, 병재 등으로 일생을 파란속에 보내야 하며 심하면 불구자, 교통사고, 단명까지 하게 되니 사주원국에 형이 눈에 띄면 우선 십이운성에 **"장생"**이나 **"건록"**, **"제왕"** 이 있는지 또한 신왕한지를 구별해 볼 필요가 있다.

(ㄱ). 인-사-신(寅-巳, 寅-申, 巳-申)

"지세지형(持勢支刑)"이라고도 하며 형의 성질 중에서 제일 **"강"**하다.

그 특성은 자기세력을 믿고 뛰어들어 일을 좌절시키며 십이운성의 **"장생"**, 건록, 제왕이 동주하면 정신과 성격이 강하며 얼굴색도 윤기가 있다.

그러나 **"死"**, **"絶"**과 같은 쇠약한 십이운성과 동주하면 사람됨이 교활하고 비굴하며 특히 일간이 신약사주이면 **"관재"**, **"색난"**, **"병재"** 등을 조심해야 한다.

또한 여자는 이 형이 있으면 고독하다.

*. 참고로 사주원국이 신약하면 **"시비, 쟁투, 폭력, 관재"** 등의 일이 자주 생기며 심하면 교도소 출입까지 하는데 특히 신강, 신약을 불구하고 몸에 수술흔적이 있거나 다친 흉이 있다.

(예1). 남자, 김 모씨(부산시 사하구) 1950년 음력 3월 27일 午시

(대 운)

旺 病 祿 生 甲-戊 상충,! 68 58 48 38 ㉘ 18 8
戊 戊 辛 庚　　　　　戊 丁 丙 乙 甲 癸 壬
午 申 巳 寅　　　　　子 亥 戌 酉 申 未 午
　　　　寅-巳-申 삼형,!

비견　　상관 식신
土 (土) 金 金
火　 金　火　木
인수 식신 편인 편관

*. 대운천간 甲木이 사주일간 및 시간 戊土를 甲-戊상충을 하나 사주일간이 신왕하여 용신인 편관 寅木을 생조하니 대단히 좋고 대운지지 역시 사주년지 및 월지 그리고 일지와 함께 寅-巳-申 삼형을 하나 일간이 신강하니 오히려 호랑이를 두둘겨 개와 같이 써먹을 수가 있다,!

*. 격국(格局)과 용신,!

戊일간 巳월에 출생하여 득령하고 시지 午火 양인인 제왕지에 뿌리를 둔 시간 戊土비견이 투출하여 일간 戊土를 생조하고 있으므로 신왕하다.

따라서 인성 火와 비견 土가 강하니 火,土를 억제하는 재성 水와 관성 木이 용신이 되는 데 일간 戊土가 신왕하니 일간 戊土를 자연스럽게 누출시키는 식상 金도 다소 길하게 작용한다.

그러므로 金, 水, 木삼자가 길신으로서 채택되는데 사주원국 편관 寅木이 일간과 유정하면 금상첨화인데 일간과 원격해 있으니 조금 아쉬운 감이 없지 않다.

이와 같은 현상은 왕성한 식상 金이 편관 寅木을 너무 제살하니 일간의 나의 노복이 힘이 약화된다고 볼 수 있을지 모르지만 월령의 편인 巳火가 火剋金하여 식상을 견제하여 편관 寅木을 보호하고 있으므로 사주가 절묘하게 배합이 잘 이루어지고 있다.

*. 일부학자들의 의견,!

학자들 중에는 巳-申 合水하여 일간이 신약으로 돌아가지 않겠느냐 할지 모르지만 寅-申 상충을 寅-巳형이 중복되며 더구나 寅-午合 등의 합과 상충 및 삼형 등이 복잡하게 교차되기 때문에 완벽한 합이 이루어지지 않는 것으로 판단해야 한다.

*. 격국에 대한 대운흐름,!

사주주인공인 김 모씨의 사주는 격국이 맑은 편이며 지지에 寅-巳-申 삼형이 존재하고 더하여 십이운성에 장생, 건록지에 앉아 용신이 편관 寅木이 되니 첫눈에 군인이나 권력의 대열에 있는 것을 암시하고 있는데 대운을 보니 인생 총운이 서방 申-酉-戌과 북방 亥-子-丑으로 가고 있으니 매우 대귀한 운명을 가지는 것이라 판단한다.

28세 甲申대운이 되니 甲木이 편관이니 정히 용신의 기운이 되며 또한 대운지지 申金이 寅-巳-申삼형을 완전히 중첩하여 성립하므로 사법고시에 합격하여 검사로서 승승장구하더니 지금은 모 처의 검찰청 부장검사로 재직하고 있는 것을 저자는 보고 있다.

하지만 만약 위의 김 모씨의 사주가 신약사주라면 오히려 이러한 부귀공명을 누리지 못할 것이며 더하여 초년대운에 학업중단이 되므로 해서 사주의 편관이나 寅-巳-申 삼형살이 중첩되어 있기 때문에 그 흉폭성을 감당할 수가 없을 것이다.

그렇다면 그것에 대한 재화는 일평생을 관재를 받다가 교도소 출입이 빈번할 것인데 다행히도 사주격국이 맑으며 용신이 편관이고 일간이 신왕하기 때문에 권력의 대열에서 승승장구하는 것을 알 수가 있다.

*. **위 사주격국에 대한 작명의 판단,!**

참고로 만약 김 모씨의 유년에 이름에 대한 작명을 한다고 하였을 때 용신이 편관 寅木이므로 용신의 기운인 음령오행은 **"가"**, **"카"**이며 또한 **"木"**을 생조하는 희신은 재성 **"水氣"**이므로 **"마"**, **"바"**, **"파"**를 가미하여 지어주어야 할 것이다.

더하여 김 모씨가 나중에 정년을 맞이하여 변호사로서 개업을 한다고 할 때 상호는 이상과 같은 음령오행의 글씨를 간판에 **"푸른색 바탕"**으로 새겨 넣어주면 대단히 발복을 할 것이고 획수를 길격으로 맞추어서 작명한다면 더욱 더 금상첨화일 것이다.

*. 유정(有情)이란 무엇인가,?

사주원국에 용신이나 희신이 선정되면 일간과 근접하여 있는 것이 대단히 좋은데 이렇게 되면 용신 이나 희신의 기운이 일간에 대해 직접적으로 영향력을 행사하므로 그 길함이 **"배"**가된다.

하지만 용신이나 희신의 기운이 일간과 원격하여 떨어져 있다면 그 때에는 일간에 대한 용신의 기운이 직접적으로 영향력을 행사하는 것이 어렵게 되어 길함이 적어지게 되는데 그렇다면 용신이나 희신은 일간과 근접하면 할수록 길한 것이 된다.

따라서 사주에 용신이나 희신이 있는데 일간과 근접하여 용신이나 희신으로 직접적으로 영향력을 행사하고 있다면 **"유정(有情)"**이라 하고 만약 일간과 원격하여 용신이나 희신의 기운이 미약하게 작용하는 것이라면 **"무정(無情)"**하다고 칭하는 것이다.

(ㄴ). 축-술-미(丑-未, 丑-戌, 戌-未)

"무은지형(無恩之刑)"이라고도 하는데 성격이 냉정하고 친구 및 은인을 해치고 십이운성에 **"사"**, **"절"**이 있을 경우 은혜를 원수로 갚으며 부정을 예사로이 저지른다.

특히 여자는 이 형이 있으면 임신중에 유산이나 자궁계 질환에 수술을 할 일이 있고 그것으로 인하여 신체상 곤란을 당할 때가 종종 일어난다.

(예1). 여자 정 모씨(경북 대구시) 1961년 음력 9월 8일 丑시

				(대 운)						
帶	墓	衰	帶	67	57	47	37	27	17	7
癸	癸	戊	辛	乙	甲	癸	壬	辛	庚	己
丑	未	戌	丑	巳	辰	卯	寅	丑	子	亥

丑-戌-未 삼형,!

비견　　정관 편인
水 (水) 土 金
土　土　土　土
편관 편관 정관 편관

*. 대운천간 辛金이 신약한 일간 癸水를 생조하니 길하게 작용하나 대운지지 丑土가 사주월지 戌土 정관을 丑-戌-未 삼형으로 가격하니 남편이 사망하였다.

*. **격국(格局)과 용신,!**

癸 일간 戌 월에 출생하여 실령하고 사주원국의 지지에 전부 일간을 극루하는 관성 土氣가 무리를 이루고 있는 중에 강력한 월령의 戌土가 투출되어 일간 癸水를 맹렬히 공격 하므로 대단히 신약하다.

이렇게 일간 癸水가 신약이 극심하면 오히려 종격(從格)이나 가종격(假從格)으로 돌아가기 쉬운데 하지만 일간 癸水는 사주원국의 년간 및 시간 편인과 비견이 투출하여 년, 시지 丑중의 지장간에 통근하여 일간 癸水를 생조하고 있으니 결코 종격이나 가종격으로 돌아가지 못한다.

雲情 秋一鎬

하지만 이렇게 일간 癸水가 왕성한 관성 土氣의 기운이 강력함에 따라 다시 운로에서 관성의 기운과 관성 土氣를 생조하는 재성 火氣를 만나게 된다면 극루교가라 하여 대단히 불리하게 된다.

고로 용신은 살중용식상격(殺重用食傷格)인데 이렇게 관성 土氣가 강하니 일간 癸水가 산같은 흙더미 속에 물의 기운조차 없어져 버리므로 강력한 관성 土를 파극하는 식상 木의 기운이 용신이 되며 식상 木을 생조하는 비겁 水氣는 희신으로 삼는다.

*. **격국에 대한 판별,!**

또한 이렇게 관성 土氣가 강하니 이것을 살인상생(殺印相生) 및 관인상생(官印相生)을 도모하고 신약한 일간 癸水를 생조하는 인성 金氣도 대단히 좋을 것이므로 따라서 위의 사주는 金, 水, 木의 삼자의 기운을 다같이 길신으로 써먹을 수가 있다.

위의 사주주인공인 정 모씨는 일간이 신약사주인 것을 사주의 지지에 丑-戌-未 삼형이 자리잡고 있어 강력한 형의 기운이 무척이나 강력하게 작용하고 있는데 더하여 십이운성에 월지와 일지가 衰, 墓에 앉아 더욱 더 불리하다고 볼 것이다.

만약 이 사주가 남자의 사주라면 일평생동안 관재의 기운으로 말미암아 교도소에서 보내야 하는 팔자가 되겠지만 여자이기 때문에 정관, 편관이 같이 무리를 이루어 관살혼잡(官殺混雜)이 되니 첫눈에 수많은 남자로 인하여 본인이 고통을 당하며 또한 유산 및 산액을 종종 겪어야 하겠고 이혼, 삼혼 등으로 재가팔자이며 더불어 타향살이 신세이다.

*. **격국에 대한 대운흐름,!**

실제로 정 모씨는 처녀시절 20대 초반 일찍이 결혼한 후 내연의 남자 관계가 복잡하여 남편과 이별하고 그 후 다시 두 번째 남자와 결혼을 하였지만 27세 辛丑 대운인 33세 때 두 번째 남편마저 교통사고로 사망하니 불행의 연속이었다.

이와 같은 형상을 육친통변법으로 파악하면 일지가 남편궁이므로 십이운성에 쇠약한 기운인 墓지에 자리잡고 있어 불길한데 다시 대운에서 丑-戌-未삼형이 중첩되어 성립하니 남편이 사망한 것이라 판단할 수 있다.

현재 정 모씨는 시련의 연속 속에서도 그 극복을 이겨내고 대구 모처에 요정을 경영하고 있는데 그래도 대운 초, 중, 말년이 북방 亥-子- 丑과 동방 寅-卯-辰으로 흐르고 있으므로 적지않은 재물을 모으는 사주라 할 수가 있겠다.

*. **사주격국에 대한 작명의 판단,!**

참고로 정 모씨는 여자사주로서 만약 유년에 성명을 작명한다면 자기의 용신이나 희신이 "木", "水", "金"이 되므로 음령오행인 "가", "카"와 "마", "바", "파" 및 "사", "자", "차"로 작명을 하고 획수를 길격으로 지어 이름을 불러주면 자기 사주팔자의 필요한 기운을 이름으로 인하여 조금 생조하여 주게 되니 그 흉을 줄일 수가 있게 되며 더하여 길한 운로에서는 더욱 더 발복하게 된다.

또한 만약 사업을 하는 부분에서 상호를 짓게 된다면 이상의 음령오행의 글씨를 간판의 색깔이 **"푸른색"** 및 **"백색"**으로 된 부분에 글씨를 넣게 된다면 자기의 필요한 기운을 색깔로서 한층 더 생조하게 하므로 더욱 더 길하게 될 것이다.

* **살중용식상격(殺重用食傷格)이란 무엇인가,?**

관성은 관살이라고도 칭하는데 일간이 신강, 신약을 불문하고 관살이 태과하거나 강할 경우 일간에게 상극하는 것은 좋지 못하는데 이와 같이 관살이 강하여 **"식상(식신 상관)"**으로 강력한 관살을 제어하는 용신의 격국을 **"살중용식상격(殺重用食傷格)"**이라 칭한다.

* **살인상생(殺印相生) 및 관인상생(官印相生)이란 무엇인가,?**

관성은 정관이나 편관을 말하는데 이것은 별명으로 관살(官殺)이라고도 칭한다.

따라서 사주원국에 관성이 강력하면 일간이 신강하다면 별 문제가 없겠지만 일간이 신약하여 있다면 강력한 관성의 기운에 상극을 당해 일간이 괴롭게 된다.

이와 같이 관성이 강력하여 일간에 극루함이 심하게 되어있다면 원칙적으로 식상으로 제살을 하여야 되겠지만 그 이외에도 일간이 신약하니 인성으로 강력한 관성의 기운을 흡수를 받아 힘을 받은 인성은 다시 일간을 생조하는 법칙을 **"살인상생(殺印相生)"** 및 **"관인상생(官印相生)"**이라 칭하는 것이다.

*. 관살혼잡(官殺混雜)이란 무엇인가,?

사주원국에 정관이나 편관이 혼잡되어 있던지 또한 무리를 이루고 있으면 관살혼잡(官殺混雜)이라 칭하는데 고서(古書)에는 "관살혼잡되는 사주는 사람됨이 잔꾀에 능하고 호색다음(好色多淫)하여 의외로 잔 근심과 재화가 끊어지지 아니한다",라고 기술되어 있는데 따라서 관살혼잡이 되면 반드시 **"정관"**이나 **"편관"**인 어느 한쪽을 합을 하여주어야 **"길격"**이 된다.

(ㄷ). 자-묘(子-卯)

무례지형(無禮之刑)이라고도 하며 그 성정은 예의가 없고 타인에게 불쾌감을 주는데 이 형과 십이운성에 **"사"**, **"절"**이 있으면 마음이 독하며 육친을 해하는 흉조가 있다.

특히 여자는 남편으로부터 형을 받으며 모자간도 화목하지 못한다.

*. 참고로 남, 녀 다같이 사주원국에 도화살이 있고 이 형이 있으면 주색잡기에 능하며 타인에게 불쾌감을 주며 술과 노래를 즐기는 특기를 가지고 있다.

(예1). 남자 신 모씨(강원도 강릉시) 1957년 음력 11월 1일 酉시

```
                                    (대  운)
生 病 絶 生   丙-壬상충!  65  55  45 35 25 15  5
己 丁 壬 丁          乙  丙  丁 戊 己 庚 辛
酉 卯 子 酉          巳  午  未 申 酉 戌 亥
         子-午 상충.!
식신   정관비견
土 (火) 水  火
金  木  水  金
편재편인편관편재
```

*. 대운천간 丙火가 사주월상 壬水 정관을 丙-壬 상충으로 가격하고 다시 대운지지 午火가 사왕지지(子, 午, 卯, 酉)로서 사주에 강력한 월지 편관을 子-午 상충으로 파극하니 그 흉의가 하늘을 찌르고도 남음이 있다.!

*. 격국(格局)과 용신 .!

丁 일간 子 월에 출생하여 실령하고 사주원국의 지지에 관성 水氣와 재성 金氣가 많아 신약이다.

이렇게 편관 子水가 월령에 자리잡고 다시 편관에 십이운성의 제왕지에 뿌리를 두며 월 천간에 정관 壬水가 투출되어 그 기세가 막강한 중에 설상가상으로 편재 酉金이 년지 및 시지에 자리잡아 일간 丁火를 상극하면서 강력한 관성 水氣를 생조하니 호랑이에게 날개를 달아주는 격이 되어서 그 기

세로 일간을 맹공격하므로 매우 두려운 일이 되었다.

하지만 그래도 일간 丁火는 일지 卯木 편인이 자리잡아 왕성한 관성 水氣의 기운을 일간 丁火로 연결하는 살인상생(殺印相生) 및 관인상생(官印相生)하고 있다.

더하여 년간 비견 丁火가 투출되어 있는 중에 강력한 월간의 정관 壬水를 丁-壬合木하니 관성의 기운을 합을 하여 일간의 구조하는 인성 木으로 둔갑을 시키니 합살(合殺)과 살인상생의 덕을 같이 실현하는 사주이다.

고로 용신은 살중용인격(殺重用印格)으로 인성 木과 비겁 火를 용신하는데 재성 金이 강력하게 존재하고 있으니 식상 土로서 관성 水를 억제하기는 힘들고 오히려 왕성한 재성 金을 생조하므로 식상 土는 불리하게 연출된다.

*. **본 장 지형에 대한 판단,!**

사주 주인공인 신 모씨는 지지에 子-卯 형이 있는 중에 卯-酉 상충까지 성립되어 자형의 작용이 강력하게 작용하는데 사람됨이 안하무인 식이고 타인을 대하기를 불쾌하게 상대를 하여 여러 사람에게 나쁜 소리만 듣고 인간덕이 조금도 없었다.

또한 子-酉 귀문관살까지 있으니 성질이 횡폭하여 부부간에도 항상 싸움이 떠날 날이 없으며 한 동네에 누구하나 말려주고 은혜를 베푸는 사람이 한 사람도 없으므로 고독한 인생을 살아가야 한다는 것을 암시하고 있는데 세상만사가 이 하나의 사주팔자 소관이라 생각하는 사주이다.

*. 참고로 신 모씨의 사주용신이 **"木", "火"**이니 만약 성명을 작명한다면 음령오행인 **"가", "카"**와 **"나", "다", "라", "타"** 등으로 이름을 지어주어야 할 것이며 더하여 획수를 길격으로 가미하여 주면 더욱 더 좋을 것이다. 또한 신 모씨가 만약 사업을 할 경우 상호를 작명하게 된다면 이상과 같은 음령오행 외에도 푸른색깔이나 붉은색의 바탕에 **"가", "카"**나 **"나", "다", "라", "타"**의 글씨를 새겨 넣어주면 금상첨화로 될 것이다.

*. **합살(合殺)이란 무엇인가,?**

편관이 강력하면 이것을 적절히 억제하거나 순화시킬 필요가 있는데 만약 그렇지 않으면 그 특성이 호랑이와 같아서 사람됨이 안하무인식으로 되기 쉽다.

따라서 이와 같이 편관이 강력하여 이것을 적절히 순화하는 방법 중에서 합살(合殺)이 있는데 이것을 사주원국에 양인이 있어 편관과 결혼을 시키므로 인하여 편관의 흉폭성으로부터 일간이 해방되는 것을 말한다.

결국 합살(合殺)의 원칙은 편관을 합을 하여 편관의 흉폭성을 제화시키는 것을 말하는데 이렇게 합살(合殺)이 되면 편관의 흉폭성은 순화가 되어 길하게 되는 것이다.

*. **살중용인격(殺重用印格)이란 무엇인가,?**

사주원국에 편관이나 정관이 강력하여 일간이 신약하다면 원칙은 식상으로서 제살(制殺)을 하던지 아니면 인성으로 살인상생(殺印相生) 및 관인상생(官印相生)의 이치를 도모하여야 되는데 이렇게 편관이나 정관의 기운을 인성(편인, 인수)으로 하여금 그 힘을 흡수하게 하고 다시 그 힘을 받은 인성은 일간을 생조하는 것을 말한다.

따라서 살중용인격(殺重用印格)은 편관이나 정관이 많아서 일간이 신약할 때 **"인성"**으로 **"용신"**을 정하는 격국을 말한다.

(ㄹ). **자형**(辰-辰, 午-午, 酉-酉, 亥-亥)

이 형이 있으면 대개 자주독립의 정신이 박약하고 남에게 의지하기를 좋아한다. 또한 무슨 일에 대해서 열성을 가지고 시작하였다손 치더라도 결국은 결실을 거두기 어렵고 반면 쓸데없이 고집과 자존심을 내세워 적을 사기도 잘한다.

성격도 변덕이 심하고 독한 마음을 가지고 있으며 십이운성에 **"사"**, **"절"**이 동주하면 생각하는 것이 천박하고 심하면 불구자가 된다. 이 형이 시에 있으면 자손이 병약하고 일지에 있으면 처에게 남모를 질병이 있다.

*. 자형이 있고 사주 내 **"비인"**과 육친의 **"편인"**이 있으면 더욱 더 자형의 작용이 강력하게 일어난다.

(예1). 남자, 황 모씨(서울 강남구) 1947년 음력 9월 27일 辰시

```
    墓 墓 祿 祿   金生水,!     (대   운)
                          61 51 41 31 21 11  1
    甲 壬 辛 丁           甲 乙 丙 丁 戊 己 庚
    辰 辰 亥 亥           辰 巳 午 未 申 酉 戌
          辰-戌 상충,!
```

식신   인수 정재
木 (水) 金 火
土 土 水 水
편관 편관 비견 비견

*. 대운천간 庚金이 일간 壬水를 생조하는 편인의 운로이니 신왕한 일간 壬水를 더욱 더 강하게 만들고 다시 대운지지 戌-土가 사주일지 辰土를 辰-戌 상충으로 가격하고 있는 것은 대단한 흉의를 만나는 것이 되니 황 모씨의 유년이 대단히 어려움 속에 성장하였다는 것을 알 수가 있다.

*. 격국(格局)과 용신,!

壬 일간 亥월에 출생하여 득령하고 년지 및 월지에 십이운성의 건록지에 일간이 생조되고 더하여 월간 辛金 인수가 투출되니 일간이 신왕하다.

사주원국이 亥월에 출생하여 추운겨울이므로 조후법상 식상 木과 재성 "火"를 용신하는데 마침 년간 丁火 정재가 지지 亥중의 甲木에 뿌리를 두고 투출하여 있으며 더하여 시상에

식신 甲木이 역시 투출되어 신왕한 일간의 기운을 누출시키면서 정재 丁火를 생조하니 사주가 길해졌다.

*. 본 장 자형에 대한 판단,!

사주주인공인 황 모씨는 사주원국에 辰-辰, 亥-亥, 자형이 두 번씩이 존재하여 있으므로 매사를 열의를 가지고 사업에 임하였지만 끈질긴 집념이 부족하여 중도에 싫증을 느껴 번번히 사업에 실패하고 말았다.

또한 이와 같은 현상은 자형이 중첩되어 있는 관계로 자형의 성질이 증폭되어 있음을 단적으로 나타내고 있는데 따라서 황 모씨의 성격도 자존심 고집 또한 타의 추종을 불허할 정도로 자기 주장을 고집하여 타의 미움과 적을 곧잘 사기도 하였다.

*.격국(格局)에 대한 세운흐름,!

육친의 성질로 살펴볼 때 일주와 시주가 자형이 되어 있으니 약관의 나이에 어린 아들이 병사(病死)로 유명을 달리하더니 설상가상으로 1994년 甲戌년에 두 번째 아들이 교통사고로 사망하는 비운을 맞이하였다.

이것은 황 모씨의 사주원국에 자형이 중첩되어 있는 중에 일지와 시지가 십이운성에 墓지에 임해 있어 자식과 처가 매우 불리하다는 것을 사주는 무언중에 암시를 하고 있는 것이며 더하여 시주가 甲辰으로 백호대살에 임해있으므로 백호대살이 십이운성에 쇠약한 기운에 해당하고 또 辰-辰자형까지 중첩하니 시주는 자식궁이며 육친별로 편관이 자리잡고 있으니 아들이 사망하는 것이다.

그런 가운데 1994년 세운 甲戌년이 되고 보니 일주와 시주를 같이 辰-戌 상충이 되므로 시주는 자식궁이라 그렇지 않아도 자형이나 백호대살로 인하여 자식이 위험하게 되어 있는데 세운에서 상충으로 충격을 가하니 가망이 없는 것이다.

*. 위 사주격국에 대한 작명의 판단,!

이상과 같이 사주주인공인 황 모씨의 사주원국을 감평을 하여보았는데 만약 황 모씨가 유년에 성명을 하는 것이 된다면 사주의 용신이나 희신이 "木", "火"이므로 음령오행인 "가", "카"나 "나", "다", "라", "타"에 속에 있는 음령으로 이름을 지어주면 될 것인데 획수의 길격도 참조하여 작명하면 좋을 것이다.

또한 만약 황 모씨가 사업을 한다하여 상호를 작명하게 된다면 이상과 같은 음령으로 상호를 짓고 더하여 **"푸른색깔"**이나 **"붉은색깔"**의 간판에 음령의 글씨를 새겨준다면 더욱 더 금상첨화가 될 것이다.

*. 참고로 황 모씨의 아들이 4형제인데 사주원국에 辰土 편관이 2개 있으며 년, 월지 亥중의 지장간 여기에 戊土편관이 2개가 존재하여 있으므로 남자 사주에는 정관은 딸을 의미하고 편관은 아들을 의미하니 4형제가 있게 되는 것을 참고 바란다.

*. 참고로 이상의 형(刑)은 사주원국에 글자가 두 자만 되어 있고 삼 자가 되지 않을 시는 두 가지 글자만은 특성이 다르다는 것을 명심하고 예를 들면 巳-申은 육합도 되고 형도 되

기 때문에 처음에는 유정하나 나중에는 배반상극 하는데 십이운성에 **"장생"**, **"건록"**, **"제왕"** 등이 있으면 형의 작용이 약하고 **"사"**, **"절"** 등의 쇠약한 기운에 있으면 형의 작용은 더욱 더 흉하게 된다.

또한 두 개의 글자가 사주원국에 있다면 대운이나 세운에서 없어진 글자가 보충되어 들어온다면 완전한 삼형이 되기 때문에 더욱 더 형의 작용을 강하게 받는다.

그러나 격국이 순수하고 십이운성에 장생, 건록, 제왕 등이 있고 신왕하며 편관 및 정관이 용신이 되면서 용신 또한 강력하면 권력을 잡고 판, 검사 및 군인의 사주이다.

그러므로 형의 작용은 상호가 가깝게 붙어 있으면 살의 작용은 확실하게 일어나며 형이 있어도 공망이 된다던지 타 육신과 합이 되면 이 형의 작용은 없어진다고 판단해야 한다.

(라). 파(破)

*. 파(破)의 도표

子-酉　午-卯　申-巳　寅-亥　辰-丑　戌-未

형, 충, 파, 해 사대원칙 중에서 파는 세 번째 해당하는데 지지의 파가 사주 원국에 있으면 행복과 발전에 파괴, 분리, 이별 등의 작용을 하게 된다.

따라서 이 파가 사주원국에 있게 되면 해당하는 육친은 물론이고 자기 본인 역시 어떠한 이유에서도 파의 흉폭성에 면할 수가 없게 된다.

또한 파의 힘은 전장에 설명한 형, 충보다 그 힘이 약하다고 보는데 그러나 사주에 파가 들어 있고 다른 살성이 충첩되어 있으면 그 재화는 매우 강력하게 일어나기 때문에 그 흉폭성은 무시할 수가 없다.

*. 참고로 파는 오행을 상극하는 의미가 비록 형, 충보다 약하다고 보지만 오행의 합의 결합에 있어 이 파가 가운데 들어 있게 되면 완벽한 합을 구성하기가 곤란하게 된다.

그러므로 파는 혼자로서 오행을 상극하는 의미는 비록 약하나 만약 사주원국의 타 주에서 중첩으로 파의 작용이 이중으로 오행을 상극하던지 다른 형, 충과 같이 있으면 그 세력이 대단히 강력하여 합을 구성하는 것을 어렵게 할 수도 있다.

*. 참고로 파는 형, 충보다 약하다고 하지만 파가 사주에 이중으로 있고 다시 세운, 대운에서 파를 맞이하면 그 흉폭성은 이루 말 할 수가 없다.

또한 파 중에서 형을 동반한 것이 있는데 이 때는 파로 보지 말고 형을 먼저 따라가서 감정을 해야 한다.

예를 들면 "戌-未"나 "巳-申"은 형을 동반하기 때문에 형을 기준으로 하여야 정확할 것이고 더하여 "寅-亥" 파는 합도 성립이 되기 때문에 파의 작용은 약하다.

(마). 해(害)

*. 해(害)의 도표

子-未 丑-午 寅-巳 卯-辰 申-亥 酉-戌

지지의 해는 형, 충, 파, 해 중에서 4번째에 해당하는데 이 해가 사주원국에 있으면 대결하여 투쟁한다는 의미를 지니고 있으며 은인 가운데 원수가 되어서 서로간에 불목하여 상극한다.

그러므로 형, 충과 같이 그 특성이 속전속결로 일어나지 않고 끈질기게 줄다리기를 하며 지속적으로 고통과 장해가 오는 것이 이 해의 특징이다.

*. 참고로 이 해는 보통 "**육해(六害)**"라고도 말하며 이 육해살이 사주원국에 있을 때 인생행로에 장애가 많으며 보통 유년시절에 고난을 많이 당하는 것을 보고 있다.

또한 육해가 있으면 본인의 조상이나 부모 때에 불전(佛典)이나 신(神), 교회 등의 신자가 많고 더하여 점을 치는 보살이나 법사, 역학자 등이 많이 있는 것을 저자는 보고 있다.

*. 육해 중에서 "**寅-巳**"의 해는 형을 동반한 것이기 때문에 살의 작용을 형과 같이 판단하여야 될 것이다.

더하여 사주원국에 "**寅-巳**"가 있으면 다시 세운이나 대운에서 "**申**"이 들어오게 될 때 "**寅-巳-申**"으로 완전한 삼형이 성립되어 사주의 격국이 나쁘면 그 재화는 매우 강력하게 일어난다.

이상으로 지금까지 형, 충, 파, 해의 오행의 상극의 부분을 설명을 하였는데 여기서 형, 충, 파, 해의 특성과 통변법을 지면의 여건상 기술하지 못했다는 것을 말하지 않을 수 없다.

따라서 이와 같은 형, 충, 파, 해의 통변법은 **命理入門**이나 **命理秘典** 上권에서 대단히 자세하게 기술이 되어 있으므로 본 작명대비전에는 글자그대로 작명을 하기위한 비법을 전수하기 위하여 지면의 한정 상 통변법은 생략하기로 하겠다.

지금까지 설명한 오행의 생과 극 그리고 형, 충, 파, 해는 사주원국의 용신법을 선정함에 있어 합이 성립되어 있을지라도 이상과 같은 상극의 기운이 있을 때는 합이 성립되지 못하고 일간이 **"신약"** 이나 **"신강"** 으로 치우쳐져 용신을 완전히 정반대로 선정해야 할 때가 있기 때문에 절대로 **"형", "충", "파", "해"** 의 특성을 무시하지 않길 바란다.

제3장. 십이운성과 육신
(十二運星 六神)

*. 작명이나 상호를 하기 위하여 일간의 강약을 결정하여 용신을 잡아야 되는데 십이운성은 일간의 강약과 사주팔자의 왕, 쇠를 나타내고 있으며 육신은 사주의 기운을 열 가지의 특성으로 대변하는 것이다.

1. 십이운성(十二運星)

[1]. 십이운성(十二運星)

★. 십이운성(十二運星)의 도표

12운	장생	목욕	관대	건록	제왕	쇠	병	사	묘	절	태	양
甲일	亥	子	丑	寅	卯	辰	巳	午	未	申	酉	戌
乙일	午	巳	辰	卯	寅	丑	子	亥	戌	酉	申	未
丙戊일	寅	卯	辰	巳	午	未	申	酉	戌	亥	子	丑
丁巳일	酉	申	未	午	巳	辰	卯	寅	丑	子	丑	戌
庚일	巳	午	未	申	酉	戌	亥	子	丑	寅	卯	辰)
辛일	子	亥	戌	酉	申	未	午	巳	辰	卯	寅	丑
壬일	申	酉	戌	亥	子	丑	寅	卯	辰	巳	午	未
癸일	卯	寅	丑	子	亥	戌	酉	申	未	午	巳	辰)

도표에서 보면 12가지 기운으로 탄생과 소멸의 과정을 연출하는 것으로 이것은 사주추명의 오행에 접목시켜 육신과 상호작용을 하여 숙명적인 운명을 나타내는 별이라고도 볼 수가 있는 것이다.

이와 같은 현상은 십이운성의 글자가 삼라만상의 우주법칙을 본 따서 **"12가지" "별"**로 분류한 것이며 그것을 인간에 비유한다면 인간이 어머니 품속에 있다가 태어나서 그리고 자라서 성장하면 결혼하고 직장에 근무하여 청장년을 보내고 나면 늙어서 병들어 죽음에 도달하는 이치와 같다.

그 후는 무덤에 정착하고 본래의 흙으로 되돌아가는 형상을 비유하는 것인데 결국 십이운성은 **"탄생"**과 **"소멸"**의 과정을 표현한 것을 말하는 것이다.

[2]. 십이운성의 의미와 작용

(가). 절(絶)

무중력 속에 풍선을 띄워 놓은 것과 같이 전혀 동요됨이 없고 만약 어떤 외부 충격을 가하면 그 힘에 의하여 움직이는 것과 같다.

십이운성의 "**절**"이 사주 내 일주에 동주해 있다면 남녀간에 인정에 못 이겨 재화를 초래하는 결과가 많으므로 주위의 유혹에 대단히 약하다.

또한 여자는 혼전에 남자의 유혹에 약하여 정조를 잃기 쉽고 문서보증, 금전거래관계에 맺고 끊기를 불분명하게 하여 손재를 당하기 쉽다.

(나). 태(胎)

대지에 싹이 나와 움이 트는 것과 같이 생동감을 연출하여 주위에서 양분을 흡수하며 그로 인하여 스스로 생명력을 간직하려는 의미가 깊다.

그러므로 "**태**"가 일주에 있게되면 자기 발전이 약하므로 타인에게 의지하려는 성질이 강하고 일면 호색관계로 남녀 연정 때문에 고통을 받는 일이 많다.

(다). 양(養)

어머니 뱃속에서 자라는 과정이므로 주위의 현실속에 적응하려고 하며 그저 어머니가 행동하는 데로 따라가는 성질이 동반된다.

일면 색정에 빠질 염려가 있고 양자 또는 유년 남의 손에 양육되어 성장하는 경우가 많다.

"양"이 일주에 있게되면 성품이 온화하고 낙천적이며 무슨 일이던 안정을 요하며 서두르는 것이 없으므로 타인에게 호감을 받는 반면 무슨 사고가 생기면 두려움 속에 안절부절못하고 걷잡을 수 없이 무너지며 결단성이 부족하게 된다.

(라). 장생(長生)

어머니 뱃속에서 태어남과 같으며 창조성과 생동감으로 온통 젖어있다. 불굴의 기상이 엿보이고 있으며 그 기상 속에서는 어느 누구도 감히 가로 막지 못한다.

화합, 창조, 기상, 후퇴없이 전진하는 상으로 십이운성의 **"건록", "제왕지"**와 함께 최고의 길지(吉地)라고 말할 수가 있다.

이 **"장생"**이 일주에 동주하면 사주주인공은 세인의 은덕을 많이 받으며 친목과 화합의 윗사람으로서 대인의 풍격을 고루 갖춘다.

(마). 목욕(沐浴)

모태에서 출생하여 목욕을 시키며 몸을 청결하게 가꾸는데 어머니 뱃속의 환경과 밖의 환경이 다르기 때문에 추위와 기

후에 적응을 하지 못하여 대단히 불편해 한다.

따라서 이러한 환경에 적응하기까지 어느 정도의 시간과 고통이 따르며 그러므로 그 시련의 기간이라 할 수가 있다.

"목욕"이 일주에 있게 되면 색정문제로 번민이 따르고 항상 아름다움을 선호하기 때문에 그로 인하여 낭비와 지출이 많으며 유행에 민감하다.

사주원국에 **"도화"**와 **"목욕"**이 동주하면 남녀 다같이 주색잡기에 능하며 사주의 격국이 순수하지 못할 때는 주색으로 패가망신한다.

(바). 관대(冠帶)

사람이 성장하면서 의관을 차려입은 것을 말하고 자기 스스로의 나아갈 길을 개척하며 진취적으로 활동하는 기상이 서려있다.

사주원국에 **"일주"**가 관대에 해당하면 사주주인공은 독립성과 자존심이 강하여 매사에 어려운 고통이 있더라도 참고 견디는 습관이 강하고 불의와 부정을 보면 참지 못하는 공평정대함의 도리를 다하는 기질이 농후하다.

(사). 건록(健祿)

사과나무에 꽃이 피고 사과가 달린 것과 같으니 사람이 성장하여 관록에 진입하여 국가에 노력하며 그 결실로 봉급을 받는 것과 같다.

따라서 건록은 장생, 제왕지와 함께 최고의 경지와도 같으니 불굴의 투지로서 고난을 헤쳐나가는 힘이 강력하여 일단 무슨 일이 있어 돌진하면 어느 누구도 감히 막지 못한다.

건록이 사주원국의 일주에 동주하여 있으면 "**전록(專祿)**"이라 하고 시주에 있으면 "**귀록(貴祿)**"이라 하는데 이와 같이 건록이 사주에 있게 되면 사주 주인공은 공평, 정대, 상하질서와 공과 사를 엄격히 구분한다.

*. 참고로 건록은 일간의 기운을 강하게 만드는 기운이므로 만약 일간이 신왕하면 별 문제가 없겠지만 만약 일간이 신약하여 건록이 중요한 기운으로 선정되고 있다면 사주원국에서 형, 충, 파, 해로 가격하여 일간의 중요한 건록의 기운을 약화시키고 있다고 할 때 이것은 대단히 좋지 못하게 된다.

더하여 이러한 것은 운로인 대운이나 세운에서 형, 충, 파, 해가 들어온다고 해도 건록의 기운이 심하게 손상을 당할 것이며 따라서 일간의 생조하는 힘이 쇠약해지므로 그 때에는 재화가 속출하니 이러한 부분을 대단히 신중하게 운로의 흐름을 판단할 필요가 있다.

(아). 제왕(帝旺)

산을 올라가면 정상이다,!
이제 더 이상 올라갈 수가 없다.
더하여 산의 정상에서 내려다보면 삼라만상의 모든 것이 내 눈에 들어오는 것처럼 최고의 경지라고 말할 수가 있다.
제왕이 일주에 있는 자는 자존심과 고집이 강대하고 한번 마음을 먹으면 실패하던지 성공이던 간에 물불을 가리지 않고 뛰어든다.

더하여 불의에 대한 것은 절대 용납하지 않고 사회봉사와 어려운 사람에게 때로는 헌신적으로 보살피는 자비스런 마음도 있으나 반면 고집이 강대하기 때문에 어떨 때는 아만심 및 자만심으로 남을 낮춰보는 기질이 다분하여 일면 대인관계에 불화를 유발하니 그로 인하여 주위에 고립이 되기 쉽다.

또한 제왕이 사주의 일지에 있게 되면 사주주인공은 아무리 어렵고 괴로워도 주위에 어렵다고 말하지 않으며 남의 신세 및 동정을 바라거나 구걸을 죽기보다 싫어한다.

(자). 쇠(衰)

사람이 청장년시절을 보내고 나면 노쇠해지는 것과 같이 점차 기력이 떨어지는 시점을 말한다.

따라서 **"쇠"**가 사주에 있게 되면 해당하는 육친은 빈곤하거나 발달이 쇠약한 것으로 판단할 수가 있으며 더하여 "일주"에 쇠가 있게 되면 사주주인공은 투기와 모험을 싫어하며 안정이나 보수주의로 나가는 경향이 현저하게 된다.

더하여 주위의 사람에게 정이 약하여 유혹을 뿌리칠 수가 없으므로 인정 때문에 보증관계나 금전거래 관계에 손실을 당해보기 쉽다.

*. 참고로 쇠(衰)가 사주원국의 일주에 있게 되면 유년에 질병으로 시달리거나 그렇지 않으면 가업의 운이 좋지 않아 집안이 몰락하여 곤궁에 처한 경험을 가진 경우가 많으며 특히

일주에 **"백호대살"**이나 **"괴강살"**이 있게 되면 부부풍파가 대단히 많아 심할 경우 부부간에 생리사별한다.

*. 백호대살(白虎大殺)이란 무엇인가,?

"甲辰", "戊辰", "丙戌", "壬戌", "丁丑", "癸丑", "乙未"가 백호대살이 되는데 사주원국에 어디에 있더라도 백호대살의 힘은 작용한다.

따라서 그 특성은 핏빛을 보는 흉살 중에 대 흉살로서 이 백호대살이 사주에 해당하는 육친은 반드시 교통사고 및 암, 신체상 질병 등으로 **"흉사"**의 운명이 되는데 사주에 백호대살이 있고 다시 형, 충, 파, 해를 만나거나 다른 살성이 중첩하여 있다면 더욱 더 살의 작용은 강하게 된다.

하지만 백호대살의 흉함은 공망이 되던지 아니면 지합인 육합이나 삼합 등으로 백호대살의 기운을 **"합"**을 시켜주어야 그 흉함을 면하게 된다.

*. 괴강살(魁罡殺)이란 무엇인가,?

"壬辰", "庚辰", "戊戌", "庚戌"이 괴강살(魁罡殺)이 되는데 괴강살이 있는 여자는 비록 용모는 아름다우나 그 마음이 고집이 세어 남편과 참다운 화합을 할 수가 없어 이혼하거나 과부되거나 병으로 신음하는 자가 많다.

또한 남자는 이론적인 토론을 좋아하며 그 성질이 지나치게 결벽증을 가지고 있는 살로서 이 괴강살이 "일지"에 있게 되면 부부풍파가 많아 이혼을 하거나 사별하게 된다.

(차). 병(病)

사람이 나이가 들어 몸이 쇠약하여 질병에 걸리는 것과 같으며 병환 때문에 자리에 누워있는 것과 같고 안정과 조용한 것을 찾는다.

십이운성의 병이 **"일주"**에 있게 되면 활동적이지 못하고 항상 조용한 것을 좋아하며 내실을 돈독히 하는 보수주의적인 기질이 노후하다.

또한 무슨 난관에 부딪치면 당황부터 하게 되고 남의 도움을 받지 않으면 혼자 해결할 수가 없게 된다.

더하여 남녀 다같이 유년시절에 신체가 허약한 것이 특징이며 중병을 앓아본 경험이 있다.

(카). 사(死)

사람이 병들어 이제 죽음을 맞이하는 것을 말한다. 사주일주에 "사"가 있으면 성정이 차분하고 정직하며 천리이치를 따라 순응하는 사람이고 효자나 효손 등이 많다.

또한 유년 큰 병으로 고생하였거나 부모와 별거하고 대체로 일지에 **"사"**가 있으면 남녀 다같이 부부궁이 불길하여 재혼하거나 불연이면 병약하다.

(타). 묘(墓)

곡식이 창고에 저장된 것과 같고 사람이 죽어 장지에서 묘에 들어가는 것을 말하며 **"묘"**가 **"일주"**에 있게 되면 매사 침착하고 낭비와 지출을 줄이는 검소한 성격의 소유자로서 부모형제와 인연이 박하고 그로 인하여 타향살이로 나간다.

[3]. 십이운성(十二運星)의 응용

전장의 십이운성에 대해 잠깐언급을 하였지만 십이운성은 육신과 더불어 상호작용을 하여 숙명적 운명을 판단한다고 설명하였다.

그러나 이 외에도 십이운성은 용신을 정할 때 일간에 미치는 강, 약 유무에 반드시 작용을 하므로 본 장은 이 부분을 중점적으로 파악하여 설명하기로 한다.

(가). 십이운성으로 본 일간의 강, 약

	시	일	월	년
(십이운성) ──▶	胎	旺	胎	養
	壬	丙	壬	癸
	子	午	子	丑
(오 행) ──▶	水	(火)	水	水
	水	火	水	土

*. 일간의 왕쇠(旺衰),!

위의 사주는 丙 일간에 일지에 십이운성의 帝旺지에 뿌리를 두고 월, 시에 胎지 년은 養지에 속해있다.

사주원국이 왕성한 水氣에 의해 일간 丙火가 파극됨이 심하고 월령 子水와 시지 子水에 힘이 강한 중에 사주천간은 壬水가 투출되니 일간이 신약하다.

고로 일간 丙火가 힘이 약하니 용신은 일간 丙火를 생조하는 인성 木과 비겁 火인데 그 와중에 子- 午 상충이 되므로 용신이 왕성한 子水의 힘에 의해 파극을 당해 용신의 기운이 사실상 쇠약해졌다.

*. 본 장 십이운성의 강약에 준한 판단,!

이와 같이 비록 십이운성이 일간 丙火가 일지 午火 제왕지에 앉아있다고 하나 약간의 힘이 비등을 가름할 뿐 완전히 일간이 신강이 되느냐 신약이 되는 것은 아니므로 십이운성으로 일간의 강, 약을 결정하는 것은 추명의 원리에 약간 무리가 따른다고 볼 수가 있다.

더하여 십이운성으로 일간의 강,약 유무를 정하는 것이 사실상 양간(陽干)과 음간(陰干)을 막론하고 용신을 설정하는 내격(內格)에 기준한 억부법의 원리와 상반되는 것이 많으므로 십이운성으로는 일간의 강약을 참조하는 정도로 파악하는 것이 타당하다.

또한 음간(陰干)은 억부의 법칙과 상반되는 것이 많은데 이것을 자세하게 예를 들면 일간이 양간인 甲 일간의 경우 십이운성의 장생지는 亥水가 지지에 있으면 성립되는 것이다.

그렇다면 亥水는 일간 甲木에 대한 편인이 되니 오행별로 水生木의 조건을 갖추고 있기 때문에 일간 甲木이 힘을 얻게 되어 십이운성으로 일간을 생조하는 것은 완전히 부합하게 된다.

하지만 음간(陰干)인 乙일간일 경우 십이운성의 장생지는 午火 인데 午火가 사주의 지지에 있다면 단편적으로 십이운성으로 생각한다면 일간 乙木이 힘을 얻게 되는 것이 될 수가 있을지는 모른다.

그렇지만 乙 일간은 십이운성의 장생지에 있는 午火의 생조를 받은 것이 아니고 오히려 오행별로 보면 木生火하여 왕성한 불길에 의하여 일간의 힘이 午火에게 빠져버리고 마니 십이운성으로 일간의 강약을 정하는 함정이 여기에 있는 것이다.

결국 십이운성은 비록 양간(陽干)에는 적용하는 것이 타당할 것이지만 음간(陰干)은 상반되는 것이 많으니 일간의 힘을 음간(陰干)에 대해서는 적용하지 않는 것이 되고 참고정도로 파악함이 좋을 것이다.

*. 참고로 십이운성으로 일간의 강약을 결정하는 것은 원칙적으로 **"양간(陽干)"**은 오행별로 볼 때 부합하므로 취용하는 것이 되나 **"음간(陰干)"**은 오행상생의 법칙에 상반되는 것이 되므로 원칙적으로 취용하지 않는 것으로 판단한다.

그러나 이것은 일간의 용신을 정함에 있어 일간의 힘을 결정하는 것을 말하는 것이지 음간(陰干)이라고 해도 육친통변법에 준하는 십이운성은 취용하지 못한다는 것은 아니다.

무슨 말인지 좀 더 자세하게 설명하면 전자에 말한 乙일간에 사주원국에 午火가 있을 경우 午火가 십이운성에 장생지에 앉아 있게 된다.

그렇다면 乙일간이 음간(陰干)이기 때문에 일간의 강, 약을 정하는 것은 안될 것이지만 午火가 육친별로 보면 편인이 되기 때문에 편인은 조부님을 나타내는 고로 조부님이 십이운성에 장생지에 있는 것은 조부님이 부귀한 어른이거나 명문 집안의 어른으로 나타내는 등으로 판단하니 이와 같은 "**음간(陰干)**"이라도 육친통변법에 적용하라는 것이다.

*. 내격(內格)이란 무엇인가,?

사주원국에 일간의 강, 약과 계절을 참조하여 용신을 선정하는데 이와 같이 용신을 선정하는 과정이 격국(格局)에 따라서 달리 적용하게 된다.

따라서 일간의 강, 약이 극도로 치우쳐져 이것이 종격(從格)이나 가종격(假從格)으로 흘러가면 외격(外格)이라 하여 별도로 용신법에 적용하여 용신을 판단하여야 될 것이다.

그렇지만 일간의 힘의 강, 약이 극도로 치우쳐져 있지 않고 다음 장에 나오는 용신의 기준에 부합하는 "**억부법(抑扶法)**"이나 "**조후법(調候法)**" 그리고 "**병약법(病藥法)**" 등의 용신법에 적용하는 사주원국을 통틀어 "**내격(內格)**"이라고 칭하는 것이다.

2. 육신(六神)

[1]. 육신(六神)

사주팔자의 여덟 글자는 오행 상 나타나는 것이 한정되어 있으므로 그것에만 부수되어 간명(看命)을 한다면 올바른 감정을 할 수가 없는 것이다.

이것은 사주원국이 어느 한정된 오행에 종속되어 있어 결국은 추명의 한계에 부닥치게 되는데 이것을 자세하게 예를 들어 설명하면 전장에 기술하였듯이 "甲", "乙"은 동일하게 "木"으로 취급되기 때문에 "甲"도 "木"일테고 "乙"도 "木"으로 감정한다면 곧 추명의 한계에 도달하게 된다.

그렇다면 甲木의 성절이나 "乙木"의 성질을 분류한다면 같은 木이라도 甲木은 강한 나무요, "乙木"은 약한 나무인데 성질은 동일하더라도 내부적인 면에는 대단히 복잡한 양상을 가지고 있다고 해도 과언이 아니다.

따라서 이와 같은 난해점을 해소시키는 것이 곧 육신(六神)인데 육신은 천간의 육신과 지지의 육신으로 분류되어 있으며 본 장에 설명하는 육신은 사주 추명학의 정상궤도인 용신 및 격국과 함께 추명의 원리를 파악하는 것이기 때문에 대단히 중요하게 취급하여야 한다.

결국 본 장 육신은 **"사주추명학의 간명(看命)의 절차를 속속히 파헤쳐 주는 하나의 부호 및 암호"**로서 이 육신을 모르고서는 사주감정을 수박겉핥기식으로는 몰라도 세밀하게 풀어내지는 못할 것이다.

더하여 또한 한마디로 **"간명비법(看命秘法)"**의 원리는 **"오행상생 및 상극, 그리고 육신과 용신의 강약 유무에 의하여 추명의 원리가 판가름"**나는 것을 학자는 알 필요가 있다.

★. 천간(天干)육신의 도표

육신	甲일	乙일	丙일	丁일	戊 일	己일	庚일	辛일	壬일	癸일
비견	甲	乙	丙	丁	戊	己	庚	辛	壬	癸
겁재	乙	甲	丁	丙	己	戊	辛	庚	癸	壬
식신	丙	丁	己	戊	庚	辛	壬	癸	甲	乙
상관	丁	丙	戊	己	辛	庚	癸	壬	乙	甲
편재	戊	己	庚	辛	壬	癸	甲	乙	丙	丁
정재	己	戊	辛	庚	癸	壬	乙	甲	丁	丙
편관	庚	辛	壬	癸	甲	乙	丙	丁	戊	己
정관	辛	庚	癸	壬	乙	甲	丁	丙	己	戊
편인	壬	癸	甲	乙	丙	丁	戊	己	庚	辛
인수	癸	壬	乙	甲	丁	丙	己	戊	辛	庚

★. 지지(地支)육신의 도표

육신	甲일	乙일	丙일	丁일	戊 일	己일	庚일	辛일	壬일	癸일
비견	寅	卯	巳	午	辰戌	丑未	申	酉	亥	子
겁재	卯	寅	午	巳	丑未	辰戌	酉	申	子	亥
식신	巳	午	辰戌	丑未	申	酉	亥	子	寅	卯
상관	午	巳	丑未	辰戌	酉	申	子	亥	卯	寅
편재	辰戌	丑未	申	酉	亥	子	寅	卯	巳	午
정재	丑未	辰戌	酉	申	子	亥	卯	寅	午	巳
편관	申	酉	亥	子	寅	卯	巳	午	辰戌	丑未
정관	酉	申	子	亥	卯	寅	午	巳	丑未	辰戌
편인	亥	子	寅	卯	巳	午	辰戌	丑未	申	酉
인수	子	亥	卯	寅	午	巳	丑未	辰戌	酉	申

도표에서 표시하였듯이 육신표출법이 천간육신과 지지육신으로 구분되어 있는 것을 볼 수가 있다.

따라서 천간육신은 천간의 오행으로 각각 대조하여 판단하니 구별이 되고 쉬운 것 같은데 지지의 육신은 **지장간의 "정기(正氣)를"** 위주로 하여 일간과 대조하여 육신이 **"선정"**되어 있는 것을 볼 수 가 있다.

지지의 육신을 판단하는 방법은 다음 장에 지장간을 응용하면서 자세하게 다루고 있으므로 다음 장을 참조하는 것이 좋을 것이며 학자는 육신을 표출하는 법이 조금 어려운 것 같으나 자기본인의 사주를 육신도표를 보고 찾아 대입하면서 계속하여 공부를 한다면 그리 어려운 것은 아니라는 것을 알기 바란다.

(예1). 甲 일간 중심으로 하여 천간 육신을 표출하여 보면,!

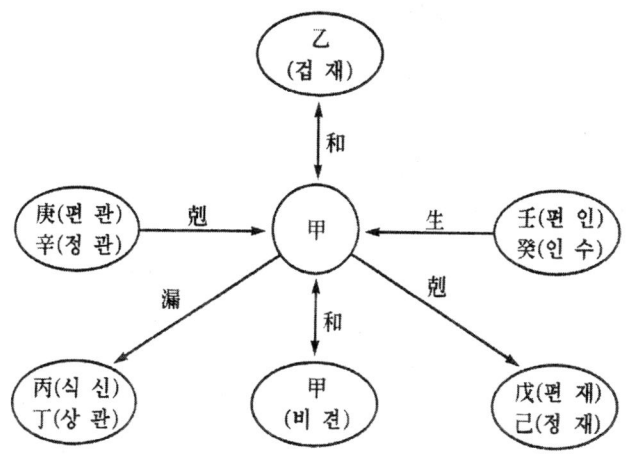

(가). 비견(比肩), **겁재**(劫財)

비견과 겁재는 일간과 동일한 오행이며 보통 하나로 묶어서 "비겁(比劫)"이라 칭하고 비견은 일간과 음양이 같고 겁재는 음양이 틀린다.

(나). 식신(食神), **상관**(傷官)

식신, 상관은 일간의 기운을 누출시키는 오행이며 또한 일간이 생조하는 기운이다. 보통 식신과 상관을 하나로 묶어 "식상(食傷)"으로 통칭하기도 하는데 식신은 일간과 음양이 같고 상관은 음양이 틀린다.

(다). 편재(偏財), **정재**(正財)

일간이 상극(相剋)하는 오행을 말하고 편재와 정재를 하나로 묶어 "재성(財星)"으로 통칭하기도 하는데 편재는 일간과 음양이 같고 정재는 음양이 틀린다.

(라). 편관(偏官), **정관**(正官)

일간을 정면으로 상극해오는 오행을 말하는데 편관과 정관을 하나로 묶어 "관성(官星)" 및 "관살(官殺)"이라고 통칭하며 편관은 일간과 음양이 같고 정관은 일간과 음양이 틀린다.

(마). 편인(偏印), **인수**(印綬)

일간을 생조해주는 오행이며 편인과 인수를 하나로 묶어 "인성(印星)"으로 통칭하기도 하는데 편인은 일간과 음양이 같고 인수는 일간과 음양이 틀린다.

(예2).
시	일	월	년
丁	丙	乙	甲
卯	寅	丑	子

겁재		인수	편인
火	(火)	木	木
木	木	土	水

*. 양 일간(甲, 丙, 戊, 庚, 壬)이므로 순행으로 **"丙 일간과 사주천간의 오행과 대조하여 육신을 표출"** 한다.

(예3).
시	일	월	년
丙	壬	庚	戊
子	戌	午	寅

편재		편인	편관
火	(水)	金	土
水	土	火	木

*. 양 일간인 壬 일간이므로 천간 육신도표에서 **"일간을 기준으로 순행하면서 육신을 표출"** 한다.

(예4).

시	일	월	년
戊	丁	丙	乙
辰	卯	寅	丑

상관		겁재	편인
土	(火)	火	木
土	木	木	土

*. 음 일간(乙, 丁, 己, 辛, 癸)이므로 **"일간 丁火를 중심으로 역행하여 오행을 판단하면서 육신을 표출"**한다.

(예5).

시	일	월	년
甲	乙	戊	庚
子	丑	寅	子

겁재		정재	정관
木	(木)	土	金
水	土	寅	水

*. 음 일간이 **"乙木을 중심으로 하여 육신도표에 보면 역행으로 판단 하면서 육신을 표출"**한다.

[2]. 지장간(地藏干)

천지만물의 조화를 살펴볼 때 하늘은 천(天)이라 하고 땅은 지(地)라 하였던 것을 알 수가 있다.

이와 같은 현상을 사주추명학상에 사주팔자의 간지도 하늘의 뜻을 본 따 천간이라 하고 땅을 본 따서 지지이라 명칭을 표현한 것이다.

그런데 이 땅속에 하늘이 들어있다고 말할 수가 있으며 또는 지지에 하늘과 같은 오행이 상주한다하여 이것을 문자로 표시한 것이 **"지장간(地藏干)"**이라 하고 지지에 천간을 표출시켜내는 것이다.

하지만 지지의 지장간에는 천간오행과 달리 각각의 2~3개의 천간오행이 존재하여 있는데 이것을 두고 **"여기(餘氣)"**, **"중기(中氣)"**, **"정기(正氣)"**로서 서로의 오행을 대변하고 있는 것을 볼 수가 있다.

따라서 이와 같은 지지의 지장간 속에는 하늘의 간(干)이 하나만이 존재하는 것이 아니고 2개에서 3개의 오행이 함께 존재하여 있음에 따라 그 양상이 복잡 미묘한 것은 **"지장간의 변화가 천 가지 만 가지의 변화를 불러올 수 있음"**을 뜻한다.

본 장은 지장간의 변화를 더욱 더 파악하고 더하여 지지의 육신을 표출시키는 것에 대하여 기술하고 있지만 앞으로 간명(看命)의 절차에서 여기 지장간을 모르고서는 추명의 원리를 제대로 파악할 수가 없는 것은 지장간 속에 서로 각각의 오행이 있음에 따라 별도의 숙명적 암시를 나타내고 있기 때문이다.

전장의 천간육신을 표출시키는 방법은 일간에 천간을 대조하면 쉽게 찾을 수가 있지만 지지의 육신은 지장간 속에 **"정기천간(正氣天干)"**을 모르고 서는 지지육신을 표출시킬 수가 없다는 것을 명심하고 앞으로 용신 및 격국을 대면할 때 **"지장간 속에 들어 있는 오행을 얼마나 무궁무진하게 활용할 수 있는 정도에 따라 추명의 원리를 완전히 파악"**할 수 있는 척도가 될 것이다.

*. 지지 지장간(地藏干)의 도표

지장간	여 기(餘氣)	중 기(中氣)	정 기(正 氣)
(지지) 子	壬 10.35	═══	癸 20.65
丑	癸 9.30	辛 3.10	己 18.60
寅	戊 7.23	丙 7.23	甲 16.54
卯	甲 10.35	═══	乙 20.65
辰	乙 9.30	癸 3.10	戊 18.60
巳	戊 5.17	庚 9.30	丙 16.53
午	丙 10.35	己 9.30	丁 20.35
未	丁 9.30	乙 3.10	乙 18.60
申	戊 7.20	壬 3.10	庚 17.60
酉	庚 10.35	═══	辛 20.65
戌	辛 9.30	丁 3.10	戊 18.60
亥	戊 7.23	甲 5.17	壬 18.60

*. 천　　간(天　　干) = 천　　원(天　元)
*. 지　　지(地　支) = 지　　원(地　元)
*. 지 장 간(地 藏 干) = 인　　원(人　元)

이상 도표에서 표시하고 있듯이 하나의 지지 속에 2~3개의 천간이 암장되어 있는 것을 알 수가 있다.

더하여 하나의 암장된 천간의 힘이 각각 그 세력을 달리 표현하고 있는데 이와 같은 것은 계절의 절기에 따른 힘을 표시하고 있는 것이며 그렇다면 만약 사주운명의 소유자가 태어난 달이 "여기(餘氣)"와 "중기(中氣)" 및 "정기(正氣)"의 어느 한 쪽에 지배를 받고 있다면 그 영향력은 대단히 강하게 될 것이다.

따라서 지지의 변화는 천간보다 훨씬 지지의 지장간이 변화무쌍한데 보통 사주추명의 감정에 들어가면 천간의 변화함은 단순히 천간오행 그대로를 보고 적용하기 때문에 쉽지만 지지는 **"지지의 지장간에 숨어있는 장간(藏干) 때문에 그 속에 내포되어 있는 길, 흉을 가려낼 필요"**가 있는 것이므로 지장간의 변화를 깊이 파악할 필요가 있다.

한 가지 예를 들어 설명한다면 **"사주원국 내 형제의 길흉을 볼 때 육신으로 보면 비견, 겁재가 되겠는데 사주팔자 속에 형제의 오행이 없고 지지의 지장간 속에 형제가 숨어있게 되면 형제가 있는 것이 되고 더하여 운로인 대운이나 세운에서 형제가 숨어있는 지지를 형, 충을 할 때 형제가 불길하다고 판단"**하는 것과 같은 한 일례인 것이다.

이와 같은 성질을 비추어 볼 때 지지의 지장간은 그냥 스쳐지나가는 정도로서 공부는 절대 안되는 것을 판단할 필요가 있는 것이며 더하여 지장간의 표출여부가 운명의 암시를 예시하는 하나의 척도이니 절대로 소홀히 취급을 하지 않아야 될 것이다.

[3]. 지장간의 성정(地藏干의 性情)

(가). 여기(餘氣)

전(前)달을 지배하였던 오행을 반영하는데 예를 들면 火는 여름의 시작이므로 전월인 봄인 관계로 봄의 영향을 미숙하나마 현재에도 영향을 받는 것이고 따라서 火에는 전월의 기운이 寅木 중에 甲木이 미약하나마 영향을 주고 있는 것이다.

(나). 중기(中氣)

삼합이 되는 오행을 나타내기도 하는데 寅, 申, 巳, 亥 등의 중기는 삼합오행의 양간지를 나타내고 辰, 戌, 丑, 未는 삼합 중에 음간을 나타낸다.

중기(中氣)는 여기(餘氣)보다 그 힘이 **"강"**하며 또한 출생월의 중기에 들어 있다면 중기의 힘은 더욱 더 강력할 것이다.

(다). 정기(正氣)

지지의 지장간중에 가장 강력한 기운으로 **"중심의 오행 대표"**를 나타낸다.

따라서 지장간의 정기(正氣)는 지지의 오행을 바로 나타내기도 하는데 이것은 그만큼 정기의 힘이 강력하다는 것을 의미하는 것이다.

또한 만약 사주원국의용신이나 희신 및 기신(忌神)이 지지의 정기에 뿌리를 두고 있다면 그 힘은 대단히 강력하다고 볼 수가 있다.

*. 참고로 지지의 힘 중에서 지장간의 힘은 반드시 무시할 수가 없는데 이것은 사주팔자의 **"천간지지를 비교 분석하면 천간보다 지지의 힘이 훨씬 강력하게 작용"**하기 때문이다.

특히 그 중에서 지장간의 힘을 비교분석하여 볼 때 **"월지"**의 지장간은 다른 지지의 지장간보다 힘의 강도가 약 **"2~3배"** 정도 강력한 것이며 따라서 월지의 지장간에도 특히 정기는 절입의 계산상 고려해 볼 필요도 없이 무조건 강력하게 작용하므로 지지의 오행은 정기(正氣)오행으로 대표하는 것을 알 수가 있다.

*. 참고로 사주원국을 살펴볼 때 **"월지의 정기에 뿌리를 박은 것이 천간에 다시 동일 오행이 투출되어 나와 있다면 그 오행을 사주의 격(格)으로 잡고 운명을 해석"**해도 무방하다.

또한 월지이외의 **"년지, 일지, 시지의 지장간에 뿌리를 박은 오행도 사주천간에 투출되어 나와 있다면 그것 역시 무시하지 못할 강력한 힘"**을 가진다고 판단해야 될 것인데 만약 이와 같은 현상이 되고 있으면 격(格)을 잡아 운명을 판단할 때 이와 같은 참고를 하여 간명(看命)함이 타당하다.

(예1).

시	일	월	년
戊	丁	丙	甲
辰	卯	寅	子

"인수"
土　(火)　火　木
土　　木　　木　水

위의 사주는 월지 寅木의 지장간 정기(正氣)에 뿌리를 박은 년간 甲木이 투출되어 있다.

그러므로 일간이 신왕하고 월지의 정기인 인수가 사주년간에 투출되어 있으니 **"신왕인수격(身旺印綬格)"**으로 **"격(格)"**을 잡고 해석하면 되는 것이다.

(예2).

시	일	월	년
壬	癸	乙	甲
子	寅	丑	子

"겁재"
水　(水)　木　木
水　　金　　土　木

위의 사주원국은 시지 子水에 의하여 사주천간에 양인인 겁재 壬水가 투출되어 水氣가 매우 강력하다.

비록 월령에 丑土 편관이 자리잡고 있으니 **"월지편관격(月支偏官格)"**과 시간의 壬水 겁재 양인이 투출되어 그 세력이 매우 강력하므로 편관격과 **"시상양인격(겁재)"**을 같이 보고 사주를 감정하면 좋을 것이다.

(예3).

시	일	월	년
甲	壬	己	壬
子	子	未	午

"정관"

木	(水)	土	水
水	水	土	火

위의 사주는 일간 壬水가 신왕하고 사주원국의 월지에 未土 정관이 자리 잡고 다시 월상에 己土 정관이 투출되어 있으니 "신왕월지정관격(身旺月支正官格)"으로 보고 사주의 감정을 하면 될 것이다.

[4]. 지장간으로 보는 지지의 육신

사주원국의 천간의 육신은 천간오행 상생상극에 의하여 대조하면 그대로 육신이 표출되었지만 지지의 육신은 지장간의 오행정기를 보고 판단하여야 된다.

그것은 전장에 설명하였듯이 지지의 지장간 중에서 여기(餘氣), 중기(中氣)보다 "정기(正氣)"의 힘이 지지오행을 대표하고 있으므로 따라서 그 힘이 대단히 강력하기 때문이다.

(예1).

시	일	월	년
丁	丙	乙	甲
卯	寅	丑	子

```
              겁재      인수 편인
              火 (火)   木   木
              木   木   土   水
              인수 편인  상관 정관
(지장간) ──────▶ 甲   戊   癸   壬 (여 기)
                   丙   辛      (중 기)
              乙   甲   己   癸 (정 기)
```

위의 사주를 보면 지지의 지장간에 子는 壬, 癸 그리고 丑에는 癸, 辛, 己 그리고 寅 속에 戊, 丙, 甲 및 卯속에는 甲, 乙이 있는데 명심할 것은 **"지지육신을 표출시킬 때에는 여기(餘氣)와 중기(中氣)는 사용하지 않으며 정기(正氣)를 보고 육신을 표출"** 한다.

더하여 학자는 지장간의 정기인 천간을 사주일간과 대조하여 육신표출도표에 대조하면 바로 찾을 수가 있을 것이다.

(예2).

```
        시   일   월   년
        辛   庚   己   戊
        未   午   巳   辰
```

```
           겁재      인수  편인
           金  (金)  土    土
           土   火    火    土
           인수  정관  편관  편인
```

(지장간) ──────▶ 丁   丙   戊   乙 (여 기)
                乙   己   庚   癸 (중 기)
                己   丁   丙   戊 (정 기)

위의 사주는 庚일지에 지지를 대조하여 보니 이상과 같이 지장간의 정기를 중심으로 하여 육신을 표출하였다.

더하여 다음으로 사주의 격(格)을 잡을 때는 월지에 편관이 있으므로 편관의 오행이 중심이 되어 있는 것을 보고 **"월지 편관격(月支偏官格)"** 으로 판단하여 사주를 감평하면 될 것이다.

(예3).

```
           시    일    월    년
           丙    戊    辛    壬
           戌    辰    卯    子

           편인        상관  편재
           火   (土)   金    水
           土    土    木    水
           비견  비견  정관  정재
```

(지장간) ──────▶ 辛　乙　甲　壬 (여　기)
　　　　　　　　丁　癸　　　　 (중　기)
　　　　　　　　戊　戊　乙　癸 (정　기)

위의 사주는 戊 일간 卯 월에 출생하였고 일간 戊土를 기준으로 하여 각지지의 지장간 정기를 중심으로 하여 대조하여 육신을 표출하였다.

더하여 사주의 격(格)을 잡을 때에는 월지에 정관 卯木이 있어 정관의 기운이 강력하니 정관을 중심으로 일간이 신왕하므로 **"신왕월지정관격(身旺月支正官格)"** 으로 보고 사주를 감평하면 될 것이다.

──────▶

제4장. 용신과 격국(用神格局)

*. 작명이나 상호를 하려면 사주의
필요한 기운을 알아야 하고 따라서
사주의 필요한 기운을 용신이라 한다.
또한 격국(格局)은 간명상 운로의 실체를
판단하는 것으로 용신과 격국을
선정하여야 만이 작명이나 상호에
필요한 오행을 첨가할 수가 있는 것이다.

1. 용신(用神)

사주추명학은 수천년의 역사를 자랑하고 오늘날 문명이 최고로 발달한 시점에 이르기까지 계속되어 내려오고 있는 것을 볼 수가 있다.

이와 같은 현상은 사주주명학이 그 명맥을 유지하고 오히려 과학이 발달한 현재에 와서 더욱 더 발전을 이룩하고 있는 것은 명리학이 인간의 과거나 미래의 운명을 절대적으로 속속히 파헤쳐 그 운에 대한 방비와 대처를 하고 있기 때문일 것이다.

따라서 사주의 운명을 신과 같이 파악하게 된 동기가 곧 바로 **"용신(用神)"** 이라는 실체를 완벽하게 잡아내느냐 아니면 반대로 잡아내지 못하느냐에 따라 간명과 추명의 판단이 결정되는 것을 알 수가 있다.

학자들 중에는 **"용신과 격국을 판단하는 것이 되면 사주추명학의 대가(大家)라 하여도 과언이 아니다"**,!라고 말하고 있는 것을 볼 때 그 학문의 깊이를 대단히 난이하고 어렵다고 생각하고 있는 것이 작금의 실태라 아니할 수가 없다.

그러나 사주추명학은 본래 오행의 근본의 틀속에 한정되어 있는 것이 대부분이고 더하여 추명의 원리가 어느 한정된 법칙만 간파한다면 그다지 어려운 학문이 아니므로 학자는 지금부터 저자가 설명하는 용신과 격국에 대하여 거듭 숙지만 한다면 완벽한 용신의 실체를 파악할 수가 있을 것이다.

그러므로 용신에 대한 사주팔자의 오행은 여덟 개 글자로 구성되어 있는데 그 중에서 **"일간을 중심으로 하여 오행 상생, 상극을 대조하여 강약을 결정"**한다.

그래서 사주원국에 어느 한정된 오행이 강하면 덜고 약하면 부조하는 힘을 정하는 것이 용신(用神)이라는 실체이며 따라서 궁극적인 목표는 오행 중화(中和)의 원칙을 도모하고 수평을 유지하는 것이라고 보면 되는데 이 용신의 기운이 **"사주격국에 따라 그 종류가 5가지로 분류"**되어 있다.

따라서 용신의 기운을 분류별로 파악하여 보면 첫 째로 사주의 오행의 강약의 유무에 결정하는 **"억부용신(抑扶用神)"**,! 둘째로 사주 내 한습난조(寒濕暖燥)를 파악하여 계절별로 따지는 **"조후용신(調候用神)"**! 셋째로 오행의 양자의 힘이 서로 대립되어 있는 것을 화해 및 연결시키는 **"통관용신(通關用神)"**,! 넷째로 오행의 힘의 강약이 극단으로 흘러 오히려 왕신(旺神)의 기운을 따르는 **"전왕용신(專旺用神)"**,! 마지막 다섯 번째로 사주원국에 병(病)이 있어 약신(藥神)으로 구제하는 **"병약용신(病藥用神)"**으로 세분된다.

결국 이 용신이 사주팔자를 감평할 때에 어느 운로가 길하고 어느 운로가 흉하다는 것을 완벽하게 판단하는 것이 될 것이며 또한 용신(用神)을 완벽하게 잡아내느냐 아니면 못 잡아내느냐에 따라 그 감평의 승패가 좌우될 것이고 더하여 **"용신은 사주팔자에 필요한 기운"**을 **"칭"**하는 것이라고 요약할 수 있다.

[1]. 일간의 왕쇠(日干의 旺衰)

사람이 신체가 튼튼하면 건강하고 질병에도 잘 걸리지 않으며 또한 신체가 건강하니 활동적이고 부지런하여 또한 열심히 일을 해서 돈을 잘 벌 것이다.

하지만 신체가 쇠약하면 질병을 견디지 못해 항상 자리에 누워 있을 것이며 금전에도 병석에 있기 때문에 가난과 빈곤으로 가득할 것인데 이것을 사주추명학 상으로 전자는 **"신강사주(身强四柱)"** 이고 후자는 **"신약사주(身弱四柱)"** 라고 말한다.

그렇다면 사주원국이 강건해야 부귀를 감당할 수가 있게 된다는 것이며 사주가 신약사주가 되면 몸이 허약하니 부귀를 감당할 수가 없다는 논리에 귀착하는 것이다.

그런데 여기서 중요한 것은 사주가 신강사주가 좋다고 하나 그 신강이 도가 넘쳐 있으면 이것이 종격(從格)이나 가종격(假從格)으로 가지 않는 이상 오히려 재화가 따른다는 것을 명심해야 할 것이다.

고서의 여러 사주추명의 대가들이 한결같이 말하기를 사주원국이 안정되고 용신이 강함을 기뻐한다고 했는데 그렇다면 결국 **"사주추명의 부귀는 중화(中和)의 원칙"** 이라 볼 수가 있을 것이며 더하여 사주감정시는 일간의 신강, 신약을 먼저 살펴서 격국을 정한 뒤 완벽한 용신(用神)을 가려낼 수 있는 실력이 필요하다.

*. 가종격(假從格)이란 무엇인가,?

일간이 신약이나 신강은 억부법에 적용하는 용신이 선정되는 것인데 그러나 일간의 강약이 중화(中和)의 기점에서 멀어져서 신강이나 신약을 억부법의 용신으로 구제할 수가 없는 지경에 이르게 된다면 불가분의 관계에서 사주의 강력한 오행을 따르게 된다.

그렇다면 일간의 기운이 오히려 왕신(旺神)를 추종하여 왕신(旺神)의 오행을 용신으로 쓰게 되는데 이것은 "**사주 내 일간이 극도로 신약하거나 신왕하여 비록 일간을 구조하거나 억제하는 기운이 사주에 있다해도 왕신(旺神)의 성질에 따르는 것을 가종격(假從格)**"이라 칭하며 종격(從格)의 틀 속에 용신이 선정된다.

[2]. 사주 간지의 강약(四柱干支의 強弱)

*. 사주 간지 강약 도표

시	(일)	월	년
9%		9%	4%
지	지	지	지
15%	20%	30%	13%

도표에서 보는 것과 같이 사주원국이 전체가 100%이라고 가정할 때 일간을 중심으로 하여 출생월 지지의 힘은 약 30%의 비중을 가지고 있으며 따라서 사주원국의 오행 중에서 "**일간을 생조해오는 기운이 약 40%이상이면 신강사주로 판단**"해도 무방하다.

그러나 간혹 40% 이하라도 신강이 되는 수도 있으나 단편적으로 판단해서는 안되고 여기에서는 몇 가지 중요한 것을 숙지하여 일간의 강약을 결정하는데 하나의 참고로 활용해야 할 것이다.

(가). 월지(月支)의 육신이 일간(日干)의 오행과 같은 비견, 겁재나 편인, 인수가 되는지를 살펴보는데 만약 월지의 육신이 일간과 같은 비견, 겁재나 편인, 인수가 된다면 "통근(通根)"하였다고하여 일간의 기운이 강해진다.

(나). 사주원국의 지지에 "삼합", "육합", "방합"하여 나오는 오행을 보고 "합을 하여 나오는 오행이 사주천간에 투출되는지를 살펴"보아야 한다.

만약 이렇게 지합하여 나오는 오행이 일간의 동기인 비견, 겁재나 편인, 인수의 오행이 나오게 되면서 사주천간에 동일 오행이 투출되어 있다면 완전한 한 나라의 왕국을 세우는 결과가 되므로 신강, 신약을 결정하는데 매우 중요한 열쇠가 된다.

(다). 사주원국의 월지나 지지가 비록 일간을 극루하는 오행이라도 지지의 지장간 속에 일간과 같은 "비견", "겁재" 및 "편인", "인수"가 지장간의 "중기(中氣)나 정기(正氣)에 존재"하여 그 속에 뿌리를 박은 일간의 동기인 비겁이나 인성이 사주의 천간에 "투출"되어 나오면 그 세력이 강하기 때문에 일간의 기운이 강해진다.

(라). 사주원국의 지지에 (다)항과 같이 되지는 않으나 지지의 지장간의 "중기(中氣)"속에 일간과 같은 "비견", "겁재" 및 "편인", "인수"가 존재하여 비록 사주천간에 투출된 일간

과 같은 오행이 없더라도 "일간이 홀로 그 속에 뿌리를 박고"있으면 일간의 의지처가 있기 때문에 일간이 힘을 얻을 수가 있다.

(마). 사주팔자 내 "십이운성을 각 지지를 일간과 대조"하여 "장생", "건록", "제왕", "관대지" 등이 해당하는지를 참조하여 볼 것이다.

이상 사항은 용신 및 일간의 강약을 판단할 때 중요하게 작용하는 하나의 기준점이 되는 것이니 절대로 소홀히 취급하지 않기 바라며 이에 대해 자세한 설명은 命理入門이나 命理秘典 上권에서 실제 인물을 적용하여 대단히 자세하게 기술되어 있으니 참고 바란다.

(예1). 남자사주,!

시	일	월	년
戊	戊	丙	己
午	寅	子	亥

(오 행) ──────▶ 土 (土) 火 土
　　　　　　　　　 火　木　水　水

*. **일간의 왕쇠(旺衰),!**

위의 사주는 우선 사주간지 강약도표에서 보면 년, 월, 시간과 시지 午火의 생조를 합해도 37%밖에 되지 않아서 신약(身弱)사주로 간주해야 할 것이나 戊土 일간의 일지 寅木 의 십이운성에 장생지에 있으며 시지 午火제왕지에 각각 통근하여 있다.

더하여 사주원국의 시지 午火를 중심으로 하여 일지 寅木과 寅-午合火하고 사주 월상에 丙火가 투출되어 있으므로 火局이 태왕하게 되어 신강사주로 판단되어야 한다.

그러므로 격국과 사주의 오행의 합과 상극의 의미를 세밀하게 살펴야 만이 일간의 강, 약을 찾아낼 수가 있으니 단편적으로 판단하면 오류를 범할 수가 있는 것이다.

```
*  (木)  *   *
*   ⓘ   ⓘ   *
    木   木
```
*. 일간 木을 기준하여 월지가 득령 및 일지에 득지하였으니 사주강약도표에 50%가 되므로 신왕이 된다.

```
*  (木)  *   *
ⓘ   *   ⓘ   *
木       木
```
*. 일간 木을 기준하여 월지가 득령 및 시지 득세하였으니 사주 강약도표에 준해 45%가 되므로 신왕이다.

```
*  (金)  *   *
*   *   ⓘ   ⓘ
        金   金
```
*. 일간 金을 기준하여 월지에 득령 및 년지에 생조되어 사주강약도표에 43%가 되어 신왕이겠지만 년지기운은 일간과 원격하니 신약이다.

하지만 년지와 월지가 십이운성의 제왕지에 해당하고 있으면 신왕이다.

*	(金)	*	金
金	*	*	金

*. 시지에 득세하였고 년천간 지지가 일간을 생조하나 사주강약도표에 준하여 32%이므로 신약이다.

*	(金)	金	金
金	*	*	金

*. 시지에 득세하였고 년지 및 년간, 그리고 월상에 생조되어 사주강약도표에 준하면 41%가 되어 신왕이나 년지

의 기운은 일간과 원격하므로 신약이다.

*	(金)	金	金
金	*	*	金

*. 시지에 득세하고 년지에 생조한 중에 천간이 전부 일간을 생조하니 사주강약도표에 준하면 51%가 되므로 신왕

이다.

火	(火)	*	火
火	*	*	*

*. 시지에 득세한 중에 천간에 일간을 전부 생조해도 사주강약도표에는 37%이니 신약이다.

일면 위 사주는 비록 신약하나 火氣가 강력하니 일간의 강약을 불문하고 조후법상 관성 水氣나 재성 金氣가 필요한데 사주에 水氣나 金氣가 강력하면 그때는 억부법상 木, 火를 용신한다.

㊋　(火)　＊　㊋
㊋　＊　＊　㊋

＊. 시지에 득세한 중에 시간 및 년간 그리고 년지를 모두 사주강약도표에 준하면 41%가 되어 신왕이나 년주는 일간과 원격하니 신약이다.

사주가 비록 신약하나 火氣가 강력하여 건조하니 조후법상 관성 水氣와 재성 金氣가 필요한데 만약 관성 水氣와 재성 金氣가 충족되어 있을 경우 그 때는 억부법상 木, 火를 용신한다.

㊌　(水)　＊　㊌
㊌　＊　＊　㊌

＊. 년지와 사주천간 모두 일간을 생조하는 기운이나 사주강약도표에 준하면 35%이니 신약이다.

＊　(水)　＊　＊
㊌　㊌　＊　＊

＊. 득지, 득세하여 사주강약도표에 준하면 35%가되어 신약이나 만약 일지 및 시지가 십이운성 건록지나 제왕지에 해당하면 신왕이다.

＊	(水)	㊍	＊
㊝	＊	＊	㊝

* 득세한 중에 년지 및 월상이 일간을 생조하나 사주강약도표에 준하면 37%이므로 신약이다.

＊	(水)	㊍	＊
＊	㊝	＊	㊝

*. 일지에 득지하고 년지 및 월간에 생조하는 것이 사주강약도표에 준하면 42%가 되어 신왕이나 년지는 일간과 원격하니 원칙적인 신약이다. 만약 년지가 건록이나 제왕지에 있고 다시 일지에 건록이나 제왕지에 뿌리를 두고 월상에 겁재가 될 경우 신왕이 된다.

㊏	(土)	㊏	＊
＊	㊏	＊	㊏

*. 일지에 득지하고 년지 및 시간에 생조되니 사주강약에 준하면 42%가 되어 신왕이나 년지는 일간과 원격하니 신약이다.

㊍	(木)	㊍	＊
＊	㊍	＊	＊

*. 일지에 득지하고 월상과 시상에 일간이 생조되니 사주강약도표에 준하면 38%가 되어 신약이나 일지와 월상 그리고 시상이 일간과 근접하여 생조되는 것은 유정(有情)의 법칙에 준하여 신왕이다.

*	(木)	木	木
*	木	*	*

*. 일지에 득지하고 월상과 년간이 일간을 생조하면 사주 강약도표에 준할 경우 33%가 되어 신약이다.

木	(木)	*	木
*	木	*	*

*. 일지에 득지하고 년간과 시상이 일간을 생조해도 사주 강약 도표에 준하면 33%가 되어 신약이다.

*	(火)	*	*
火	火	*	*

*. 일지 및 시지에 득지, 득세한 중에 시간에 생조가 있으니 사주강약도표에 준하면 44%가 되므로 신왕이다.

*	(木)	木	*
木	木	*	*

*. 일지 및 시지 득지, 득세한 중에 월상에 생조하는 기운이 있으니 사주강약도표에 보면 44%가 되니 신왕이다.

*	(木)	木	*
木	木	*	*

*. 득지 및 득세한 중에 년간에 생조되고 있으니 사주강약도표에 준하면 39%이므로 신약이나 일지와 시지는 일간과 유정(有情)하여 신왕이다.

*	(火)	*	*
火	火	*	*

*. 득지 및 득세한 중에 년지에 생조되어 사주강약도표에 준하니 48%가 되어 신왕이다. 일면 사주가 火氣가 강력하므로 조후법상 관성 水氣와 재성 金氣를 필요로 한다.

*	(火)	*	*
火	火	*	*

*. 득지 및 년지에 생조하고 년상이 일간을 생조하는 것은 사주강약도표에 준하면 26%이니 신약이다.

*	(火)	*	*
火	火	*	*

*. 득지 및 년지, 그리고 월상과 년간의 기운을 사주강약도표에 준하여 합하니 41%이므로 신왕이다.

위 사주 역시 신왕한 중에 火氣가 강력하니 관성 水氣와 재성 金氣를 용신으로 삼는다.

雲情 秋一鎬

| 金 | (金) | 金 | 金 |
| * | 金 | * | * |

*. 득지 및 사주천간에 전부 일간을 생조하는 기운이므로 사주강약도표에 준하면 모두 42%가 되어 신왕이다

| 金 | (金) | 金 | * |
| * | 金 | * | 金 |

*. 득지 및 년지에 생조하고 사주 월간 및 시간에 생조되니 사주강약도표에 준하면 51%가 되어 신왕이다.

| * | (金) | 金 | 金 |
| * | 金 | * | 金 |

*. 득지 및 년간 및 월간에 생조되고 다시 년지에 생조하고 있으니 사주강약도표에 준하면 46%가되므로 신왕이다.

| * | (金) | * | 金 |
| * | 金 | * | 金 |

*. 득지 및 년지 그리고 년간에 생조되나 일간과 년주는 무정(無情)하고 또한 사주강약도표에 준하면 37%이니 신약이다.

| 土 | (土) | * | 土 |
| * | 土 | * | 土 |

*. 득지하고 년주와 시간이 생조되어 사주강약도표에 준하면 46%가 되어 신왕이다.

| ⊕ | (土) | ＊ | 土 | ＊. 득지 및 년주, 그리고 시간이
| --- | --- | --- | --- |
| ＊ | 土 | ＊ | 土 | 생조되니 사주강약도표에 준
| | | | | 하면 46%가 되니 신왕이다.

| ＊ | (水) | 水 | ＊ | ＊. 득령, 득지, 득세하여 사주강
| --- | --- | --- | --- |
| 水 | 水 | 水 | ＊ | 약도표에 준하면 65%이니
| | | | | 신왕한데 계절이 추운 겨울
| | | | | 이므로 필히 조후법에 따라

火 용신을 선정해야 한다.

| ＊ | (水) | 水 | ＊ | ＊. 득령하고 월상에 생조되어
| --- | --- | --- | --- |
| ＊ | ＊ | 水 | ＊ | 사주강약도표에 보면 39%가
| | | | | 되니 신약이다. 하지만 추운
| | | | | 겨울이니 일간의 강약을 불

문하고 조후법상 火를 용신하는데 사주에 火氣가 충족되어
있을 경우 억부법으로 金, 水가 용신이 된다.

| 火 | (土) | ＊ | ＊ | ＊. 득령하고 시상에 생조되니
| --- | --- | --- | --- |
| ＊ | ＊ | 火 | ＊ | 사주강약도표에 준하면 39%
| | | | | 이니 신약이다.

강약을 불문하고 조후법에 용
신을 써야하는데 이미 사주에 조후를 충족하고 있으면 억부
법에 따라 일간을 생조하여야 한다.

```
  *  (土)  *  ㊋
  *   *  ㊋  *
```
*. 득령하고 년간에 생조하였으나 사주강약도표에 준하면 34%이니 신약이다. 역시 계절이 더운 여름이니 조후법

이 사주에 충족되었는가에 따라 용신을 선정하여야 된다.

```
  *  (木)  ㊍  ㊍
  *   *  ㊍  *
```
*. 득령하고 년 및 월상에 생조되어 사주강약도표에 준하면 43%이니 신왕이다.

```
  ㊍  (木)  ㊍  *
  *   *  ㊍  *
```
*. 득령하고 월, 시상에 생조되어 사주강약도표에 준하면 48%이므로 신왕이다.

```
  ㊌  (水)  *  ㊌
  *   *  ㊌  *
```
*. 득령하고 년간 및 시상에 생조되어 사주강약도표에 준하면 43%이므로 신왕이다. 하지만 계절이 추운 겨울이니

조후법상 사주내 火가 충족되어 있지 않을 경우 필히 재성 火를 용신으로 삼는다.

火	(火)	火	火
*	*	火	*

*. 득령한 중에 사주천간 전부 일간을 생조하므로 사주강약도표에 준하면 52%로 아주 신왕하니 왕신(旺神)의 성질이 되어 있지 않을 경우 필히 관성 水氣로 용신한다.

*	(火)	*	火
*	*	火	火

*. 득령하고 년지 및 년간에 생조되어 사주강약도표에 준하면 47% 이므로 신왕이다. 사주내 관성 水氣가 충족되어 있지 않을 경우 관성 水氣와 재성 金氣를 용신한다.

*	(水)	*	*
水	*	水	水

*. 득령, 득세한 중에 년지에 생조되니 사주강약도표에 준하면 58%이므로 신왕이다. 계절이 추운 겨울이므로 사주내 조후법을 충족할 수 있는 재성 火氣가 강하지 않을 경우 필히 木, 火를 용신한다. 만약 사주내 火氣가 강력하여 水氣와 火氣간에 상극이 되고 있을 경우 통관용신(通關用神)법에 준하여 水氣와 火氣간을 연결하는 식상 木이 용신이다.

*	(木)	木	木
*	*	木	木

*. 득령, 년지 및 년간과 월간에 생조되니 사주강약도표에 준하면 56%이므로 신왕이다. 사주가 대체로 이렇게 되면 왕신(旺神)의 성질이 되어 오행상 대치되는 현상이 일부 발생하므로 이 때에는 통관용신(通關用神)이 적용되는 성질인지 면밀히 관찰하여야 된다.

*	(木)	*	*
木	木	木	木

*. 득령, 득지, 득세한 중에 년지까지 생조되니 사주강약도표에 준하면 73%까지 육박하니 대단히 신왕이다. 대체로 사주팔자가 이상과 같이 구성되면 대다수 왕신(旺神)의 성질이 되고 있는데 만약 합을 하여 木局으로 성격되고 있을 경우 종격(從格)이나 가종격(假從格)의 성질이 되므로 이 때에는 전왕용신(專旺用神)법에 준하여 용신이 선정되어야 한다.

木	(木)	*	*
木	*	木	*

*. 득령하고 득세한 중에 시간에 생조되니 사주강약도표에 준하면 54%가 되어 신왕이다. 木이 왕성하니 관성 金을 용신하는데 만약 사주에 관성 金氣가 강하면 식상 火 및 재성 土를 용신으로 삼는다.

*	(木)	木	*
木	*	木	*

*. 득령하고 득세한 중에 월간이 생조되니 사주강약도표에 준하면 54%가 되어 신왕이다. 사주에 관성 金氣가 강하고 있으면 식상 火를 용신하고 만약 관성 金氣가 강하지 않다면 관성 金氣를 용신한다.

*	(木)	*	木
木	*	木	*

*. 득령, 득세한 중에 년간에 생조되고 있으니 사주강약도표에 준하면 49%가 되어 신왕이다. 조후법을 따져보고 사주에 관성 金氣가 강력하면 식상 火를 용신하고 만약 식상 火가 강력하면 관성 金氣를 용신한다.

이상으로 본 장 일간의 강약으로 본 용신판단법을 기술하였는데 대체로 학자들의 그동안 용신의 판단에 대한 의문과 궁금증을 많이 해소하고자 나름의 노력을 하였다.

더하여 이와 같은 일간의 강약으로 본 용신판단법은 본 저자가 그동안 약 25년 동안 경험상에 비추어 설명하였지만 그러나 이 경우에도 사주팔자의 오행의 원리가 하나같이 똑같이 않고 이상의 법칙에 적용되다가도 지지가 합을 하여 타오행으로 변화되는 수가 많이 발생하고 있다.

따라서 순수한 합을 하지 않고 독립적으로 오행이 구성되고 있을 때는 아주 적중률이 높게 일간의 강약이 판단되겠지만 만약 합을 하는 성질이 되고 있을 경우 합을 하는데 비중도 감안하여 일간의 왕쇠를 정해 용신을 선정하여야 함은 두말 할 것도 없다.

또한 사주팔자의 용신법이 조후를 중요시하여야 되니 비록 일간이 신강, 신약을 떠나서 계절상 조후를 시급히 충족할 경우는 일간의 강, 약을 제쳐두고 조후법을 먼저 따라서 용신이 선정되어야 할 것이다.

결국 다시 말하면 이렇게 일간의 강약을 판단하고 용신의 기운을 선정함에 있어 억부의 원리와 조후이 원리가 일치되지 않고 서로간 상반이 되어 고민이 발생되고 있을 때 그 때는 억부법보다 조후법을 먼저 따라서 용신을 선정을 하게 되면 무리가 없다고 판단한다.

*. 용신(用神)의 부분에서 좀 더 깊은 연구를 하려면 용신의 성질을 실제인물에 준하여 완벽하게 기술한 "**용신비법(用神秘法)**"이 있으니 참고 바란다.

2. 용신의 분류(用神의 分類)

[1]. 억부용신(抑扶用神)

사주원국에 "일간을 생조하는 육신이 많으면 신왕(身旺)"이며 따라서 "신왕이면 오행상으로 일간의 힘을 줄여주는 극, 루(剋, 漏)하는 육신이 필요"하고 반대로 "일간의 극, 루(剋, 漏)하는 육신이 많으면 신약(身弱)"이다.

그러므로 이렇게 일간이 신약할 때는 일간의 힘을 생조하는 육신이 용신이고 일간이 생조하는 오행이 많아서 신왕할 때는 일간의 힘을 덜어주는 것이 용신이 된다.

(예1). 남자, 박 모씨(경기도 포천) 1973년 음력 12월 12일 子시

```
胎    旺    胎    養   ←──────  (십이운성)
戊    丙    甲    癸
子    午    子    丑

식신         편인   정관
土   (火)    木    水
水    火     水    土
정관  겁재   정관   상관
```

*. 일간의 왕쇠 및 용신,!

丙 일간 子월에 출생하여 실령(失領)하여 있으며 일간 丙火

는 일지 午火 겁재에 십이운성의 제왕지와 사주원국의 월상에 투출되어 있는 甲木 편인만이 일간 丙火를 생조하고 있으나 사주강약도표에서 준하여 보면 신강의 기점인 40%를 미치지 않아 일간이 신약이다.

한편으로 볼 때 사주팔자 일지 午火 겁재 및 월상에 투출되어 있는 甲木 편인을 제외한 사주의 오행 대부분이 일간 丙火를 극, 루하는 육신이므로 대단히 좋지 못한데 설상가상으로 일간 丙火의 중요한 기운인 일지 午火 겁재를 월지 및 시지 子水정관이 이중으로 子-午 상충이 성립되어 가격하니 일간의 의지처가 파괴되고 있다.

고로 용신은 일간이 신약하니 억부용신법(抑扶用神法)에 따라 강하면 덜고 약하면 보태주는 원칙에 입각하여서 일간 丙火를 생조하는 인성과 비겁인 "木", "火"가 용신이 된다.

*. 참고로 진 모씨의 용신의 기운이 일간을 생조하는 "木", "火"이기 때문에 만약 유년에 진 모씨가 성명을 작명한다면 음령오행인 "가", "카" 및 "나", "다", "라", "타"의 오행으로 작명을 하여야 되겠고 더하여 획수를 길격으로 하면 더욱 더 좋을 것이다.

또한 진 모씨가 사업을 한다고 가정할 때 상호를 작명한다면 이상의 음령오행으로 간판에 "붉은색깔"이나 "푸른색깔"의 바탕에 글씨를 새겨 넣어 작명을 한다면 용신의 기운이 되기 때문에 대길하게 된다.

(예2). 남자, 정 모씨(전남여수 덕충동) 1933년 음력 5월 17일 申시

```
病    旺    旺    死  ←──────   (십이운성)
丙    丙    戊    癸
申    午    午    酉
```

```
비견         식신   정관
火   (火)    土    水
金    火     火    金
편재   겁재   겁재   정재
```

*. 일간의 왕쇠 및 용신,!

丙일간 午월에 출생하여 제왕지인 午火 겁재에 득령하고 일지 역시 午火겁재에 십이운성의 제왕지에 생조되어 있는 중에 시간에 비견 丙火가 투출되어 일간 丙火를 생조하니 신왕이다.

따라서 火氣가 태왕하므로 왕성한 火氣를 수습할 수 있는 관성 "水氣"를 용신하고 관성 水氣를 생조하는 재성 "金氣"는 희신으로 삼는다.

사주원국을 살펴보니 다행히 년간 癸水가 년지 酉金 정재에 의하여 생조되면서 사주년간에 투출되니 대단히 길하게 작용하고 있다.

*. 참고로 사주주인공인 정 모씨는 용신이나 희신의 기운이 관성 水氣와 재성 金氣가 되니 만약 유년에 성명을 작명한다면 "마", "바", "파"나 "사", "자", "차"의 음령오행으로 작명을 하여야 될 것이며 더하여 획수를 길격으로 맞추어 준다면

더욱 더 금상첨화가 될 것이다.

또한 정 모씨가 만약 사업을 한다고 가정할 때 상호를 작명한다면 이상의 음령오행에다가 간판에 "백색" 색깔을 입힌 후에 글씨를 새겨 넣어 준다면 부족한 용신의 기운을 한층 더 배가 되는 것이니 대단히 길하게 될 것이다.

(예3). 여자, 황 모씨(충북 청주, 우암동) 1958년 음력 3월 5일 巳시

生	浴	養	衰	← (십이운성)
辛	庚	丙	戊	
巳	午	辰	戌	

	겁재		편관	편인
金	(金)	火	土
火	火	土	土
현관	정관	편인	편인

* **일간의 왕쇠 및 용신,!**

庚일간 辰월에 출생하여 득령하였고 사주원국이 월지 辰土 편인 및 더하여 시상에 辛金 겁재가 투출되어 일간 庚金을 생조하고 있는 중에 년주 戊戌인 편인까지 있으므로 신강하다.

따라서 신강한 일간 庚金의 기운을 억제하고 아울러 편인 土氣를 극루하는 재성 "木"을 용신으로 삼을 것이며 재성 木을 생조하는 식상 "水氣"는 희신으로 선택한다.

*. 용신에 대한 판단,!

사주원국이 월지 辰土 편인간에 辰-戌 상충이 성립되고 더하여 일간 庚金과 월상에 투출되어 丙火편관과 丙-庚 상충이 성립되어 사주원국의 천간지지 모두 탁기(濁氣)를 남기고 있는 것이 되어 대단히 좋지 못하다.

결국 일간이 신강하면 일간을 신강하게 하는 기운을 억제하는 것이 좋고 더하여 궁극적인 목표가 중화(中和)의 원칙에 입각하는 것이 되니 억부법에 준하는 대표적인 용신법이다.

*. 사주주인공인 황 모씨는 여자사주로서 만약 유년에 본인의 이름을 작명한다고 할 때 용신이나 희신의 기운이 "水", "木"이 되므로 "사", "자", "차"나 "마", "바", "파" 등으로 작명을 하여야 될 것이며 획수 역시 길격으로 맞추어주면 대길하게 될 것이다.

또한 황 모씨가 사업이나 장사를 한다고 가정하면 상호를 이상과 같이 음령 오행으로 맞추어 주고 간판에 "푸른색"바탕에 글씨를 새겨 넣는다면 길하고 역시 획수를 길격으로 맞추면 용신의 기운을 가지게 되니 대단히 발복을 하게 된다.

*. 탁기(濁氣)란 무엇인가,?

사주원국을 간명하는 절차가 오행의 중화(中和)의 원칙에 입각하여 추명을 하게 되는데 그 중에서 사주팔자의 청탁(淸濁)에 대한 구분을 지어주어야 한다.

대단히 어렵고 난이한 부분으로 命理秘典 下권인 간명비법에 실제의 인물을 예를 들어 자세하게 설명하고 있는데 우선

"탁기(濁氣)는 사주에 형, 충, 파, 해가 존재하여 용신의 기운이나 희신의 기운을 상극하여 그 힘이 쇠약해지는 현상을 제일"로 치는 것이며 두 번째는 "오행의 생식불식(生息不息)에 막힘"이 되는 것이다.

좀 더 자세하게 설명하면 생식불식(生息不息)은 오행이 木, 火, 土, 金, 水가 서로간에 유통됨이 막힘이 없는 것을 말하는 것이며 그렇다면 오행이 한쪽으로 치우쳐지는 편중(偏重)이 되고 있다면 생식불식에 막힘이 있다고 하여 사주상의 탁기(濁氣)를 남기는 것으로 판단하는 한 일례와 같은 것이다.

(예4). 남자, 강 모씨 (경남 밀양) 1970년 음력 5월 28일 申시

```
生    胎    胎    帶 ←              (십이운성)
戊    壬    壬    庚
申    午    午    戌

편관        비견  편인
土   (水)   水    金
金    火    火    土
편인  정재  정재  편관
```

*. 일간의 왕쇠 및 용신,!

壬 일간 午월에 출생하여 실령하고 시지 申金 편인에 의하여 득세(得勢)한 중에 년간 庚金 편인과 월상에 투출되어 있는 壬水 비견이 일간 壬水를 생조하나 사주강약도표에 준하여

볼 때 중화(中和)의 기점인 40%를 미달하므로 신약하다.

사주원국이 월지와 일지가 午火 정재가 대단히 강력하여 火氣가 태왕한데 이것을 적절히 억제시키고 아울러 일간 壬水를 생조하는 인성 金과 비겁 水가 용신이 되나 그 중에서 재성 火氣가 강력하여 일간 壬水가 대단히 고통을 당하므로 재성 火氣를 바로 상극하는 비겁 "水氣"가 주된 용신이 되고 비겁 水氣를 생조하는 "金氣"는 희신으로 삼는다.

더하여 위의 사주는 월령이 午月에 태어나 火氣가 강력하니 억부법의 용신과 조후법의 용신이 일치하는 현상이 되고 있다.

*. 참고로 사주주인공인 강 모씨는 억부법과 조후법에 용신이 일치하고 있는 것을 엿볼 수가 있는데 만약 강 모씨가 유년에 이름을 작명한다고 할 때 용신이나 희신이 "金", "水"이므로 "사", "자", "차"나 "마", "바", "파" 등의 음령오행으로 작명을 하여야 될 것이며 더하여 획수도 길격으로 하면 더욱 더 좋을 것이다.

또한 만약 강 모씨가 사업을 한다고 하여 상호를 작명을 하게 된다면 이상과 같은 음령오행으로 상호를 짓고 또한 간판에 "백색"의 부분에 글씨를 새겨준다면 용신의 기운이 되므로 더욱 더 길하게 된다.

(예5). 남자. 민 모씨(광주시 동명동) 1962년 음력 12월 21일 巳시

旺　帶　墓　死　←────── (십이운성)
己　己　癸　壬
巳　未　丑　寅

비견　　편재　정재
土　(土)　水　水
火　土　土　木
인수　비견　비견　정관

*. 일간의 왕쇠 및 용신,!

己일간 丑월에 출생하여 득령하고 사주원국이 월지 丑土 비견을 중심으로 하여 일지 未土와 시지 인수 巳火에 십이운성의 제왕지에 뿌리를 두고 시상에 己土 비견이 투출되어 일간을 생조하니 대단히 신왕하다.

따라서 일간 己土가 신왕하게 된 것은 일간의 동기인 비견 土氣가 왕성하여 일간이 신왕이 되고 있으므로 비견 土氣를 바로 억제하는 관성 木氣를 용신한다.

위의 사주는 丑월인 추운 겨울에 태어났으므로 조후법에도 관성 木氣를 사용하여야 되는데 그렇다면 억부법과 조후법을 같이 쓰는 용신법인 것을 알 수가 있으며 위 사주 역시 사주의 지지에 丑-未 상충과 천간에 癸-己 상충이 있으므로 사주상의 탁기(濁氣)를 남기는 것이 되어 대단히 좋지 못하

게 작용하고 있다.

*. 참고로 사주주인공인 민 모씨는 사주원국의 용신이 木이 되니 만약 유년에 성명을 작명한다면 "木"인 "가", "카"와 인성 "火氣"도 좋으므로 "나", "다", "라", "타" 등으로 작명을 하여야 될 것이고 더하여 획수를 길격으로 한다면 더욱 더 금상첨화가 될 것이다.

또한 민 모씨가 사업을 한다고 가정할 때 상호 역시 위의 음령오행으로 하면 될 것이고 더하여 "푸른색깔"이나 "붉은색깔"을 간판에 깔아준다면 더욱 더 대길하게 될 것이다.

*. 참고로 민 모씨의 사주원국은 용신이 木이 가장 대길하나 여기서 조후법상 丑월에 태어났으니 인성 火氣를 조후용신으로 선택할 수가 있지만 일간 己土가 신왕하여 있는 중에 만약 인성 火氣를 거듭 만나게 되었을 경우 신왕한 일간을 더욱 더 신왕하게 만들게 되므로 그 길함이 적을 것이다.

이와 같은 현상은 비록 丑월에 태어나서 조후법상 火氣를 선택하는 것이나 이것은 한편으로 볼 때 조후를 충족하여서 일면 길하게 될 것 같지만 일간이 신왕하기 때문에 억부법과 조후법의 용신이 서로 다투는 일면이 있는 고로 가장 길한 용신은 "木"으로 선택되는 것을 알아야 한다.

[2]. 조후용신(調候用神)

사람이 태어나는 계절에 따라 춥고 덥고의 차이가 난다. 또한 사주원국에 더운 기운이 많이 있으면 金과 水로서 水氣를 유지해야 하고 만약 습하고 추우면 木, 火의 기운으로서 따뜻하게 해야 만이 음, 양의 조화가 이루어져 만물이 성장할 수가 있을 것이다.

주역에서도 수화기재(水火旣齋)라 하여 물과 불의 안정적 조화를 가장 중요시 여기고 있는 것을 볼 때 이렇게 "한(寒)", "난(暖)", "조(燥)", "습(濕)"의 조화를 시키는 용신이 조후용신(調候用神)이다.

*. 참고로 보통 사주원국을 관찰하다보면 억부법의 용신과 조후법의 용신이 일치하는 격국(格局)을 많이 보고 있는데 이것은 대단히 복록이 많은 것으로 판단하여야 되며 더하여 대운의 운로가 정히 용신이나 희신의 운로로 치달리고 있는 다면 그야말로 승승장구할 운명이다.

또한 사주원국이 억부법의 용신법과 조후법의 용신법이 상반되는 사주명조가 있다면 그것은 "전자보다 복록이 떨어진다"고 판단하여야 될 것이다.

이와 같은 이유는 억부법의 용신과 조후법의 용신 서로간에 용신의 쟁탈이 벌어지기 때문에 그로 인하여 복록이 감퇴되기 때문이다.

(예1). 남자, 김모씨 (경기도 양평) 1933년 음력 11월 17일 午시

```
絶    病    綠    病  ◄─────────── (십이운성)
戊    癸    甲    癸
午    酉    子    酉

정관        상관    비견
 土   (水)   木    水
 火    金    水    金
편재   편인   비견   편인
```

*. 일간의 왕쇠 및 용신,!

癸 일간 子월에 출생하여 득령(得領)하고 년주, 일지 酉金 편인에 의하여 일간 癸水가 생조되니 신왕하다.

억부법의 용신법에서도 용신이 결정나겠지만 제일 먼저 계절이 子월에 태어나 추운 겨울에 만물이 전부 얼어붙었으므로 조후법상 火로서 얼은 물을 녹여 주어야 할 것이다.

따라서 사주원국을 살펴보니 시지에 午火 편재가 자리잡고 있어 조후를 충족시키고 있으니 대단히 길하게 작용한다고 보겠다.

고로 용신은 신왕한 일간 癸水의 힘을 덜어주고 아울러 조후법에서도 충족시킬 수 있는 "재성 火"를 용신하며 재성 火를 생조하는 "식상 木"은 희신으로 삼는데 사주원국에 일간이 신왕하니 억부법과 조후법에서도 용신이 일치하고 있으므로 금상첨화이다.

또한 사주원국이 火氣를 필요로 하는 팔자에 사주시간 및 년간에 戊土 정관이 투출되어 일간 癸水와 戊-癸合火하니 용신의 기운이 천간에 합을 하여 작화(作火)하므로 대단히 좋다고 볼 수가 있다.

* **격국에 대한 작명의 판단,!**

만약 김 모씨가 유년에 성명을 작명한다면 "木", "火"의 기운이 필요하기 때문에 음령오행으로 "나", "다", "라", "타"와 "가", "카"의 음령으로 작명을 하여야 될 것이다.

더하여 김 모씨가 사업을 한다고 할 때 상호를 작명한다면 이상과 같은 음령오행으로 간판색깔을 붉은색이나 푸른색의 바탕에 글씨를 새겨 넣고 획수를 길격으로 했을 경우 금상첨화가 될 것이다.

* **득령(得領)이란 무엇인가,?**

일간의 같은 오행이나 생조하는 오행이 "월지에 자리잡은 것"을 말하며 이것은 "통근(通根)"이라고도 칭한다.

따라서 월지에 비견, 겁재나 편인, 인수가 있게 되면 일간의 기운이 대단히 강하게 되므로 이것을 득령(得領)이라고 말하는 것이다.

만약 이것이 일지에 있다면(비견, 겁재, 편인,인수) "득지(得地)"했다하고 시지에 자리잡은 것은 "득세(得勢)"라고 하는데 모두 다 일간의 기운이 강력해진다.

또한 지지의 힘의 강약의 부분에는 역시 사주강약도표에서 준하여 판단하고 있듯이 월지는 30%이며 일지는 20%, 시지는 15%의 순으로 힘의 차등을 주어야 할 것이다.

(예2). 남자, 진 모씨(경남 마산시 장군동) 1933년 음력 5월 17일 申시

```
病    旺    旺    死    ←————        (십이운성)
丙    丙    戊    癸
申    午    午    酉

비견         식신  정관
火   (火)   土    水
金    火    火    金
편재  겁재  겁재  정재
```

*. 일간의 왕쇠 및 용신,!

丙 일간 午월에 출생하여 득령하고 사주원국의 월지 午火 겁재를 중심으로 하여 일지 역시 午火 겁재인 양인이 있는 중에 다시 양인의 십이운성의 제왕지에 뿌리를 두고서 시상에 丙火 비견이 투출되어 일간 丙火를 생조하고 있으므로 대단히 신왕하다.

한편으로 사주팔자가 午火 양인이 주도하여 火氣가 태왕하고 있으니 대단히 건조하고 더운데 제일로 재성 金氣와 관성 水氣로서 적절히 조후를 충족시켜야 대길하게 될 것이다.

고로 용신은 일간 丙火가 지지의 강력한 午火 양인에 의하여

일간이 신왕하게 되므로 조후용신인 "관성 水氣"를 용신하고 관성 水氣를 생조하는 "재성 金氣"는 희신으로 삼는다.

더하여 丙일간의 기운을 자연스럽게 누출시키고 더하여 조후를 충족할 수 있는 식상 土氣인 辰土나 丑土는 습토이므로 길신으로 작용할 수가 있으나 조토인 未, 戌, 土氣는 오히려 불의 기운에 동조하는 성질이므로 흉으로 판단한다.

위의 사주원국은 정관 水氣가 있으나 사주의 년간에 투출되어 일간과 무정(無情)하니 조금 아쉬운 점이 많은데 다행이 재성 金氣가 있어 그 부족함을 충족시키고 있다.

*. 참고로 사주주인공인 진 모씨는 사주가 火氣가 강력하여 용신이 "金", "水"가 되므로 만약 진 모씨가 유년에 성명을 작명하게 된다면 "金", "水"의 오행인 음령오행 "사", "자", "차"나 "마", "바", "파" 등으로 작명을 하게 된다면 대단히 좋을 것이고 더하여 획수를 길격으로 첨가한다면 금상첨화일 것이다.

또한 진 모씨가 만약 사업을 한다고 가정할 때 상호를 작명한다면 이와 같은 음령오행으로 간판색깔을 "백색"바탕으로 되어 있는 곳에 글씨를 새겨 넣을 경우 용신이나 희신의 기운을 가지는 것이 되고 더하여 획수를 길격으로 하면 더욱 더 좋을 것이다.

*. **무정(無情)이란 무엇인가,!**

사주의 용신이나 희신은 일간과 근접하여 있어야 되는데 그렇다면 일간을 중심으로 하여 멀리 떨어져 있다면 용신이나 희신으로서 일간에 대한 영향력을 직접 행사하지 못한다.

따라서 일간에 대한 용신이나 희신의 기운이 멀리 떨어져 있어 그 영향력을 제대로 발휘할 수가 없는 성질을 "무정(無情)"이라고 하며 이와 같은 현상은 사주원국의 일간에 대해 년간이나 "년지 등에 용신이나 희신의 기운이 있는 것이 무정(無情)의 대표"적인 한 실례이다.

(예3). 여자, 정 모씨 (경기도 안양시) 1928년 음력 11월 8일 未시

```
墓   胎   綠   養           (십이운성)
己   癸   甲   戊    ←
未   巳   子   辰

편관      상관  정관
土  (水)   木   土
土   火    水   土
편관  정재  비견 정관
```

*. **일간의 왕쇠 및 용신,!**

癸 일간 子월에 출생하여 득령하였으나 월지를 제외한 오행 전부가 일간을 극, 루하는 오행이다.

고로 일간 癸水가 신약인데 억부법에서 보면 신약사주에서는 일간에게 힘을 주는 비견이나 겁재 및 편인, 인수인 金, 水가 용신이 되겠으나 위 사주는 子월에 출생하여 만물이 얼어붙을대로 얼어 있으므로 난조지기로 일간 癸水를 덥게 하는 육신이 용신이다.

따라서 용신은 "재성 火氣"를 용신으로 선택하고 재성 火氣를 생조하는 "식상 木氣"는 희신으로 삼는다.

이와 같이 사주원국이 일간이 신약하더라도 억부법에 준하는 용신법과 조후법이 약간씩 차이가 나고 있으므로 학자는 판단에 신중을 기하지 않으면 착오를 불러일으키게 된다.

사주원국을 살펴보니 일지에 巳火 정재가 자리잡고 있는 중에 월상에 甲木 상관이 巳火 정재를 木生火하여 생조하므로 조후를 충족시키면서 용신이 되니 대단히 좋다고 볼 수가 있다.

*. 참고로 위의 사주주인공인 정 모씨는 여자로서 만약 유년에 성명을 작명한다고 가정할 때 용신이 "木", "火"의 기운이므로 "가", "카"나 "다", "라", "타"의 음령오행으로 작명하여야 될 것이며 더하여 획수를 길격으로 하면 더욱 더 좋을 것이다.

또한 정 모씨가 장사나 사업을 한다고 가정하면 이상과 같은 음령오행으로 상호를 작명하여야 될 것인데 용신의 기운이 "木", "火"이니 "푸른색깔"이나 "붉은색깔"의 바탕에 글씨를 새겨 넣어 간판을 달게 되면 한층 더 필요한 기운이 배가되니 금상첨화가 될 것이다.

*. 참고로 억부법의 용신법과 조후법의 용신법이 사주의 격국에 따라 같지 않고 틀리는 경우가 생기는데 이것은 사주추명학상의 감정하는 부분에서 오류를 불러일으킬 수 있는 염려를 다분히 가지고 있으므로 판단을 신중히 하여야 될 것이다.

보통 위의 사주는 억부법의 용신법에 준하여 용신을 해결하려고 하면 무리가 따른다는 것을 명심하고 따라서 억부법의 용신과 조후법의 용신이 일치하고 있지 않다면 일간이 극도로 신약으로 치우치지 않는 이상 조후법의 용신을 먼저 따라서 용신을 채택하는 것이 바람직하다.

결국 사주팔자의 용신의 선정과정이 다소 격국에 따라 차이가 나겠지만 억부법의 용신보다 "조후법의 용신을 우선"으로 선택하여야 된다.

(예4) 남자, 전 모씨 (충남 서산) 1958년 음력 11월 9일 子시

```
死   浴   死   衰   ◄────────  (십이운성)
丙   庚   甲   戊
子   午   子   戌

편관       편재  편인
火  (金)   木   土
水   火    水   土
상관 정관  상관 편인
```

*. 일간의 왕쇠 및 용신,!

庚 일간 子 월에 출생하여 실령하고 년주 편인 戊戌 土氣를 제외한 사주원국의 지지 오행전부가 일간 庚金을 극, 루하는 육신이다.

따라서 일간이 신약한데 억부법의 용신에 의하면 일간 庚金

이 신약하기 때문에 일간 庚金을 생조하는 비견, 겁재, 및 편인, 인수가 용신이 되겠으나 위의 사주는 子월에 출생하여 일간 庚金이 추운 겨울이니 쇠가 얼어붙을 데로 얼어있으므로 더욱 더 시급히 관성 火氣를 보아서 얼은 金氣를 녹여주어야 될 것이다.

고로 용신은 조후법의 용신법에 준하여 "관성 火氣"를 용신하고 관성 火氣를 생조하는 "재성 木氣"는 희신으로 삼는다.

*. **격국에 대한 판단,!**

위의 사주는 일간 庚金이 신약이 태과하여 종격(從格)이나 가종격(假從格)으로 가면 길할 수가 있으나 일간 庚金이 의지하는 년주 편인 戊戌의 土氣가 생조하므로 종(從)으로 가지 못한다.

이와 같이 용신의 선정함이 억부법의 용신이나 조후법의 용신이 각각 차이가 나고 있는 것을 볼 수가 있으므로 판단을 신중히 하여야 될 것이며 더하여 위의 사주는 억부법과 조후법의 용신이 일치하지 않기 때문에 복록이 그리많지 않는 것을 알 수가 있다.

*. 참고로 사주주인공인 전 모씨는 남자로서 사주의 용신이 관성 "火氣"와 희신은 재성 "木"이 되니 만약 유년에 이름을 작명한다고 가정하면 "나", "다", "라", "타"와 "가", "카"의 음령오행으로 작명을 지어야 될 것인데 획수 역시 길격으로 하여주면 대단히 좋을 것이다.

또한 전 모씨가 사업을 한다고 가정할 때 이상과 같은 음령오행으로 상호를 작명하여 간판색깔을 "붉은색"이나 "푸른색"바탕에 글씨를 새겨 넣어준다면 용신의 기운을 더욱 더 배가하는 것이 되니 대길할 것이다.

*. 참고로 사주원국이 격국이 약간씩 틀리게 작용하는 것이 많으므로 용신을 선택할 때 억부법과 조후법의 용신이 일치하는 것보다 억부법과 조후법의 용신이 일치하지 않는 사주팔자가 부귀가 낮다는 점을 판단하여야 될 것이다.

(예5). 여자, 신 모씨(경북 울주)   1960년 음력 1월 6일 亥시

```
病    祿    墓    病      ←———  (십이운성)
丁    庚    丁    己
亥    申    丑    亥

정관         정관   인수
火   (金)   火    土
水    金    土    水
식신  비견  인수  식신
```

*. 일간의 왕쇠 및 용신,!

庚 일간 丑 월에 출생하여 득령하였고 사주원국의 월지 丑土 인수와 일지 申金 비견에 득지(得地)하여 있는 중에 년간 己土 인수가 투출되어 일간 庚金을 생조하여 있으므로 일간이 신강하다.

이렇게 일간 庚金이 신강하면 이것을 적절히 억제할 수 있는 기운이 필요한데 계절이 丑 월인 한겨울이므로 庚金이 대단히 얼어 있으니 제일로 조후법상 관성 火氣를 필요하게 될

것이다.

고로 용신은 조후법상 얼은 庚金을 녹여주는 "관성 火氣"를 용신하고 관성 火氣를 생조하는 "재성 木氣"는 희신으로 삼는데 일간 庚金이 신강하니 관성 火氣와 재성 木氣는 억부법의 용신이나 조후법의 용신이 일치하는 것이 되므로 복록이 깊다고 볼 수가 있다.

따라서 사주원국을 살펴볼 때 시상과 월상에 투출되어 있는 丁火 정관이 있으므로 조후법을 충족하는 것이 되는 진용신(眞用神)이 자라잡은 것이 되어 사주팔자가 대길해졌다.

*. 참고로 위의 사주 주인공은 여자로서 일간이 신왕하고 조후법상 용신을 관성 "火氣"와 재성 "木氣"를 희신으로 삼는 사주원국인데 만약 신 모씨가 유년시절에 성명을 작명한다고 가정할 때 이상과 같은 용신인 음령오행은 "나", "다", "라", "타"와 "가", "카"의 문자로 작명을 하여야 될 것이며 더하여 획수를 길격으로 하면 좋을 것이다.

또한 신 모씨가 장사나 사업을 한다고 할 때에는 이상의 음령오행으로 상호를 지어주어야 될 것이며 또한 간판의 색깔을 "붉은색"이나 "푸른색"바탕에다 글씨를 새겨 넣어준다면 용신의 기운을 한층 더 배가하는 것이 되니 대길하게 되는 것이다.

*. 참고로 억부법의 용신은 사주팔자가 신강, 신약을 따져서 선정해야 될 것이나 만약 사주상의 계절이 우선한다고 하여 조후용신을 억부용신보다 우선 채택할 일이 있게 된다.

따라서 만약 이 때에는 사주원국이 조후법의 역할을 담당하고 있는 오행이 "3개 정도 있어 왕(旺)"하며는 이미 조후법이 충족되어 있으므로 그 때에는 억부법의 용신을 우선 선택할 수가 있다.

*. 진용신(眞用神)이란 무엇인가,?

사주팔자 내 용신을 선정함에 있어 일간의 기운이 너무 강하던지 아니면 약하던지 또한 계절별로 필요한 기운을 필요로 할 때 이것을 적절히 충족하는 육신이 있어주어야 길하게 되는 것이다.

만약 이와 같은 육신이 사주팔자에 들어 있다면 이것이 곧 용신이라고 하는 것이며 "진용신(眞用神)" 및 "진신(眞神)"이라고 칭한다.

하지만 사주원국에 용신이 들어 있지 않고 희신을 용신대용으로 쓰고 있던지 아니면 아예 존재하지 않아서 오로지 운로인 대운이나 세운에서 용신의 기운을 기다리고 있는 사주는 "가신(假神)" 및 "가용신(假用神)"이라 하여 "복록이 진 용신(眞用神)이 들어 있는 것보다 떨어지게 된다."

이와 같은 부분은 대단히 어렵고 난이한 점이 있다고 보는데 실제로 간명상 진가(眞假)의 구별은 추명의 척도가 될 수가 있으므로 절대로 소홀히 취급을 하여서는 아니된다.

자세한 설명은 命理秘典 下권인 간명비법편에 진가(眞假)의 부분에서 실제 인물을 예를 들어 대단히 자세하게 수록되어 있음을 참고 바란다.

[3]. 병약용신(病藥用神)

사주원국이 일간이 신약하여 인성(편인이나 인수)의 생조를 필요로 하는 사주팔자가 있는데 그렇다면 인성은 일간을 구조하는 용신이나 희신으로서 대단히 중요한 존재라 아니할 수 없다.

그러나 재성(편재나 정재)이 있어서 일간의 중요한 인성의 기운을 상극한다면 일간의 의지처인 용신이 파극되므로 인하여 그 힘을 못 쓸 것이며 따라서 재성은 기신(忌神)으로서 사주원국의 병에 해당하게 된다.

따라서 병약용신법에서는 사주팔자에 병이 있으면 약이 있는 것인데 이 경우처럼 약신(藥神)은 "재성을 제거하는 비견, 및 겁재가 약신(藥神)"이 되는 것이다.

*. 참고로 병약용신법(病藥用神法)에 적용되는 사주원국은 보통 일간이 신약사주에서 많이 적용되는 것을 보고 있으며 신왕사주에서는 조금 보기 드문 용신법으로서 일면 억부용신법(抑扶用神法)과 대동소이하는 현상을 가진다고 생각하면 좋을 것이다.

(예1). 남자, 진 모씨(경기도 안양시) 1968년 음력 4월 28일 申시

```
絶   死   病   絶    ←――      (십이운성)
壬   甲   丁   戊
申   午   巳   申
```

```
편인      상관 편재
水  (木)  火   土
金   火   火   金
편관  상관 식신 편관
```

*. 격국(格局)과 용신,!

甲 일간 巳月에 출생하여 실령(失領)하였고 사주원국의 월지 상관 巳火가 대단히 강력한 중에 일지 및 월상 丁火 상관이 투출되어 있으므로 일간이 극도로 신약하다

따라서 진상관격(眞傷官格) 또는 진상관용인격(眞傷官用印格)으로 일간의 기운을 생조하면서 강력한 식상 火氣를 상극하는 "인성 水氣"를 용신하고 아울러 "비겁 木氣"도 같이 길신으로 선택하는 것이 좋을 것이다.

*. 격국에 대한 판별,!

나무가 여름에 태어나서 극도로 메말라 있으니 그 성질이 불에 타다못해 뿌리까지 죽을 지경인데 때 마침이 시상에 투출되어 있는 壬水 편인이 일간 甲木과 근접하여 일간을 도우면서 아울러 火氣의 기운을 물로서 불을 꺼주고 있으므로 대단히 길하게 작용하고 있다.

따라서 사주원국의 식상 火氣가 강력하여 일간의 기운을 대단히 소진시키고 있으니 식상 火氣는 병(病)이 되고 식상 火氣를 상극하면서 더하여 일간의 기운을 부조하는 인성 水氣는 약신(藥神)이 된다.

이렇게 식상 火氣가 강하여 일간이 대단히 쇠약하여 있을 경우 다시 운로인 대운이나 세운에서 중첩하여 식상 火氣를 만

날 경우 극루교가(剋漏交加)라 하여 대단히 큰 재화가 들어 오는 것은 자명한 일이 될 것이다.

*. 고서(古書)나 원서에 대한 본 저자의 비판,!

고서(古書)나 원서에서는 사주팔자에 병(病)이 없으면 큰 사람이 될 수가 없다.! 라고 기술하고 있지만 본 저자는 그 부분에 대해서는 조금 지나친 감이 많다고 본다.

그것은 사주원국은 격국이 맑고 용신이 강령하고 안정되어 있어야만 최묘(最妙)로 치는 것인데 이렇게 사주상의 "병(病)의 기운이 많을 것 같으면 사주상의 탁기를 구성"하는 것이므로 결코 대 발복을 하지 못하는 것에 비추어 볼 때 쉽게 판단이 되는 부분이다.

*. 참고로 위의 사주주인공인 진 모씨는 "진상관용인격(眞傷官用印格)"으로서 용신이 "水", "木"으로 채택되고 있음을 알 수가 있다.

따라서 본 장 作名大秘典에서 유년에 성명을 작명한다고 가정할 때 용신이나 희신의 기운이 "水", "木"이기 때문에 "가", "카" 및 "마", "바", "파"의 음령오행의 작명을 하여야 될 것이며 아울러 만약 진 모씨가 사업을 한다고 가정하면 이상의 음령오행의 글씨로 상호를 짓고 간판 또한 "푸른색", "검은색"깔로서 상호를 새겨 넣어준다면 용신의 기운을 가지는 것이 되므로 대단히 발복하게 된다.

(예2). 여자, 민 모씨(경기도 가평) 1964년 음력 7월 18일 丑시

```
養    旺    病    帶   ←――――     (십이운성)
己    丙    壬    甲
丑    午    申    辰

상관         편관  편인
土   (火)   水    木
土    火    金    土
상관  겁재   편재  식신
```

*. 일간의 왕쇠 및 용신,!

　丙일간 申월에 출생하여 실령하고 사주원국의 월지 申金 편재를 중심으로 하여 년지 辰土 식신과 申-辰合水한 중에 그 세력을 업은 월상 壬水편관이 투출되면서 시주 己丑 상관까지 일간 丙火를 극루하니 신약이다.

　이렇게 일간 丙火가 신약하면 일간의 기운을 생조할 수 있는 기운이 필요한데 다행히 일지 午火양인이 자리잡아 일간의 기운을 부조하면서 년간 甲木편인이 투출되어 있으므로 일간 丙火가 의지처가 있다할 것이다.

　고로 용신은 일간의 힘을 생조하는 "비겁 火"인데 월지 申金 편재가 년지 辰土식신과 申-辰合水 하여 水氣를 대표하는 편관 壬水가 월상에 투출되어 강력히 일간의 기운을 극루하니 대단히 두렵게 되어 있다.

　따라서 사주원국의 일지 午火는 일간 丙火가 의지하는 매우 중요한 기운인데 이렇게 지지에서 합을 하여 水氣가 강력한

중에 월상에 壬水 편관이 투출되어 일지 午火 양인을 水剋火 하여 파극하고 있으니 병약용신법에 준하여 사주상의 병이 존재하고 있음을 알 수가 있다.

고로 마땅히 사주팔자에 병이 존재하면 약신이 있기 마련인데 왕성한 관성 水氣를 살인상생(殺印傷生) 및 관인상생(官印傷生)하는 인성 木氣로 왕성한 관성 水氣를 흡수하여 일간의 기운을 생조하는 약신으로 선택하고 아울러 신약한 일간의 기운을 부조함이 마땅하다.

*. **격국에 대판 판별,!**

사주원국을 살펴보니 년간에 甲木 편인이 투출되어 있겠으나 일간 丙火와 원격하고 있는 중에 월상에 壬水 편관이 투출되어 일간 丙火를 水剋火하여 먼저 일간을 공격하고 있으니 적절히 편인 甲木이 편관 水氣를 일간에게 살인상생(殺印傷生)의 이치를 실현하지 못하니 대단히 좋지 않게 되어 있다.

따라서 사주상에 병이 강하게 작용하고 있는데 비록 약신이 있겠으나 적절히 약의 힘을 구제할 수 없는 형상이 되고 있으므로 마땅히 운로에서 시급히 약신의 기운을 보아야 대길함을 맛 볼 수가 있을 것이다.

*. 참고로 사주주인공인 민 모씨는 여자사로서 만약 유년에 성명을 작명하게 된다면 이상의 병약용신법에 준하여 약신인 "인성 木氣"가 용신이 되므로 "가", "카"의 음령오행으로 작명해야 마땅할 것이며 아울러 획수도 길격으로 가미하면 금상첨화가 될 것이다.

또한 민 모씨가 사업이나 장사를 하게 될 때에도 상호를 작명하게 된다면 이상의 음령오행에다 "푸른색깔", "붉은색깔"의 바탕에 글씨를 새겨넣게 된다면 용신의 기운이 한층 더 배가 될 것이니 대단히 길하게 된다.

(예3). 남자, 이 모씨(경기도 안양시)1968년 음력 4월 28일 申시

胎	養	浴	胎
甲	乙	丁	戊
申	未	巳	申

세운, 대운		겁재		식신	정재
金		木	(木)	火	土
극(剋)		金	土	火	金
		정관	편재	상관	정관

*. 일간의 왕쇠 및 용신,!

乙일간 巳월에 출생하여 실령하고 사주원국의 월지 巳火 상관을 중심으로 하여 일간 乙木의 기운이 누출되고 있는 중에 월지 巳火 상관의 십이운성의 제왕지에 뿌리를 두면서 월 천간 丁火 식신이 투출되어 식상 火의 기운이 태왕하니 일간 乙木이 극심한 신약을 면치 못하고 있다.

이렇게 일간 乙木이 강력한 식상 火氣의 기운이 극심하면 차라리 식상 火氣에 따르는 종격(從格)이나 가종격(假從格)으

로 돌아 가버리면 좋을 텐데 乙일간이 일지 未중의 지장간인 중기(中氣) 乙木에 통근하고 시간의 甲木겁재가 투출되어 일간 乙木을 생조하니 일간이 의지하는 경우가 되어 쉽사리 종(從)하지 못하게 되어 있다.

상황이 이럴진데 더구나 사주원국의 지지에 그나마 왕성한 상관 巳火와 년지 정관 申金이 서로간 巳-申合水가 성립되어 이것 역시 암합리에 일간 乙木을 생조하므로 더욱 더 일간이 종격(從格)이나 가종격(假從格)으로 돌아가지 못하는 현상이 되고 있을 것이다.

고로 용신은 일간 乙木이 왕성한 식상 火氣에 의하여 신약하니 시급히 일간 乙木의 기운을 보조하는 "비겁 木氣"를 용신으로 삼는 것이 타당한데 때 마침 시상에 甲木이 투출되어 있어 정히 용신의 기운이 되고 있다.

*. 격국에 대한 판별,!

하지만 설상가상으로 시지 申金 정관이 金剋木하여 용신의 기운을 파극하고 더욱 더 식상 火氣에 의하여 그 기운이 너무 소진되고 있으니 병약용신법에 따라 병이 존재하여 있는 사주가 되었다.

따라서 무엇보다 약신인 인성 水氣로서 식상 火氣의 불길을 꺼주어야 하겠고 더하여 강력한 관성 金氣도 살인상생(殺印相生) 및 관인상생(官印相生)의 원칙을 도모하면서 일간 乙木의 기운을 생조하는 인성 水氣를 약신으로 선택한다.

이렇게 일간 乙木이 병의 기운인 식상 火와 관성 金氣에 의하여 극루함이 심하게 되고 있는데 다시 운로인 세운이나 대운에서 관성 金이나 식상 火氣의 공격을 받게 된다면 일간 乙木은 극루교가(剋漏交加)라 하여 더욱 더 불리하게 될 것이다.

*. 참고로 사주주인공인 이 모씨는 이렇게 사주원국이 식상 火氣와 관성 金氣에 의하여 신약함이 극심하므로 병이 존재하여 있는 사주가 되고 있음을 판단하였다.

따라서 만약 성명을 작명하게 된다면 잘못하여 식상 "火氣"의 기운이나 관성 "金氣"의 기운인 "나", "다", "라", "타"나 "사", "자", "차"의 음령오행으로 작명한다면 오히려 신약한 일간의 기운을 작명으로 인하여 더욱 더 상극하게 되니 아마도 성명으로 인한 그 흉의가 더욱 더 강하여 결국은 흉사의 운명이 될 수도 있으므로 대단히 신중하게 작명에 임하여야 할 것이다.

이와 같은 형상은 중화(中和)의 기점이 命理秘典 上권 사주강약도표에 준하여 판단하여 볼 때 40%가 되겠다. 위의 사주는 중화의 기점을 훨씬 멀어져 가는 신약으로 치달리고 있으니 조금의 상충이나 삼형의 작용을 맞이하게 된다면 대단히 흉함이 심하게 발생되겠다. 더욱 더 작명의 부분에도 용신의 기운을 상극하는 것이 되고 있을 경우 그 재화는 대단히 강하게 발생한다.

결국 작명의 궁극적인 목표는 사주원국이 이렇게 용신의 기운이 쇠약하거나 사주팔자가 나빠 있는 것을 좀 더 작명이나 상호로 인하여 본래의 흉함을 조금이라도 길함을 득하는 쪽으로 이끄는 것이 최종 목표가 될 것이다.

그러나 이와 반대로 사주의 용신의 기운을 상극하는 음령오행으로 작명이나 상호에 가미하게 될 경우 지금은 급속적으로 흉함이 돌출되지는 않겠지만 서서히 사주주인공은 그 흉함이 나타나게 되므로 학자는 사주의 용신을 완벽하게 잡아낼 수 있는 실력을 양성하는 것은 두 말할 것도 없다.

(예4). 여자, 최모씨(경남 진주시) 1978년 음력 6월 25일 卯시

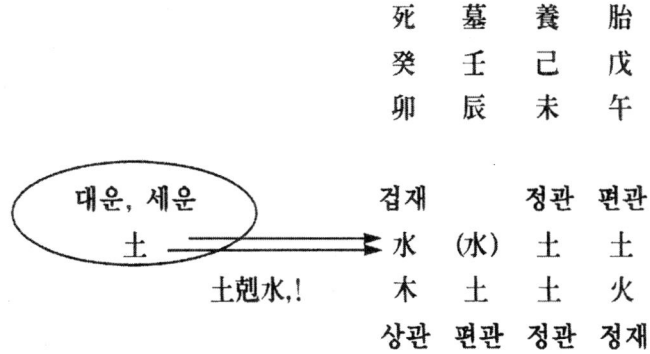

*. 일간의 왕쇠 및 용신,!

壬 일간 未월에 출생하여 실령하였으며 사주원국의 월지 未土 정관을 중심으로 하여 일지 辰土 편관에 뿌리를 두고 투출되어 있는 년, 월간에 戊, 己土 관성을 년지 午火 정재가 대단히 강력하게 생조하고 있으니 일간 壬水가 극심한 신약을 면치 못하고 있다.

이렇게 일간 壬水가 강력한 관성 土氣와 재성 火氣에 의하여 대단히 강력하게 극루당하고 있으니 어떻게 보면 일간 壬水가 의지처가 없기 때문에 강력한 관성 土氣를 따르는 종격(從格)이나 가종격(假從格)으로 돌아갈 듯싶다.

그러나 일간 壬水는 일지 辰土 편관이 습토이며 또한 辰중의 지장간인 중기(中氣)에 癸水가 존재하여 있으니 그 속에 뿌리를 둔 시상 癸水가 존재하여 있으니 그 속에 뿌리를 둔 시상 癸水 겁재가 투출 되면서 일간 壬水를 생조하고 있으므로 결고 종격(從格)이나 가종격(假從格)으로 돌아가지 못한다.

고로 용신은 신약한 일간을 생조하는 "비겁 水氣"를 용신하고 있는데 따라서 사주원국을 살펴보니 때 마침 시상에 癸水 겁재가 투출되어 있어 정히 용신으로서 자리를 잡고 있다.

*. 격국에 대한 판별,!

그러나 사주팔자가 관성 土氣가 지지에 강력하게 자리를 잡고 있는 중에 다시 그 세력을 업은 년, 월상에 戊, 己, 土가 투출되어 용신인 癸水 겁재를 土剋水하여 용신의 기운을 파극하고 있으므로 본 장 병약용신법에 준하여 사주에 병이 존재하는 현상이 되고 있음을 알 수가 있다.

따라서 본 장 병약용신법에 준하여 용신인 癸水를 파극하는 관성 土氣는 병이 되고 있는데 관성 土氣를 상극하고 아울러 용신인 癸水를 보호하는 "식상 木氣"를 약신(藥神)으로 채택하여야 될 것이다.

* **일부학자들의 의문 ,!**

일부학자들 중에 이와 같은 약신(藥神)인 식상 木氣는 일간 壬水가 신약함이 극심한데 식상 木氣도 신약한 일간의 기운을 설기하는 기운이므로 오히려 불리하지 않겠느냐 하고 대단히 의문을 표시하고 있다.

그러나 본 저자는 이 부분에 대해 물론 일간이 신약하여 식상 木氣의 기운도 일간의 기운을 누출시키는 일면이 되겠으나 하지만 강력한 관성 土氣의 기운이 일간을 상극하는 것은 식상의 기운보다 대단히 괴로운 것이 될 것이다.

따라서 이에 대해 일간 壬水의 기운을 조금 누출시켜 식상 木氣로 하여금 강력한 관성 土氣의 기운을 제살(制殺)하므로 인하여 그 반대급부로 일간이 구조되는 현상을 도모할 수가 있다.

이와 같은 현상은 사주팔자에 일간이 신강, 신약을 불문하고 관성이 태과할 때에는 식상으로 용신으로 삼는다는 법칙에 위 사주도 적용되는 것이 타당하며 아울러 본 장 병약용신법에도 서로 간 부합하는 것은 같은 맥락이므로 판단의 여지를 달리할 이유가 없다.

더하여 사주원국이 관성 土氣가 대단히 강력하여 일간 壬水가 신약함이 괴로운데 다시 운로인 세운이나 대운에서 재차 관성 土氣나 재성 火氣를 만나게 된다면 신약한 일간은 더욱 더 극루교가(剋漏交加)라 하여 그 재화는 대단히 강력하게 발생한다.

*. 사주격국에 대한 작명이나 상호판단,!

위 사주주인공인 최 모씨는 일간이 신약한데 관성의 공격이 극심하므로 용신인 癸水가 강력한 관성 土氣로부터 파극이 되고 있으니 癸水 용신을 관성인 병으로 붙어 구조하는 약신인 "식상 木氣"가 약신으로 선택되고 있음을 알수가 있다.

따라서 만약 위의 사주주인공인 최 모씨가 유년에 작명을 하게 된다면 일간의 신약함이 극심한데 오히려 신약함을 더욱 더 부채질하는 관성 土氣의 기운이나 재성 "火氣"의 기운인 "아", "하", 내지는 "나", "다", "라", "타"의 음령오행으로 성명을 짓게 된다면 신약한 일간의 기운을 성명으로 말미암아 더욱 더 신약하게 되니 운명의 불길함이 불을 보듯 그 재화가 이루 말할 수가 없을 것이다.

또한 최 모씨가 더 나아가 사업이나 장사를 하게 되어도 이상의 신약한 일간을 극루하는 오행으로 상호를 짓지 않아야 될 것이며 간판의 색깔도 "황색"이나 "붉은색깔"은 더욱 더 일간의 기운을 상극하므로 사업상 되는 일이 없을 것이므로 판단의 기준을 신중히 하여 작명에 임해야 된다.

(예5). 남자 강 모씨(경남 창원시) 1958년 음력 8월 2일 酉시

胎　死　胎　養
癸　甲　辛　戊
酉　午　酉　戌

인수　정관　편재　생조
水　(木)　金←土← 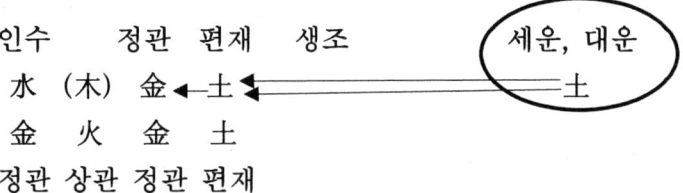　　土
金　火　金　土
정관　상관　정관　편재

*. **일간의 왕쇠 및 용신,!**

甲 일간 酉 월에 출생하여 실령하고 사주원국의 월지 酉金정관을 중심으로 지지에 관성 金氣와 재성 土氣에 의하여 일간 甲木을 극루하는 오행이 많으니 일간이 신약하다.

이렇게 일간 甲木의 신약함이 관성 金氣에 의하여 극심하게 극루함이 강하므로 시급히 일간 甲木의 기운을 생조하고 부조하는 오행이 있어야 만이 신약한 일간 甲木이 살아남을 것이다.

따라서 사주팔자를 살펴보니 일간 甲木은 오로지 시상에 투출되어 있는 癸水인수에 의하여 일간의 의지를 하고 있는데 그렇다면 시상에 투출되어 있는 인수 癸水는 일간 甲木을 돕는 아주 귀중한 존재라 할 수가 있겠다.

*. 본 장 병약용신법에 준한 판단,!

보통 내격(內格)의 억부법상 사주원국에 이렇게 신약한 일간이 되면 일간을 생조하는 水, 木을 용신으로 써야 되나 위의 사주팔자는 왕성한 관성 金氣가 태왕하므로 그 기세에 일간 甲木이 金氣에 의해 나무뿌리 채 잘려 버리고도 남음이 있다.

더구나 이렇게 관성 金氣가 태과할 때 설상가상으로 운로인 대운이나 세운에서 관성 金氣를 생조하는 재성 土氣를 만나게 된다면 강력한 관성 金氣는 더욱 더 힘을 받게 되어 그 기세로 다시 일간 甲木을 맹렬히 공격하게 되므로 오히려 호랑이에게 날개를 달아주는 셈이니 극루교가(剋漏交加)라 하여 그 재화가 극심하게 발생한다.

결국 위 사주는 관성이 태왕하여 일간 甲木이 극심하게 상극을 당하고 있으므로 관성 金氣가 병으로 존재하는 사주가 되어 있으니 시급히 약신인 "식상 火氣"로서 강력한 관성 金氣가 제살(制殺)을 도모하여야 되는 현상이 되고 있음을 알 수가 있겠다.

아울러 일간 甲木이 신약함이 극심하니 강력한 관성 金氣를 살인상생(殺印相生) 및 관인상생(官印相生)하는 "인성 水氣"도 좋을 것이다.

*. 위 사주에 대한 작명의 판단,!

위 사주주인공인 강 모씨는 이상과 같은 맥락에 비추어 볼 때 병약용신법에 채택되는 신약사주인데 용신의 기운이 대단히 쇠약하여 일간의 신약함이 심화되고 있음을 알 수가 있다.

더하여 만약 사주주인공인 강 모씨가 유년에 성명을 작명한다고 할 때 식상의 기운인 "火氣"나 인성 "水氣"의 기운인 "나", "다", "라", "타" 및 "마", "바", "파"의 음령오행으로 작명을 하여야 될 것인데 하지만 오히려 관성 金氣의 기운이나 재성 土氣의 기운인 "사", "자", "차" 및 "아", "하"의 음령으로 작명을 하게 된다면 대단히 불리하게 될 것이다.

더하여 상호를 작명한다고 할 때 이상의 기운에다 간판의 색깔을 "붉은색"이나 "검은색깔"의 바탕에 글씨를 새겨 넣는 것이 좋을 것이며 만약 "백색"이나 "황색"의 색깔에 글씨를 새겨 넣게 될 때 더욱 더 용신의 기운을 상극하는 것이 되므로 위의 사주 주인공인 강 모씨는 더욱 더 운명이 불길해지니 판단의 기준을 신중히 하여야 된다.

*. 제살(制殺)이란 무엇인가.?

사주원국에 일간이 신강, 신약을 불문하고 관성이 태과하거나 강력하여 일간이 극루함이 대단히 힘들게 되므로 이 때에는 반드시 강력한 관성의 기운을 억제하거나 제화시켜야 일간이 관성의 극루함으로부터 해방이 될 수 가 있다.

이 때에 일간의 기운을 강력한 관성의 기운으로부터 막아 주는 것이 식상이 되겠는데 이것은 오행상 식상은 관성을 바로 억제하는 중요한 기운이 되기 때문이다.

결국 "관성이 사주팔자에 강력할 때 식상으로 관성의 기운을 상극하여 반대급부현상인 일간이 관성으로부터 구조되는 것을 식상제살(食傷制殺)의 법칙"이라고 칭하는 것이다.

[4]. 전왕용신(專旺用神)

사주원국에 오행이 어느 일방으로 치우쳐져 있으면 그 세력이 극히 왕성하여 견제가 불능할 경우가 생긴다.

따라서 이 때에는 보통 내격(內格)의 억부법이나 조후법상 조절이 곤란하게 되는데 만약 강력한 세력을 억지로 견제 내지는 통제를 하게 될 때는 왕신(旺神)이 반발을 하여 오히려 재화가 속출하게 된다.

그렇다면 왕신(旺神)을 억제하지 말고 자연스럽게 그 강력한 기운에 순응하는 것이 좋은데 이것이 곧 "전왕용신(專旺用神)"이다.

좀 더 자세하게 예를 들면 사주원국에 관성이 많아서 일간이 신약하면 원칙적으로 강력한 관성의 기운을 살인상생(殺印相生) 및 관인상생(官印相生)하는 인성이 용신으로 필요하지만 사주원국에 인성이나 비겁이 무력하여 신약이 극심하다면 오히려 강력한 관성의 기운을 따라가야 한다는 논리이다.

그러므로 지금까지 내격(內格)의 억부법이나 조후법에 의한 논리에 순응하였던 학자도 본 장 전왕용신(專旺用神)에 들어가면 상당히 혼란스러움을 금치 못하는데 중요한 것은 이와 같은 운명의 소유자가 다소 나타나고 있다는 점이다.

따라서 본 장 전왕용신(專旺用神)은 사주추명의 한계의 벽에 부딪치는 시점이 곧 본 전왕용신(專旺用神)에 적용되는 운명의 소유자들 때문에 학자들이 어려움을 호소하게된다.

이에 대해 命理秘典 下권인 종격(從格) 및 가종격(假從格)부분에서 대단히 상세하게 기술하고 있는데 학자는 본 장 전왕용신(專旺用神)법이 어렵다고 해서 절대로 소홀히 취급하지 않기 바라며 결국 "종격(從格)", "가종격(假從格)", "화격(化格)" 등 "외격(外格)"에 속하는 사주팔자가 모두 "전왕용신(專旺用神)법"으로 다루어야 한다.

(예1). 남자, 최 모씨(경남 마산시) 1958년 음력 6월 4일 未시

衰	墓	衰	墓	甲-戊 상충,!	대운 46세
己	戊	己	戊		甲
未	戌	未	戌		子
				土剋水,!	
겁재		겁재	비견		
土	(土)	土	土		
土	土	土	土		
겁재	비견	겁재	비견		

*. 대운천간 甲木이 사주일간 戊土를 甲-戊상충을 하여 파극하고 다시 대운지지 子水가 왕성한 왕신인 土氣를 土剋水하므로 왕신이 반발을 하고 있다.

*. 일간의 왕쇠 및 용신,!

戊일간 未월에 출생하여 득령하고 사주원국의 월지 未土 겁재를 중심으로 하여 지지와 천간전부 일간의 동기인 비겁 土氣로 구성되어 종왕격(從旺格)이다.

이렇게 비겁 土氣가 강력하니 내격(內格)의 억부법이나 조

후법에 준하는 용신으로 위의 사주를 해결하려고 하면 대단히 무리가 따르겠으며 오히려 왕신인 土氣가 반발하여 대단히 흉을 자초한다.

고로 용신은 전왕용신법에 준하여 일간 戊土를 생조하는 "인성 火氣"와 "비겁 土"그리고 왕성한 비겁 土氣를 자연스럽게 누출시키는 "식상 金"등의 3자가 모두 길신으로 채택되는데 그 중에서 가장 주된 용신은 "식상 金氣"가 된다.

*. **본 장 전왕용신법에 준한 판단,!**

이렇게 오행의 편중이 한쪽으로 치우쳐져 있으므로 오행의 중화를 도모하기 위하여 여태까지 기술하였던 내격(內格)의 용신부분에 적용한다면 생각하였던 것보다 완전히 상반되는 결과를 가져오는 것을 알 수가 있다.

따라서 억부법이나 조후법의 논리에 따라서 위의 사주원국을 오행 土氣가 강력하니 재성 水氣로서 억제하려고 하면 대단히 왕신인 土氣가 발동하는 처사를 불러 올 수가 있는 조건이 되므로 용신의 선정과정을 세밀히 분석결정하지 않으면 안된다.

*. **격국에 대한 대운흐름,!**

위의 사주주인공인 최 모씨는 대운이 46세 甲子대운에서 대단히 큰 흉을 당하는 것을 알 수가 있는데 도표에서 보듯이 대운천간 甲木이 일간 戊土를 甲-戊 상충으로 가격하고 대운지지 子水가 월지 未土를 土剋水하니 십중구사의 운명이 되는 것을 알 수가 있다.

*. **위 사주에 대한 작명의 판단,!**

위 사주주인공인 최 모씨는 지금가지 내격(內格)의 억부법이나 조후법에 준해서 만약 왕신 土氣를 상극하는 재성 "水氣"나 관성 "木氣"로서 용신을 선정하여 작명할 때 음령오행인 "마", "바", "파"나 "가", "카"등으로 성명을 짓게 된다면 오히려 왕신 土氣가 반발하는 처사가 되니 완전히 운로를 더욱 더 흉한 쪽으로 작명한 것이 되어 불길해진다.

더하여 만약 최 모씨가 사업이나 장사를 하게 되어도 이상의 전왕용신법에 따라 상호를 선정하여야 될 것이고 이것 역시 왕신 土氣를 상극하는 기운으로 상호를 작명하게 된다면 더욱 더 흉함이 돌출될 것이며 간판 색깔 역시 왕신 "土氣"에 맞추어서 "황색바탕이나 土氣를 생조하는 火氣인 붉은 색깔의 바탕에 글씨를 새겨"넣어야 될 것이다.

(예2). 남자 천 모씨(경기도 안양) 1959년 음력 6월 27일 未시

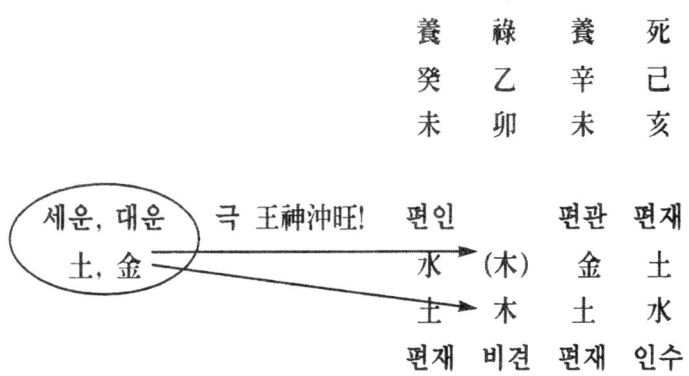

*. 일간의 왕쇠 및 용신.!

乙일간 未 월에 출생하여 실령하였으나 사주원국 지지에 전부가 亥-卯-未삼합 木局으로 변화되어 있다.

따라서 비록 未월에 출생하여 실령하였다고 하나 이렇게 삼합이 성립하여 사주지자가 전부 未局이 되니 일간의 기운이 신강의 도가 넘쳐 그 세력이 막강한데 이렇게 일간이 강해 신왕하면 억부법상 강력한 관성 金으로 나뭇가지를 솎아줄 필요가 있다.

하지만 문제는 사주원국에 관성이 유기(有氣)하여 힘이 있어야 되는데 위의 사주원국에 관성이 월간의 辛金 편관이 존재하여 용신으로서 적절히 사용할 수 있을 것 같으나 월간 辛金 편관이 오로지 년간 己土 편재의 생조에 의지 하려 하고 있다.

그러나 년간 편재 己土가 사주지지의 힘에 뿌리(통근)를 두

어야 재성의 힘을 편관 辛金이 받을 수가 있는 것인데 지지 전부 亥-卯-未 삼합 木局하여 木剋土하니 강력한 木氣로서 편재 己土가 파극되어 더 이상 쓸모없는 재성이 되고 만다.

그렇다면 재성의 기운이 무용지물이 되고 있으니 월간의 편관 辛金은 재성의 기운을 생조를 받지 못함에 따라 용신으로서 본래의 목적을 상실한 채 편관 辛金 역시 왕성한 木氣에 의해 오히려 쇠가 부러져 더 이상 쇠붙이로서 사용을 하지 못하게 됨으로 이 사주는 견제대상이 없으니 木局으로 나무의 나라가 된 셈이다.

고로 辛金과 己土가 파극되니 곡직인수격(曲直印綬格)인 종격(從格)으로 성립되며 종격(從格)을 따르는 "인성 水氣"와 "비겁 木", 그리고 왕성한 비겁 木의 기운을 자연스럽게 누출시키는 "식상 火" 3가지가 용신이 되는데 그 중에서 가장 길한 것은 木氣가 태과하므로 운로에서 식상 "火"를 만나면 가장 길하게 된다.

*. 본 장 전왕용신법에 준한 판단,!

만약 위의 사주를 억부법상 용신을 잡아 해결하려고 하면 대단히 무리가 따르는데 그 이유는 지지의 삼합, 방합, 육합하여 완전한 한나라의 국(局)이 성립하여 있는 중에 그 강력한 한 기운을 제압하려고 상극한다면 힘이 강한국(局)의 오행이 매우 강력하게 발동하게 된다.

이와 같은 현상을 두고 추명용어상 왕신충왕(旺神沖旺), 쇠자왕신발(衰者旺神發)혹은 쇠신충왕(衰神沖旺)이라 하여 왕신이 발동을 하면 오히려 십중구사의 운명을 면치 못하게 된다고 판단하는 것이다.

결국 위의 사주는 전왕용신법에 의해 용신이 선정되는 것인데 이러한 전왕용신이 선정되면 사주원국에 전왕용신을 거슬리는 오행은 마땅히 제거되어야 만이 사주가 대길해 질 수가 있을 것이다.

다행히 위의 사주도 년간 편재 己土나 월간의 辛金 편관등이 있으나 다행히 지지의 오행전부가 亥-卯-未 삼합 木局하여 辛金이나 己土를 완전히 파극하여 힘을 못쓰게 함으로 사주원국이 맑아진 것이다.

*. 위 사주에 대한 작명판단.!

위 사주주인공인 천 모씨는 이상과 같은 맥락에 비추어본다면 전왕용신법에 준한 곡직인수격(曲直印綬格)이 성립되고 있는데 만약 유년에 작명을 하게 된다면 용신인 "水", "木", "火"의 기운으로 작명을 하여야 될 것이다.

하지만 그렇지 않고 단편적으로 木氣가 강하다고 해서 내격(內格)의 기준인 억부법이나 조후법의 용신인 관성 "金氣"나 재성 "土氣"가 된다고 판단할 경우 "사", "자", "차"나 "아", "하" 등으로 성명을 작명한다면 왕신 木氣를 거슬리는 현상이 되어 더욱 더 사주팔자가 불리하게 연출될 것이다.

또한 더하여 천 모씨가 사업이나 장사를 하게 되어 이상의 법칙에 준하여 용신인 "木氣"를 따라서 상호를 작명하여야 될 것인데 그렇지 않고 상극되는 오행으로 상호를 짓게 된다면 왕신이 반발을 하여 사업의 성공은 고사하고 오히려 본인의 수명까지도 위험에 처하게 되니 단편적으로 작명이나 상호를 짓는 것은 위험천만이 아닐 수가 없는 것이므로 학자는 판단의 기준을 신중히 하여야 한다.

(예3). 남자, 추 모씨(경남 밀양) 1954년 음력 1월 16일 午시

대 운

旺	旺	生	旺	丙-壬 상충,!	55세
甲	丙	丙	甲		壬
午	午	寅	午		申

寅-申 상충,!

편인		비견	편인
木	(火)	火	木
火	火	木	火
겁재	겁재	편인	겁재

*. 대운천간 壬水가 사주월상 및 일간 丙火를 丙-壬 상충으로 파극하고 다시 사주월지를 寅-申 상충으로 파극하므로 왕신이 반발을 하여 십중구사의 운명이다.

*. 일간의 왕쇠 및 용신,!

丙일간 寅월에 출생하여 득령하고 년,일, 시지, 午火와 월령의 寅木 편인 과 寅-午합火하여 월 천간 丙火가 투출되어 있는 중에 년, 시상의 甲木이 일간 丙火를 생조하니 사주지지와 천간 전부가 일간 丙火를 생조하는 인성 및 비겁으로 이루어져 염상격(炎上格)인 종격(從格)이 되고 있다.

이렇게 사주원국의 지지에 火氣가 태왕하니 이를 수습할 수 있는 관성 木氣와 재성 金氣가 필요할지 모르지만 이렇게 火氣가 한 나라를 세우고 있으면 오히려 관성 水氣와 재성 金氣는 왕신충왕(旺神沖旺), 쇠자왕신발(衰者旺神發)의 법칙에 따라 왕신인 火氣가 발동하므로 대단히 불리하게 작용한다.

고로 용신은 왕성한 火氣를 따르는 비겁 "火"와 인성 "木", 그리고 왕성한 火氣를 누출시키는 식상 "土氣" 삼자가 모두 길신으로 채택될 수 있는데 그 중에서 비겁 火氣가 태왕하여 종격(從格)인 염상격(炎上格)이 성립되므로 식상인 土氣가 왕성한 비겁 火氣를 자연스럽게 누출시키는 것이 되니 제일 길하게 작용한다.

*. 본 장 전왕용신법에 준한 판단,!

만약 위의 사주원국을 火氣와 木氣가 태왕하다고 하여 이것을 내격(內格)의 기준인 억부법이나 조후법상 관성 水氣와 재성 金氣를 용신으로 선택하면 완전히 거꾸로 용신을 잡는 결론에 도달하니 사주주인공은 이상의 기운을 운로인 대운이나 세운에서 만날 경우 대단히 그 재화가 극도에 치달리므로 세심한 주의가 필요하다.

*. 위 사주에 대한 대운의 판단,!

위 사주주인공인 추 모씨는 이상의 격국이 종격(從格)인 염상격(炎上格)이 성립되어 전왕용신법에 적용하는 사주가 되고 있는데 대운의 흐름을 판단하여 보니 그 중에서 55세 壬

申대운이 추 모씨의 일생동안에 제일 힘든 고비라 판단하고 있다.

그것은 대운천간 壬水가 일간 丙火 및 월상에 투출되어 있는 丙火 비견을 같이 丙-壬 상충으로 가격하고 다시 대운지지 申金이 강력한 월지를 寅-申 상충으로 가격하므로 왕신인 火氣가 반발하여 십중구사의 운명으로 치달리고 있음을 알 수가 있다.

따라서 만약 내격(內格)의 억부법이나 조후법의 용신이 선정되는 사주팔자인 것 같으면 죽음까지는 생각하지 않겠지만 이렇게 동일한 오행으로 편중이 되어 있다보니 왕신인 오행을 가격할 경우 필연코 그 흉함이 하늘을 찌르고도 남음이 있다 할 것이다.

* **위 사주에 대한 작명판단,!**

위 사주주인공인 추 모씨는 전왕용신법에 준하여 종격(從格)인 "염상격"(炎上格)이 되고 있음을 알 수가 있는데 만약 유년에 성명을 작명한다고 볼 때 이상의 용신법인 "火","木"의 기운에 따라 "나", "다", "라", "타" 등 및 "가", "카" 등으로 성명을 지어주어야 될 것이다.

하지만 만약 이와 같은 부분에 판단을 잘못하여 내격(內格)의 억부법상 火氣가 태왕하다고 하여 관성 水氣의 기운이나 재성 金氣의 기운을 성명에 가마하여 작명을 하게 된다면 이름으로 인해 본인의 운명을 대단히 불리하게 연출하게 될 것이며 또한 수명 역시 단명으로 치달리게 된다.

또한 추 모씨가 사업이나 장사를 하게 되어도 이상의 종격

(從格)인 염상격(炎上格)에 준한 용신의 글자를 상호에 가미하여 간판을 하여야 될 것인데 만약 이와 반대로 상호를 짓게 된다면 재물적인 타격은 물론이고 용신을 거슬리는 상호로 인한 본인의 수명도 단명하게 될 것이다.

*. 참고로 이상의 종격(從格)이나 가종격(假從格)인 전왕용신법을 설명하고 있는데 보통 내격(內格)의 억부법이나 조후법에 적용하는 사주팔자는 비록 작명의 부분이 용신을 상극한다 하여도 복록에는 영향을 미칠 뿐 사람의 수명에는 그다지 장애가 발생하지 않는다.

하지만 위의 사주처럼 종격(從格)인 전왕용신법에 적용하는 사주팔자는 왕신이라는 동일오행이 지배하고 있기 때문에 오행 상 조금의 충격이나 작명 상 음령오행으로 왕신을 상극할 경우 그 흉의는 대단히 강력하게 발생되고 있음을 저자는 간파하고 있다.

(예4). 남자, 황 모씨(경북 경주) 1964년 음력 3월 23일 未시

墓	帶	養	養	甲-戊 상충,!	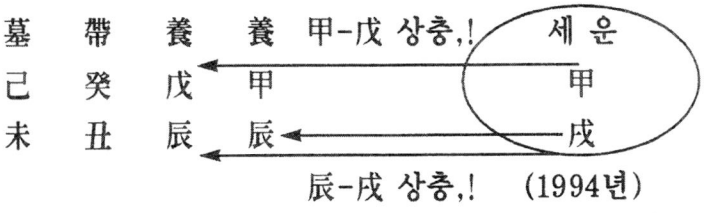
己	癸	戊	甲		세운
未	丑	辰	辰		甲
					戊

辰-戊 상충,!   (1994년)

편관		정관	상관
土	(水)	土	木
土	土	土	土
편관	편관	정관	정관

*. 세운천간 甲木이 사주월상 戊土를 甲-戊 상충으로 파극하고 다시 세운지지 戊土가 사주월지 및 년지 辰土를 辰-戊 상충으로 대접하므로 왕신이 반발을 하게 되니 십중구사의 운명으로 치달리는 것은 누구도 막을 수가 없다.!

*. **일간의 왕쇠 및 용신,!**

癸일간 辰월에 출생하여 실령하고 사주원국에 온통 관성 土로서 장악하고 있으니 일간 癸水는 사주지지 및 천간에 일간 癸水를 생조하는 인성 金氣나 비겁 水氣가 하나도 없어 일간이 의지를 하지 못하므로 일면 왕성한 관성 土의 기운을 따라가는 종관살격(從官殺格)이 될 듯 싶다.

하지만 일간 癸水는 년, 월지 辰중과 일지 丑중의 지장간에 癸水와 인성 辛金이 존재 하여 일간 癸水가 그 속에 뿌리를 두고 있으므로 절대로 왕성한 관성 土氣의 힘을 따라가는 종살(從殺)이 되지 못한다.

따라서 왕성한 관성 土氣의 기운에 일간 癸水가 산 같은 흙더미 속에 물이 흡수되어 그 빛을 발휘하지 못하는데 제일먼저 년간에 투출되어 있는 甲木상관이 년, 월지 辰중의 지장간 乙木에 통근하여 힘을 얻고 있으므로 정히 상관 甲木이 木剋土하여 강력한 관성 土氣를 파헤쳐야 일간 癸水가 살수 있을 것이다.

고로 용신은 병약용신법에 준하는 식상 "木"으로 왕성한 관성 土氣를 제거하여야 될 것이며 아울러 일간 癸水가 신약하니 일간의 기운을 부조하고 식상 木氣를 생조하는 비겁 "水氣"는 희신으로 삼는데 일간 癸水가 신약하니 일간을 생조하는 인성 "金氣"도 길신으로 사용한다.

*. 위 사주원국에 대한 일부학자들의 의문,!

학자들 중에는 위와 같은 사주원국을 두고 서로간에 의견이 분분한데 그 것은 일간 癸水가 음 일간이기 때문에 주위의 세력에 의지하려는 성질이 강력하게 작용하고 있다.

더하여 월령 辰土 정관을 중심으로 하여 지지에 전부 관성 土氣가 존재하여 있는 중에 사주천간에 관성이 투출되어 있으므로 일간 癸水가 절대적 세력에 따라갈 수가 있지 않겠느냐 라고 의문을 표시하고 있다.

*. 학자들이 의문에 대한 본 저자의 견해,!

하지만 이 부분에 대해 본 저자는 세 가지 이유를 들어 설명을 하자면 그 첫째로 위의 사주가 일간이 음 일간이지만 지지의 그것도 월지의 지장간인 중기(中氣)에 일간의 동기인 인성이나 비겁이 존재하여 있을 경우 월지는 억부법에 의하여서도 사주에 지배하는 힘이 30%이기 때문에 그 중에서 중기의 힘을 일간이 의지하여도 종(從)하지 못하게 된다.

둘째로 이상의 월지 만의 힘에도 그럴진데 하물며 년지 辰土 및 일지 丑土가 각각 존재하여 일간이 역시 뿌리를 두게 만들고 있는 현상이 되고 있음을 알 수가 있다.

따라서 이것은 하나의 지장간인 중기(中氣)에 자리를 잡는 것보다 이렇게 여러 군데 의지하는 기운이 있을 것 같으면 그 세력이 강력하니 종(從)하지 못하는 이유가 둘째이다.

따라서 이것은 하나의 지장간인 중기(中氣)에 자리를 잡는 것보다 이렇게 여러 군데 의지하는 기운이 있을 것 같으면 그 세력이 강력하니 종(從)하지 못하는 이유가 둘째이다.

다음 셋째로 사주원국내 오행의 성질을 볼 때 辰土나 丑土는 습토이기 때문에 물과 같은 성질이라서 습토는 완벽하게 일간 癸水를 상극하지 못하고 오히려 물에 동조하는 성질이 강하다고 보겠다.

상황이 이럴진데 더하여 일간 癸水가 사주일지 丑土인 십이운성의 관대지에 해당하고 있으니 일간이 무언중에 힘을 얻고 있는 것이 그 셋째이다.

*. 본 장 전왕용신법에 준한 판다,!

이상과 같은 맥락에 비추어 본다면 비록 일간이 음 일간이지만 절대세력인 강력한 관성 土氣의 힘을 따라가지 못하는 이유가 여기에 있는 것을 알 수가 있다.

위 사주는 전왕용신법에 해당되지 않는 사주팔자이지만 이와 같이 전왕용신법에 준하여 판단의 오류가 나올 수 있는 비슷한 사주이기 때문에 내격(內格)의 억부법이나 조후법의 용신과 외격(外格)의 종격(從格)이나 가종격(假從格)의 성질을 면밀히 구분할 필요가 있을 것이다.

*. **위 사주에 대한 운로의 판단,!**

위 사주주인공인 황 모씨는 종격(從格)인 전왕용신법에 준하는 사주인 것같으나 사실상 판단의 오류를 불러일으킬 수 있는 내격(內格)의 억부법이나 조후법의 용신법을 사용하는 격국임을 알 수가 있었다.

따라서 위 사주주인공인 황 모씨의 운로를 파악하여 보니 1994년 甲戌년에 대단히 힘든 고난을 겪고 왔음을 판단할 수가 있다.

그것은 사주원국의 일간이 신약하고 용신마져 쇠약한 중에 왕신인 土氣가 자리를 잡고 있는 것을 세운천간 甲木이 월상에 투출되어 있는 戌土 정관을 甲-戌 상충으로 가격하니 대단히 흉이 돌출되겠지만 甲木이 용신의 기운이므로 별문제가 되지 않는다고 보아야 된다.

그러나 이렇게 일간이 신약이 극심한 중에 세운지지 戌土가 사주원국의 년지 및 월지를 辰-戌 상충으로 가격하게 되니 이것은 비록 세운천간이 길이 된다하여도 이렇게 사주상 강력한 관성 土氣를 상극하는 것은 왕신의 반발이 대단히 강력한 것이기 때문에 교통사고로 병원에서 7시간에 걸친 대수술을 받았던 것이다.

*. **위 사주에 대한 작명의 판단,!**

위 사주주인공인 황 모씨는 이상과 같은 취지에서 볼 때 내격(內格)의 용신법인 "金", "水", "木"의 기운이 용신으로 선택되고 있는데 만약 유년에 성명을 작명한다고 한다면 이상의 음령오행으로 작명을 하는 것이 타당할 것이다.

더하여 만약 사주주인공인 화 모씨가 사업이나 장사를 한다고 가정한다면 "사", "자", "차",나 "마", "바", "파" 및 "가", "카" 등의 음령오행으로 상호를 짓고 또한 간판색깔도 "백색"이나 "푸른색"의 바탕에 글씨를 새겨 넣는다면 용신의 기운이 배가되니 대단히 길하게 되는데 이 때는 획수도 길격으로 가미하면 금상첨화가 될 것이다.

(예5). 남자. 유 모씨(부산 연산동) 1926년 음력 1월 10일 午時

胎	胎	病	病
丙	壬	庚	丙
午	午	寅	寅

편재		편인	편재	세운, 대운
火	(木)	金	火	火
火	火	木	木	
정재	정재	식신	식신	

* 일간의 왕쇠 및 용신,!

壬일간 寅월에 출생하여 실령하고 지지에 월령을 중심으로 2개의 寅木과 2개의 午火가 각각 寅-午合火하여 년, 시간에 丙火가 투출되니 화왕지국(火旺地局)이다.

일간 壬水는 오로지 월간 庚金 편인에 의존하고 있으나 문제는 편인 庚金이 지지에 뿌리를 박아 통근하여야 일간 壬水를 생조할 수 있는 능력이 있을 것이다.

그러나 이렇게 지지에 전부 寅-午合火하여 火局으로 변화되는 것은 이미 일지 및 시지 午중의 지장간에 己土는 합을 하여 완전히 사라진 상태이므로 월간 庚金 편인이 뿌리를 두지 못하는 현상이니 고립무원이다.

더하여 월간 庚金을 지지의 합의 중심세력인 년간, 시간에 투출되어 있는 丙火에 의해 丙-庚 상충으로 완전히 庚金 편인이 일간 壬水를 생조하는 능력을 이미 상실한 상태라는 것을 알 수가 있다.

고로 일간 壬水는 양일간이지만 일간이 의지처가 없어져버리니 왕성한 재성 火氣를 따르는 종재격(從財格)으로 돌아가는데 전왕용신법에 준하여 용신이 선정되는 전형적인 종격(從格)의 사주팔자이다.

따라서 용신은 강력한 火氣를 따르는 재성 "火氣"와 재성 火氣를 생조하는 식상 "木", 그리고 왕성한 火氣를 자연스럽게 누출시키는 관성 "土"등 삼자를 용신으로 삼는 것이 타당하다.

*. 전왕용신법에 준한 판단,!

위 사주팔자를 이렇게 종격(從格)인 전왕용신법에 준해서 용신이 설정되어 있는 것을 만약 내격(內格)의 억부법이나 조후법에 판단하여 용신을 선택한다면 완전히 운로 자체를 거꾸로 해석하는 사주원국이 되므로 이 때에는 강력한 왕신인 火氣가 반발을 하게 되어 사주주인공에 극도로 재화가 강력하게 발생한다.

이와같은 현상은 보통 내격(內格)에 준한 용신법은 비록 하나의 오행부분을 상극 한다 하여도 오행인 木, 火, 土, 金, 水가 골고루 분포가 되어 서로 간의 기운을 부조 및 억제를 도모하고 중화의 원칙에 부합하는 것이 되니 대흉까지는 생각하지 않는다.

그러나 위 사주원국처럼 하나의 동일적인 집단인 오행으로 구성되어 있으면 이것은 왕신(旺神)이라는 집단체를 성립하는 것이니 이러한 기운을 충격을 가하거나 발동시켰을 경우 왕신이 집단으로 반발하는 현상인 즉, 쇠자왕신발(衰者旺神

發) 및 왕신충왕(旺神沖旺)의 법칙에 준하여 사주주인공이 십중구사의 운명으로 치달리게 되는 이유가 여기에 있는 것이다.

*. 위 사주에 대한 운로판단,!

위 사주원국을 파악하여 볼 때 운로인 대운이나 세운에서 재성 火氣의 기운을 맞이하게 된다면 이미 사주원국에 庚金 편인이 존재하여 년간에 투출되어 있는 편재 火氣의 기운에 火剋金하여 파극이 되고 있는 것을 중첩하여 운로에서 편인 金氣를 없애버리므로 대단히 길운이 될 것이다.

하지만 위 사주팔자에 대한 용신법을 내격(內格)인 억부법이나 조후법상 일간 壬水가 월상에 투출되어 있는 庚金 편인에 구조를 받는 신약사주라고 판단할 경우 이상과 같은 운로가 들어올 때 판단의 부분을 잘못하여 대단히 흉함이 닥친다고 예상하면 운로를 완전히 정반대로 해석하는 것이므로 격국의 간명을 세밀하게 하여야 된다.

*. 위 사주에 대한 작명부분,!

위 사주주인공이 유 모씨는 이상과 같은 맥락에서 비추어 볼 때 종격(從格)인 재성 火氣를 따르는 종재격(從財格)이 성격(成格)되는 것을 알 수가 있다.

따라서 만약 위 사주주인공인 유 모씨가 유년에 작명을 한다고 가정하면 이상의 전왕용신인 "火氣"에 준하는 음령오행인 "나", "다", "라", "타"로 작명을 하여야되는 것을 알 수가 있을 것이다.

하지만 그렇지 않고 내격(內格)의 준한 억부법이나 조후법의 용신을 선정하여 火氣가 강하다하여 이를 억제할 수 있는 비겁 "水氣"나 인성 "金氣"인 음령오행으로 성명을 작명한다면 이는 완전히 왕신을 반발하게하는 처사가 되니 오히려 이름으로 인하여 자기사주가 더욱 더 불리하게 되는 것을 알아야 한다.

더하여 유 모씨가 사업이나 장사를 하게 되어도 이상의 음령오행으로 상호를 작명하고 간판색깔도 "붉은색깔"이나 火氣를 생조하는 木氣 "푸른색깔"등의 바탕에 글씨를 새겨 넣어주어야 완전히 용신의 기운에 부합하게 되니 세심한 주의가 요망되는 사주원국이다.

[5]. 통관용신(通關用神)

사주팔자에 육신의 기운이 서로간에 대립되어 양자의 힘이 비슷하게 작용할 때 양쪽 오행끼리 다투게 되면 사주원국에 전극(戰剋)이 일어나게 된다. 이와 같은 현상은 비록 일간이나 타오행이 직접적인 영향력이 미치지 않는 다고 해도 힘이 강한 오행끼리 충돌함으로 인하여 사주상 전부의 오행이 막대한 소용돌이로 말미암아 대단히 그 피해가 막심하게 발생하게 될 것이다.

그렇다면 우리일상생활에서 속담에 있는 말로 표현하자면 고래싸움에 새우등이 터진다,!라는 속담과 비교할 수가 있는 것인데 이렇게 될 때 비록 전극을 당하거나 전극을 당하지 않더라도 주위 전쟁터로 인하여 그 소용돌이의 결과는 재화가 이루 말할 수가 없게 된다.

따라서 이렇게 사주원국에 힘이 강한 양자의 전극이 형성되어 전쟁터가 되고 있다면 내격(內格)의 억부법이나 조후법에 준하여 용신을 선정하지 말고 제일먼저 두 기운을 화해 소통시키는 기운이 용신이 되는데 이를 가리켜서 "통관용신"(通關用神)이라고 칭한다.

또한 내격(內格)에 준한 억부법이나 조후법의 용신이 채택된다 손치더라도 막강한 양대 세력이 대립되어 있다면 그것 역시 양자를 화해 소통시키는 것이 바람직한데 어떤 경우에는 억부용신과 조후용신을 같이 채택하고 더하여 통관용신도 적용되는 경우도 종종 일어나고 있다.

이와 같은 부분을 자세하게 예를 들어 설명하면 통관용신은 "사주원국의 일간이 신약한 중에 비겁과 관성, 양대 세력이 서로간에 막강하여 한치의 양보도 없이 다투고 있을 때 인성으로 양자간을 소통"시키면서 일간을 생조하는 즉, 살인상생(殺印相生) 및 관인상생(官印相生)의 이치와도 같은 것이다.

결국 통관용신법(通關用神法)은 어느 한정된 오행이 그 기운이 막강하여 서로간에 전쟁이 일어나고 있을 때 그 양자를 화해, 소통시키는 기운을 말하는 것으로서 사주원국에 중화(中和)의 원칙을 도모하는 성질을 칭하는 것이다.

*. **통관용신(通關用神)이 적용되는 원칙,!**

　(가). 사주팔자에 오행상 木剋土하여 木과 土가 서로 대립되어 있을 때 "火"가 통관용신이 된다.

　(나). 사주팔자에 오행상 土剋水하여 土와 水가 서로 대립되

어 있을 때 "金"이 통관용신이 된다.

(다). 사주팔자에 오행상 水剋火하여 水와 火가 서로 대립되어 있을 때 "木"이 통관용신이 된다.

(라). 사주팔자에 오행상 火剋金하여 火와 金이 서로 대립되어 있을 때 "土"가 통관용신이 된다.

(마). 사주팔자에 오행상 金剋木하여 金과 木이 서로 대립되어 있을 때 "水"가 통관용신이 된다.

이상과 같이 사주원국에 양자의 기운이 서로 대립되어 있다면 이것이 일간이 신강, 신약을 불문하고 서로의 기운을 화해 및 소통시키는 것이 가장 길하게 되므로 이를 가르켜서 "통관용신법"(通關用神法)이라고 말하는 것이다.

더하여 만약 외격(外格)의 용신법인 종격(從格)이나 가종격(假從格)으로 돌아가지 않는 이상 내격(內格)의 억부법이나 조후법의 용신이 선정되는 격국이 된다하여도 양자의 오행이 서로간 대립되어 전극이 형성되고 있다면 내격(內格)의 용신법과 함께 통관용신법을 같이 사용하는 것이 통례이다.

(예1). 고서(古書)에 나오는 한 중국인의 사주,!

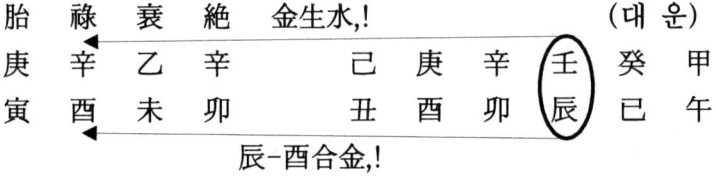

겁재   편재   비견

```
金  (金)  木   金
木   金   土   木
정재  비견  편인  편재
```

*. 대운천간 壬水가 신왕한 일간을 누출시키고 또한 金-木이 상극되는 현상을 통관법상 水氣로서 연결하는 것이니 대단히 좋은데 하나 대운지지 辰土가 일지 酉金과 辰-酉合 金이 되니 조금 아쉬운 감이 없지 않다.

*. 일간의 왕쇠 및 용신,!

辛 일간 未월에 출생하여 득령하고 사주원국의 월지 未土 편인을 중심으로 하여 일지 酉金 비견에 득지(得地)한 중에 다시 그 세력의 십이운성의 건록지와 제왕지에 앉은 년간 辛金 비견과 시상에 庚金 겁재가 투출되어 일간 辛金을 생조하고 있으니 대단히 신왕하다.

이렇게 일간 辛金이 신왕하게 되면 이것이 종격(從格)이나 가종격(假從格)으로 가지 않는 이상 일간 辛金의 기운을 적절히 억제시킬 수 있는 오행이 필요할 것이다.

사주원국을 살펴보니 일간 辛金의 기운을 억제할 수 있는 시지 寅木 정재가 자리를 잡고 다시 년지 卯木 편재 및 월상에 투출되어 있는 乙木 편재가 일간 辛金과 유정(有情)하므로 결코 종격(從格)이나 가종격(假從格)으로 돌아가지 못한다.

*. 격국에 대한 판별,!

따라서 내격(內格)의 억부법이나 조후법의 용신을 선택하여야 될 것인데 사주격국을 면밀히 파악하여 보니 왕성한 金氣 비겁과 재성 木氣간에 金剋木하여 서로의 오행끼리 전극(戰 剋)이 형성되어 있는 중에 이것을 적절히 연결 및 화해시킬 오행이 존재하여 있지 않아 과히 전쟁터라 할만큼 사주가 극도로 불안하게 되어 있다.

그렇다면 위의 사주는 내격(內格)의 억부법이나 조후법의 용신을 제쳐두고 우선 양자간의 화해 및 연결시킬 수 있는 오행이 시급히 중재가 있어야 대길하게 될 것이다.

하지만 사주에 양자를 중재할 오행이 없으므로 부득히 운로인 세운이나 대운에서 양자를 소통시킬 기운을 기다리는 수밖에 없는 것을 알 수가 있는데 고로 용신은 왕성한 비겁 "金氣"와 재성 木氣의 기운을 연결하는 식상 "水氣"를 통관 용신으로 선택하는 것을 알 수가 있다.

*. **본 장 통관용신법에 준한 판단,!**

만약 위의 사주원국을 신왕한 일간 辛金을 억제할 수 있는 재성 木氣가 있다하여 내격(內格)의 억부법이나 조후법의 용신을 채택한다면 이것은 양자의 기운을 화해 및 연결을 시키지 못하므로 사주팔자가 극도로 그 흉이 강하게 들어올 수도 있을 것이다.

또한 비록 내격(內格)의 억부법이나 조후법의 용신이 선택된다 하여도 이렇게 양자의 오행이 서로 상극이 되어 힘이 비등하게 되어 있을 경우 이것을 사주 내 양자를 소통시키는 기운이 강력하게 존재하여 있다면 별 문제가 되지 않을 것이다.

하지만 사주팔자에 양자의 기운을 소통시키는 기운이 없을 경우에는 내격(內格)의 억부법이나 조후법의 용신이 선택되고 있어도 곧 통관용신법에 적용하여 양자를 소통, 화해시키는 것이 대길하다.

*. **고서(古書)의 판단,!**

중국에 한 모 갑부의 사주이다.

사주팔자가 未월에 출생하였으므로 金, 木은 모두 왕성한 달은 아니나 4개의 金氣와 3개의 木은 년지 卯木과 삼합하여 木으로 변화되었으니 각각 木氣와 金氣가 서로 대립이 되어 있다.

따라서 양자의 기운이 모두 왕성하여 그 힘의 강약을 불문하고 서로간 金-木의 전극이 형성되고 있다할 것이다.

고로 용신은 통관용신법상 金, 木을 소통시키는 식상 水氣가 통관용신이 된다.

대운이 壬辰대운에 가장 사업이 번창하였으며 辛卯, 庚寅대운에는 金, 또는 木을 왕성하게 하므로 기복이 많았다며 고서는 적고 있다.

*. **위 사주에 대한 작명의 판단,!**

위 사주 주인공은 고서(古書)에 나오는 한 중국인의 갑부 사주인데 이상의 고서(古書)의 판단과 본 저자의 견해가 일치되는 것을 알 수가 있다.

따라서 위 사주주인공이 만약 유년이라고 가정할 때 성명을 작명한다면 이상의 통관용신법상 식상 "水氣"가 용신이 되니 음령오행인 "마", "바", "파"로서 성명을 작명을 하여야 될것이며 이 때에는 획수를 길격으로 하면 더욱 더 금상첨화가 될 것이다.

또한 위 사주주인공이 사업이나 장사를 하게 될 때에도 이상의 음령오행으로 상호를 작명하고 더하여 간판을 "검은색" 바탕에다 글씨를 새겨 넣게 된다면 용신의 기운을 한층 더 배가하는 것이 되니 대단히 길하게 된다.

(예2). 남자 강 모씨(부산시 남부민동) 1932년 음력 5월 17일 子시

旺	旺	胎	生		
庚	壬	丙	壬		
子	子	午	申		

편인		편재	비견	누출	세운, 대운
金	(水)	火	水		土
水	水	火	金	극(尅)	
겁재	겁재	정재	편인		

*. 일간의 왕쇠(旺衰) 및 용신,!

壬일간 午월에 출생하여 비록 실령하였으나 사주원국의 일지 및 시지 子水겁재인 십이운성의 제왕지 양인에 생조되고 있는 중에 년주 壬申 및 시간에 편인 金과 水氣가 투출되어

일간 壬水를 생조하고 있으므로 대단히 신왕하다.

이렇게 일간 壬水가 신왕하면 이것이 외격(外格)의 종격(從格)이나 가종격(假從格)으로 가지 않는 이상 내격(內格)의 기준에 준하여 용신을 설정하여야 된다.

위 사주팔자를 살펴보니 일간 壬水의 기운을 월지 午火 정재가 자리잡고 다시 그 십이운성의 제왕지에 앉은 丙火 편재가 월상에 투출되어 있으니 일간을 억제하는 기운이 강력하므로 내격(內格)의 억부법이나 조후법의 용신이 선정되어야 마땅하다.

따라서 일간 壬水가 많은 비겁 水氣와 인성 金氣에 의하여 신왕하면 내격(內格)의 억부법상 식상,재성,관성이 용신이 되겠으나 위의 사주는 월령에 정재인 午火가 제왕지에 투출된 월간 丙火 편재가 존재하여 과히 그세력이 막강한데 한편으로 지지인 양인 子水와 월령의 재성간에 水-火 상극이 벌어지고 있다.

상황은 여기에서만 끝나는 것이 아니고 비겁 水氣와 재성 火氣간에 사주천간은 丙-庚, 丙-壬 상충, 그리고 지지에는 子-午 상충까지 성립되어 그에 대한 전극(戰剋)이 과히 전쟁터라 할만큼 극도로 혼란스러운데 만약 위의 사주팔자를 내격(內格)의 억부법으로 해결하려면 조금 무리가 따를 것이다.

*. 본 장 통관용신법에 준한 판단,!

그러므로 양자간 상극되어 전극을 해소시키는 즉 통관용신(通關用神)이 적용되는 용신법에 준하여야 되는데 사주원국에 비겁 水氣와 재성 火氣간을 연결시키는 통관지신인 식상 木氣가 지지의 지장간조차 없으니 오로지 운로인 세운이나 대운에서 식상 "木氣"가 들어와서 양자간을 화해, 및 소통시키는 도리밖에 없다.

또한 비겁 水氣와 재성 火氣의 세력이 양자간 비등하니 관성 土氣로서 한쪽기운인 재성 火氣를 빼어와서 그 기운을 받아 힘을 흡수한 뒤 다시 상대 한쪽기운인 비겁 水氣를 되받아치므로 해서 양쪽 싸움을 할 수가 없게 만드는 것이므로 관성 "土氣"로도 통관지신이 되는 것이다.

결국 이것은 곧 두 사람이 싸움이 벌어진다면 말려주던지 아니면 기운이 센사람이 나타나서 두 사람 다 기운으로 서로를 제압하여 다시는 싸움을 하지 못하게 하는 이치와도 같은 것이다.

*. 위 사주에 대한 작명판단,!

위 사주주인공인 강 모씨는 이상과 같은 맥락에 비추어 볼 때 이의 사주팔자의 용신법이 내격(內格)에 준한 억부법이나 조후법 용신이 선정되지 못하는 통관지신인 식상 木氣가 용신이 되는 것을 알 수가 있다.

그렇다면 위 사주원국이 단순히 일간이 신왕하다하여 억부법이나 조후법상 재성 火氣를 용신을 선택한다면 이미 비겁 水氣와 재성 火氣가 양자간에 水剋火 상극이 벌어지고 있는 것을 더욱 더 운로에서 재성 火氣나 비겁 水氣를 맞이하게 되었을 경우 더욱 더 사주팔자는 불리하게 될 것이다.

따라서 용신법에 준한 통관지신의 기운인 식상 "木氣"나 관성 "土氣"가 가장 좋은 것이 되는 것을 알 수가 있는데 만약 위 사주주인공인 강 모씨가 유년에 성명을 작명한다면 이상의 통관용신인 식상 "木氣"의 기운과 관성 土氣의 기운인 음령오행으로서 "가", "카"나 "아", "하"의 기운으로 작명을 하여야 될것이며 더하여 획수도 길격으로 하면 더욱 더 좋을 것이다.

또한 강 모씨가 장사나 사업을 하게 될 때에도 이상의 통관 지신인 식상 木氣의 기운이나 관성 土氣의 기운인 음령오행으로 상호를 작명하고 더하여 간판 색깔도 "푸른색"이나 "황색바탕"에다 글씨를 새겨 넣게 된다면 용신의 기운을 배가하는 것이 되므로 대길하게 될 것이다.

(예3). 고서(古書)에 나오는 통관용신법(通關用神法)에 적용된 사주,!

```
旺  胎  旺  胎    水剋火,!              (대 운)
庚  壬  庚  丙         丙 乙 甲 癸 壬 辛
子  午  子  午         午 巳 辰 卯 寅 丑
        子-卯 형,!   水生木,!

편인     편인 편재
金 (水)  金   火
水  火   水   火
겁재 정재 겁재 정재
```

*. 대운천간 癸水가 비록 일간 壬水를 생조하는 것이 되고 년간 丙火를 상극하여 흠이 돌출되겠으나 대운지지 卯木이 상관의 운로여서 완전히 통관법상 전극을 해소시키니 대발을 하게 된다.!

*. 일간의 왕쇠(旺衰) 및 용신,!

壬일간 子월에 출생하여 득령하며 사주원국의 월지 子水 양인을 중심으로 하여 역시 시지 子水 겁재가 있는 중에 월상과 시상에 투출되어 있는 庚金 편인이 일간 壬水를 생조하고 있으므로 대단히 신왕하다.

이렇게 일간 壬水가 신왕하면 이것이 외격(外格)의 종격(從格)이나 가종격(假從格)으로 가지 않는 이상 내격(內格)의 억부법이나 조후법의 용신이 선정되어야 할 것이다.

그러나 사주팔자를 살펴보니 년지 및 일지 午火 정재가 자리를 잡고 그 십이운성의 제왕지에 앉은 년간 丙火 편재가 투출되어 있으므로 신왕한 일간 壬水의 기운을 적절히 억제하고 있으니 내격(內格)의 억부법이나 조후법의 용신이 선정되어야 타당할 것이다.

*. 격국의 판별,!

하지만 사주원국의 겁재인 양인 水氣와 재성 火氣의 기운이 서로간 비등하여 완전히 水-火 상극이 일어나서 전극(戰剋)이 형성되고 있으므로 이것을 적절히 완화 및 화해시키는 기운이 필요하게 되고 있다.

상황은 여기에만 끝날 일이 아니고 이와 같은 현상은 사주천간에 편인 金氣와 재성 火氣간에 丙-庚 상충 및 일간 壬水와 역시 丙-壬 상충이 되고 있는 중에 지지에도 각각 양인 水氣와 재성 午火간에 子-午 상충이 이중으로 벌어 져서 과히 사주원국이 전쟁터라 할만큼 극도로 혼란스러움을 금치 못하고 있는 것이 사실이다.

*. 본 장 통관용신법에 준한 판단,!

고로 통관용신이 적용되어야 마땅한 사주원국이 되고 있는데 사주팔자를 살펴보니 이렇게 편인 金氣와 재성 火氣 그리고 겁재인 양인 水氣를 연결 및 소통시키는 식상 木氣가 지지의 지장간조차 보이지 않고 있으므로 오로지 운로인 세운이나 대운에서 식상 "木氣"를 시급히 보아야 하는 단점을 지니고 있다할 것이다.

또한 사주원국이 비록 내격(內格)의 억부법이나 조후법에 준한 용신법이 채택되어 있다 하여도 이렇게 용신의 세력이 각각 상충이나 상극의 기운을 업고 양자간에 대립이 되어 있을 경우 역시 통관법상 양자를 화해 및 연결시키는 것이 대단히 좋다고 말 할 수가 있겠다.

더하여 위의 사주팔자를 신왕한 일간 壬水의 기운을 적절히 억제할 수 있는 재성 火氣가 강력하다 하여 단순히 내격(內格)의 억부법이나 조후법에 준해서 재성 火氣를 용신으로 선정하면 이는 통관법에 거슬리는 해석이 되므로 판단을 신중히 하지 않으면 안될 것이다.

*. **일부 학자들의 의문,!**

일부 학자들 중에는 위의 사주원국에 대해서 생월이 子월에 출생하여 추운겨울에 생하고 있으니 내격(內格)의 조후법상 재성 火氣로서 용신을 삼아야 하지 않겠느냐, 라고 의문을 표시하고 있다.

*. **일부 학자들의 의문에 대한 본 저자의 견해,!**

이 부분에 대하여 본 저자는 약간 견해를 달리하고 있는데 그것은 위의 사주팔자를 살펴볼 때 비록 추운겨울인 子월에 태어났다고 하나 사주에 이미 재성인 午火의 기운 등이 3개씩이나 존재하여 조후법을 충족시키고도 남음이 있다하겠다.

그런데도 불구하고 일부 저서에서는 子월에 출생한 사주팔자라면 이미 조후법에 충족한 기운이 있다고 해도 무조건 火

氣를 중첩보아야 되는 것은 어불성설이요, 말도 되지 않는 논리로 마땅히 배척하여야 될 것이다.

사주원국이 오행의 균등을 도모하는 법칙에 준하여 비록 조후법에 적용되는 사주가 있다하여도 선천성인 사주에 이미 조후를 충족할 수 있는 기운이 왕성하면 다시 억부법이나 다른 차선책의 용신법에 준해서 가장 필요한 기운을 찾은 것이 타당할 것이며 이와 같은 현상은 본 저자가 약 23년 동안 실제인물에 적용하여 운로를 파악하여본 결과 한치라도 틀림이 없었다는 것을 감히 첨언하는 바이다.

*. **고서(古書)에 준한 위의 사주판단,!**

위의 사주팔자는 재성과 일간이 모두 강하고 서로 대립되어 있어 용신은 식신 또는 상관이다.

사주중에는 식상이 되는 木이 없으나 대운이 일반 木운이므로 관직에 올라 그 직위가 지사(知事)에 이르렀다,

라며 기술하고 있다.

*. **위 사주에 대한 작명의 판단,!**

위 사주주인공인 고서(古書)에 나오는 한 인물인데 이상의 판단에 비추어 비록 子월에 출생하였으나 재성 火氣와 비겁 水氣가 서로 水-火 상극 및 편인 金氣 재성 火氣간에 火-金 상극을 각각 도모하므로 이것은 내격(內格)의 억부법이나 조후법의 용신이 선정되지 않고 통관지신인 식상 "木氣"가 용신이 되는 것을 알 수가 있다.

따라서 만약 위의 사주 주인공이 유년이라고 가정할 때 성명

을 작명한다면 이상과 같은 통관용신인 식상 "木氣"의 음령오행인 "가", "카"로서 작명을 하여야 될 것이며 또한 획수도 길격을 하면 더욱 더 좋을 것이다.

더하여 위의 사주 주인공이 만약 사업이나 장사를 하게 되어도 이상과 같은 음령오행에다가 간판색깔 역시 "푸른색"바탕에 글씨를 새겨 넣게 된다면 자기가 필요한 용신의 기운을 배가 하는 것이 되므로 대단히 길하게 되는 것을 알 수 있다.

(예4). 남자, 정 모씨(경남 밀양) 1955년 음력 8월 12일 酉시

```
                                    祿   絶   祿   衰
                                    丁   辛   乙   乙
                                    酉   卯   酉   未

(세운, 대운)      누출              편관      편재 편재
     火   ─────────────────────▶   火  (金)  木   木
              극(剋)                 金   木   金   土
                                    비견 편재 비견 편인
```

*. 일간의 왕쇠(旺衰) 및 용신,!

辛일간 酉월에 출생하여 득령하고 사주원국의 월지 酉金 비견을 중심으로 하여 역시 시지 酉金에 득세(得勢)한 중에 그 십이운성의 건록지에 앉은 일간이 통근하고 있으며 더하여 년지 未土 편인까지 일간 辛金을 생조하니 신왕하다.

이렇게 일간 辛金이 신왕하면 이것이 외격(外格)의 종격(從格)이나 가종격(假從格)으로 가지 않는 이상 내격(內格)의 억부법이나 조후법에 준하여 용신을 설정하는 것이 마땅할 것이다.

사주원국을 살펴보니 일간 辛金을 적절히 억제할 수 있는 일지 卯木 편재 그리고 그 십이운성의 건록지에 앉은 년, 월상에 乙木 편재가 있고 다시 시상에 투출되어있는 丁火 편관이 자리를 잡아 있으므로 내격(內格)의 기준인 억부법이나 조후법의 용신이 되는 것을 알 수가 있다.

따라서 일간 辛金이 신왕하면 보통 억부법상 식상, 재성, 관성을 용신으로 선택하겠지만 사주의 일지 卯木 편재의 십이운성의 건록지에 자리잡고 년, 월간에 乙木 편재가 투출되어 있으므로 과히 그 세력이 막강한데 결과적으로 비겁 金氣와 재성 木氣 양자간에 조금이라도 양보를 하지 못하는 현상이 벌이지고 있다.

*. 본 장 통관지신에 준한 판단,!

이러한 상황은 여기에만 끝날 일이 아니고 비겁 金氣와 재성 木氣가 그렇지 않아도 金-木이 상극이 되어 극도로 혼란스러움을 면치 못하고 있는 것을 사주시상에 투출되어 있는 丁火

편관이 일간 辛金과 辛-丁 상충, 그리고 일간 辛金과 년, 월상에 투출되어 있는 乙木 편재간에 乙-辛 상충이 되어 있다.

또한 사주원국의 월지 및 시지 酉金 비견과 일지 卯木 편재 간에 卯-酉 상충이 일어나고 있으니 사주 천간지지 모두 상충의 작용이 거듭되고 있는 것은 과히 사주가 전쟁터라 할만큼 전극(戰剋)이 벌어져서 시급히 金-木양자간을 화해, 소통시키는 것이 최선의 방법이라는 것을 알 수가 있다.

고로 위의 사주팔자가 통관지신이 응용되는 사주가 되고 있는데 비견 金氣와 편재 木氣간 양자사이에 식상 水氣가 사주의지지 지장간에도 보이지 않고 있으니 더욱 더 맹렬하게 전극(戰剋)이 형성되므로 오로지 운로인 세운이나 대운에서 식상 "水氣"를 바라볼 수밖에 없는 것이다.

하지만 그나마 다행스러운 것은 사주시상에 丁火 편관이 일지 및 년지 卯木편재 및 년지 未土편재 및 년지 未土 편인에 통근하여 투출되고 있는 중에 금상첨화로 사주의 년지 未土 편인과 일지 卯木편재간에 卯-未합이 되어 상충의 작용을 완화시키고 또한 양자간에 힘을 줄이면서 한쪽을 화해하여 싸움을 말리고 있는 것이 되어 대단히 좋게 된다고 볼 수가 있다.

따라서 일간 辛金이 신왕하니 통관용신인 식상 水氣로서 일간 辛金의 기운을 자연스럽게 누출시키면서 일간의 동기인 비견 金氣와 재성 木氣사이를 소통, 화해시키는 것이 가장 바람직한 일이 될 것이다.

또한 둘째로 사주시상에 투출되어 있는 편관 火氣가 이미 약간의 재성 木氣의 기운을 누출시키고 또 한쪽인 비겁 金氣를 상극하여서 그 힘이 줄여지고 있는 것을 다시 운로인 세운이나 대운에서 관성 火氣를 보게 되면 완전히 양자간에 전극(戰剋)이 해소가 되니 관성 "火氣"는 차길로서 통관지신이 되는 것을 알 수가 있다.

*. 위 사주팔자에 대한 작명판단,!

위 사주 주인공인 정 모씨는 이상과 같은 맥락에 비추어 볼 때 비록 내격(內格)의 억부법이나 조후법의 용신이 선정될 수가 있겠으나 재성 木氣와 비겁 金氣가 강력하여 통관지신인 식상 "水氣"가 용신이 되는 것을 판단할 수가 있었다.

또한 그나마 다행스러운 것은 신왕한 일간 辛金의 기운을 줄여주는 시상편관 丁火가 지지에 통근하여 일간과 비겁 金氣의 기운을 줄여주고 있는 것은 대단히 좋게 작용하고 있는데 이상의 상황을 판단하여 보면 비록 내격(內格)의 억부법이나 조후법의 용신이 선택되고 있어도 통관용신이 새롭게 취용되는 현상을 발견할 수가 있을 것이다.

따라서 만약 위 사주주인공인 정 모씨가 유년에 성명을 작명하게 될 때 이상의 통관법상 식상 "木氣"나 관성 "火氣"인 음령오행은 "가", "카"나 "나", "다", "라", "타"로 작명하고 더하여 획수를 길격으로 맞추어 준다면 더욱 더 금상첨화가 될 것이다.

또한 정 모씨가 사업이나 장사를 하게 되어도 이상의 음령오행의 글씨를 간판에 **"푸른색깔"** 이나 **"붉은색깔"** 의 바탕에 글씨를 새겨넣게 된다면 용신의 기운을 더욱 더 배가하는 것이 되므로 대단히 길하게 되는 것을 알 수가 있다.

(예5). 여자, 신 모씨(전남 여수) 1953년 음력 8월 21일 子시

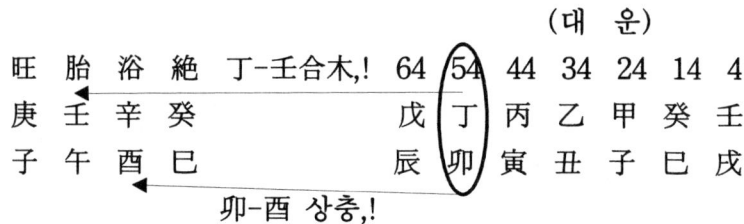

(대 운)

旺 胎 浴 絶　丁-壬合木,!　64　54　44　34　24　14　4
庚 壬 辛 癸　　　　　　　戊　丁　丙　乙　甲　癸　壬
子 午 酉 巳　　　　　　　辰　卯　寅　丑　子　巳　戌
　　　　　　卯-酉 상충,!

편인　　인수　겁재
金 (水) 金　水
水　火　金　火
겁재 정재 인수 편재

*. 대운천간 丁火가 일간 壬水와 丁-壬合木하여 정히 통관용신인 木氣가 되고 있는데 다시 대운지지 卯木이 사왕지지로서 일간의 기신(忌神)인 인수 酉金을 卯-酉 상충으로 되어 파괴시키니 전극이 형성되지 못하므로 대발을 하게 된다.!

*. 일간의 왕쇠(旺衰) 및 용신,!

　　壬일간 酉월에 출생하여 득령하고 사주원국의 월지 酉金 인수를 중심으로 하여 시지 子水 겁재인 양인에 득세(得勢)한 중에 다시 년간 癸水 겁재 및 월상과 시상에 투출되어 있는 辛, 庚金이 일간 壬水를 생조하니 대단히 신강하다.

　　이렇게 일간 壬水가 신강하게 되면 이것이 외격(外格)의 종격(從格)이나 가종격(假從格)으로 돌아가지 않는 이상 내격

(內格)의 억부법이나 조후법에 준하여 용신을 설정하여야 될 것이다.

사주원국을 살펴보니 일간 壬水의 기운을 억제할 수 있는 일지 午火 정재가 자리를 잡고 있는 중에 년지 巳火 편재까지 있으니 일간 壬水의 기운을 적절히 억제할 수 있는 기운이 있으므로 결코 외격(外格)의 종격(從格)이나 가종격(假從格)으로 돌아가지 못한다.

따라서 내격(內格)의 기준인 억부법이나 조후법의 용신이 설정되어야 할 것 인데 사주에 인성 金氣와 재성 火氣 양자간에 火剋金하여 상극이 되어 있고 더하여 또한 재성 火氣와 역시 水剋火하여 상극이 벌어지고 있으니 이것은 내격(內格)의 억부법이나 조후법의 용신이 선정된다손 치더라도 통관법상 용신이 선정되면 타당하다 할 것이다.

*. **본 장 통관지신에 준한 판단,!**

이와 같은 현상은 설상가상으로 사주팔자의 지지에 일지 午火 정재와 시지 子水 겁재간에 子-午 상충이 되어 서로간에 전극(戰剋)까지 형성되고 있으니 완전히 전쟁터라 할만큼 그 소용돌이가 대단히 심하게 되고 있는데 시급히 통관법상 양자간을 화해 및 연길시킬 수 있는 식상 "木氣"를 만나야 대길할 것이다.

그러나 사주팔자 내 통관지신인 식상 木氣가 사주지지의 지장간조차 없으니 오로지 운로인 대운이나 세운에서 식상 木氣를 바라보아야 하는 단점을 지니고 있는 것을 알 수가 있다.

*. **학자들의 판단,!**

일부 학자들 중에는 위의 사주팔자를 놓고 사주일지 午火 정재와 시지 子水겁재간에 子-午 상충으로 완전히 정재 午火가 파극됨이 심하고 월지 酉金 인수와 년지 巳火 편재간에 巳-酉合金하여 오히려 외격(外格)인 가종격(假從格)으로 돌아가지 않겠느냐,라고 의문을 표시하고 있다.

*. **학자들이 의문을 제기한 부분에 대해 본 저자의 판단,!**

이 부분에 대해 본 저자는 두 가지의 설명으로 대답을 하여야 되겠는데 그 첫째로 사주일지 午火 정재와 시지 子-午 상충이 되어 午火가 파극이 됨이 심하다는 부분은 사주상에 비록 子-午 상충으로 파극함은 되고 있겠으나 사주상의 지장간의 암합의 성질을 면밀히 비교 분석할 필요가 있다.

따라서 지장간의 성질을 세밀히 파악하여 보면,!

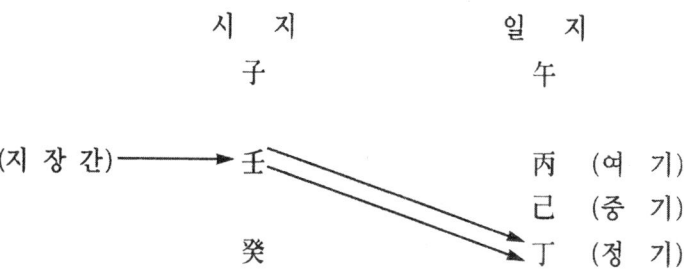

이상의 도표에서 보면 시지 子水 겁재의 지장간인 여기(餘氣)에 壬水와 일지 午火 정재의 지장간인 정기(正氣)에 丁火 간에 丁-壬암합이 형성되어 비록 子-午 상충으로 水-火가 상극이 도모되고 있기는 하나 이렇게 지장간끼리 암합이 구성되는 것은 완전히 파극을 당하지 않는 점을 중요시 살펴볼 필요가 있다.

그렇다면 火氣의 본모습을 상충의 작용으로 인하여 그 힘이 손상되는 것은 사실이나 완전히 火氣를 저버릴 수가 없는 것을 볼 수가 있겠으며 또한 일간 壬水와 역시 일지 午火간의 지장간 丁火와 丁-壬암합까지 구성되고 있는 것은 더욱 더 火氣가 흩어지지 않는 특성을 가지고 있으니 위의 사주가 외격(外格)의 종격(從格)이나 가종격(假從格)으로 돌아가지 못한다는 것을 알 수가 있다.

둘째로 사주원국의 년지 巳火 편재와 월지 酉金 인수간에 巳-酉合金하여 火氣의 본래기운이 인성 金氣로 둔갑하는 것에 대해서 본 저자는 학자들이 말한 부분에 대해서는 공감을 표시하는 바이나 그러나 巳-酉合金이 정삼합이 되지 않고 丑

이 빠진 점을 감안하여 볼 때 완벽한 합의 변화는 되지 않는다는 점을 중시 볼 필요가 있다.

*. 命理秘典 上권인 지지의 합에 인용하여,!

이와같은 부분은 저자가 편찬한 命理秘典 上권인 지지의 삼합 및 방합편에 살펴볼 때 지지의 합의 구성여부가 사왕지지 (子, 午, 卯, 酉)로 합을 결성하면 대단히 합의 결합이 강력하게 성립되는 것이기에 일면 위 사주는 그 부분에 부합하는 성질이 될 듯도 할 것이다.

*. 命理秘典 上권에 준한 판단,!

그러나 방금 말 한데로 합의 성질이 준삼합이 되고 있으며 또한 월지 酉金인수의 십이운성의 건록지에 앉은 월상 辛金인수가 투출되어 있으니 이것은 命理秘典 上권인 합의 변화편에 준하여 그 부분을 세밀히 파악해 볼 필요가 있다.

따라서 그 부분을 인용하여 보면 "지지의 십이운성에 장생, 건록, 제왕지에 뿌리를 두고 사주천간에 투출되어 있는 기운이 있을 것 같으면 합을 잘하지 않으려는 특성이 있다"라는 이론을 감안하여 볼 때 비록 사왕지지로 합을 하는 巳-酉合金은 구성이 되나 火氣의 본래 특성은 완전히 저버릴 수가 없다는 논리에 귀착하는 것이다.

또한 위의 사주팔자가 일지 午火 정재가 자리를 잡고 있는 중에 년지 巳火편재는 巳-午 준방합의 특성을 지니고 있다 하여도 과언이 아닌데 그렇다면 운로인 세운이나 대운에서 未土가 들어오게 될 때에도 완전한 巳-午-未 남방 火局이 결성되는 성질을 감안하여 본다면 이상의 인용한 부분과 합의 성질에 대해서 본 저자가 설명한 부분이 쉽게 이해가 갈 것 이라고 판단한다.

*. 위 사주에 대한 대운의 판단,!

위 사주 주인공인 신 모씨는 이상과 같은 통관용신법상 식상 木氣가 용신이 되고 있음을 알 수가 있는데 대운의 흐름이 초년 14세 癸巳대운까지는 양자의 기운을 소통시키지 못하고 있으므로 대단히 기복과 번민이 많았음을 알수가 있다.

그러나 앞으로 다가오는 54세 丁卯대운이 되고 보면 대단히 길운이 되고 있음을 간파할 수가 있는데 대운천간 丁火가 비록 일간 壬水에 대한 정재의 기운이나 일간 壬水와 丁-壬合 木하여 정히 식상 木氣로 둔갑을 하므로 절묘하게 구성되는 것을 알 수가 있다.

또한 대운지지 卯木이 일간 壬水에 대한 상관의 운로로서 비록 사주원국의 월지 酉金을 卯-酉 상충으로 가격은 하고 있지만 일간이 신강하고 일지를 피해서 월지를 상충으로 하는 것은 기신(忌神)을 파극하여 더 이상 재성 火氣와 인성 金氣 간에 전극(戰剋)을 형성하지 못하게 힘을 줄여주는 결과가 되고 있으니 대단히 길함이 오게 될 것이다.

*. 위의 사주에 대한 작명판단,!

위 사주 주인공인 신 모씨는 여자로서 이상의 사주 용신의 부분에 대해 간명하면 비록 내격(內格)의 억부법이나 조후법의 용신이 선정된다 하여도 이렇게 오행의 성질이 상극이 도모되고 있으면 역시 양자의 기운을 화해 및 연결시 킬 수 있는 오행으로 용신을 삼는 것이 타당한 것을 알 수가 있었다.

따라서 만약 위 사주주인공인 신 모씨가 유년이라고 가정해서 성명을 작명한다면 이상의 통관지신인 식상 "木氣"의 기운인 음령오행은 "가", "카"이므로 이와 같이 성명을 작명하여야 될 것이며 또한 획수도 길격으로 하면 더욱 더 금상첨화가 될 것이다.

또한 사주주인공인 신 모씨가 사업이나 장사를 하게 되어도 이상의 음령오행에다가 간판의 색깔을 "푸른색"의 바탕에 글씨를 새겨넣게 된다면 용신의 기운을 배가하는 것이 되니 더욱 더 길함이 오게 되는 것은 기정사실이다.

*. 참고로 이상과 같이 본 장 용신편에 준하여 모두 설명하였는데 이 중에서 중요한 부분을 학자들을 위하여 본 저자가 설명을 하여야 되는 부분이 있다.

그것은 본 장 전왕용신(專旺用神)이나 통관용신(通關用神)에 적용하는 사주원국의 운명 소유자와 내격(內格)의 억부법이나 조후법의 용신을 선택하는 운명의 소유자를 비교 분석하여 볼 때 "전왕용신"(專旺用神)이나 "통관용신"(通關用神)에 적용되는 운명의 소유자는 대운의 흐름이 정히 용신의 운으로 치달리지 않는 한 "억부법과 조후법"의 용신의 소유자보다 "복록이 낮은 것으로 판단"하여야 된다.

이와 같은 현상은 실제로 사주격국을 판별하여 보면 전왕용신(專旺用神)이나 통관용신(通關用神)의 사주팔자는 대체로 오행이 편(偏)으로 치우쳐져 있으므로 용신의 운로가 1~2개

정도밖에 받을 수 없는 단점을 가지고 있는 것을 파악하게 된다.

하지만 그에 반해 억부법과 조후법의 운명의 소유자는 사주원국이 오행의 균등을 갖추고 있기 때문에 비록 운로인 세운이나 대운에서 상극하는 운로가 들어와도 서로 견제하고 부조하여 오행의 편차를 없애게 만드는 것이 되므로 억부법이나 조후법의 복록이 전왕용신(專旺用神)이나 통관용신(通關用神)보다 앞서는 것을 알 수가 있다.

[6]. 용신으로 본 통변법(用神 通辯法)

사주원국에 격국을 구성한 뒤 용신을 설정하여 운명감정을 할 때 직업이나 이상방위, 또는 상대방의 궁합 등을 감평 해설하여야 되는데 이와같은 부분을 본 장 용신으로 보는 통변법에 준하여 판단하면 대단히 좋을 것이다.

(가). 갑 을 용신(甲, 乙 用神)

*. 직업(職業)

출판사, 서점, 독서실, 신문사, 의상실, 매표소, 간판업, 꽃집, 분재원, 난원, 곡물업, 과자제조업, 목공예품, 제지업, 제지공장, 방직공장, 청과상, 한약방, 한의원, 목축업, 양복점, 종묘상, 기상대, 등

*. 일간이 신약하여 용신을 생조하는 희신이 "水"일 때는 水에 관한 직업도 대길하며 사주원국이 신왕하여 용신이 火가 되거나 혹은 木으로 구성된 종격(從格)이 성립되어 왕성한

木氣를 누출시키는 식상 "火"가 용신이 될 때에는 불에 관한 직업이 대길하다.

*. **방향**(方向)

동쪽방향이 동방 "木"이니 가장 대길하고 일간이 신약하여 희신이 "水"일때는 북쪽방향도 길하며 일간이 신왕하여 용신이 "水"가 될 때이나 혹은 木으로 구성된 종격(從格)이 성립되어 왕성한 木을 누출시키는 식상 "火"가 용신이 될 때에는 남쪽방향이 대길하다.

*. **사람의 인연**

용신이 "木"이 될 때에는 상대방이 사주원국에 "木氣"가 많은 사람이 대길하며 일간이 신약하여 용신을 생조하는 "水"가 희신이 될 때에는 "水氣"가 많은 사람이 좋다.

또한 사주원국이 신왕하여 용신이 火가 되거나 혹은 木으로 구성된 종격(從格)이 성립되면 왕성한 木氣를 누출시키는 火가 길신이 될 때에도 상대방에 "火氣"가 많은 사람이 길하다.

*. 참고로 용신이 木이 되면 용신 木을 상극하는 "金"이나 "土" 등을 만나면 용신을 상극하는 것이 되어 불리하게 작용함으로 직업 및 방향이나 사람의 인연 등도 이에 준하여 판단하여야 될 것임을 참고 바란다.

(나). 병, 정 용신(丙, 丁 用神)

*. **직업**(職業)

화공약품업, 전기업, 통신업, 주유소, 고무공장, 타이어, 염색공장, 염색업, 조명기구업, 전열기, 보일러공사업, 갓업, 연탄업, 용접수리업, 악기업, 총포화약업, 검사, 경찰, 의사, 선생, 침구사, 등

*. 일간이 신약하여 용신을 생조하는 희신이 "木"일 때는 木에 관한 직업도 대길하며 사주원국이 火氣가 많아 신왕하여 용신이 土가 되거나 혹은 火氣로 구성된 종격(從格)이 성립되어 왕성한 火를 누출시키는 식상 "土"가 길신이 된다면 土에 관한 직업도 대길하다.

*. **방향**(方向)

남방 "火"라 하여 남쪽방향이 대길하고 일간이 신약하여 용신을 생조하는 희신이 "木"일 때는 동쪽방향이 길하며 사주원국이 火가 많아 신왕하여 용신이 土가 되거나 혹은 火氣로 구성된 종격(從格)이 성립되어 왕성한 火氣를 누출시키는 土가 길신이 되면 서북간 방위나 서남간 방위도 길하다.

*. **사람의 인연**

용신이 "火"일 때는 상대방 사람이 사주원국에 "火氣"가 많은 사람이 대길하며 일간이 신약하여 용신을 생조하는 "木"이 희신이 될 때에는 "木氣"가 많은 사람이 좋다.

또한 사주원국이 火氣가 많아 신왕하여 용신이 土가 되거나 혹은 火氣로 구성된 종격(從格)이 성립되면 왕성한 火氣를 누출시키는 土가 길신이 될 때에도 상대방에 "土氣"가 많은 사람이 길하다.

(다). 무, 기 용신(戊, 己 用神)

*. **직업**(職業)

부동산, 논, 밭농사, 채석장, 운동기구업, 식당, 여관, 건축업, 도자기업, 관광사업, 사찰, 교회, 성당, 과수원, 체육관, 토기공예, 변호사, 교도관, 토목기사, 등

*. 일간이 신약하여 용신이 "土"를 생조하는 희신이 "火"일 때는 "火"에 관한 직업도 대길하며 사주원국이 土氣가 많아 용신이 "金"이 되거나 혹은 土氣로 구성된 종격(從格)이 성립되어 왕성한 土氣를 누출시키는 식상 "金"이 용신이 될 때에는 "金"에 관한 직업도 대길하다.

*. **방향**(方向)

서북간 방위나 서남간 방위가 "土"의 방위이므로 土가 용신이 되면 그 쪽방향이 대길하며 희신이 "火"일 때는 남쪽방향도 길하다.

한편 土氣가 많아 신왕하여 용신이 "金"이 되거나 土氣로 구성된 종격(從格)이 되어 왕성한 土氣를 설기시키는 식상 "金"이 길신이 될 때에는 서쪽방위도 좋다.

*. **사람의 인연**

용신이 土일 때에는 상대방의 사주원국에 土氣가 많은 사람이 대길하며 일간이 신약하여 용신을 생조하는 "火"가 희신이 될 때에는 "火氣"가 많은 사람도 좋다.

또한 사주원국이 土氣가 많아 신왕하여 용신이 "金"이 되거나 또는 土氣로 구성된 종격(從格)이 성립되면 왕성한 土氣를 누출시키는 金이 길신이 될 때에도 상대방에 "金氣"가 많

은 사람이 길하다.

*. 참고로 용신이 "土"가 되면 용신 土를 상극하는 "木"이나 "水氣"등을 만나면 용신을 상극하는 것이 되어 불리하게 작용함으로 직업 및 방향이나 사람의 인연등도 이에 준하여 판단하여야 될 것임을 참고 바란다.

(라). 경, 신 용신(庚, 辛 用神)

*. **직업**(職業)

조립, 금속, 철강산업, 철도청, 군인, 차량정비공장, 금, 은, 보석상, 중장비, 조선소, 비행기, 항공산업, 기능사, 경찰, 교사, 의사, 검사, 등

*. 일간이 신약하여 용신을 생조하는 희신이 土일 때에는 土에 관한 직업도 대길하며 사주원국이 金氣가 많아 신왕하여 용신이 "水"가 되거나 혹은 金氣로 구성된 종격(從格)이 성립되어 왕성한 金氣를 누출시키는 식상 "水氣"가 용신이 될 때에는 "水"에 관한 직업도 대길하다.

* **방향**(方向)

서방 金이라 하여 용신이 "金"이 될 때에는 서쪽방향이 대길하고 용신을 생조하는 희신이 土氣일 때에는 서남간방위나 서북간방위도 길하며 金氣가 많아 일간이 신왕하거나 혹은 金氣로 구성된 종격(從格)이 왕성한 金氣를 누출시키는 식상 "水"가 길신이 될 때에는 북쪽방향도 길하다.

*. **사람의 인연**

용신이 "金"이 될 때에는 상대방의 사주원국에 "金氣"가 많

은 사람이 대길하며 일간이 신약하여 용신을 생조하는 "土氣"가 희신일 때에는 "土氣"가 많은 사람이 좋다.

또한 사주원국이 金氣가 많아 신왕하여 용신이 "水"가 되거나 혹은 金氣로 구성된 종격(從格)이 성립되면 왕성한 金氣를 누출시키는 "水"가 길신이 될 때에도 상대방에 "水氣"가 많은 사람이 길하다.

*. 참고로 용신이 "金"이 되면 용신 金氣를 상극하는 "火氣"나 "木氣" 등을 만나면 용신을 상극하는 것이 되어 불리하게 작용하므로 직업 및 방향이나 사람의 인연등도 이에 준하여 판단하여야 될 것임을 참고 바란다.

(마). 임, 계 용신(壬, 癸 用神)

*. 직업(職業)

목욕탕, 양조장, 주류업, 선박사업일체, 어부, 수도사업, 술집, 다방, 식당, 고기장사, 요리업, 요리사, 수력발전소, 소방서, 양어장, 승려, 목사, 역술가, 산부인과병원, 소아과병원, 은행원, 판사, 의사 등

*. 일간이 신약하여 용신을 생조하는 희신이 "金"일 때에는 金에 관한 직업도 대길하며 사주원국이 水氣가 많아 신왕하여 용신이 "木氣"가 되거나 혹은 水氣로 구성된 종격(從格)이 성립되어 왕성한 水氣를 누출시키는 식상 "木"이 용신이 될 때에도 "木"에 관한 직업도 대길하다.

*. 방향(方向)

북방 "水"라 하여 북쪽방향이 가장 대길하고 희신이 "金"일

때에는 서쪽방향도 길하다.

또한 水氣가 많아 일간이 신왕하거나 水氣로 형성된 종격(從格)이 구성된다면 그 왕성한 水氣를 누출시키는 "木"이 길신이 되므로 동쪽방향도 대길하다.

*. 사람의 인연

용신이 "水"일 때에는 상대방의 사주원국에 "水氣"가 많은 사람이 대길하며 일간이 신약하여 용신을 생조하는 "金"이 희신이 될 때에는 "金氣"가 사주에 많은 사람이 좋다.

또한 사주원국이 水氣가 많아 신왕하여 용신이 木이 되거나 혹은 水氣로 구성된 종격(從格)이 구성되면 왕성한 水氣를 누출시키는 木이 길신이 될 때에도 상대방에 木氣가 많은 사람이 대길하다.

*. 참고로 용신이 "水"가 되면 용신 水를 상극하는 "土氣"나 "火氣"를 만나면 용신을 상극하는 것이 되어 불리하게 작용하므로 직업 및 방향이나 사람의 인연 등도 이에 준하여 판단하여야 될 것임을 참고 바란다.

제5장. 작명비법(作名秘法)

*. 사주팔자에 대한 필요한 기운인 즉용신을 선정한 뒤 용신의 기운에 따라 획수를 길격으로 가미하여 성명 및 상호를 작명하는 것이다.

1. 수리와 획수(數理 劃數)

성명학에서는 수리(數理)와 획수(劃數)는 작명을 하는데 필요 불가결하게 사용되고 있겠으며 오늘날 현재시점에서도 수많은 역학자들이 성명이나 상호를 짓는데 본 수리와 획수에 완전히 의존하고 있는 것을 본 저자는 많이 보고 있다.

하지만 본 저자가 집필하는 作名大秘典에서는 그 차원을 조금 넘어서 단순히 획수와 수리에 연연하지 않고 기본적인 인간의 사주팔자를 나열시켜 가장 필요한 기운인 용신을 선정하여 본 장 작명에 임하고 있음을 알 수가 있을 것이다.

그렇다면 과거에 혹자들이 대단히 많이 신봉을 하였던 획수와 수리는 본래 인간의 사주팔자의 필요한 기운을 선정 대입하지 않고 막연히 획수와 수리가 좋다면 무조건 성명이나 상호를 지어주었던 것을 감안할 때 대단히 위험천만의 일이 아닐 수가 없다.

따라서 지금까지 본 저자가 전 장 용신과 격국편에서 실제인물을 적용하여 간명을 하며 강조하였던 것처럼 용신을 상극하는 기운으로 상호나 작명에 임하고 있을 때 얼마나 한사람의 귀중한 운명을 작명으로 인하여 오히려 용신의 상극함으로 본래 궁극적인 인간의 길흉화복을 좀 더 보다나은 길로 전환시키자는 본래의 목적을 완전히 상실한 채 운명자체가 상호나 성명으로 인하여 더욱 더 불길해지는 결과를 초래하고 있다 해도 과언이 아니다.

그렇다면 결론은 성명이나 상호는 용신의 기운으로 지어주어야 하는 것이 마땅할 것이며 이것은 단순히 획수나 수리에 그 비중을 크게 두는 고대의 역학자의 취지와 본 저자가 기술한 作名大秘典의 기본적인 시각이 작명법에서 완전히 상반되는 결과를 가지는 것을 알 수가 있다.

물론 용신으로 성명이나 상호를 작명한다는 것이 어려운 것은 사실이기 때문에 지금의 작명가들이 사주추명학의 용신법에 의존하지 않고 획수와 수리에 의존하여 작명을 지금도 짓고 있는 것이 작금의 실태라 할 수가 있겠다.

하지만 본 서 作名大秘典에서는 고대의 위험천만한 작명법을 완전히 탈피하여야 될 것이며 이는 궁극적인 인간의 운명을 조금이라도 작명에 가미하여 보다 나은 행운을 가지도록 의도하는 바 절대로 수박겉핥기식으로 작명에 임하여서는 안되는 것을 알아야한다.

본 장에 기술하는 수리(數理)와 획수(劃數)는 전 장 용신과 격국편에 준하여 사주에 필요한 오행을 판별하여 다시 용신의 기운으로 수리와 획수에 가미하여야 되는 것을 정석으로 취용하고 있다.

더하여 불가분의 성질에서 "용신의 기운인 음령오행이 채택되고 있을 경우" "획수와 수리가 맞지 않는 상황이 종종 발생하고 있는데" "이는 궁극적인 용신의 성질에 먼저 우선을 두어야" 하겠으며 비록 수리와 획수가 맞지 않더라도 그 흉함은 많이 나타나지 않는 것을 본 저자는 파악하고 있다.

결국 성명과 상호에 획수와 수리는 용신의 기운보다 뒷전에 해당되는 것이 타당할 것이고 하지만 용신의 기운도 되고 획수와 수리가 부합됨은 더욱 더 좋을 것은 두말할 것도 없을 것이다.

[1]. 작명오행(作名 五行)

(가). 음령오행(音靈 五行)

木 : 가, 카　　火 : 나, 다. 라, 타
土 : 아, 하　　金 : 사, 자, 차
水 : 마, 바, 파

(나). 삼원오행(三元五行)

木 : 1, 2　　火 : 3, 4
土 : 5, 6　　金 : 7, 8
水 : 9, 10

이상의 오행조견표에 보듯이 木의 경우 음령오행(音靈五行)은 가, 카이며 삼원오행(三元五行)은 1, 2가 해당되고 있다.

따라서 이상의 오행을 성명이나 상호를 작명할 때 획수와 수리를 함께 복수적으로 취용하여 사용하는 것을 알아야 하며 반드시 사주상의 용신법에 입각하여 필요한 기운을 음령오행(音靈五行)이나 삼원오행(三元五行)을 참조하여 작명에 임하는 것이 좋을 것이다.

*. 참고로 삼원오행(三元五行)은 숫자가 10까지만 되어 있는데 만약 획수가 10획이 넘어갈 경우 다시 처음이 1로 시작하여야 된다.

좀 더 자세하게 설명하면 이름 정(鄭)의 경우 획수가 총 15획이 되는데 10획을 넘었기 때문에 10은 버리고 다시 나머지 5를 가지고 오행을 보아야 되니 5는 삼원오행(三元五行)은 土가 된다.

더하여 이상의 부분이 20이 되던지 30이 되던지 간에 무조건 10획 이상은 모두 버리며 나머지를 가지고 삼원오행(三元五行)을 판단하면 될 것임을 참고 바란다.

*. 참고로 시중의 작명서적 가운데 이상의 음령오행(音靈五行)과 삼원오행(三元五行)의 두 가지를 놓고 음령오행(音靈五行)을 중점적으로 보아서 취용하는 것이 타당하다는 학자와 또 어떤 학자는 음령오행(音靈五行)보다는 삼원오행(三元五行)을 더욱 더 취용하여야 된다는 학설이 양분이 되고 있다.

이 부분에 대하여 본 저자는 이상의 학술적인 논란이 중국과 일본의 성명서적을 인용하여 그 발상을 주장하고 있는 듯하나 사실상 그와 같은 것은 별문제가 되지 않는다.

왜냐하면 성명역학은 궁극적인 목표가 사주추명학의 근본인 오행의 틀속에 부수 포함이 되어 있기 때문에 결국은 사주상의 용신법에 입각하여 성명이나 상호에 임하고 있는 고로 음령오행(音靈五行)을 더욱 더 "중요"시 하며 삼원오행(三元五行)은 참고로 보는 것이 타당할 것이다.

[2]. 작명오행 및 수리대입법(作名五行 數理代入法)

(예1).

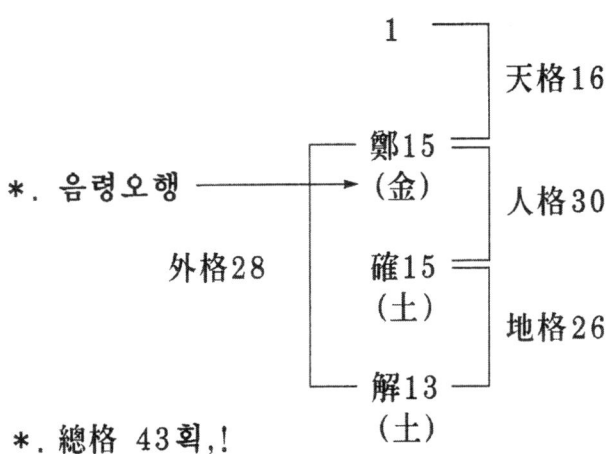

*. 도표에서 보듯이 정확해라는 성명을 작명할 때에 "**천격(天格)**"은 무조건 성(姓)에 1을 더한 것이 되니 천격(天格)은 16획이 되고 "**인격(人格)**"은 성(姓)과 가운데 이름을 더한 것이니 30획수가 될 것이다.

또한 가운데 이름과 맨 끝의 이름을 더한 것이 "**지격(地格)**"이니 28획이 되고 성(姓)과 맨 끝의 이름을 더한 것이 "**외격(外格)**"으로서 28획이 되는데 "**총격(總格)**"은 성(姓)과 이름을 모두 더한 것으로 43획이 된다.

여기서 맨 처음 천격(天格)에서 성(姓)에 더한 1은 총격(總格)에는 글자그대로 성명의 획수를 모두 합하는 것이기 때문에 더하지 않는다.

이상의 정확해라는 성명은 음령오행(音靈五行)이 "金", "土",

"土"로서 사주팔자의 용신이나 희신의 기운에 부합하는 지를 판단하고 획수와 수리를 보아야 되는데 비록 획수가 좋지 않더라도 사주상의 "**용신**"이나 "**희신**"의 기운에 "**일치**"하게 되면 수리의 흉함이 평길로 전환된다.

[3]. 수리의 통변법(數理 通辯法)

一획, 선조중흥격(先祖中興格) (吉)

세상만물이 새로 잎이 피며 새봄에 화창한 계절을 연상케 하는 시절이라 매사가 영화롭고 부귀창성하는 수리이다.

二획, 부부이별격(夫婦離別格)(凶)

부부이별하고 허송세월로 노력은 해도 실적이 없으며 항상 마음이 불안하고 초조하니 신병이 떠날 날이 없으며 그러나 초년은 대단히 흉하나 말년은 길해진다.

三획, 성공명예격(成功名譽格) (吉)

천지만물이 생동하는 운기로 지혜와 총명이 있어 능히 많은 사람을 거느리는 대업을 이룰 수가 있겠으며 부모형제 및 인간덕이 많아 입신출세하고 부귀공명을 이루는 최고 길격이다.

四획, 고독파괴격(孤獨破壞格) (大凶)

사람이 성격이 우유부단하고 결단력이 없으니 모든 일을 시작한다 하여도 일에 고난이 많으며 사업자는 일시에 파산하고 고독박명으로 유도하는 대흉이다.

五획, 성공발전격(成功發展格) (吉)

태초의 음양이 화합하고 지덕을 겸비하여 일찍 이름을 얻으니 세상 사람이 우러러보며 만사가 순조롭고 수명장수 및 관계에 이름을 높이 날리는 최고 길격이다.

六획, 축재번창격(蓄財繁昌格) (吉)

만 사람의 도움으로 재물을 구하며 만사 순조로우니 능히 귀인이 될 수 있는 형상으로 앞으로 나아가는 전진의 운이고 관계에 진출하여도 고위직으로 출세하여 세상에 이름을 널리 날린다.

七획, 독립발전격(獨立發展格) (吉)

추진력이 왕성하며 재치와 두뇌 명민한 재주로서 능히 난관과 어려움을 헤쳐나갈 수 있는 능력을 부여하고 결단력과 과감성으로 많은 사람을 통솔하는 우두머리이며 사업을 한다 하여도 대성공하는 수리이다.

그러나 동업은 불과하며 만약 동업을 했을 경우 약간의 실패를 감수하지 않으면 안될 것이고 더하여 급한 성격으로 매사 임할 경우 화를 자초할 수도 있다.

八획, 자활지상격(自活之像格) (吉)

위 획수는 사업을 하는 자는 초, 중년 약간 실패할 수 있는 수리이나 천부적으로 타고난 강직한 의지로 다시 자수성공하는 발전격이며 약간 대기 만성식으로 발전을 이룩하는 수리인데 약간의 인내심을 요구한다.

九획, 궁핍박약격(窮乏薄弱格) (大凶)

부모덕이 없어 조실부모할 것이며 고독을 밥먹듯이 하는 삶의 운명인데 불연이면 병약하여 단명으로 유도되겠고 자손 또한 불리하니 여자라면 유산 및 산액을 종종 당하는 횡액이 따르므로 어느 하나 의지할 수가 없다.

더하여 남녀 다 같이 부부생리사별을 면하기 어려우며 하지만 사주상 용신의 기운으로 부합할 경우 평운으로 전환된다.

十획, 단명실패격(短命失敗格) (大凶)

재주에 한 때 명성과 부귀는 일시 따른다고 하나 곧 실패의 연속이며 비록 친해지는 사람이 있다해도 손재와 관재를 불러 들이는 형상이 되므로 사람으로 인해 배신감을 느끼고 인간덕이 없다.

교통사고 및 신체상 부상을 유발하는 현상이 종종 발생하겠으며 그러나 사주상 용신의 기운에 부합하게 된다면 평운으로 전환된다.

十一획, 부귀흥자격(富貴興子格) (吉)

만 사람이 우러러보고 음양이 화합하니 부부 다정하여 자손이 번창하겠으며 사업을 한다 하여도 부귀축재로 연결되므로 이 아니 기쁠손가? 천부적인 재질로서 능히 세인의 존경과 신망을 한 몸에 받는 최고의 길격이다.

十二획, 재운박약격(財運薄弱格) (吉)

비록 한 가지 재주가 있어 일시 번창하나 손재와 도둑이 들어 재물을 강탈당하니 실패하는 형상이며 사업자는 경쟁자에게 수모와 참패를 당하는 것이 많고 모든 일이 되는 것이 없으니 신세 타령한다.

또한 부모형제 덕이 없고 부부역시 별거 및 이혼하니 처궁이 불리하므로 홀로 고독으로 탄식하는데 그러나 사주상 용신의 기운에 부합하게 되면 이상의 흉은 면하게 되리라.

▣ 十三획, 지명성공격(知命成功格) (吉)

위인이 인간덕을 받으며 수많은 인맥을 형성하여 천부적인 지혜로 입신양명하여 이름을 사방에 떨칠 수가 있고 문학가, 예술가 등으로 진출하면 대부대귀한 운명이 된다.

▣ 十四획, 실패파멸격(失敗破滅格) (大凶)

세상만사가 내뜻과 같이 되지 않으며 비록 내 스스로 근면 성실한다 해도 세인들이 알아주지 않고 사업이나 직장에 있다해도 곧 파멸이 될 것이니 어찌 근심과 고통이 없으리오. 참다운 동지나 벗이 있다한들 모두 다 자기 욕심을 차리는 자들이니 인간덕이 있을 수가 없는 대 흉한 수리이다.

그러나 사주의 용신에 부합하는 획수가 되고 있을 때는 이러한 흉함이 평길로 전환된다.

▣ 十五획, 수복번영격(壽福繁榮格) (吉)

사업자는 사업 대성취하고 직장인은 승승장구하는 운이며 비록 일시 곤고하였다가도 능히 세인의 협조와 도움으로 난관을 헤쳐나가는 장자의 운명이 될 것이며 마침내는 수명과 복록을 고루 갖추는 최고 길격이다.

▣ 十六획, 덕망통솔격(德望統率格) (吉)

총명한 지혜와 능히 인망이 두터워 수많은 사람의 우두머리로 군림하고 능히 복종을 어기지 않으니 군자의 형상이다.

더하여 소년에 뜻을 두어 명실공히 대기업을 성취하는 운으로 중년 말년 할 것 없이 전진하는 최고 길격이라 할 수가 있다.

十七획, 강건창달격(剛健暢達格) (吉)

강한 성품으로 권세와 위엄이 높게 날리며 모든 어려움을 극복하고 대인의 품격과 인망을 한 몸에 받는 길격으로 조금의 자존심과 고집스러운 면 때문에 세인의 일시적 비판과 모략을 받겠으나 모든 것을 양보하는 자세로 처세하면 필이 대성공을 보장하게 되는 대단히 길한 수리이다.

十八획, 철석발전격(鐵石發展格) (吉)

모든 것이 순조롭고 관록자는 관계에 출세가 빠르며 사업자는 실패가 없이 나날이 전진하여 필히 대성공을 거두는 수리로서 초년, 중년, 말년할 것 없이 희망과 진전으로 진출하여 마침내는 명진사해하는 최고 길격이다.

十九획, 병약고난격(病弱苦難格) (大凶)

일시 천부적인 재주로 성공을 하지만 곧 실패를 하게 되고 칠전팔기로서 매사에 전진하여 보지만 주위의 방해와 모략 중상으로 끝내는 파멸을 하게 되는 수리로서 만약 용신을 상극하는 오행이 본 획수에 중첩된다면 중년에 교통사고와 단명을 유도하는 대흉한 획수이다.

二十획, 중절단명격(中折短命格) (大凶)

정신이 혼미하고 모든 것이 시작을 한다 하여도 결실이 나타나지 않아 실패가 연속되고 수재(水災)나 화재(火災)를 불러 일으키는 대흉을 동반하며 관록자는 파면, 사업자는 수표부도를 유도되니 대흉한 획수이다.

그러나 사주의 용신의 기운에 부합하는 것이 될 때 대흉이 평운으로 전환 될 수가 있다.

二十 一획, 만인두령격(萬人頭領格) (吉)

독립심이 강하고 만인에게 통솔력으로 능히 대업을 달성하는 수리로서 초년은 일시 조금 곤고하겠으나 중년이후 대 발전을 이룩하여 결국 명진사해한다.

二十 二획, 박약중절격(薄弱中絶格) (凶)

세파에 견디는 힘이 왕성하여 성공을 도모하고자 하나 하는 일마다 사사건건 발목을 잡고 방해하는 자가 생기기 쉽다.

비록 재질과 지혜는 뛰어나다고 보지만 매사가 뜻과 같이 되지 않으니 신세 한탄으로 비관 고민하는 수리로서 재물 역시 모이지 않으니 빈곤함을 면할 수가 없다.

二十 三획, 융창세력격(隆昌勢力格) (吉)

천지가 개벽하고 하늘이 놀라게 하는 운세이며 대단히 명진사해하는데 초년 약간 빈천하였으나 점차 발달하여 중년이후 마침내는 대업을 달성하여 대성공을 하는 최고 길격이다.

二十 四획, 명예출재격(名譽蓄財格) (吉)

초년 일시 곤고하여 빈천지가(貧賤之家)에 출생하여 많은 어려움을 겪었지만 타고난 지혜와 재질로서 능히 만인간을 지배하여 부귀공명을 누리는 수리로서 약간의 고집과 자존심이 강하니 주위사람에게 베푸는 것을 잊지 말아야 하며 자손 또한 덕이 많고 번영하는데 대 길격이라 할 수가 있다.

二十 五획, 지혜성공격(智慧成功格) (吉)

천부적인 재질과 지혜로서 능히 모든 일을 자기스스로 성취하며 비록 고난과 어려움이 닥친다 해도 자수성가를 하는 수리로서 하지만 사람을 너무 믿는 경향이 있으니 사람 조심을 하여야 되는데 결실은 명진사해하는 대길격이라 할 수 있다.

二十 六획, 중절풍파격(中絶風波格) (大凶)

지혜가 높아 만인을 능히 다스리는 우두머리의 기상이나 사람으로 인한 실패가 종종 일어나고 비록 슬기로운 처세로 난관을 헤쳐나가겠지만 결실은 모두 실패가 되므로 탄식과 고독한 일생을 살아가는 형상이다.

하지만 본 수리가 되더라도 사주팔자 용신의 기운에 부합하고 있을 경우 대흉이 평운으로 전환된다.

二十 七획, 불운중단격(不運中斷格) (凶)

사람의 성격이 대단히 급하게 되며 한 때는 비록 영웅호걸상이나 중도에서 실패와 파란이 매우 강력하게 들어온다.

매사를 성실원만하게 처세를 하여야 될 것이며 비록 이상의 수리가 되더라도 사주상의 용신의 기운에 부합한다면 오히려 발복될 수도 있다.

二十 八획, 풍파조난격(風波遭難格) (凶)

망망대해 배를 타고 가다가 풍랑을 만나 전복되는 형상이며 비록 한 때에는 명진사해하는 길운을 일시 만날 수가 있겠지만 곧 실패하여 거리에 내몰려 누구 하나 의지할 곳이 없는 신세가 된다.

하지만 본 수리가 좋지 않더라도 사주상의 용신의 기운에 부합하고 있다면 별탈이 없게 된다.

二十 九획, 성운수복격(盛運壽福格) (吉)

앞길이 창성하고 부귀공명을 누리며 수명 또한 장수하는 대길격인데 일시 부부간 풍파가 있겠으나 능히 지혜와 결단력으로 곧 해소되는 능력을 가지고 있다.

더하여 중년일시 약간 쇠퇴하는 현상이 있겠지만 결실은 대기만성(大器晩成)으로 성공을 이루는 대 길격이다.

三十획, 부운무정격(浮雲無情格) (凶)

인생세월이 뜬구름과 같고 부모형제 덕이 없으니 매사를 시작한다 하여도 실패의 연속이 될 것이며 비록 중년일시 발복을 하지만 말년 대 흉하니 어찌 신세타령을 하지 않으리오, 가난과 빈곤함이 가득하니 석양을 바라보는 나그네의 신세로 대흉한 수리이다.

三十 一획, 융창발전격(隆昌發展格) (吉)

비록 부모형제 덕을 받지 못하나 초년 일찍이 객지로 나아가 타향살이로서 자수성가하는 운으로 매사를 전진하여 능히 대업과 성공을 이루는 대 길격으로 과대한 욕심을 부리기 쉬우니 한걸음 늦게 시작하였다 생각하고 급성을 부리지 않으면 능히 명진사해하는 최고 길격이다.

三十 二획, 매사순풍격(每事順風格) (吉)

초년 일시 곤고하였으나 중년 이후 점차 인간 덕을 받으면서 능히 사업을 한다 하여도 성공하며 관록자나 직장인은 그 직위가 승승장구하여 마침내는 대업을 달성하는 최고 길격이다.

三十 三획, 권세장악격(權勢掌握格) (吉)

지모와 계략이 뛰어나 모든 일에 막힘이 없이 전진하는 상으로 수많은 인간 덕을 받아 권력가는 필히 대부대귀하는데 여자는 이 수리를 가지면 조금 고독한 일면이 있으나 자기 수양을 한다면 별문제가 되지 않겠으며 말년 필히 명진사해하는 최고 길격이다.

三十 四획, 궁핍파멸격(窮乏破滅格) (大凶)

초년일시 성공하여 명진사해하는 일면이 있겠으나 중년으로 넘어감에 따라 사람으로 인한 실패가 끊어지지 않으면 설상가상으로 천재지변까지 닥쳐오니 어느 하나 의지할 곳이 없이 거리에 내몰리게 된다.

이 수리는 대단히 흉하나 사주상인 용신의 기운에 부합하고 있다면 대흉이 평운으로 변하게 될 것이다.

三十 五획, 예문번창격(藝文繁昌格) (吉)

지혜와 재주가 뛰어나 문학, 예능발전이 돋보이며 한 가지를 알면 열 가지를 터득하는 다재다능한 만능꾼이니 초년부터 발달하기 시작하여 중년에는 필히 대성공을 기대하는 대길한 수리인데 관직이나 사업을 한다해도 막힘이 없는 아주 좋은 최고 길격이다.

三十 六획, 재난풍파격(災難風波格) (大凶)

본 수리는 부부간 풍파가 많아 이혼 내지는 사별하며 직업적인 실패 및 관록자 좌천, 실직이 뒤따르며 남이 나를 좋게 보지 않으니 고독하겠으며 말년까지 대단히 풍파가 많게되니 대흉한 수리이다.

그러나 사주상의 용신의 기운에 부합하고 있다면 대흉이 평운으로 변화되니 이상의 획수를 사용하고자 하면 필히 용신의 기운에 부합하도록 하여 야 될 것이다.

三十 七획, 복덕대길격(福德大吉格) (吉)

만사가 풍요로우며 부부간 서로 유정하여 모든 일을 합심하여 능히 대업을 달성하는 수리로서 많은 사람으로부터 덕망 있다는 평을 받고 인품이 골고루 갖추어진 최고 길격이라 하겠다. 더하여 자손 역시 번영함과 명진사해하므로 말년은 부귀영화를 한 몸에 받는 대부대귀한 운명이 된다.

三十 八획, 예능복덕격(藝能福德格) (平吉)

문학, 예능, 기술적으로 직업을 잡게 되면 대발복을 하겠지만 자영업이나 사업, 그리고 관직은 대단히 좋지 않는 수리이고 더하여 부부파란까지 있게 되므로 본 획수를 사용하고자 할 때는 신중을 기함이 좋다.

하지만 용신의 기운에 부합하고 본 수리가 되고 있다면 길격을 유지할 수 있는 장점이 있기도 할 것이다.

三十 九획, 유덕장자격(有德壯者格) (吉)

초년에 뜻을 두어 남보다 일찍 앞서 나가니 능히 대성공을 바라볼 수가 있겠으며 관록을 가지는 자는 중년에 많은 부하를 거느리는 윗사람의 운명이 된다.

그러나 조금은 교만스러운 일면이 있으니 자기수양을 하지 않으면 사람으로 인한 실패가 있으므로 양보심과 인자한 덕망을 가지는 것이 필요하다.

四十획, 빈부상반격(貧富相反格) (平吉凶)

본 수리는 길, 흉이 상반되는데 천부적인 지혜로서 능히 만가지 고난을 헤쳐 나가는 성질이 강하여 비록 대업을 달성하는 부분은 있겠으나 인간덕이 없기 때문에 사기나 손재를 일삼는 자를 친하게 지내기 쉬우므로 사람조심을 하면 평길로 돌아간다. 하지만 본 획수가 사주의 용신의 기운에 부합하고 있다면 이상의 걱정스러운 면은 모두 사라지게 되니 필히 사주의 용신의 부분에 일치하도록 하여야 될 것이다.

四十 一획, 고명대성격(高名大成格) (吉)

두뇌명철함과 재주출중하여 만인이 우러러보는 위 사람의 운명으로 그 명성을 높이 날리는 상으로 덕망과 인품을 모두 갖추고 있으니 어찌 대발복을 하지 않겠는가?

또한 고독함이 항상 뒤따르니 숙명적인 불운을 근신함으로 세월을 보내야 하는데 수리와 획수가 사주상의 용신의 부분에 부합하면 오히려 대발복을 할 수가 있다.

四十 二획, 성실양반격(成實兩班格) (吉半凶)

천부적인 재주와 두뇌가 명민하여 매사를 전진하는 수리이나 부부풍파가 따라오는 형상이라 어찌 부부생리별을 면할 수가 있겠는가?

또한 고독함이 항상 뒤따르니 숙명적인 불운을 근신함으로 세월을 보내야 하는데 수리와 획수가 사주상의 용신의 부분에 부합하면 오히려 대발복을 할 수가 있다.

四十 三획, 재복실패격(財福失敗格) (凶)

초년이나 중년 일시 재복이 뒤따라오니 부귀영화를 누릴 수가 있겠지만 곧 인간이 감언이설로 사기와 손재를 당하는 형상이 벌어지며 관재(官災)로 인하여 모든 것이 파산하니 흉한 수리이다. 그러나 사주상의 용신의 기운에 부합하고 본 수리와 획수가 된다면 이상의 흉은 모두 사라지고 오히려 발복을 하게 되니 본 획수를 사용하고자 하면 용신의 기운을 반드시 부합시켜야 할 것이다.

四十 四획, 패가망신격(敗家亡身格) (大凶)

숫자를 보아도 죽을 사(死)를 연상하게 되니 비록 천부적인 재주와 영리한 두뇌를 가졌다고 볼 수가 있으나 매사를 시작만 하면 실패연속이라 어느 하나 의지할 곳이 없는 방랑자의 운명이다. 다시 칠전팔기(七顚八起)로 재기의 의욕을 삼아 보지만 역시 어두운 그림자가 닥쳐오는 것은 어느 누구도 말릴 사람이 없는 아주 대흉한 수리이다.

四十 五획, 대성길상격(大成吉祥格) (吉)

초년에 뜻을 품어 천부적인 지략과 용맹심으로 능히 대성을 거두는 운으로 중년이후 명진사해하고 말년에는 자식덕과 부귀행복을 추구하는 최고 길격이다.

여자는 조금 고집스러운 일면이 있으므로 필요 이상 자존심을 가짐으로 양보하면서 살아가야 하는데 만약 이와 같은 부분을 지키지 않으면 부부간 흉하게 된다.

四十 六획, 실패박약격(失敗薄弱格) (大凶)

소년에 뜻을 두어 대업을 성취하려 하지만 모든 것이 내 일과 같이 되지 않으니 어찌 한탄이 없으리오. 비록 일시 가운이 번창하나 곧 사람으로 인하여 실패와 파산이 연속 일어나며 부부간 풍파가 많아 생리사별하는 아주 대흉한 수리이다.

하지만 사주상의 용신이나 희신의 기운에 부합하고 본 수리가 되고 있다면 흉함보다 길함이 앞설 것이니 필히 용신의 기운에 부합하도록 하여야 될 것이다.

四十 七획, 천하길상격(天下吉祥格) (吉)

초년에 번창하여 사업자는 부귀공명할 것이고 관록자는 승진, 영전을 거듭하는 대길로서 부부유정(夫婦有情)하니 남자와 여자가 화합을 도모 세상의 천지유정함을 만들고 있으므로 이 아니 좋을 손가? 용신의 기운에 부합하면 더욱 더 금상첨화 할 것이다.

四十 八획, 영화영달격(榮華榮達格) (吉)

초년에 많은 사람으로부터 덕을 받으며 사업자는 대성공하고 관록자나 직장인은 직급이 승승장구하는데 일면 조금의 교만스러움이 오게되니 마음적인 수양을 하여야 된다.

더하여 본 수리와 획수는 사주상의 용신이나 희신의 기운에 부합하고 있다면 더욱 더 금상첨화가 될 것이다.

四十 九획, 패신돌출격(敗神突出格) (凶)

거리를 가다가 귀신을 만나는 격이라 사물을 보는 관점이 단순하여 일시적인 부귀공명이 뒤따른다손 치더라도 곧 패가망신하는 형상이 되니 모든 것이 일장춘몽이다.

항상 사람을 조심하고 모든 일에 급성을 부리지 말아야 되는데 본 획수와 수리를 취용한다면 필히 사주상의 용신이나 희신의 기운에 부합하여야 될 것이다.

五十획, 길흉상반격(吉凶相半格) (吉平凶)

소년시절에 일시 뜻을 두어 비록 성공을 할 수가 있겠지만 급성을 부리는 성격이니 일시에 재화가 속출하여 파산이 되는 형상인데 그러나 도움을 주는 사람이 있어 일성일패(一成一敗)를 거듭한 중에 말년은 약간의 재물을 모으고 안과태평을 하게 된다.

본 획수와 수리는 높고 낮음의 기복이 심하게 일어나게 되므로 필히 본 획수를 사용할 때는 사주상의 용신이나 희신의 기운에 부합하고 있다면 이상의 흉함은 모두 사라지게 된다.

五十 一획, 초부후빈격(初富後貧格) (凶)

처음 시작을 잘되나 점차 기운이 쇠퇴하는 형상이라 매사를 성실원만하고 일에 대해 전진하는 쾌상이지만 모든 것이 나의 뜻대로 되지 않으니 어찌 신세한탄을 하지 않으리오? 세상의 사람이 내가 부귀를 누릴 때는 친구요 죽마고우이나 문전걸식할 때는 동전 한 푼을 주지 않으니 딱하기 그지없다.

본 수리 및 획수는 대흉한 것으로 사용하고자 할 때는 필시 사주의 용신이나 희신의 기운에 부합하여야 그 흉함이 면할 수가 있을 것이다.

五十 二획, 문명창성격(文明昌盛格) (吉)

문학적, 예술적, 지혜가 뛰어나고 비록 난관이 있다해도 천부적인 두뇌로 능히 헤쳐 나가는 웅지의 기상이며 능히 대성공을 할 수가 있다.

일면 약간 급한 성격이며 욕심을 과다히 부리면 실패하는 현상이 종종 발생하니 사주용신이나 희신의 기운에 부합하면 더욱 더 좋을 것이다.

五十 三획, 고독패망격(孤獨敗亡格) (凶)

처음은 길하나 나중에는 실패를 하겠으며 비록 뜻을 가지고 다시 칠전팔기(七顚八起)의 정신이나 인간으로 인한 모략중상이 끊어지지 않으니 남이 나를 좋게 평가하지 못한다.

또한 부부간 풍파가 많아 재가팔자가 될 것이며 초년 신체상 흉을 남기는 일이 있다.

본 수리와 획수는 흉한 것이므로 만약 본 획수와 수리를 사용할 때는 사주상으로 용신이나 희신의 기운에 부합하여야 된다.

五十 四획, 산재조난격(散財遭難格) (大凶)

본 수리와 획수는 대단히 흉한 것으로 초년부터 대 실패를 하고 패가망신(敗家亡身)하는데 부부이별 또한 첩첩산중이니 어디를 가더라도 노상횡액(路上橫厄)운명이다.

비록 사주상의 용신이나 희신의 기운에 부합하고 있어도 본 획수와 수리는 대단히 좋지 않으므로 절대로 사용하지 않는 것이 좋다.

五十 五획, 성공번영격(成功繁榮格) (吉)

처음에는 번영하고 창성할 수가 있겠지만 나중에는 인간으로 인한 실패와 파산의 연속이 되니 어느 하나 의지할 수가 없게 된다.

매사를 성실하고 인내로서 견디는 힘이 필요할 것이며 본 획수나 수리가 사주상의 용신이나 희신의 기운에 부합하고 있다면 결실은 성공을 보장할 수가 있다.

五十 七획, 칠전팔기격(七顚八起格) (吉平凶)

일곱 번 넘어지고 여덟 번 일어나는 형상이니 처음에는 대단히 되는 것이 없으므로 곤궁을 면치 못하게 된다.

그러나 초지일관(初志一貫)의 정신으로 불굴의 투지로 밀고 나가는 기운이 강하므로 결실은 성공을 거두게 된다.

본 수리나 획수에 만약 사주상의 용신이나 희신의 기운에 부합하고 있다면 대단히 발전을 하게 될 것이다.

五十 八획, 초지일관격(初志一貫格) (凶平吉)

초년부터 시작해서 중반까지 대단히 실패와 좌절을 면치 못하는데 더구나 인간으로 인한 손재와 관재를 수 없이 당해보고 난 후 비로소 세상의 일에 대처하니 말년은 길함을 거두는 대기만성(大器晩成)의 기운이다.

하지만 결실을 거두기까지 대단히 고통과 번민을 예상하여야 되는데 만약 본 수리와 획수에 사주상의 용신이나 희신의 기운에 부합하고 있다면 오히려 발전을 예상할 수가 있다.

五十 九획, 조난실패격(遭難失敗格) (大凶)

사람의 중심이 나약하고 무슨 일에 부딪치면 고난을 헤쳐나가기 앞서 좌절과 포기를 하므로 되는 일이 없다.

더하여 세상의 인간이 자신에게 믿음을 가지지 못하며 반복과 불신을 연속하니 인간덕이 없고 또한 부부이별 및 사별의 운이므로 결국은 거리에 방황하는 대흉의 수리이다.

본 수리와 획수는 대단히 흉한 것으로 비록 사주상의 용신이나 희신의 기운에 부합한다해도 취용하지 않는 것이 좋다.

六十획, 요지부동격(搖之不動格) (凶)

소년에 뜻을 얻어 힘찬 전진으로 나아가는 형상이나 곧 어두운 그림자가 엄습해오니 실패와 좌절을 면할 수가 없다.

형제, 친구가 있다한들 모두가 자기욕심만 차리는 형상이 되고 있으므로 항상 근심과 고통이 떠나지 않는다.

모든 일을 심사숙고하고 인내하면 말년은 그나마 조금의 복록을 가질 수가 있겠지만 그 정상의 시간까지는 대단히 어려움이 예상된다.

본 획수와 수리는 비록 흉함이 있겠지만 사주의 용신이나 희신의 기운에 부합하고 있다면 흉함이 평길 내지는 길함으로 전환될 수가 있다.

六十一획, 불화평운격(不和平韻格) (吉平凶)

태양의 기운이 밝은 형상은 일시에 들어오는 것은 되나 전진할 때 방해를 주는 상황이 많이 발생되므로 신중함을 기하는 것이 실패를 막는 근본이 될 것이다.

그러나 칠전팔기(七顚八起)의 정신으로 꾸준하게 노력하여 결국은 결실은 대성공을 하는 수리인데 인내와 끈기로서 매사를 증진하지 않으면 실패한다.

본 수리는 고생 끝에 낙(樂)을 이루는 것이니 사주상의 용신이나 희신의 기운에 부합하여 있다면 그래도 안정적으로 대업을 성취할 수가 있을 것이다.

六十 二획, 병약쇠퇴격(病弱衰退格) (大凶)

항상 마음으로 고민과 번민이 많게 되며 부부풍파가 많아 재혼 및 별거하는 형상이라 누구하나 의지하는 사람이 없으니 고독을 밥먹듯이 한다.

사업이나 직장에 있는 사람도 곧 좌천과 면직이 닥쳐오니 노상거리에 객사하는 운명이 될 수가 있다.

본 획수는 아주 대흉한 수리로서 만약 사주상의 용신이나 희신의 기운에 부합하지 않는다면 더욱 더 흉을 불러올 수가 있으니 특히 조심을 하여야 된다.

六十 三획, 성취발전격(成就發展格) (吉)

직장인은 명신사해하고 사업자는 자수성가하여 마침내 대성공을 이루는 형상이며 부부유정(夫婦有情)하여 자손덕 또한 대단히 받을 수가 있는 최고 길격이다.

본 획수와 수리가 사주상의 용신이나 희신의 기운에 부합하면 더욱 더 발전 될 수가 있다.

六十 四획, 패가멸망격(敗家滅亡格) (大凶)

처음에 비록 뜻이 있어 시작은 잘하겠으나 초년, 중년, 말년 할 것 없이 실패의 연속이 되므로 패가망신(敗家亡身)하는 격이다.

또한 남편과 여자복이 없으니 부부풍파로 인한 이혼 내지는 삼혼으로 거쳐야하는 형국이 많겠으며 자식이 단명, 횡액, 불구되는 아주 대흉한 수리와 획수로서 비록 사주상의 용신이나, 희신의 기운에 부합하더라도 본 획수나 수리는 사용하지 않는 것이 좋다.

六十 五획, 부귀흥창격(富貴興昌格) (古)

본 수리는 초년에 뜻을 두어 부귀공명을 누리는 것이 되고 더하여 부부간 화목하니 모든 일에 막힘이 없다.

더하여 수명 역시 고루 갖추었으며 말년 자식덕이 많아서 세인들의 존경과 인망을 두루 갖추어진 대 길격이라 할 수가 있다.

六十 六획, 오욕망신격(汚辱亡身格) (凶)

모든 일이 시작을 한다 하여도 매사가 절망과 비관이 돌아오니 세상일에 한탄과 되는 일이 없다.

또한 세인들에게 베풀어 주는 일이 없으니 어찌 남이 나를 도와줄 리가 만무 할 것인가?

더하여 금전과 여색을 탐하니 훗날 망신과 관재를 불러들일 형상이므로 삼가 대단히 몸을 근신하고 조심을 생명처럼 하여야 망신을 면할 수가 있을 것이다.

六十 七획, 명철통달격(明哲通達格) (吉)

세상 일에 뜻을 두고 나아가니 능히 만인이 우러러보고 존경과 신망이 떠나지 않는다.

초년이나 중년, 말년 할 것없이 전진만 있을 뿐이니 감히 방해하는 자가 있다 하여도 두려움으로 근접을 하지 못하는 형상이며 더하여 군자의 도리로서 세인들의 존경을 받으니 능히 명진사해하는 최고 길격이라 할 수가 있다.

六十 八획, 대성대호격(大成大好格) (吉)

초년부터 만사 순조로우니 대발전을 기대하는 형상으로 중년이 되면 능히 대업을 달성하고 부부유정하고 자손번창하니 근심걱정이 없는 대길한 상이라 할 수가 있다.

비록 일시 곤고한 지경이 있다하여도 천부적인 재질로서 난관을 돌파하니 걱정을 하지 않아도 될 것인데 본 수리에 사주상의 용신이나 희신의 기운에 부합하고 있다면 더욱 더 발전을 하게 된다.

六十 九획, 궁핍박명격(窮乏薄命格) (大凶)

초년에 뜻을 두어 매사를 전진하는 두령의 상이나 백사가 인간으로 인하여 실패와 손재를 당할 수가 있으니 대단히 조심을 하여야 되는 수리이다. 더하여 부부간에 항상 근심과 불평불만이 끊어지지 않으니 자손덕이 있을 수가 없고 고독한 말년이 되므로 본 획수와 수리는 대흉한 것이 된다.

七十획, 고독적막격(孤獨寂寞格) (大凶)

모든 일이 매사가 불성하고 되는 일이 없으니 비록 하나의 뜻을 가지고 전진을 한다 하여도 곧 인간으로 인한 방해와 중상모략으로 실패를 하게 되므로 결국은 대 실패를 하게 된다.

또한 부부간 화목하지 못하니 이별 내지는 별거하는 수리로서 일시 곤고함을 면할 수가 있다 하여도 항상 재난이 뒤따르므로 대단히 조심을 하여야 되는 수리라 할 수가 있다.

본 획수나 수리는 대 흉한 것으로 만약 꼭 사용하고자 할 때는 필수적으로 사주상의 용신이나 희신의 기운에 부합하여야 그 흉함을 면할 수가 있다.

七十一획, 반흉길상격(半凶吉相格) (吉半凶)

천부적인 재질로서 능히 만난(萬難)을 돌파하는 형상이니 대업을 성취할 수가 있다.

그러나 자존심과 고집으로 인하여 인간의 덕을 쌓지 못하니 끝내는 결실이 실패로 돌아갈 염려가 다분히 있다고 볼 수가 있다.

본 획수와 수리는 길반흉으로서 필히 사주상의 용신이나 희신의 기운에 부합 하여야 일시적 들어오는 흉을 면할 수가 있다.

七十二획, 길흉상반격(吉凶上半格) (吉半凶)

소년시절부터 전전하는 쾌상이며 능히 난관이 있다 하여도 천부적인 재질로서 이를 헤쳐나가는 성질이 강하다.

그러나 중간중간 인간으로 인한 실패가 많으니 어찌 비관과 번뇌가 없으리오? 대인에게 베풀어주는 마음을 항상 가져야 될 것이며 부부간에도 서로 위하는 마음을 가져야 말년이 순탄하게 될 것이다.

본 수리와 획수는 길반흉으로서 일생동안 기복이 많이 발생하는 것이 필히 사주상의 용신이나 희신의 기운에 부합하여야 안과태평을 도모할 수가 있을 것이다.

七十 三획, 복록평화격(福祿平和格) (吉)

초년은 비록 일시 곤고하겠지만 중년에 가서 능히 자연히 부귀공명이 뒤따라 오니 안락한 생활을 가질 수가 있다.

사업자나 직장인 및 관록자는 본 획수와 수리는 평온감을 가질 수가 있으니 대단히 길한 수리라고 볼 수가 있는데 조금의 자존심과 고집이 생길수가 있으므로 항상 남을 위하는 마음자세가 필요하다.

七十 四획, 불운조난격(不運遭難格) (大凶)

부모형제 인연이 박하여 조실부모하는 형상이고 초년에 실패를 하게 되어 사업자나 직장인은 낙직 및 좌천의 고배를 마시는 현상이 발생한다.

더하여 부부 생리 사별하는 대 흉한 수리이니 되도록 본 획수와 수리는 비록 사주상의 용신이나 희신의 기운에 부합한다 하더라도 사용하지 않는 것이 좋다.

七十 五획, 반흉길상격(半凶吉相格) (吉半凶)

길함과 흉함이 반반씩 되고 있으니 비록 초년에 뜻을 두어 매사를 성공으로 이끄는 상이니 일시 성공을 기대할 수가 있다.

그러나 중도에 인간으로 인한 배신과 불목으로 실패하는 형상이 종종 발생되므로 필히 사주상의 용신이나 희신의 기운에 부합하여야 이러한 기복을 면할 수가 있을 것이다.

七十 六획, 불화투쟁격(不和鬪爭格) (凶)

부부간 항상 불목과 투쟁을 연속하니 부부풍파로 인하여 생리사별하는 형상으로 비록 뜻을 두어 앞길을 매진한다 하여도 순간적인 비운이 들이닥치니 곧 실패로 돌아간다.

또한 관록자 및 직장인 역시 모두 본 획수와 수리는 흉한 것으로 항상 몸에 신병이 떠날 날이 없으니 근심을 가지는 수리이라 하겠다.

七十 七획, 흉반길상격(凶半吉相格) (凶半吉)

길함과 흉함이 반반씩으로 처음은 길하였다면 후반이 좋지 않을 것이며 처음은 곤고하였다면 후반은 길하게 된다.

결국 길흉이 상반되는 것이니 얼마나 순간적인 실패로 인하여 고통과 근심이 많을 것인가?

매사에 급성을 부리지 말 것이며 순리와 존중을 앞세워 대인을 대하면 대단한 실패를 면하게 될 것이고 사주상의 용신이나 희신의 기운에 부합하고 있을 경우 오히려 흉함은 해소가 된다고 보겠다.

七十 八획, 흉반길상격(凶半吉相格)(凶半吉)

역시 처음은 길하였다면 후반은 좋지 못할 것이며 또한 처음은 곤고하였다면 후반은 길하게 될 것인데 그러나 본 수리는 인간덕을 가지는 일면이 있으니 사람으로 인한 도움은 기대할 수가 있으므로 그리 대 흉한 것은 나타나지 않는다.

항상 사람을 존경과 인덕으로 대하고 매사에 급성과 욕심을 부리지 않을 것 같으면 순탄한 인생운을 보장받을 수가 있는데 사주상의 용신이나 희신의 기운에 부합하고 있을 경우 오히려 대 발복을 기대할 수가 있다.

七十 九획, 일시성공격(一時成功格)(凶)

초년이나 중년 일시 성공하는 형상으로 자만에 빠지기 쉬우니 곧 실패를 당하게 된다.

더하여 부부간에 유정함이 적어 재혼하는 팔자가 많을 것이고 자기 신체에 결함을 남기는 흉터가 있기 때문에 사고가 빈발하니 교통사고 낙마를 조심하여야 된다.

본 획수와 수리는 흉한 것으로 필히 사주상의 용신이나 희신의 기운에 부합하여야 흉함은 면할 수가 있다.

八十획, 병약실패격(病弱失敗格)(大凶)

신체상 질병과 사고가 끊어지지 않으니 그로 인한 교통사고와 낙상이 두렵게 되어 있다.

더하여 직장인 및 관록자는 좌천 및 실직으로 유도하니 대흉한 면을 맞이할 수가 있으니 필히 본 획수와 수리는 사용하고자 할 때는 사주상의 용신이나 희신의 기운에 부합시켜야 된다.

八十 一획, 환희발복격(歡喜發福格) (吉)

초년, 중년, 말년할 것 없이 전진만 살아 있는 형상으로 실패와 고난이 있다해도 능히 헤쳐나가는 기운이 되니 대성공을 하는 최고 길격이다.

더하여 부부화목하고 수명 또한 구비하는 것이 되니 말년은 자식덕과 부귀공명을 누리는 수리라고 할 것이다.

八十 二획, 태초중흥격(太初中興格) (吉)

만물의 초목에 잎이 피고 꽃이 피는 형상이라 소년시절에 뜻을 두어 능히 대업을 달성하는 수리로서 중년 일시 곤고함이 있어도 결실은 대성공을 할 수가 있다.

본 수리와 획수는 대단히 길격으로 사주상의 용신이나 희신의 기운에 부합하고 있다면 더욱 더 발전하게 된다.

*. 본 작명대비전에서는 수리와 획수가 82획수까지만 기록하고 있는데 만약 수리와 획수가 82획이 넘어가고 있다면 81획수를 기준으로 대입하여 뺀 나머지 수리를 가지고 판별하면 될 것이다.

좀 더 자세하게 기술하면 가령 작명이 84획수가 되고 있을 때는 "84-81=3획"이 되고 있으므로 본 작명대비전의 획수에 3획수는 **"성공명예격"(成功名譽格)** "(吉)"이 되니 성명의 수리가 81획수가 넘어가면 이상과 같이 판단하면 된다.

[4]. 획수와 수리에 대한 길, 흉

🔲 획수와 수리로 본 운로 판단

(가). 10, 20, 30, 40, 50, 60, 70, 80, 54, 55, 56, 59, 62, 64, 69등의 획수나 수리,!

🔲 이상의 획수는 **"조난비운격"**(遭難悲運格)으로 급속적인 흉을 동반하며 만약 사주상의 용신이나 희신의 기운에 부합하지 않을 것 같으면 **"수재"**(水災)나 **"화재"**(火災)를 조심하여야 된다.

(나). 4, 10, 12, 14, 22,등의 획수나 수리,!

🔲 이상의 획수나 수리는 **"고독박명격**(孤獨薄命格)으로서 남,녀 불문하고 부부간에 풍파가 많아 별거 내지는 이혼 및 사별하는 운명이며 필히 사주상의 용신이나 희신의 기운에 부합하지 않을 것 같으면 "대흉"을 동반하게 된다.

(다). 6, 9, 10, 12, 18, 19, 20, 28, 35, 등의 획수나 수리,!

🔲 이상의 획수나 수리는 **"조난흉살격"**(遭難凶殺格)으로서 남녀를 불문하고 칼로 인한 자상(刺傷)이나 교통사고 및 신체부상을 당하며 불연이면 금전으로 인한 파산, 부도로 연결되는 대 흉한 수리이고 획수이니 필히 사주상의 **"용신"**이나 **"희신"**의 기운에 **"부합"**하여야 그 흉함을 면할 수가 있다.

(5). 획수나 수리에 대한 종합해석

(가). 성명을 작명할 때 **"인격"**(人格)은 초, 중년까지 운명을 좌우하므로 수리나 획수가 흉할 때는 초, 중년 **"25세부터 35세"**까지 **"흉"**을 동반하고 만약 길할 때는 역시 **"25세부터 35세"**까지 **"길"**하게 된다.

단 이 때에는 수리나 획수가 비록 흉이 되더라도 사주의 필요한 용신의 기운이나 희신의 기운에 **"부합"**할 때는 흉함이 평길 내지는 길함으로 전환된다.

(나). 성명을 작명할 때 **"지격"**(地格)은 유년부터 초년까지의 운명을 좌우하므로 획수나 수리가 흉할 때는 **"1세부터 15세까지가 흉"**하며 만약 **"길할 때는 역시 유년 1세부터 15세까지 길"**하게 된다.

역시 이 때에도 만약 수리나 획수가 흉이 될 때 사주상의 용신이나 희신의 기운에 **"부합"**하고 있다면 그 흉함이 평길 내지는 길로 전환한다.

(다). 성명을 작명할 때 **"외격(外格)**은 사람의 청년시절의 운기를 좌우하고 있으므로 15세부터 30세까지 적용할 수가 있는데 만약 수리나 획수가 **"흉이 될 때 역시 15세부터 30세까지 흉"**을 동반하고 **"길할 경우 15세부터 30세까지는 길"**하게 된다.

더하여 역시 이 때에도 수리나 획수가 흉이 될 때 사주팔자의 **"용신"**이나 **"희신"**의 기운에 **"부합"**하고 있다면 흉함이 평길 내지는 길함으로 전환된다.

(라). 성명을 작명할 때 **"총격"**(總格)은 사람의 청년과 장년시절의 운기를 좌우하고 있으므로 35세부터 50세까지 적용할 수가 있겠으며 만약 수리나 획수가 **"흉이 될 때는 역시 35세부터 50세까지 흉"**을 동반하고 **"길"**할 경우 **"35세부터 50세까지는 길"**하게 된다.

역시 흉이 되고 있을 경우에는 사주상의 **"용신"**이나 **"희신"**의 기운에 부합하고 있다면 그 흉함이 면해지고 오히려 평길 내지는 길함으로 전환된다.

(마). 50세 이후에는 말년을 나타내는 이상의 **"인격"**(人格), **"지격"**(地格), **"외격"**(外格), **"총격"**(總格)의 획수나 수리가 모두 길하게 되어 있으면 말년이 대길하다고 판단하고 만약 그 중에서 흉이 되면 흉이 되는 것만큼 운로가 나쁘게 작용한다.

단 이 때에는 사주상의 용신이나 희신에 부합하고 본 획수나 수리가 되고 있다면 사주 대운의 흐름과 비교하여 **"대운"**의 흐름이 **"길"**이 되고 있을 때 무조건 말년이 **"대길"**하다고 판단하는 것이 정석이다.

2. 작명에 대한 오행법(作名 五行法)

전장에 기술하였던 수리와 획수는 작명과 상호의 글자를 단식 및 복식으로 종합하여 나열하면서 획수와 수리를 대조 길, 흉을 판단하였다는 것을 알 수가 있다.

본 장 작명에 대한 오행법(作名 五行法)은 "**음령오행(音靈五行)**"이나 "**삼원오행(三元五行)**"으로 성명이나 상호를 나열하여 서로간 오행상생상극법(五行相生 相剋法)에 입각해서 길, 흉을 판단한다.

이와 같은 부분은 단순히 획수와 수리만으로 사주상 필요한 기운을 가질 수가 있는 본래의 작명법(作名法)에 부수되어 전해 내려오는 것이 사실이었으나 본 작명대비전에 기술하고 있는 작명법(作名法)은 사주에 필요한 오행을 사주상 용신이나 희신의 성질에 부합시키면서 작명에 대한 오행법을 접목시켜야 하는 성질이 고대의 작명법과 비교 분석하여 볼 때 그 성질 자체가 달리하는 점을 알 수가 있다.

그렇다면 본 장에 기술하는 작명에 대한 오행법(作名 五行法)도 역시 본래의 사주상 용신이나 희신의 성질에 일치하는 부분을 그대로 접목시키면서 수리와 획수를 선정하여야 만이 대길함이 배가 될 것이다.

하지만 일부 이렇게 획수와 수리에 부합하고 또 작명에 대한 오행법(作名 五行法)에 맞추어진다하여도 본래의 선천성인 사주팔자에 용신이나 희신의 기운에 상극하는 것이 될 때에는 무조건 흉이 돌출되는 것이니 이와 같은 현상은 아무리 획수와 수리 및 작명에 대한 오행법이 좋다고 하여도 결실은 흉으로 돌아가고 만다.

결국 본 장에 기술하는 작명에 대한 오행법(作名 五行法)은 사주의 필요한 "용신"이나 "희신"의 기운을 선정하고 난 뒤 획수와 수리를 길격으로 맞추면서 본 작명에 대한 오행법(作名 五行法)에 입각하여 "음령오행"(音靈五行)이나 "삼원오행(三元五行)을 맞추어 줄 때 사주 주인공의 운명이 더욱 더 길하게 될 것이다.

[1]. 오행의 길, 흉(五行 吉, 凶)

성명을 작명할 때 오행 상 길, 흉을 맞추는 것은 음령오행(音嶺五行)이나 삼원오행(三元五行) 등으로 판단하고 있는데 사람의 성(姓)은 고정불멸로 자리를 잡고 있기 때문에 함부로 성(姓)을 바꿀 수는 없을 것이다.

따라서 성(姓)을 제외한 것은 이름으로서 두 가지 글자 및 한 가지 글자를 놓고 성(姓)과 이름을 상호 종합해서 오행 상 대조를 한 뒤 길, 흉을 결정하는 것이다.

그러나 이것 역시 궁극적인 사주상의 용신이나 희신의 기운에 부합시키면서 음령오행(音靈五行)이나 삼원오행(三元五行)으로 성과 이름을 대조하는 것이 되어야 한다는 것은 필연사실이다.

(가). 2자 성명 길격(二字 姓名 吉格)

☞ 水-木, 木-水, 木-火, 火-土, 土-火, 土-金, 金-土, 金-水, 水-金
　*. 이상의 성(姓)과 이름의 배치는 모두 길격(吉格)이 된다.

(나). 2자 성명 흉격(二字 姓名 凶格)

土-水, 水-土, 水-火, 火-水, 火-金, 金-火, 金-木, 木-金,
木-土, 土-木, 木-木, 火-火, 土-土, 金-金, 水-水
이상의 성(姓)과 이름의 배치는 모두 흉격(凶格)이 된다.

　*. 참고로 위 성과 이름의 배치중에서 동일오행으로 구성되어 있는 것이 있는데 예를 들면 木-木이나 火-火등과 같이 성과 이름이 같은 오행으로 된 것을 말한다.

그런데 이와 같은 부분은 비록 오행 상 동일오행으로 비록 같이 되어 흉이라고 판단할 수 있겠지만 사주용신이나 희신의 부분에 부합되는 경우 가령 "木-木"이 되어도 "木"이 "용신"이나 "희신"이 되고 있다면 오히려 반대로 발전을 할 수가 있는 것이니 필히 사주용신의 부분을 참고하여 작명을 하여야 될 것이다.

(다). 3자 성명 길격(三字 姓名 吉格)

☞ 水-木-火, 火-木-水, 木-火-土, 土-火-木,
火-土-金, 金-土-火, 土-金-水, 水-金-土, 金-水-木,
木-水-金, 水-木-木, 木-木-火, 木-火-火, 火-火-土,
火-土-土, 土-土-金, 土-金-金, 金-金-水, 金-水-水

*. 이상의 삼자 성과 이름은 길격(吉格)이 된다.

(라). 3자 성명 흉격(三字 姓名 凶格)

☞ 土-水-火, 火-水-土, 水-火-金, 金-火-水,
火-金-木, 木-金-火, 金-木-土, 土-木-金,
木-土-水, 水-土-水, 水-土-木, 木-木-木,
火-火-火, 土-土-土, 金-金-金, 水-水-水

*. 참고로 이상의 삼자 성명은 흉격(凶格)이나 그 중에서 동일오행으로 이루어진 예를 들면 "木-木-木"이나 "火-火-火" 등은 비록 오행 상 상극이 되어 좋지 않겠지만 사주상에 외격(外格)의 종격(從格)이나 가종격(假從格)으로 이루어진 "전왕용신(專旺用神)이 선정되는 경우에는 오히려 왕신(旺神)의 성질을 따르게 되니 "길"하게 되는 점을 판단할 필요가 있다.

[2]. 성명 오행의 길, 흉 해석(姓名 五行 吉, 凶 解析)

☞ 木-木-木(吉)

번영하고 성공하니 매사를 전진하는 쾌상이며 수명 또한 갖추므로 말년 행복 안락하다.

☞ 木-木-火(吉)

성공발달하며 대인의 풍격을 갖추니 능히 대업을 달성하므로 초년부터 명진사해한다.

▣ 木-木-土(吉)

소년에 뜻을 두어 능히 인간의 덕을 받으니 사업이나 관록으로 대성공할 것이며 부부 유정하니 말년 안과 태평한다.

▣ 木-木-金(凶)

사업이나 관록 및 직장인은 성공하나 하지만 모든 일에 장애가 많고 사람으로 인한 시기, 모략 중상이 뒤따르며 질병과 사고가 끊이지를 않는다.

▣ 木-木-水(吉半凶)

직장인 및 사업자는 성공발달은 되겠으나 건강상 질병과 정신계 질환이 뒤따라오기 쉬우니 건강관리만 하면 무난하다.

▣ 木-火-木(吉)

초년에 일찍 성공하니 직장인 및 사업자는 인간덕을 받으며 능히 대업을 달성하고 건강과 행복, 발전 번영하는 최고의 오행상생격(五行相生格)이다.

▣ 木-火-火(凶)

사업자 및 관록자 일시 성공 발달은 하겠으나 곧 실패, 병고, 사고가 뒤 따라오니 단명과 흉사로 유도한다.

*. 본 성명오행은 성명오행법 상 흉하게 되고 있겠으나 사주원국이 종격(從格)인 전왕용신법(專旺用神法)상 "木", "火"를 "용신"이나 "희신"으로 사용하고 있다면 그 때는 오히려 발전이 된다.

木-火-土(吉)

木火土 세별이 만나니 하늘의 조화가 이루는 도다,! 능히 성공 대발전하고 수명 장수 하므로 명진 사해하는 최고 오행상생격(五行相生格)이다.

木-火-金(吉半凶)

사업자나 직장인은 성공발전을 하겠으나 부부간에 풍파가 있어 재혼하는 자는 괜찮겠으나 초혼자는 반드시 부부이별 내지는 사별한다.

또한 질병으로 인한 근심이 많으니 건강상 조심을 하면 무난하다.

木-火-水(大凶)

초년에 뜻을 두어 일시 성공하겠으나 곧 급속적으로 비운을 맞이하니 패가(敗家) 및 수표부도로 연결한다.

또한 교통사고나 암등의 질병으로 급변사(急變死)를 당하니 본 오행은 대단히 나쁜 것으로서 비록 사주상의 용신의 기운에 부합한다 하여도 절대 사용하지 않는 것이 좋다.

木-土-金(凶)

부모님의 은덕이 좋아서 곤궁에 처한다 하여도 일시 회복하여 성공을 바라볼 수가 있지만 곧 인간의 방해와 중상모략으로 인하여 패가망신(敗家亡身)하니 거리의 미아(迷兒)격이다.

비록 칠전팔기로 재기에 도전하여 보지만 좌절의 연속이므로 절대로 욕심과 급성을 부리지 않는 것이 좋다.

木-土-木(大凶)

대단히 흉한 오행으로서 비록 시작을 잘하나 성공이 곤란하고 정서적으로 아주 불안하며 부부간에 화목하지 못하니 고독함과 폐병과 위장병이 나타나므로 건강상 대단한 근심과 고통을 당하게 되는 아주 대흉한 오행의 만남이다.

*. 참고로 본 오행의 만남은 상극으로 이루어지기 때문에 비록 획수와 수리가 맞는다해도 아주 흉하게 된다.

木-土-火(凶半吉)

매사를 시작함에 앞서 발전이 더디고 위장병을 유발하며 부부간에 불행하여 재혼하는 팔자가 될 수가 있겠지만 수리와 획수가 길하고 사주상의 용신이나 회신의 기운에 이름 중간자 "土"가 부합하고 있다면 의외로 발전을 도모할 수가 있다.

木-土-土(凶半吉)

성공발전이 힘들며 질병과 병약으로 유도하고 부부간에 풍파가 많아 이별내지는 사별하는 흉한 오행이나 "土"가 사주의 용신이나 회신의 기운에 부합하고 획수와 수리가 길하게 되어 있다면 이상의 모든 흉은 제거하면서 오히려 발전을 할 수가 있다.

木-土-水(大凶)

사업자 파산하고 직장 및 관록자 파직하며 노상횡액이 들어오니 교통사고 낙상과 함께 객사, 변사의 위험이 있으므로 대단히 조심하여야 된다.

*. 본 오행은 아주 대흉한 오행의 만남인데 비록 수리나 사주의 용신이나 희신의 기운이 土가 된다하여도 대흉함은 막을 수가 없으니 절대로 사용하지 않는 것이 좋다.

木-金-木(凶)

성공과 발전이 약하고 건강상 질병으로 인한 병마가 닥쳐오니 건강을 제일 조심을 하여야 된다.

또한 부부간 풍파가 많아 재혼 및 삼혼으로 유도하며 길을 가다 노상 횡액이 침범하니 교통사고 철물로 인한 신체부상이 두렵게 된다.

*. 참고로 본 오행은 비록 수리나 획수가 길하고 사주상의 용신이나 희신이 된다하여도 불길하니 절대 사용하지 않는 것이 좋다.

木-金-火(凶)

직장인 및 사업자 파직 수표부도로 유도하며 심신이 불안정하니 매사가 되는 것이 없다.

신경계질환이 예민하여 뇌상의 질병을 유발하니 조난 불구 단명으로 유도하므로 본 오행의 만남은 대단히 흉하게 되니 사용하지 않는 것이 좋다.

木-金-土(凶半吉)

비록 성공하는 것은 대기만성으로 서서히 이룩하지만 건강상 심신이 쇠약해지고 과로 및 질병이 침범하기 쉬우니 획수와 수리를 길격을 맞추면서 사주상의 용신이나 희신의 기운에 부합하면 대길하다.

木-金-金(凶)

초년에 뜻을 두어 직장 및 사업을 한다 하여도 발전이 늦은 경향이 많고 부부간 풍파가 많아 재혼 및 삼혼을 하게 된다.

더하여 건강상 질병이나 사고가 뒤따라오는 형상이 많으므로 대단히 조심을 하여야 되는데 그러나 "金"의 기운이 사주상의 용신이나 희신의 기운에 부합하게 된다면 흉함이 평운으로 전환될 수가 있다.

木-金-水(大凶)

성공발달이 늦고 심신이 불안정하며 매사를 시작한다 하여도 실적이 없으니 실패와 고난의 연속되기 쉽다.

특히 불의 사고를 유발하므로 교통사고나 신체부상 낙매 등을 대단히 조심하여야 되는데 그러나 일면 "金", "水"의 기운이 사주상의 용신이나 희신의 기운에 부합하게 된다면 대흉이 평운으로 전환될 수가 있다.

木-水-木(吉)

초년, 중년까지 필히 명진사해하고 직장인 및 사업자 대성공을 거두는 오행의 만남이 되고 있는데 일시 가정적으로 부부간 풍파가 있을 지라도 획수와 수리가 길격이 되고 있다면 그 흉함은 없어진다.

木-水-火(吉)

봄에 나무가 초목을 적셔주는 물과 따뜻한 햇볕을 만났으니 어찌 열매가 풍성하지 않으리오?

초년과 중년 그리고 말년이 오곡백과의 풍성한 결실로서 명진사해하는 운명이 될 수가 있을 것이나 필히 획수와 수리가 길격이 되어야 만이 결실이 성공을 약속할 수가 있다.

木-水-土(凶半吉)

초년 및 중년에 뜻을 두어 일시 명진사해하겠으나 곧 인간으로 실패를 당하는 형상이므로 급성을 부리지 말고 순리를 존중하면 별탈이 없을 것이다.

더하여 사주상의 용신이나 희신의 기운에 부합하지 않고 본 오행을 사용하였을 경우 질병과 사고가 끊어지지 않으니 대단히 신중을 기하여야 된다.

木-水-金(凶半吉)

앞으로 전진하는 기운이 강력하여 일시 성공발달을 하겠으나 욕심과 급성을 부리는 관계로 정상에서 실패의 고배를 마시게 된다.

그러나 본 오행을 획수와 수리를 길격으로 하고 다시 사주상의 용신이나 희신의 기운에 부합하면 이상의 흉함은 모두 없어지고 명진사해한다.

木-水-水(吉)

초년부터 성공발달하고 직장인 및 관록자 승승장구하는데 사주상에 용신의 기운이 "水氣"가 기신(忌神)이 되고 있다면 오히려 색정관계로 망신, 구설을 좌초하며 성병과 질병이 끊어지지 않는다.

*. 본 오행은 사주상의 "水氣"가 왕성하여 흉신이 되고 있다면 절대 사용하지 않는 것이 좋다.

火-木-木(大吉)

초년, 중년, 말년 할 것없이 전진하는 오행의 만남으로서 필히 명진사해하는데 직장인이나 관록자 그리고 사업자라도 초년부터 발전 대성공하는 운명이다.

더하여 수명장수와 부부유정하니 자손덕 또한 많으므로 말년을 안과태평하는 아주 대길한 오행의 배치이다.

*. 참고로 본 오행의 배치는 사주상의 기신(忌神)이 "木", "火"가 되고 있다면 오히려 불리하니 木, 火가 용신이나 희신이 되고 있을 때 본 오행의 배치는 더욱 더 발전하게 된다.

火-木-火(大吉)

소년에 뜻을 두어 일찍이 대성공을 거두는데 인간덕이 많아 어려운 일이 생기더라도 능히 만난을 극복할 수가 있다.

초년, 중년, 말년 할 것없이 전진만 있으니 감히 흉신이 가로막지 못하며 중년 일시 곤고한 일이 있더라도 곧 결실은 성공으로 진출한 수가 있으며 수명 장수와 오복(五福)을 구비하였으니 대단히 길한 오행의 만남이다.

*. 참고로 역시 본 오행도 사주상의 용신의 기운을 상극하는 기신(忌神)이 "木", "火"가 되고 있다면 오히려 대단히 불리하게 흉을 자초하니 절대로 사용하지 않는 것이 좋다.

火-木-土(大吉)

火, 木, 土 세 별이 만나니 세상천지만물이 창조되는 형상이다.

수명과 복록이 뒤 따르니 어찌 부귀공명을 얻지 않을소냐? 백성이 안과태평하고 임금이 굽어 살피니 천지조화가 태평성세를 이룩하고도 남음이 있다.

공명과 천하를 뒤흔드니 오복과 수명을 고루 갖추어진 최고의 오행법이라 할 수가 있다.

火-土-水(凶)

처음에 성공 발달하여 사업자나 직장인 및 관록자 승승장구 하겠지만 곧 인망을 잃어 실패로 도달한다.

또한 건강에도 질병이 침범하기 쉬우니 병약으로 유도하며 부부풍파가 많아 고독한 운명이라 하겠다.

*. 참고로 일면 사주상의 용신이나 희신에 부합하고 획수가 길격으로 되고 있다면 의외로 평운으로 전환될 수가 있다.

◘ 火-金-木(大凶)

오행상으로 보아도 화극금하고 금극목하니 흉으로 만났음을 알 수가 있는데 급성을 부리다가 실패를 자초하며 급난으로 인한 교통사고 및 비명횡사로 유도하며 건강상 불구 폐질 및 난치질병인 암 등이 침범하니 대흉이라 아니할 수가 없다.

*. 본 오행의 만남은 대단히 흉한 것으로 비록 사주상의 용신이나 희신의 기운에 부합한다 하여도 절대 사용하지 않는 것이 좋다.

◘ 火-金-火(大凶)

사주가 대길한 운명이라도 점차 불길하게 만들어지고 만약 사주가 좋지 못한 자는 더욱 더 불길해진다.

오행상의 만남이 화극금으로 이루어지고 있으니 모든 일에 대해 열의를 가지고 시작하지만 매사가 인간으로 인하여 실패를 자초하는 것이 되므로 하늘을 보고 한탄하는 형상이다.

또한 부부간 불화하여 재혼 및 삼혼으로 유도하며 건강상으로도 질병이 끊임없이 닥쳐오니 빈곤과 정신적 타락이 뼈에 사무친다.

*. 참고로 본 오행의 만남도 대단히 흉한 것으로 비록 사주상의 용신의 기운이나 희신의 기운에 부합한다 하여도 상극으로 이루어진 것은 대단히 좋지 못하는 고로 절대 사용하지 않는 것이 좋다.

◎ 火-金-土(大半吉)

일시 성공운이 쇠약하나 곧 회복되는 운이며 그러나 일성일패(一成一敗)의 성질이 농후하다.

매사에 급성을 부리지 말고 인간조심을 하면 의외로 평길로 전환될 수가 있는데 한편으로 건강상 질병이나 사고의 위험이 도사리고 있으므로 수리와 획수와 부합시켜야 길하게 된다.

*. 참고로 본 오행법은 평길의 성질을 가지고 있겠으나 사주상의 용신이나 희신의 기운에 부합하는 "土", "金"이 용신이 되고 있을 때 오히려 발복을 할 수가 있다.

◎ 火-金-金(凶)

모든 일에 불평불만이 많고 매사를 시작한다 하여도 실적이 나타나지 않으며 정신적인 뇌병이나 노이로제 히스테리를 유발하므로 신경계 질환을 조심하여야 되며 부부간 풍파가 많으니 고독하다.

*. 참고로 본 오행법은 성(姓)과 이름이 상극하여 좋지 않겠지만 사주오행상 용신이나 희신인 "金氣"에 부합한다면 평길로 전환 될 수가 있다.

◎ 火-金-水(大凶)

초년에 뜻을 두어 시작한다 하여도 인간으로 인한 실패가 따르며 건강상 불리하니 중풍질환, 심장마비 등의 급흉을 당하기 쉬운 오행의 만남으로서 대단히 흉함이 뒤 따른다.

*. 참고로 본 오행의 만남도 대단히 흉한 것으로 비록 사주 상의 용신의 기운이나 희신의 기운에 부합한다 하여도 상극으로 이루어진 것은 대단히 좋지 못하는 고로 절대 사용하지 않는 것이 좋다.

火-金-土(凶半吉)

일시 성공운이 쇠약하나 곧 회복되는 운이며 그러나 일성일패(一成一敗)의 성질이 농후하다.

매사를 급성을 부리지 말고 인간조심을 하면 의외로 평길로 전환될 수가 있는데 한편으로 건강상 질병이나 사고의 위험이 도사리고 있으므로 수리와 획수에 부합시켜야 길하게 된다.

*. 참고로 본 오행법은 평길의 성질을 가지고 있겠으나 사주상의 용신이나 희신의 기운에 부합하는 "土","金"이 용신이 되고 있을 때 오히려 발복을 할 수가 있다.

火-金-金(凶)

모든 일에 불평불만이 많고 매사를 시작한다 하여도 실적이 나타나지 않으며 정신적인 뇌병이나 노이로제 히스테리를 유발하므로 신경계질환을 조심하여야 되며 부부간 풍파가 많으니 고독하다.

*. 참고로 본 오행법은 성(姓)과 이름이 상극하여 좋지 않겠지만 사주오행상 용신이나 희신인 "金氣"에 부합한다면 평길로 전환될 수가 있다.

火-金-水(大凶)

초년에 뜻을 두어 시작한다 하여도 인간으로 인한 실패가 따르며 건강상 불리하니 중풍질환, 심장마비 등의 급흉을 당하기 쉬운 오행의 만남으로서 대단히 흉함이 뒤따른다.

*. 참고로 본 오행의 만남은 대단히 흉한 것으로 비록 사주상의 용신이나 희신의 기운에 부합한다 하여도 사용하지 않는 것이 좋다.

火-水-木(大半吉)

일시 성공발달하나 그 복록이 약하니 모든 것이 아쉬운 감이 많다.

더하여 부부간 생리사별하는 운이니 재혼하는 팔자가 될 것이며 그러나 획수와 수리가 길하고 만사를 인내와 급성을 부리지 않으면 재복은 넉넉하니 말년이 안과태평하다.

*. 참고로 본 오행은 "水", "木"이 사주상의 용신이나 희신의 기운에 부합하고 있다면 의외로 발달할 수가 있다.

火-水-火(大凶)

직장인 및 사업자 모두 일시 성공하더라도 곧 패가망신하는 형상이니 모든 것이 순조롭게 이루어지지 않는다.

급성과 재복을 탐하므로 인간으로 인한 배신과 모멸감을 맛볼 수가 있겠으며 질병이 순간적으로 침범하니 심장마비나 암 등의 난치병으로 고생하니 일석일조(日夕日朝)에 비명횡사하는 운명이 된다.

*. 참고로 본 오행의 만남은 대단히 흉한 것으로 비록 사주상의 용신의 기운이나 희신의 기운에 부합하더라도 절대로 대흉을 모면할 수가 없으니 사용하지 않는 것이 좋다.

火-木-金(凶半吉)

실패와 고난을 거듭한 중에 칠전팔기(七顚八起)로 성공을 하는 오행인데 그 동안 대단한 번민과 고통이 뒤따르니 인내와 끈질긴 집념이 요구된다. 수리와 획수에 길격으로 부합하면 약간의 흉이 돌출되지만 곧 해극이 되면 오히려 명진사해 할 수가 있다.

*. 참고로 본 오행법은 반흉반길의 오행이나 사주상의 용신이나 희신이 "木", "火"가 되고 있을 시는 오히려 발복을 도모할 수가 있다.

火-木-水(半吉)

일성일패(一成一敗)이라 한번은 성공하고 한번은 실패하는 형상이니 기복이 많은 오행의 만남인데 건강상에도 불리하여 질병으로 인한 근심을 가질 수가 있다.

그러나 매사를 성실원만하게 처리하고 인내로서 극복하는 집념이 강하면 말년은 안과태평하는 일면이 있으므로 수리와 획수에 길격을 유지토록 하는 것이 중요하다.

*. 참고로 본 오행법은 평길로서 자리를 잡고 있으나 사주상의 용신이나 희신이 "水", "木"이 되고 있을 때는 오히려 대단히 발복을 할 수가 있으므로 획수와 수리에 신중을 기하면서 본 오행을 채택하는 것이 좋다.

火-火-木(大吉)

木, 火의 두별이 만나니 천지조화를 이룩하는데 부부유정의 뜻이라 남자와 여자가 마음을 합하여 매사의 어려움을 헤쳐 나가는 형상이고 초년에 대발복을 하여 만인이 우러러보는 윗사람의 운명이다.

더하여 직장인 및 관록자는 그 직위가 승승장구 하고 사업자는 만나는 사람마다 협조가 들어오니 초년, 중년, 말년 할 것 없이 수명과 말년 자식덕을 고루 갖추고 있는 최고의 오행법으로 능히 명진사해한다.

火-火-土(吉)

火生土하여 두 오행이 상생의 법칙이 성립되니 매사를 성공으로 연결하며 비록 처음은 곤고하나 점차 발달하여 결국은 성공의 정상에 도달하니 환희감으로 외칠 수가 있다.

수명과 오복을 고루 갖추는 오행이니 능히 말년 수명과 자식복도 많음을 알 수가 있는데 그러나 수리와 획수도 길격으로 되어야 한다.

*. 참고로 火, 土의 오행법은 비록 상생의 원칙에 입각하여 서로 생조하는 현상은 대단히 길하게 작용하고 있겠으나 만약 사주용신이나 희신이 "金", "水"가 되고 있는 경우는 오히려 용신이나 희신의 기운을 상극하는 현상이 되어 대단히 불리하니 그 때는 절대로 본 오행법을 사용하지 않아야 할 것이다.

🔲 火-火-火(凶)

火氣의 오행은 치솟는 불길을 의미하니 급속적으로 일시 성공하나 생각의 착오로 실패를 연속하기 쉽고 더하여 성격이 급한 성질로 인하여 주위의 사람에게 모함과 배신을 당하기 쉽다.

하지만 사주원국이 종격(從格)이나 가종격(假從格)으로서 왕신(旺神)인 "火氣"를 따르고 있을 경우 오히려 대 발복을 하는 아주 대길한 오행법이다.

*. 참고로 본 오행법은 火氣로 구성되어 있으므로 내격(內格)의 억부법이나 조후법 등의 용신법에 적용되는 사주팔자는 흉을 동반하니 대단히 좋지 않겠지만 전왕용신법(專旺用神法)에 적용되는 종격(從格)이나 가종격(假從格)인 염상격(炎上格)일 경우 왕신(旺神)의 성질에 완전히 부합하고 있으므로 대단히 길하게 작용한다.

🔲 火-火-金(大凶)

火剋金하여 오행별로 火와 金이 상극하니 단편적으로 좋지 못하다는 것을 알 수가 있겠는데 처음은 급진적으로 성공을 도모할 수가 있으나 결실이 실패로 돌아감에 따라 거리에 내몰리는 형상이 된다.

또한 급속적으로 급흉이 들이 닥치니 노상의 교통사고나 비명횡사로 유도하는 아주 대흉한 오행법이며 부부역시 생리사별한다.

*. 참고로 본 오행법은 상극으로 이루어진 성질이기 때문에 비록 획수나 길격이 유지되고 또한 사주상의 용신이나 희신

의 기운으로 한두 가지 글자가 부합된다 하여도 대흉을 동반하므로 절대로 사용하여서는 아니된다.

火-火-水(大凶)

水剋火하여 水, 火가 서로 충돌하여 물과 불이 하늘끝까지 지칠 줄을 모르고 전쟁으로 인하여 천지개벽을 하는 형상이 되고 있다. 따라서 처음에 시작은 잘하였으나 급속적으로 비운을 맞이하여 사업자는 수표부도, 직장인이나 관록자는 실직, 좌천으로 유도하니 결국은 실패와 고통을 맛보게 된다.

더하여 건강과 질병이 끊임없이 닥쳐오니 심장병과 중풍질환으로 일시에 패가망신하므로 아주 대 흉한 오행법이다.

*. 참고로 水, 火 상극으로 이루어진 오행법은 단편적으로 보아도 상극의 의미가 대단히 강력하게 발생하는 것이기 때문에 아무리 획수나 수리가 길격이 되고 있어도 그 흉함을 완전히 막을 수가 없으며 또한 더욱 더 사주상의 용신이나 희신의 기운에 부합하고 있어도 절대로 사용하지 않는 것이 좋다.

火-土-木(吉)

심신이 안정되고 매사를 낙천적으로 생각하니 군자의 형상이며 비록 시작을 한다 하여도 처음에는 조금 곤고하겠으나 점자 발달되어 결실을 성공으로 이끄는 길한 오행법이다.

하지만 일면 부부간에 풍파가 있어 재혼하는 자가 많으니 만약 재혼을 한 사람이면 이상의 흉함은 전부 없어지고 전진만 있으므로 명실공히 대성공을 보장할 수가 있다.

*. 참고로 본 오행법은 획수와 수리를 길격으로 하여 더욱 더 발전될 수가 있는데 그러나 사주상 "土", "木"이 기신(忌神)이 되고 있다면 오히려 재화가 속출하니 신중을 기하여야 된다.

火-土-火(大吉)

火生土하여 불과 흙이 상생이 되고 있으니 대길한 만남을 알 수가 있는데 초년에 뜻을 두어 명실공히 성공으로 이끄는 형상이며 직장인 및 관록자는 그 승진이 나날이 향상되어 부귀공명을 누리는 운명이 된다.

더하여 부부간 화합하고 자손덕이 많으니 세상 사람들이 존경하고 신봉을 아까지 않으므로 윗사람의 운명이고 수명 또한 갖추고 있으니 말년이 안과태평하다.

火-土-土(大吉)

역시 火-土가 서로 만나니 하늘의 조화를 이룩하는 형상인데 세상천지 만물이 화합하며 꽃이 피고 열매가 맺는 형상이라 할 수가 있다.

따라서 처음은 약간 매사가 지연되는 현상이 나타나겠으나 점차 가속도가 붙어 결실은 대성공을 보장하는 아주 대길한 오행의 만남이다.

수명과 복록을 두루 갖추었고 부부간 유정하니 자손이 번창하겠으며 말년이 승승장구하는 대길한 오행법이라 하겠다.

火-土-金(吉)

오행상생법에 입각하여 火生土, 土生金으로 이루어지고 있으므로 오행 생조의 만남이다. 따라서 전진의 상이 두드러지게 나타나며 비록 조금의 급성을 부리다가 손재 및 재화를 당할 수 있는 일면이 있겠지만 곧 인간덕을 받아 능히 대성공을 보장하고 결실이 아주 좋게 된다.

수명과 복록을 갖추고 위엄과 권위까지 있으니 능히 세상 사람들의 존경과 신망을 한 몸에 받는 길한 오행법이다.

火-水-金(凶)

오행의 만남이 水剋火, 火克金하고 있으므로 사람간에 충돌과 반목이 끊이지를 않고 서로간 불신하니 모든 일이 되는 것이 없다. 또한 인간의 덕이 없으니 매사를 시작한다 하여도 배반과 모함으로 인하여 결실이 파산과 실패로 연결되므로 흉을 자초하는 격이다.

*. 참고로 위의 오행의 만남은 비록 획수와 수리가 길격이 된다해도 흉이 돌출되니 절대로 사용하지 않는 것이 좋다.

火-水-水(凶)

사업자는 파산으로 유도하고 직장인 및 관록자는 실직, 퇴직으로 유도하니 모든 것이 되는 것이 없다.

더하여 부부간에 파란과 고통이 많으므로 재혼 및 삼혼으로 거치는 경우가 종종 발생한다.

⊞ 土-木-水(凶)

사업자는 성공운이 쇠약하고 직장인 및 관록자는 불의 재화를 당하여 실직으로 유도하고 병난과 색난으로 인하여 가정 풍파가 많아지게 된다.

매사를 신중하고 건강을 돌보는 것을 게을리 하지 않아야 될 것이며 더하여 획수와 수리가 길격으로 되고 있는 중에 "木", "水"가 사주상의 용신이나 희신이 되고 있다면 평운으로 전환된다.

⊞ 土-木-木(凶半吉)

비록 木-土가 상극이 되니 나무가 흙을 파헤치는 결과이므로 처음은 대단히 좋지 않아 매사를 시작해도 되는 일이 없으니 대단히 곤고하기 짝이 없다.

그러나 한 가지 목적을 두고 초지일관(初志一貫)으로 나아가게 된다면 결실은 노고 끝에 한 가지 뜻은 이루게 된다.

본 오행법은 반흉반길이기 때문에 대단히 처음은 노고가 뒤따르니 인내와 고통을 감수하여야 되며 만약 획수와 수리가 길격으로 되고 있다면 평운으로 전환된다.

 *. 참고로 본 오행법은 평길이 되고 있겠으나 사주상의 용신이나 희신이 "木"이 되고 있다면 의외로 발전을 도모할 수가 있다.

⊞ 土-木-火(吉)

木剋土하여 비록 土와 木이 근접하여 있어 상극이 되나 나중의 火가 이를 연결하여 火生土로 돌리고 있으므로 의외로 발전을 도모할 수가 있다. 따라서 처음은 곤고하여 발전이 미약하겠지만 점차 시간이 흐림에 따라 모든 사람들이 협조를 아끼지 않으니 결실은 대성공을 거두게 된다.

*. 참고로 본 오행은 획수와 수리를 길격으로 하고 다시 사주상의 용신이나 희신이 "木", "火"가 되고 있을 시는 대단히 발전하고 수명과 복록을 누리는 최고의 오행법이 될 수도 있다.

土-木-土(凶)

두 가지 土오행 가운데 木이 끼어져 木剋土 상극이 되고 있으므로 처음은 시작은 길하게 되어도 점차 가면 갈수록 쇠퇴해지는 현상이 역력하니 매사가 시작뿐이지 결실이 없게된다. 신상에 결함이 많게 되므로 신경통이나 간장질환에 흉한 질병이 침범하여 오랫동안 고생을 거듭하니 본 오행의 만남은 좋지 못하니 사용하지 않는게 좋다.

土-木-金(大凶)

木剋土하고 金剋木하니 어느 하나라도 오행 상생이 되지 않고 상극뿐이므로 대단히 좋지 못하다.

성공발달이 되지 않고 매사에 좌절과 실패를 연속하므로 불의 재난과 파산이 줄기차게 닥치게 된다.

또한 건강상 병약이나 질병이 끊어지지 않고 비록 일시 안정되더라도 곧다른 병마와 싸우게 되어 수명이 단명으로 유도되니 비록 수리와 획수 및 사주상의 용신의 기운이나 희신의 기운에 부합한다 하여도 본 오행법은 대단히 좋지 못하므로 절대 사용하지 않는 것이 좋다.

⊞ 土-火-木(吉)

火生土하고 木生火하니 유정의 상으로 상생의 원칙이 되고 있으므로 대단히 발전을 이룩한 오행법이다.

따라서 초년부터 명진사해하고 많은 사람을 거느리는 윗사람의 운명으로 선다면 순간순간 실패를 할 수 있는 단점이 있기도 하다.

수리와 획수의 원칙에 부합하고 또한 사주상의 용신이나 희신의 기운에 부합하고 있을 경우 더욱 더 발전한다.

⊞ 土-水-木(凶半吉)

일면 土剋水가 되어 상극의 원칙이 앞서서 길보다 흉이 많아질 수 있는 단점이 있으므로 초년에 뜻을 두어 매진할 수 있는 상이나 중년에 파산으로 몰고 가는 흉의 기운이 노출되어 있는 오행법이다.

하지만 水生木으로 안정을 도모할 수가 있으니 매사를 근신하고 인내로서 급성만 부리지 않는다면 순조로운 행운을 기대할 수는 있다.

본 오행법은 반흉반길의 만남이나 만약 수리와 획수가 길하고 사주상의 용신이나 희신의 기운이 水, 木이 되고 있을 경우 오히려 흉이 발전되어 대길함이 올 수가 있으니 단편적으로 생각하여서는 아니된다.

土-水-火(凶)

상극의 기운으로 이루어진 土剋水, 水剋火이니 모든 것이 시작뿐이고 결실이 없다.

초년이나, 중년, 그리고 말년할 것 없이 사람으로 인하여 손재와 관재를 연속하며 교통사고를 불러들이는 대흉한 오행법인데 비록 용신의 기운이 들어 있다 해도 결코 길운이 되지 못하니 절대 사용하지 않는 것이 좋다.

土-水-土(凶)

첫눈에 보아도 土剋水하여 상극으로 이루어진 오행법이니 하나의 물의 기운을 놓고 土氣가 완전히 상극하여 침몰되는 형국을 연상케한다.

중년일시 조금 운기가 회복이 되나 수명을 단명으로 유도하고 성병이나 신장 계통의 질병을 불러 들이므로 아주 대흉한 오행법이다.

土-水-金(吉)

일면 土剋水하여 상극하는 기운이 있지만 곧 金生水로 해극을 시키니 안정을 도모할 수가 있겠는데 그러나 욕심과 급성을 부리지 않아야 된다.

이것은 곧 사업자는 노력으로 인한 대성공을 거둘 수가 있겠지만 욕심과 급성을 부렸을 때는 곧 인간으로 인한 파산을 의미하기도 한다.

하지만 이상의 부분을 감안하여 근신하고 조심만 하면 수명도 갖출뿐더라 말년이 명진사해하니 필히 획수와 수리를 길격으로 맞추어주고 사주상의 용신이나 희신이 水, 金이 되고 있을 더욱 더 발전을 도모할 수가 있다.

土-水-水(凶)

한마디로 하나의 土氣가 두 개의 水氣를 土剋水하여 상극하니 대단히 불안하다.

따라서 상극이 되므로 水氣는 물을 의미하니 水氣가 상극하는 것은 부부파란으로 인한 부부궁이 불리하여 이혼내지는 사별운으로 치달리게 된다.

더하여 건강상 질병으로 인한 고통과 근심이 많을 것이며 또한 수명이 짧아 단명으로 유도하니 절대로 본 오행법은 사용하지 않는 것이 좋다.

土-火-火(吉)

火, 土 두 별이 상생을 이루고 있으니 하늘의 조화와 땅의 조화를 함께 가지고 있다하여도 과언이 아니다.

초년부터 명진사해하며 부부화합하니 수명과 복록을 고루 갖춘 인물이 되고 능히 세상 사람들의 존경을 받으므로 군자의 운명이다.

획수와 수리를 길격으로 맞추고 다시 사주팔자의 용신이나 희신의 기운이 火, 土에 부합하게 된다면 더욱 더 발전하게 된다.

⊕ 土-火-土(大吉)

가운데 오행인 火가 양쪽 土氣와 나란히 상생이 되고 있으니 절묘한 조화를 이루고 있으며 안정된 오행법이다.

명실공히 초년부터 발전을 시작하여 관록자는 필히 대귀격이 되며 사업자는 대복록을 누리는 운으로 부부유정하니 자손덕이 많아 말년이 안과태평을 도모할 수가 있다.

⊕ 土-火-金(凶半吉)

비록 火生土하여 상생의 법칙을 이루고 있겠지만 마지막 金氣가 火氣를 火剋金하여 상극하니 결실이 순조롭지 못하게 된다. 따라서 소년시절에 뜻을 두어 앞길을 매진하여 보지만 중년에 인간으로 인한 배신과 실패를 맛볼 수가 있는 염려가 다분히 내포되어 있으니 사람 조심을 하여야 된다.

하지만 수명은 갖추고 있으므로 말년은 안과태평은 하겠는데 획수와 수리가 길격이 되고 사주상의 용신이나 희신이 "火", "土"가 되고 있다면 흉이 전환되어 길이 될 수 있다.

⊕ 土-火-水(凶)

火生土의 만남을 마지막 위치에 자리잡은 水氣가 水剋火, 土剋水하여 합을 방해하므로 시작은 잘되었으나 마지막 결실이 배신과 모함으로 깨어지기 쉽다.

사업자는 대단히 조심을 하여야 되는 오행법인데 관재, 모략, 중상, 및 노상 교통사고를 유발하니 되도록 이상의 오행법은 사용하지 않는 것이 좋다.

土-土-木(凶)

木剋土하여 상극이다. 따라서 모든 것이 기초가 부실하며 비록 뜻을 가지고 시작을 한다 하여도 매사를 실패를 할 수 있는 염려가 다분히 있겠는데 수리나 획수가 흉하면 더욱더 불리하다. 또한 건강상 위장병이나 신경통이 끊어지지 않고 질병으로 인한 고생과 고통이 줄기차게 따라올 수가 있으니 본 오행법은 사용하지 않는 것이 좋다.

土-土-火(吉)

두 개의 土가 하나의 火에 생조를 받고 있으니 상생의 원칙에 입각되고 있다. 초년부터 명진사해하는 운으로 비록 일시 곤고한 형상은 있겠으나 곧 모든 사람이 자기를 도와주니 결국 대성공을 거두는 오행의 만남이다.

부부유정하여 자손덕이 많겠으며 또한 말년이 안과태평하므로 대단히 좋을 오행법이라 하겠는데 획수와 수리를 길격으로 맞추어야만이 이상의 복록을 누릴 수가 있게 된다.

土-土-土(凶半吉)

모든 土氣로 구성되어 하나의 동일성을 형성하고 있다.

하지만 수리와 획수가 나쁘게 되면 질병이 끊어지지 않으니 신경통과 간장질환이 침범하여 대단히 고통을 당하게 된다.

일면 처음은 조금 곤고하나 나중에는 길하게 되는 성질을 가지고 있는데 매사에 욕심을 부리지 말고 신중하게 대처를 하게 된다면 평운으로 전환될 수가 있다.

*. 본 오행법은 전부 土氣로 구성되어 있기 때문에 만약 사주팔자에 용신이나 희신의 기운이 水氣가 되고 있다면 용신을 상극하는 것이 되어 아주 대흉을 좌초하니 신중하게 판단하여야 될 것이다.

하지만 만약 사주팔자의 용신이나 희신이 외격(外格)의 종격(從格)이나 가종격(假從格)을 따르는 土氣나 金氣를 사용하고 있을 경우 이 오행법은 아주 대길하게 되니 반드시 사주상의 용신법에 부합하지를 면밀히 파악하여야 된다.

土-土-金(大吉)

두 개의 土가 하나의 金과 짝을 이루어 土, 金이 상생하니 매사가 순조롭고 영화가 두루 비추어지는 형상이다.

처음부터 대길함이 다가오니 초년이나 중년이나 말년할 것 없이 전진만 살아 있고 후퇴는 없는 것이므로 아주 창성발달한 운기이다.

또한 건강장수하고 수명과 오복이 두루 갖추어진 오행법이며 필히 획수와 수리가 길격으로 맞추어 준다면 더욱 더 발달하게 된다.

土-土-水(大凶)

土剋水하여 두 개의 土가 하나의 水를 가격하는 형상이니 물의 흐름을 土氣가 완전히 막고 있다.

따라서 비록 시작을 해도 매사에 막힘이 많고 일시 부귀를 누리는 형상이 있더라도 곧 일석일조에 패가망신하는 형국이다.

건강상 질병이 끊어지지 않고 노상의 횡액이 침범하니 교통사고, 낙마, 수영을 하다가 물에서 비명횡사할 수 있는 것도 있으므로 아주 대흉한 오행법이다.

土-金-木(凶)

木剋土하고 金剋木하니 양쪽의 오행이 모두 상극하므로 과히 전쟁터라 할만큼 치열하다.

따라서 사람과 충돌이 끊어지지 않으니 곧 관재, 소송, 재물 손재가 줄기차게 따라오며 건강상 뇌병이나 위장병 및 골절 계통으로 몸을 다치는 형국이 되어 아주 나쁜 오행법이다.

또한 수명을 단명으로 유도하며 부부궁이 불길하니 이혼내지는 삼혼으로 거치는 팔자이므로 결국에 가서는 말년이 쓸쓸히 시들어가는 아주 나쁜 오행법이니 절대 사용하지 않는 것이 좋다.

土-金-火(凶半吉)

土生金을 하고 있는 것을 火剋金으로 방해를 하고 있으니 처음 매사가 순조로운 일면이 있겠지만 인간으로 인한 시기, 모함, 방해를 종종받는다. 하지만 끈질긴 집념으로 욕심을 과대하게 부리지 않고 매사를 신중히 처세를 잘 한다면 말년은 그래도 안과태평을 도모할 수가 있다.

본 오행법은 흉반길로서 획수와 수리에 부합하여야 그 흉을 모면할 수가 있다

土-金-金(吉)

하나의 土가 두 개의 金氣를 土生金하여 생조하니 매사가 순조로운 출발이 된다.

따라서 처음에 약간 곤고하게 되지만 점차 세인의 은덕을 입어 중년 필히 명진사해하는 운인데 성격이 조금은 급한 일면이 있게 되지만 결국 대성공을 하게 된다.

또한 건강장수하며 부부간 유정하니 자손덕이 많겠고 말년이 대단히 복록을 누리는 최고의 오행법이라 할 수가 있다.

土-金-土(大吉)

가운데 金을 놓고 양쪽 土氣를 모두 土生金하니 상생의 조화가 아름답다.

성공발달하며 직장인 및 관록자는 직위가 승승장구하고 사업자는 대성공을 거두는 오행법으로 중년에 천하가 진동을 할 정도로 대부귀운명이 된다. 획수와 수리를 길격으로 맞추어 주고 더하여 사주상의 용신이나 희신의 기운에 부합하게 된다면 더욱 더 발전이 될 것이다.

土-金-水(大吉)

처음의 土가 중간에 있는 金을 土生金하고 다시 金은 水를 金生水로 연결하니 대단히 상생이 되어 오행의 조화를 구성하고 있다.

소년에 뜻을 두어 관록자는 필히 명진사해하고 사업자는 초년부터 대발복을 시작하는데 건강장수하며 부부간 화합이 도모되니 말년까지 대단히 발전하는 최고의 오행법이다.

金-木-木(凶)

金剋木하여 하나의 金이 두 개의 木을 모두 잘라버리고 있으니 매사가 시작은 있어도 되는 일이 없다.

따라서 성공발달이 약하고 부부간에 파란이 있으니 재혼하는자 많을 것이며 질병으로 고통과 번민이 많이 오게 된다.

본 오행법은 흉하니 절대로 사용하지 않는 것이 좋다.

金-木-火(大凶)

金剋木하고 火剋金하니 오행간 서로 상극이 극치를 이루고 있는 것을 알 수가 있다.

교통사고와 노상횡액수가 많을 것이며 인간으로 인한 배신과 실패 그리고 관재구설수를 유도하니 아주 대흉한 오행법이므로 절대 사용하지 않는 것이 좋다.

金-木-土(凶半吉)

처음은 대단히 곤고하나 나중에 길하게 된다.

하지만 시작을 하기 앞서 방해를 받는 일이 많고 그러나 일단 시작하면 끈질긴 추진력이 있어야 많은 결실이 성공을 거두게 된다. 일면 신경질환과 위장질환이 발생하기 쉬우므로 반드시 획수와 수리를 길격으로 하면서 사주상의 용신이나 희신의 기운에 부합하여야 길함을 득할 수가 있다.

金-木-水(凶)

金剋木하여 상극하니 변동과 번민이 많은 오행법이다.

비록 일시 성공을 할 수가 있지만 재차 처음과 달리 사업을 시작하면 실패를 연속하는데 타인과 시비, 구설, 관재를 종종 불러일으키게 된다.

하지만 사주상의 용신이나 희신의 기운이 "木","水"가 되고 있을 때는 의외로 흉함이 길로 전환 될 수가 있는데 이 때에는 획수와 수리를 길격으로 맞추어 주어야 된다.

金-火-木(大凶)

火剋金하고 金剋木하니 대단히 오행상 전극이 강력하게 발생하는데 초년은 길하나 중년부터 연속하여 파산 및 실패를 유도한다.

건강상 정신질환을 가지기 쉽고 급속적으르 충격을 받은 나머지 자살이나 교통사고를 당하니 노상횡액이 침범하는 아주 대흉한 오행법이므로 절대로 사용하지 않는 것이 좋다.

金-火-火(大凶)

하나의 金을 놓고 두 개의 火氣가 강력하게 火剋金하므로 金이 녹아 없어질 정도이다.

따라서 모든 일에 대해 의욕과 생기가 없어지고 비록 시작한다 하여도 그 결실이 사람으로 인하여 방해, 반대, 소송, 관재 등으로 결국은 실패로 돌아간다.

또한 부부간에 대흉하니 생이별이나 사별의 운을 가지기 쉽고 건강상 질병이 끊어지지 않으므로 아주 대흉한 오행법이니 절대로 사용하지 않는 것이 좋다.

金-火-土(凶半吉)

때에 따라서는 일시 성공하는 자가 많으나 건강상 질병으로 인한 고통은 모면할 수가 없다.

오행상 火剋金하니 처음은 대단히 곤고하고 실패를 연속하더라도 중년이후 늦게 대기만성형으로 발전을 도모할 수가 있다.

본 오행법은 상극의 만남이지만 火生土가 되고 있기 때문에 사주상의 용신이나 희신의 기운이 火, 土가 되고 있다면 의외로 발전을 도모할 수가 있으니 이 때는 수리와 획수를 길격으로 맞추면 더욱 더 금상첨화가 될 것이다.

金-火-金(凶)

火剋金하여 두 개의 金이 가운데 火에게 상극을 전부 당하고 있으니 대단히 좋지 않는 형상이 되고 있다.

사업자는 실패를 연속하는 형상이고 직장인이나 관록자는 좌천, 실직으로 유도하니 아주 흉한 오행법이며 부부파탄이 연속되므로 이혼내지는 사별하는 운이다.

金-火-水(凶)

火剋金, 水剋火하니 매사가 되는 일이 없다.

질병과 건강상 불리하는 일이 계속 나타나므로 수명을 단명으로 유도하여 결국은 요절하는 형상이다.

부모형제 덕이 없고 거리에 방황하는 형상이라 사업자는 수표부도, 직장인은 실직으로 유도하므로 세상 어느 하나 본인의 동지가 없으니 고독한 운이라 할 것이다.

金-土-木(凶半吉)

土生金이 되어도 곧 木剋土하여 합을 깨고 있으니 시작과 결실이 반반이다.

따라서 모든 일에 급성을 버리고 과대한 욕심을 가지지 않는다면 평온을 득할 수가 있다.

하지만 사주상의 용신이나 희신의 기운이 金, 土가 되고 있을 때 획수나 수리가 길격을 유지할 경우 의외로 발전을 도모할 수가 있으니 신중히 판단함이 타당하다.

金-土-火(吉)

土生金, 火生土하여 상생의 법칙을 갖추고 있으니 벌써 첫눈에 길한 오행법이라는 것을 알 수가 있다.

따라서 초년부터 발전을 도모할 수가 있는데 사업자는 대성공, 직장인이나 관록자는 승승장구하여 명실공히 대부귀를 이룩하는 최고의 오행법이라 할 수가 있다.

金-土-金(大吉)

土生金이 이중으로 짜여져 있는 것은 대단히 보기드문 오행법으로 아주 좋은 만남이다.

따라서 소년시절부터 그 뜻을 이룩하여 중년에는 명실공히 세상이 놀라는 형상이 벌어지므로 일확천금을 휘롱하는 운명이다.

또한 부부유정하여 자손이 발복되겠으며 말년이 세인들의 존경과 신망을 한몸에 안고 있으니 과히 일생최대의 행복이 아닐 수가 없다.

金-土-土(大吉)

하나의 金이 두 개의 土氣를 같이 土生金하여 상생의 합을 이루고 있으니 벌써 첫눈에 대귀격인 것을 알 수가 있다.

초년, 중년, 말년할 것 없이 대단히 명진사해하는데 건강장수와 함께 부부유정하므로 자손발복이 세인들의 부러움을 한몸에 받는 최고의 오행법이라 할 수가 있겠다.

金-土-水(凶)

일시적인 성공을 도모할 수가 있겠으나 곧 파산으로 연결되겠으며 직장인 및 관록자는 연승행진을 하지 못하고 중도좌절의 비운을 겪게된다.

또한 건강상 질병이 끊임없이 닥쳐오니 뇌병과 신경통, 신장질환을 조심하여야 되며 수명을 단명으로 유도하니 아주 좋지 않는 오행법이므로 절대 사용하지 않는 것이 좋다.

金-金-火(凶)

재물적인 복록을 갖추어 비록 세인의 존경을 받을 수가 있겠지만 오행상 火剋金의 성질이 되어 상극하니 곧 파산과 질병으로 인한 단명을 초래한다.

하지만 사주상의 용신의 기운에 "金氣"가 부합하고 획수와 수리가 길격이 되어 있을 경우 의외로 평운으로 전환될 수가 있다.

金-金-木(大凶)

오행상 金剋木하여 金氣와 木氣간에 상극이 벌어지니 과히 전쟁터라 할만큼 그 소용돌이가 극심하다.

따라서 친인(親人)이 배반을 하고 한순간에 모든 것이 파산으로 몰고가니 일석일조에 패가망신하는 격이다.

건강상에도 질병과 노상횡액을 돌출하니 교통사고와 낙상에 주의를 하여야 되며 수명을 단명으로 유도하므로 아주 좋지 않은 대흉한 오행법이라 하겠다.

金-金-土(吉)

두 개의 金氣가 하나의 土와 土生金하니 생조의 법칙이 실현되므로 아주 좋은 오행의 만남이다.

하지만 처음 金氣와 金氣가 만나므로 초년은 일시 상극하여 곤고함이 있겠으나 점차로 발달되어 중년에는 능히 명진사해하는 운명이 된다.

획수와 수리를 길격으로 맞추어 주고 더하여 사주상의 용신이나 희신이 "금", "水"가 되고 있을 때 대단히 발전을 도모할 수가 있다.

金-金-金(凶半吉)

金氣가 전부 하나로 뭉쳐 있으니 금국(金局)이 실현되는 순간이다.

따라서 시작은 잘되겠으나 자존심과 고집스러운 면이 대단히 강력하게 나타나므로 세인에게 절대로 베풀어주는 아량과 도량이 필요하다.

선빈후부격(先貧後富格)으로 처음은 곤고하지만 후반에 대창성발달을 할 수 있는 오행법이나 만약 사주에 용신이나 희신이 木이 되고 있다면 아주 대흉을 자초하므로 이 때는 절대 본 오행법을 선택하여서는 아니된다.

*. 참고로 본 오행은 흉반길로서 金氣를 상극하지 않는 사주 운명소유자는 평운으로 전환될 수가 있겠으나 만약 외격(外格)의 종격(從格)이나 가종격(假從格)의 운명소유자나 용신이나 희신이 金氣로 선택되고 있을 때는 아주 대발복을 하게 되니 격국의 성질을 면밀히 파악하는 것이 좋다.

金-金-水(吉)

金生水하여 오행의 상생의 법칙이 실현되고 있으므로 대단히 발전할 수 있는 오행법이다.

금수쌍청(金水雙淸)하니 지혜가 총명하겠으며 문학적 예술적으로 대단히 발전을 도모할 수 있는 능력이 부여된다.

하지만 사주상에 조후법에 선택하는 "木","火"가 용신이 되고 있을 경우 본 오행으로 성명을 작명한다면 오히려 조후법상 더욱 더 춥게 만들고 있으니 이때는 대단히 불리하게 된다.

▣ 金-水-木(吉)

비록 金剋木하여 金,木이 상극을 하나 金生水하고 水生木으로 연결을 하니 대단히 길하게 작용한다.

초년 일시 재업이 좋지 못하여 약간의 실패의 기운이 있겠으나 점차 발달되어 중년에는 능히 만사람을 다스리는 군자의 운명이 된다.

부부유정하여 자손덕이 많겠으며 말년이 건강함과 대부귀를 누리는 안과태평을 할 수가 있으니 세인이 대단히 부러워할 것이다.

▣ 金-水-火(凶半吉)

비록 水,火가 상극을 도모하지만 金生水로 완화시키고 있으므로 처음은 대단히 힘들고 곤고하지만 후반은 좋게 될 수가 있다.

오행상극으로 인하여 조금은 고집스러운 일면이 나타나지만 중반 이후 사람됨이 온순하고 매사를 순리를 따르는 인격자로 군림한다.

자존심을 버리고 항상 남을 위하는 자세로 사업이나 직장에 근무하면 결국에는 인정을 받아 명진사해하는 오행법이다.

▣ 金-水-土(凶)

金生水를 하고 있는 것이 土剋水로 깨어버리니 비록 뜻이 맞아 시작을 하였다 하여도 곧 실패의 연속이 되고 직장인은 좌천 및 실직의 비운을 맞이하게 된다.

더하여 질병이나 건강상 불리한데 교통사고나 사소한 일로 관재 및 구설, 망신을 종종 당하게 되니 매사를 침착하고 근신하는 자세로 임하면 평운으로 전환될 수가 있다.

金-水-金(吉)

두 개의 金氣가 하나의 水氣를 金生水하여 생조를 하고 있으니 대단히 길한 만남이다.

초년에 뜻을 이루어 중년에는 능히 대성공을 거두니 직장인이나 관록자는 승승장구하여 마침내는 우두머리로 군림하게 된다.

수명과 복록을 고루 갖추고 있으니 세인들의 존경과 선망이 끊어지지 않을 것이며 자손덕이 많아 말년에 부귀복록을 두루 갖춘 오행법이라 할 수 있다.

金-水-水(吉)

金生水하여 하나의 金氣가 두 개의 水氣를 생조하고 있으니 대발전을 이룩할 수 있는 오행법이다. 또한 금수쌍청(金水雙淸)하니 대단히 지혜총명하고 문학적, 예술적 소질이 많아 능히 못하는 것이 없는 만능재주꾼이 될 수가 있다.

하지만 사주내 용신이 조후법상 "木","火"를 선택하고 있을 경우 이상의 오행은 더욱 더 춥게 만드는 일면이 있으므로 이 때는 아주 대흉을 돌출하니 조후법에 상반되는 사주원국은 본 오행은 절대 사용하지 않는 것이 좋다.

水-木-木(大吉)

봄에 수목이 자라는 중 가뭄을 만나 어려운 중에 水生木하여 단비를 만나니 대길하다.

나무는 물이 없이는 절대 성장을 할 수가 없고 열매도 맺지 못하니 불가분의 관계라 할 것이다.

따라서 소년시절에 대발복을 누리겠으며 수명장수하고 부부 유정하니 자손덕이 많아 능히 대업을 성취하는 절묘한 오행의 만남이라 할 수가 있다.

水-木-火(吉)

水生木하고 木生火하여 상생의 작용으로 오행의 연결을 도모하고 있으니 대단히 발전하는 오행법이다.

또한 목화통명(木火通明)하니 두뇌가 명철하여 매사를 치밀하게 일관성있게 처리하므로 빈틈이 없다. 따라서 초년부터 발전을 하여 중년에는 그 결실에 하늘이 진동하는데 약간의 교만성이 있으니 자기반성과 절제의 노력이 필요하다.

水-木-土(大吉)

일면 水生木은 되나 木剋土가 되어 상생을 상극으로 방해하는 것이 염려 되겠으나 나무는 적당한 흙이 필요하며 또한 그 흙으로부터 양분과 수분을 섭취하니 불과분의 관계라 하겠다.

본 오행의 운명 주인공은 성격이 공명정대하며 성실원만하니 사람마다 싫어하는 자가 없고 대업을 능히 성취하므로 중년에는 명진사해하는 운명이 된다.

부귀과 수명을 두루 갖추어진 인물로서 관계에 요직을 지낼 수가 있으니 학업성취만 뒤 따라준다면 국가에 녹을 먹는 관록자도 될 수가 있다.

水-木-金(凶半吉)

水生木을 金剋木으로 방해하는 성질이 되고 있으니 초년은 대단히 곤고하고 실패하는 경향이 많다.

하지만 중년부터 약간 발전을 이루다가 말년이 되어서야 복록과 부귀를 쌍전하는데 그 결실을 이루는 시간과 세월이 많이 뒷받침되어야 한다.

획수와 수리를 길격으로 맞추어주고 사주의 용신이나 희신이 水, 木이 되고 있다면 의외로 발전을 도모할 수가 있다

水-木-水(吉)

하나의 木을 두 개의 水氣가 水生木으로 생조하고 있으니 아주 좋은 만남이 된다.

또한 水, 木은 서로간 상생의 원칙에 입각하니 두뇌가 명민하고 재주가 출중하여 모든 일을 못하는 것이 없는 만능재주꾼이다.

특히 붓글씨와 문학적인 면에 탁월한 솜씨가 나타나고 있는데 본 운명의 주인공은 문학계, 예술계에 종사하면 대단히 두각을 나타내게 된다.

부귀공명과 수명을 두루 갖춘 인물로 중년에는 능히 세상을 놀라게하고 말년에는 자손덕과 명진사해하는 운명이 될 수가 있다.

☞ 水-火-木(凶)

水剋火하여 오행별 상극을 일으키고 있으므로 대단히 좋지 못하는데 일면 木生火로 서로간을 연결시키고 있는 점이 보이기도 한다.

하지만 물의 기둥과 불의 기둥이 충돌하면 주위의 세력이 아무것도 남지않는 것을 감안하면 대단한 흉을 좌초한다.

따라서 초년부터 매사를 시작한다 하여도 곧 실패의 연속이요, 직장인 및 관록자 좌천, 실직이니 모든 것이 되는 일이 없다.

질병과 급속적으로 들이닥치는 흉이 교통사고 노상횡액을 초래하니 특히 운전조심을 하여야 되는 아주 대흉한 오행법이므로 절대 사용하지 않는 것이 좋다.

☞ 水-火-火(大凶)

水剋火하여 하나의 水氣와 두 개의 火氣가 서로간 충돌하니 전쟁터로 말미암아 주위에 남는 것이 하나도 없다.

따라서 골육상쟁이 벌어지니 형제간에 재산과 금전으로 인하여 싸움이 벌어질 것이며 부모의 은덕을 받을 수가 없게 된다.

또한 사업자 및 직장인 모두 대실패와 건강상 질병과 횡액수가 발생하여 단명 객사로 유도하여 불의의 사고를 당하기 쉬우니 본 오행법은 대단히 흉하므로 절대 사용하지 않는 것이 좋다.

水-火-土(大凶)

하나의 水氣가 水剋火, 土剋水하니 오행상 전부 상극이 일어나 대단히 그 흉함이 하늘을 찌르고도 남음이 있다.

사업자는 대실패를 유도하고 직장인 및 관록자는 일시에 급사 흉명을 당할 수가 있는데 절대로 심신에 과로를 하여서는 아니된다.

본 오행법은 대흉한 것으로 성명의 작명은 물론이고 회사상호라도 절대 사용하여서는 아니된다.

水-火-金(凶)

水剋火, 火剋金하니 역시 오행의 상극이 전쟁터를 방불케하므로 주위에 남는 것이 아무도 없다.

이렇게 상극이 극치를 이루고 있으면 사람으로 인하여 실패의 연속이며 모든 것을 한다 하여도 대실패를 거듭하게 된다.

건상상 노상횡액이 발동하니 객사귀신이나 노상귀신이 따라다니기 쉽고 불의의 흉을 당할 수가 있으므로 본 오행법을 가진자는 절대로 초상집이나 아기를 출산하는데 가지 않는 것이 좋다.

본 오행법은 아주 흉하므로 이미 본 오행법으로 성명을 가지고 있으면 절대 개명하는 것이 좋을 것이다.

水-火-水(大凶)

하나의 火氣를 가운데 놓고 두 개의 水氣가 水剋火하여 충돌이 일어나니 완전히 대흉을 동반한다.

비록 획수와 수리가 길격이라도 완전히 무사할 수가 없는데 하지만 火氣가 사주상의 용신이나 희신이 되고 있을 경우 불의의 객사죽음을 면할 수가 있다.

본 오행법은 아주 대흉한 것으로 운명상 불길함을 모면할 수가 없으니 객사, 단명, 흉사 등의 극단적인 삶으로 유도하므로 절대 사용하지 않는 것이 좋다.

水-土-木(凶)

土剋水하고 木剋土하니 상극으로 이루어진 오행법이다.

따라서 매사를 시작한다 하여도 되는 일이 없겠으며 수명과 질병으로 인한 고통과 번민이 하루라도 끊어지지 않는 아주 흉한 오행법이다.

비록 사주상의 용신이나 희신의 기운에 일부 부합되고 있다 해도 흉한 오행법이니 절대 사용하지 않는 것이 좋다.

水-土-火(凶)

일면 火生土가 되어 길한 일면이 있겠으나 土剋水하고 水剋火하여 상생을 방해하므로 결실은 흉으로 돌아간다.

처음 시작은 잘하나 곧 실패와 고난에 부닥치며 중년에 가산을 탕진하고 처자와 이별을 하는 아주 나쁜 오행의 만남이다.

비록 획수와 수리가 길격이 되고 있을 경우 안정을 도모하겠지만 그래도 그 흉의는 완전히 모면할 수가 없기 때문에 절대 사용하지 않는 것이 좋다.

水-土-土(大凶)

하나의 水氣에 양쪽 두 개의 土氣가 土剋水하여 상극을 하니 물의 기운이 하나도 없어지는 형국이다.

따라서 성공발전이 대단히 쇠약하고 건강상 질병과 병마에 시달리기 쉬우니 수명을 단명으로 유도하는 아주 대흉한 오행법으로서 비록 획수와 수리가 길격이 된다하여도 절대 사용하지 않는 것이 좋다.

水-土-金(凶半吉)

비록 土剋水하여 상극의 기운이 되고 있겠으나 곧 土生金하고 金生水하니 오행상생의 이치를 실현하므로 흉이 변화되어 평길로 전환된다.

따라서 초년은 대단히 곤고하여 매사가 지리멸렬하지만 중년부터 서서히 발전을 이룩하므로 말년은 그래도 안과태평을 도모할 수가 있다.

본 오행법은 급성을 부리면 급속적으로 비운이 들이 닥쳐 실패를 연속하므로 절대로 급성을 부리지 말고 대기만성으로 시작함이 길하다.

水-土-水(凶)

하나의 土를 두고 두 개의 水氣가 土剋水하여 상극이 되고 있으니 역시 흉함이 하늘을 찌르고도 남음이 있다.

사업자는 파산으로 유도하고 직장인 및 관록자는 상사의 배반 및 부하직원의 일로 인하여 탄핵 및 좌천, 실직으로 되어 결국은 노상횡액까지 당하는 아주 흉한 오행의 만남이다.

본 오행은 수리와 획수가 길격이 되고 있다 하여도 절대 사용하지 않는 것이 좋다.

水-金-火(凶半吉)

金生水를 火剋金으로 상극하니 火氣와 金氣가 충돌이 일어나면 안질질환이나 외상이 끊어지지 않고 발생한다.

따라서 눈병을 조심하여야 되며 사업자는 초년은 대단히 고민과 고통이 따르겠으나 중년부터 약간 발복을 할 수가 있다.

그러나 직장인이나 관록자는 수리와 획수가 맞지 않고 사주상의 용신이나 희신의 기운이 되어 있지 않는다면 절대 사용하지 않는 것이 좋다.

水-金-土(大吉)

金生水하고 土生金하니 절묘한 오행의 배합을 이루고 있다.

따라서 초년, 중년, 말년할 것 없이 명진사해하는데 사업자는 대성공을 할 수가 있고 직장인이나 관록자는 승승장구하여 마침내는 능히 우두머리로 군림한다.

부부유정하여 자손이 발달하고 말년에는 부귀한 자식으로

인하여 복록을 누리겠으며 태평성세를 이룩하니 과히 세인들이 부러워하고 추앙하는 최고의 오행법이라 할 수가 있다.

水-金-金(吉)

하나의 水氣를 두 개의 金氣가 金生水하여 생조를 하고 있으니 대단히 길하게 작용하고 있다.

따라서 금수쌍청(金水雙淸)의 이치를 실현하므로 지혜총명하고 소년시절부터 발달하여 중년에는 명진사해 하는데 그러나 약간의 고집스러운 일면 때문에 타인으로부터 방해와 모략중상을 당하는 현상이 종종 발생하니 양보와 이해심이 필요하다. 부부유정하고 자손덕이 많으니 말년이 안과태평하는데 그러나 사주상의 용신의 기운이나 희신의 기운이 "木", "火"가 되고 있을 경우 용신의 기운을 상극하므로 오히려 불리하니 그 때는 절대 본 오행법을 쓰지 말아야 한다.

水-金-木(凶半吉)

金生水를 하고 있겠으나 金剋木하여 합을 방해하고 있으므로 처음이 대단히 곤고하여 되는 일이 없겠으나 중년부터 서서히 발달되어 말년에는 그래도 안과태평을 도모할 수가 있다.

건강상 신경계 질환이나 신경통이 왕왕 오기 쉬우니 건강상 조심을 하여야 될 것이며 급한 성격과 욕심만 크게 부리지 않는다면 대기만성으로 늦게는 발달을 할 수가 있다.

水-金-水(吉)

하나의 金을 놓고 두 개의 水氣가 각각 金生水의 이치를 도모하고 있으니 상생이 되어 대단히 길하게 작용하고 있다.

따라서 처음부터 시작을 하여 발달을 할 수가 있고 더하여 직장인이나 관록자는 승승장구하는 운명이 되는데 중년 약간 쇠퇴하는 운이 있겠지만 곧 회복하여 결국은 대성공을 할 수가 있다. 지혜총명하나 약간의 교만심이 작용하는 관계로 대인들을 대할 때 조금의 양보심이 필요하다.

水-水-木(吉)

두 개의 水氣가 하나의 木氣를 水生木을 하고 있으니 대단히 길함을 가지는 오행의 만남이다. 더하여 水,木이 생조되는 것은 백가지 재주가 출중하니 못하는 것이 없는 만능 재주꾼이 될 것이며 소년시절부터 능히 발달한다.

부부유정하여 자손덕이 많겠으며 말년이 수명과 복록을 골고루 갖추어지고 있으니 대귀격이라 할 수가 있다.

水-水-火(大凶)

두 개의 水氣가 하나의 火氣를 놓고 水剋火 상극하니 과히 전쟁터를 방불케 하는 현상이 벌어지고 있다. 따라서 매사에 지장을 받는 일이 많겠고 사람으로 인한 구설, 모함, 관재, 재물 손재가 끊어지지 않으니 대실패를 좌초한다.

사람의 인간덕이 없으니 고독한 팔자가 될 것이며 아울러 수명을 단명으로 유도하니 아주 대흉한 오행법이니 절대 사용하지 않는 것이 좋다

水-水-土(凶)

水, 土가 만나면 충돌이 발생하니 매사가 되는 것이 없다.

따라서 사업자는 비록 처음은 시작은 잘되나 점차 쇠퇴하여 결실은 대실패로 연결되고 직장인이나 관록자는 윗사람 아랫사람을 막론하고 항상 불화쟁론이 끊어지지 않으니 모함과 배신으로 인한 관직삭탈 및 좌천의 비운을 맞이하게 된다.

또한 건강한 土氣와 水氣가 충돌이 발생하면 신장질환과 위장질환에 항상 질병이 끊어지지 않겠으며 수명도 단명으로 유도하니 아주 나쁜 오행의 만남이다.

水-水-金(大吉)

金生水하여 두 개의 水氣가 하나의 金氣와 상생의 작용을 하고 있으므로 대길한 오행의 만남이다.

따라서 지혜총명하고 매사에 치밀한 계획과 설계를 하여 빈틈이 없는 자로서 사업자는 대성공을 거둘 것이며 직장인이나 관록자는 승승장구하는 운명이 된다.

하지만 사주상의 용신이나 희신이 金, 水로 되고 있을 때 본 오행법은 더욱더 발전을 도모할 수가 있겠으나 만약 사주상에 용신이나 희신이 조후법상 "木", "火"를 선택하는 것이 되고 있을 경우 水氣와 金氣로서 용신을 상극하니 아주 불리하여 대흉을 좌초하므로 용신의 선택을 세밀히 판단하여야 한다.

水-水-水(凶半吉)

하나의 오행인 水로서 水局을 형성하고 있다.

따라서 처음은 대단히 고통과 고민으로서 세월을 보내야 하는 시기이지만 중년부터 약간 발달하여 말년은 그래도 의식주가 풍족하는 일면을 가질 수가 있다.

하지만 건강상 신장염이나 방광염을 조심하여야 되고 잔병치레로 항상 고통을 받을 수가 있는 일면이 있으니 건강상 대단히 신경을 써야한다.

본 오행법은 동일오행인 "水局"으로 성립되어 있으니 "왕신(旺神)"의 성질이 되고 있음을 알 수가 있겠는데 만약 사주상의 용신이나 희신의 기운이 水가 되고 있을 경우 길함을 득할 수가 있겠지만 사주에 용신이나 희신의 기운이 "土"나 "火"가 되고 있을 때 용신과 상극이 되어 대단한 재화를 초래하므로 그 때는 절대 사용하여서는 아니 된다.

▣ 실제인물에 준한 용신판단과 작명,!

(예1). 남, 박 # # (경남 진주)서기 2000년 음력 2월 17일 巳시

```
         旺  病  病  衰        65 55 45 35 25 15  5
         己  己  己  庚         丙 乙 甲 癸 壬 辛 庚
         巳  卯  卯  辰         戌 酉 申 未 午 巳 辰
```

　　　비견　　비견상관
　　　土 (土) 土　金
　　　火　木　木　土
　　　인수 편관 편관 겁재

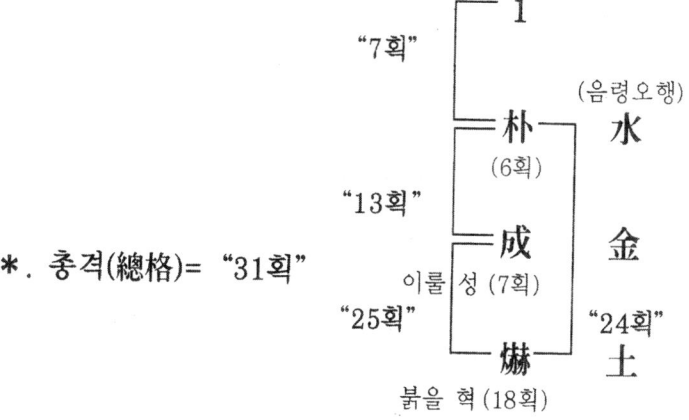

*. 총격(總格)= "31획"

▣ 일간의 왕쇠(旺衰),!

己일간 卯월에 출생하여 실령하였으며 사주원국 월지 卯木 편관을 중심으로 하여 역시 일지 卯木 편관과 다시 년간에 庚金 상관이 일간 己土를 강력하게 극설(剋泄)하고 있겠으나 일간 己土는 그래도 시지 巳火 인수에 십이운성 제왕지 않아 있는 월상과 시상 己土 비견과 년지 辰土 겁재가 생조

하고 있으니 강, 약을 정하기 어려운 약간 신약이다.

따라서 일간 己土는 중화(中和)의 기점에 육박하고 있으니 강력한 편관 卯木과 년간 庚金과 일간의 기운이 서로 균등을 이루어 중화(中和)가 되어있다 하여도 과언이 아닌데 그러나 아무리 일간이 힘을 가진 것이 되었다 하여도 이렇게 월지와 일지 卯木 편관이 자리를 잡고 일간 己土를 상극하는 것은 일간이 강약을 불문하고 대단히 좋지 않는 것이 된다.

격국와 용신(用神),!

따라서 사주격국을 살펴보니 일간 己土가 중화의 기점을 가지고 있는 중에 사주팔자에 卯木 편관이 월지와 일지를 각각 차지하고 있으므로 "월지편관격(月支偏官格)"이 성격(成格)된다.

고로 용신은 "관중용식상격(官重用食像格)"및 "식상제살격(食傷制殺格)"으로서 강력한 편관 卯木을 식상 金氣로 제살(制殺)의 법칙을 도모하는 식상 "金氣"를 용신하고 아울러 일간의 기운을 부조하는 인성"火氣"와 식상 "金氣"를 생조하는 비겁 "土氣"를 같이 길신으로 채택한다.

이렇게 용신의 기운을 선정하고 사주팔자를 살펴보니 사주 년간에 庚金 상관이 투출되어 있겠으나 일간 己土와 조금 무정(無情)하여 있는 중에 용신의 기운이 卯木 편관과 원격하여 조금은 아쉬운 점이 없지 않다.

하지만 이렇게 사주격국에 편관을 제살(制殺)할 수 있는 상관 庚金이 존재하여 있고 아울러 편관 卯木의 기운을 일간 己土에게 연결하는 인수 巳火가 시지에 자리잡아 편관 卯木

과 근접해서 식상 제살의 원칙과 살인상생(殺印相生) 및 관인상생(官印相生)의 법칙을 같이 실현하므로 흉폭성이 강력한 편관의 기운을 인성과 식상의 기운이 같이 순화시키고 있으니 대단히 좋게 되어 있다 하겠다.

🔁 격국에 대한 종합판단,!

이상과 같이 용신과 격국을 설정하고 사주주인공의 성격을 살펴보니 월지에 편관이 자리를 잡고 일지까지 편관이 있는 것은 성격이 대단히 성급하고 불의를 보고는 참지 못하는 성격이며 자존심, 고집이 대단하겠으나 그러나 잔정도 있으니 일면 군자의 도리를 갖추었다고 볼 수가 있다.

사주가 묘한 것은 이렇게 일간이 신약하더라도 일간이 중화(中和)의 기점에 육박하고 있으니 능히 편관의 상극함을 견디어내고 있는 중에 다시 사주팔자에 정관의 기운을 보고 있지 않으므로 관살혼잡(官殺混雜)이 되지 않아 능히 관록을 잡아 대부대귀한 운명이다.

하지만 유년은 부모님의 은덕이 좋지 못하여 부모님의 가운이 한두 차례 기울어지는 현상이 발생하겠고 또한 본인은 사주일지가 십이운성의 病지에 해당하고 있으므로 유년에 교통사고나 질병으로 인한 죽을 고비를 두 번 이상 넘기겠으며 청년시절이 되면 일찍이 부모님을 떠나와서 타향객지에 살아가는 운명이 될 것이다.

더하여 일지에 편관이 자리를 잡고 있는 것은 일간이 신강, 신약을 불문하고 재혼하는 팔자가 될 것이며 이것은 대운의 흐름을 판별하여 볼 때 35세 癸未대운이 癸-己 상충이 되어 일간을 상극하니 그것으로 인하여 처궁이 바뀌는 현상이 나타날 것이다.

결국 대운의 흐름을 판별하여 보니 초년부터 남방 巳-午-未 火局과 서방 申-酉-戌 金局으로 치달리고 있으므로 정히 길신과 용신의 기운이 첩첩으로 받고 있어 아주 대길한 것을 알수가 있겠으며 그렇다면 관록의 대열에서 능히 대귀격을 누리는 것으로 판단한다.

위 사주팔자에 대해 본 장 작명판단,!

다시 위 사주주인공은 서기 2000년 음력 2월 17일 에 출생한 남자 아이로서 이상 사주팔자의 용신은 식상 金氣를 선택하고 있음을 알 수가 있었다.

그렇다면 무엇보다도 사주팔자의 용신의 기운을 따라 성명을 작명을 하여야 될 것이며 위 사주용신은 식상 "金氣"이니 식상 "金氣"를 음령오행으로 판단하면 "사", "자", "차"가 "金氣"로 대변되고 있다.

여기서 사주의 용신의 기운을 제일 먼저 "가운데 글자"에 넣어주는 것이 가장 대길하고 그 다음이 마지막 이름 끝자로 보는데 이름도 가운데 자(字)가 중심이 되는 이유는 가장 그 세력이 "강력하게 작용하는 성질"이 있는 것으로 학자는 이와 같은 성질을 절대로 무시하지 않길 바란다.

이상의 부분을 검토하여 선천성인 성(姓) 朴은 절대로 바꿀수가 없는 것이니 그것은 그대로 둔다손 치더라도 가운데 이름인 成을 넣고 다시 마지막 이름자 爀은 음령오행의 土로서 가운데 이름인 成을 "土生金"으로 생조하여 더욱 더 그 세력을 왕성하게 하고 아울러 위 사주에 대한 길신도 비겁 "土氣"를 사용하고 있기 때문에 더욱 더 길하게 작용하는 것을 알 수가 있다.

더하여 음령오행으로 성명을 모두 나열하여 볼 때 "水", "金", "土"가 되어 오행법에 준하여 보니 "대길"이라고 되어 있겠으며 그에 준하는 해설이 부여되어 있다.

이상 위 사주팔자에 대한 용신에 따라 성명을 작명하여 주었는데 다음은 수리와 획수로서 이름을 본 저자는 "성혁"이라 하여 그 부분을 획수와 수리를 판단하여 본 결과 각각 천격(天格)은 성인 朴은 6획으로서 1을 더한 것이 7획은 천격이 되어 수리통변법에 보면 "독립발전격(獨立發展格)"이 "吉"로 되어 있다.

또한 성인 朴과 가운데 이름인 成을 합하여 나오는 획수가 인격(人格)으로서 모두 13획이니 수리통변법에 볼 때 "지명성공격(智明成功格)"으로 역시 "吉"이 되고 다시 가운데 이름인 成과 마지막 이름인 爀을 합하면 25획이 되어 수리 통변법에 준하니 "지혜성공격(知慧成功格)"으로 지격(地格)이며 "吉"이 된다.

더하여 성인 朴과 이름 마지막 爀을 합하여 나오는 획수가 24획이 되어 이것이 외격(外格)이 되어 수리통변법에 보니 "명예축재격(名譽蓄財格)"으로 역시 "吉"되고 있는데 朴成爀을 모두 합하여 나오는 획수는 총격(總格)이라 하여 31획이므로 수리통변법에 볼 때 "융창발전격(隆昌發展格)"이라 하여 이것 역시 "吉"이 되는 것을 알 수가 있다.

이상으로 위 사주팔자의 용신 및 운명과 성격, 그리고 본 장 작명비법에 준한 성명을 작명하여 보았는데 이렇게 사주에 용신의 기운으로 성명을 작명하게 되었으니 사주주인공은 평생을 두고 성명으로 인하여 더욱 더 발전을 하게 되는 것은 필연사실이다.

그렇다면 무릇 모든 성명과 상호는 사주 주인공의 "용신의 기운"으로서 제일 먼저 음령오행의 작명을 하여야 되며 그 다음은 음령오행의 오행법을 나열하여 생조되는 기운으로 연결하고 있는지를 볼 것이고 마지막 획수와 수리에 임하여야 되는 것을 강조하고 싶다.

시중에 작명에 임하는 혹서는 이상의 부분인 용신을 전부 무시하고 아예 획수와 수리를 기준하여 성명이나 작명에 임하고 있는 것을 본 저자는 많이 보고 있는데 본래의 사주추명학상에 자기의 제일 필요한 용신을 제쳐두고 획수와 수리에 연연하는 것은 오히려 용신의 기운을 상극하는 현상도 발생될 수가 있으니 대단히 주의가 요망된다.

이와 같은 현상은 소 뒷걸음 치는 식으로 작명을 하다보니 용신의 기운이 맞고 있다면 별문제가 생기지 않을 수도 있을 것이다.

그러나 만약 편중(偏重)으로 치우쳐지는 종격(從格)이나 가종격(假從格)의 성질에 준한 용신법에 이러한 성명의 음령오행이 상극하게 될 경우 왕산이 반발을 하여 그에 해당하는 운명의 소유자는 지금 당장 그 흉의가 돌출되지 않더라도 점차 사주 주인공의 운기가 불길하여 나중에는 십중구사의 운명이 될 수도 있는 것을 감안한다면 염려스럽고 유감스럽다 아니할 수가 없다.

(예2). 야, 남# #(마산시 장군동) 서기 1998년 음력 윤5월 5일 시

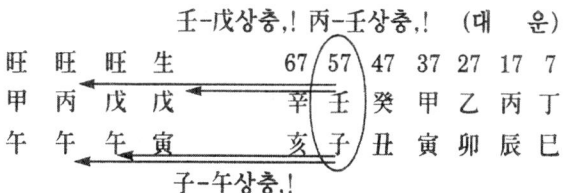

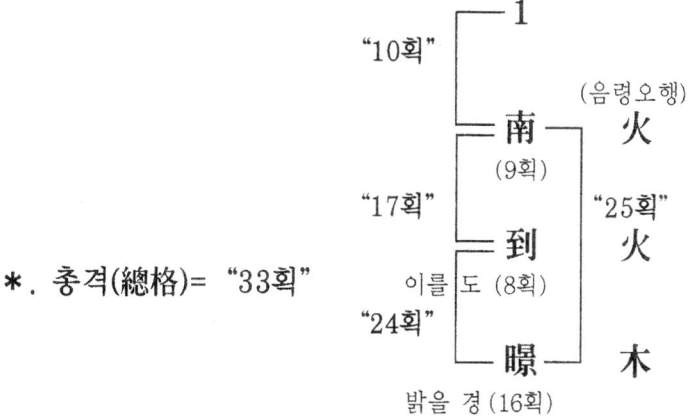

*. 총격(總格)= "33획"

▣ 일간의 왕쇠(旺衰),!

丙일간 午월에 출생하여 득령(得領)하였으며 사주원국 월지 午火 양인을 중심으로 하여 일지 및 시지 午火에 득지(得地) 득세(得勢)한 중에 년지 寅木 편인과 寅-午 합火하면서 시상에 甲木 편인까지 일간을 생조하고 있으니 매우 신왕하다.

이렇게 일간 丙火가 신왕함이 중화(中和)의 기점에 상회하는 성질이 될 것 같으면 이것을 마땅히 억제할 수 있는 기운이 필요하나 위 사주팔자는 火氣의 기운이 태왕하여 있는 중에 사주지지에 寅-午 合火하니 합으로 인한 火局이 성립되어 왕신(旺神)의 기운이 되어 있기 때문에 더 이상 억제하는 것은 곤란하다.

그렇다면 위 사주팔자는 내격(內格)의 억부법이나 조후법에 준해서 용신을 관성 水氣나 재성 金氣로 선택하여 운로인 대운이나 세운에서 관성이나 재성의 운을 맞이하게 될 경우 이때는 완전히 왕신(旺神)의 성질에 반발하는 처사가 되어 쇠자왕신발(衰者旺神發) 및 왕신충왕(旺神沖旺)하므로 사주주인공은 십중구사의 운명도 면하기 어려운 재화에 부닥치게 될 것이다.

따라서 위 사주원국을 사주상의 火氣가 강력하여 단편적으로 생각할 경우 일면 조후법상 관성 水氣로서 용신을 선택할 여지는 있겠으나 이상의 부분을 판단하여 본다면 아주 용신의 기운을 신중히 선택하지 않으면 안될 경우에 준한 사주명조이다.

격국(格局)과 용신,!

고로 위 사주팔자는 왕성한 火氣를 따르는 "염상격(炎上格)" 이다.

이와 같은 부분은 외격(外格)의 종격(從格)이나 가종격(假從格)에 준하는 용신법이 선택되는데 이미 전장에 용신의 종류에 언급을 하였지만 전왕용신법(專旺用神法)에 준하여 왕신(旺神)의 기운을 따르는 인성 "木氣"와 비겁 "火", 그리고 왕성한 비겁 火氣를 자연스럽게 누출시키는 식상 "土氣"를 전부 용신한다.

그러나 이 중에서 식상 "土氣"는 제일로 길하게 작용하는데 하지만 식상 土氣중에도 지지의 "未", "戌"은 "土氣"를 머금은 습토이기 때문에 왕성한 火氣를 수습하기는커녕 오히려 왕신(旺神)의 火氣에 반발을 하는 처사가 되므로 불리하게 연출된다.

일부학자들의 반응,!

보통 이와 같은 부분에 들어가면 일부학자들 중에 대단히 혼란스러움을 금치 못하는 것을 보고 있는데 그것은 내격(內格)의 억부법이나 조후법에 준하는 사주팔자가 일간이 신강하여 신강한 일간의 기운을 자연스럽게 누출시키는 것을 제일 좋아한다고 무조건 식상을 제일의 용신을 선택하는 경우가 많다.

그러나 방금 설명한 위 사주팔자와 같이 火氣로 이루어진 염상격(炎上格)이 성격(成格)되는 전왕용신법(專旺用神法)이 선택되고 있는 경우라면 왕신(旺神)의 火氣를 자연스럽게 누출시키는 식상의 기운도 이상과 같은 맥락에 비추어 볼 때 오행상 습토인가 아니면 조토로서 구성되어 있는가에 따라 왕신(旺神)의 성질에 반발을 하지 않고 길함을 모색하여야 되는 신중함을 채택하는 이유가 여기에 있다하여도 과언이 아니다.

🎴 격국에 대한 판별,!

다시 위 사주팔자에 대한 격국에 대한 판별을 하여 보면 일간 丙火를 중심으로 하여 격국이 火氣를 따르는 염상격(炎上格)을 구성하고 있는데 만약 위 사주팔자내 왕성한 火氣를 상극하는 재성 金氣나 관성 水氣가 자리를 잡고 불과분의 관계에서 종격(從格)인 火氣를 따르는 가종격(假從格)이 되고 있을 경우 사주상의 탁기를 남기는 것이 되어 대단히 좋지 못하게 될 것이다.

그러나 위 사주원국은 방금도 설명하였다시피 사주지지에 寅-午合火를 구성하여 완전히 동일 오행인 火局을 결성하고 있는 중에 火氣를 상극하는 재성 金氣와 관성 水氣가 하나도 없으니 격국이 아주 순수하고 대단한 청기를 가지는 명조임에는 틀림이 없다.

만약 위 사주 주인공인 여자 어린이이기 때문에 조금은 아쉬운 감이 없지 않지만 본 격국의 운명소유자가 남자 어린이라면 적어도 출세의 가도를 누릴 수 있는 것은 틀림이 없겠으며 아울러 대부대귀한 운명이라는 것을 판단한다.

위 사주팔자에 대한 성정과 종합판단,!

위 사주주인공은 1998년에 출생한 남모 여자 어린이로서 사주의 격국이 외격(外格)의 종격(從格)인 "염상격(炎上格)"을 구성하고 있는 것을 알 수가 있었다.

命理秘典 下권인 종격(從格)인 염상격(炎相格)에 인용하여,!

이와 같은 부분은 命理秘典 下권 종격(從格)인 염상격(炎上格)의 부분에 실제인물에 준하여 대단히 자세하게 기술하였는데 그 부분을 인용하여 설명하면 "사주원국에 丙, 火일간이 지지에 寅-午-戌 삼합이나 巳-午-未 방합이 성립되면 성격(成格)하는데 사주내 북방 水氣인 壬, 癸, 亥, 子가 없어야 된다.,!

"따라서 염상격(炎上格)이 성격(成格)될 때 대운이나 세운에서도 재성 金과 관성 水氣를 보고 있을 경우 왕신충왕(旺神沖旺), 쇠자왕신발(衰者旺神發)하여 왕신이 발동을 하게 되므로 대단히 불리하다",!

"이상의 염상격(炎上格)이 성격되면 예도와 형(刑)을 집행하는 관리로 출세할 수가 있으며 모든 일에 공평정대함을 좋아하고 절대로 불의를 보고는 용납하지 않는 정도(正道)로서 일생을 살아간다",!

"그러나 일면 단점으로는 사물에 대해 화려함을 좋아하며 무슨 일이든 주위에서 조금만 충동을 주면 심적 변화가 심하고 다소 성격이 급하며 경망스러운 일면도 있다고 보겠다", 라며 대단히 자세하게 기술하고 있다.

그렇다면 사주주인공인 남 모 어린이는 이상의 부분에 적용하여 판단하여 볼 때 성격 자체가 불의를 보고는 절대 용납하지 않고 타협을 모르는 성격을 갖추었다고 볼 수가 있겠으며 자존심, 고집스런 일면 때문에 조금은 타인과 불협화음이 많을 것이다.

하지만 火氣가 태왕하여 종격(從格)이 성립되므로 약자나 고통을 받는 사람에게는 자기의 모든 것을 다바쳐 헌신적으로 봉사하는 일면 자비스러운 현상도 있을 것이며 예의와 의리에 밝은 면이 돋보일 것이다.

더하여 사주팔자에 양인살(羊刃殺)이 월지, 일지, 시지 전부 午火가 되어 양인이 3개가 있는데 이렇게 양인이 많은 것은 만약 내격(內格)의 억부법이나 조후법의 운명소유자라면 대단히 고통과 근심이 많은 운명이 될 것이지만 이렇게 火氣의 기운을 따르는 종격(從格)으로 돌아가면 오히려 호랑이를 두들겨 개와 같이 써먹을 팔자이다.

命理秘典 上권인 양인의 통변법에 인용하여,!

이와 같은 부분은 본 저자가 편찬한 命理秘典 上권인 양인의 통변법에 대단히 자세하게 기술하고 있는데 다시 그 부분을 인용하여 기술하면 "양인은 형벌을 맡는 살(殺)로서 그 성정이 강렬, 횡폭, 성급을 나타내고 따라서 사주에 양인이 있으면 인생행로에 장해가 많다,!

그러나 강렬, 횡폭을 나타내는 기운이므로 때로는 드물게 보는 불세출의 괴걸, 열사가 되는 수도 있으면 특히 군인이나 경찰, 법관이 되어 이름을 날리는 자가 많다,"!라며 대체로 자세하게 기술하고 있다.

따라서 이상의 양인의 부분을 접목하여 위 사주팔자를 부합시켜 볼 때 여자 어린이라도 오늘날에는 여성 상위시대라 하여 검사, 판사, 국회의원 등에 여자들이 많은 것을 보면 남 모 어린이는 앞으로 그런 권력기관 등에 종사하게 될 것이다.

무엇 때문에 본 저자는 그렇게 확고한 신념으로 단정을 내리는가하면 사주 주인공의 대운흐름을 판단하여 보면 완전히 그 실체가 드러나게 되는 점을 학자는 파악할 필요가 있다.

위 사주에 대한 대운판별!

그렇다면 사주대운의 흐름을 판단하여 볼때 초년 7세부터 16세까지는 丁巳대운으로서 일간 丙火를 생조하는 겁재와 비견운으로 유년 부모님의 비호속에 대길하여 호강하는 현상을 볼 수가 있겠으며 또한 학업도 승승장구할 것이다.

더하여 17세부터 21세까지는 대운천간 17세 丙火가 지배되는 운로여서 이 때가 가장 학업을 이룩하는 전성시대이므로 정히 왕신 火氣의 기운을 생조하는 비견이니 더욱 더 발전을 이룩하므로 이 때를 기준하여 본 저자는 남 모 어린이가 학업을 성취하여 대발복을 누리는 것으로 판단할 이유를 이 시점을 보고 본 저자가 간명한 것이다.

하지만 남 모 어린이의 대운의 흐름을 면밀히 관찰하여 본 결과 수명의 부분에 대하여 결코 그리 밝지 못하다는 것을 알 수가 있겠는데 그것은 47세 癸丑대운말기가 가장 어려운 시기가 될 것을 미루어 짐작하고 있으니 그에 대한 재화를 본 저자는 대단히 걱정스럽게 바라보고 있다.

위 사주팔자에 대해 본 장 작명판단,!

이상과 같이 위 사주주인공인 남 모 어린이의 격국과 용신, 그리고 대운흐름 까지 파악하여 보았는데 본 장 작명에 준하여 이름을 선정하여 보면 위 사주주인공은 서기 2000년 음력 윤 5월 5일에 출생한 여자 아이로서 이상 사주팔자의 용신은 인성 "木", 그리고 비겁 "火"를 선택하고 있음을 알 수가 있었다.

그렇다면 무엇보다도 사주팔자의 용신의 기운에 따라 성명을 작명하여야 될 것이며 위 사주용신은 "木", "火"이니 "木", "火"를 음령오행으로 판단하면 "가", "카"는 "木"이며 "나", "다", "라" "타"가 "火氣"로 대변되고 있다.

이 부분에 대하여 시중의 작명서적 가운데 이상의 사주팔자를 종격(從格)인 염상격(炎上格)인 木, 火, 土를 용신으로 사용하고 있는 것을 사주내 金, 水가 없으니 "金", "水"를 성명에 집어넣어 작명하면 대길하다고 말하고 있으나 이것은 대단히 "위험"천만한 일이 아닐 수가 없다.

그것은 전장에도 중첩하여 언급하고 있듯이 동일오행의 왕신(旺神)의 성질에 부합시켜 작명도 동일오행을 도와주는 음령오행으로 맞추어야 왕신(旺神)이 발동하지 않을 것인데 만약 시중의 혹서에서 말하는 것처럼 金, 水로 작명하여 성명에 가미한다면 위 사주 주인공은 그 이름을 부르는 시점부터 대단히 생명이 위험하게 된다.

따라서 본 장 작명비법에 준하여 위 사주주인공인 남 모 어린이의 이름을 작명하여 보면 사주의 "용신의 기운을 제일 먼저 가운데 글자"에 넣어주는 것이 전장 예1에서도 강조하였다시피 아주 대길하고 그 다음이 마지막 이름 끝자로 보는데 이름도 중심을 중시하는 이유는 가장 그 세력이 강력하게 작용하는 성질이 있는 것으로 학자는 이와 같은 성질을 절대로 무시하지 않길 바란다.

이상의 부분을 검토하여 선천성인 성(姓) "南"은 절대로 바꿀 수가 없는 것이니 그것은 그대로 둔다손 치더라도 가운데 이름은 "到"를 넣고 다시 마지막 이름자 "暻"은 음령오행의 木으로서 가운데 이름인 到를 木生火로 생조하여 더욱 더 그 세력을 왕성하게 하며 아울러 위 사주에 대한 길신도 인성 木氣를 사용하고 있기 때문에 더욱 더 길하게 작용하는 것을 알 수가 있다.

더하여 음령오행으로 성명을 모두 나열하여 볼 때 "火", "火", "木"이 되어 오행법에 준하여 볼 때 "대길"이라고 되어 있겠으며 또한 그에 준하는 해설이 부여되어 있다.

이상 위 사주팔자에 대한 용신에 따라 성명을 작명하여 주었는데 다음은 수리와 획수로서 이름을 본 저자는 "到暻"이라 하여 그 부분을 획수와 수리로 판단하여 본 결과 각각 천격(天格)은 성인 南은 9획으로서 1을 더한 것이 10획은 천격이 되어 수리통변법에 보면 "단명실패격(短命失敗格)"으로 "대흉"으로 되어있다.

하지만 획수와 수리 부분이 좋지 않다고 하여 선천성인 성(姓)을 갈아치울 수는 없는 것이고 더하여 성에 1을 더한 "천격(天格)"은 별 의미가 없을 뿐더러 크게 작용하지 않는다는 것을 학자는 판단할 필요가 있다.

그것은 작명의 기본원칙은 이름에 한정하는 것으로 사주상의 용신의 기운에 부합하면 획수와 수리는 제일 뒷전에 밀려 나는 법칙을 본 저자는 수차 강조하고 있으며 따라서 성(姓)에 1을 더한 천격(天格)은 그다지 중요하게 취급하지 않아도 되는 이유가 여기에 있는 것이다.

다음은 성(姓)인 南과 가운데 이름은 到를 합하여 나오는 획수가 인격(人格)으로서 모두 17획이니 수리통변법에 볼 때 "강건창달격(剛健暢達格)"으로 "吉"이 되고 다시 가운데 이름인 到와 마지막 이름인 曘을 합하면 24획이 되어 수리통변법에 준하니 "명예축재격(名譽蓄財格)"으로 지격(地格)이며 역시 "吉"이 된다.

더하여 성인 南과 이름 마지막 曘을 합하여 나오는 획수가 25획이 되어 이것이 외격(外格)이 되어 수리통변법에 보니 "지혜성공격(知慧成功格)"으로 역시 "吉"되고 있는데 南到曘을 모두 합하여 나오는 획수는 총격(總格)이라 하여 33획이므로 수리통변법에 볼 때 "권세장악격(權勢帳幄格)"이라 하여 이것 역시 "吉"이 되는 것을 알 수가 있다.

이상으로 위 사자팔자의 용신 및 운명과 성격, 그리고 본 장 작명비법에 준한 성명을 작명하여 보았는데 이렇게 사주의 용신의 기운으로 성명을 작명하게 되었으니 사주 주인공은 평생을 두고 성명으로 인하여 더욱 더 발전을 하게 되는 것은 필연사실이다.

그렇다면 무릇 모든 성명과 상호는 사주 주인공의 용신의 기운으로서 제일 먼저 음령오행으로 작명을 하여야 되며 그 다음은 음령오행의 오행법을 나열하여 생조되는 기운으로 연결하고 있는 지를 볼 것이고 마지막 획수와 수리에 임하여야 되는 것을 강조하고 싶다.

결국 위 사주팔자는 "**염상격(炎上格)**"인 종격(從格)이 됨에 따라 사주상의 용신의 선정을 분명히 한 뒤 왕신(旺神) "**火氣**"를 따르는 용신을 선택하여 작명에 임하여야 되며 그러나 왕신(旺神)의 성질을 상극하는 "**金**", "**水**"를 이름에 가미하면 본래의 사주상의 길한 이점도 이름으로 인하여 대흉을 불러일으키는 점을 면밀히 파악할 필요가 여기에 있는 것이다.

3. 작명이나 상호에 대한 이름분류

성명이나 상호를 작명하려면 그에 대한 분류가 필요한 것인데 본 장에서는 각종 상호나 이름을 알기쉽게 한글로 표기하여 오행별로 세분하여 기술하고 있다.

따라서 학자는 순간적으로 상호나 이름이 갑자기 생각이 나지 않을 때 본장 이름의 분류에 기준하여 상호나 이름을 작명한다면 대단히 간편하고 손쉽게 사용할 수가 있을 것이다.

▣ "木"의 글자 ●──

*. 남자이름 상호포함

木 : 갑 갑 갑 갑 강 강 강 각 각 건 건 건 건 건 건 경 경 경 경
木 : 기 권 곤 건 길 규 균 구 규 경 고 교 구 국 규 갑 곤 건 견

木 : 견 견 경 경 경 경 경 경 경 경 계 계 계 개 고 고 고 고
木 : 규 길 관 광 구 국 권 규 균 근 기 곤 규 균 근 강 광 갱 경

木 : 고 고 고 고 고 공 공 관 관 관 광 광 광 광 광 광 광
木 : 관 건 길 근 곤 규 길 국 규 광 건 고 곤 구 국 규 균 귀 군

木 : 광 광 광 교 구 구 구 구 구 국 국 국 국 군 군 군 권 권 권
木 : 권 기 길 기 경 곤 근 구 국 길 강 군 강 국 권 강 기 군 길

木 : 귀 귀 귀 귀 귀 규 규 규 규 균 극 극 근 근 근 규 금 금 금
木 : 근 권 관 경 규 갑 곤 건 길 규 기 근 곤 국 규 금 규 길 기

328 작명대비전

木：기 기 기 기 기 기 기 기 기 길 길 길 길 길 길 길
木：갑 곤 관 구 국 권 균 근 길 경 곤 구 국 권 규 근 계

木：가 갑 강 건 경 계 관 곤 구 귀 규 극 금 기 길 가 갑 갑 갑
火：남 남 남 남 남 남 남 남 남 노 남 남 남 득 대 덕 도

木：국 관 갑 갑 갑 강 강 강 건 건 건 건 건 건 견 경 경 경 경
火：남 노 동 두 득 대 덕 두 덕 도 동 두 득 둔 도 달 대 도 득

木：경 경 계 계 계 계 고 고 고 고 관 관 관 관 광 광 광 광 구
火：동 두 달 덕 동 도 달 돈 두 득 덕 동 두 덕 도 동 두 득 두

木：군 권 권 권 권 권 권 귀 귀 귀 귀 규 규 규 규 균 극 근 근
火：대 대 덕 도 동 덕 두 달 덕 동 득 달 대 덕 동 도 두 대 덕

木：근 근 근 근 근 금 금 금 금 금 금 금 금 기 기 기 기 기
火：도 돌 동 두 득 달 덕 대 도 돈 돌 동 두 득 달 대 덕 도 돌

木：기 기 기 길 길 길 길 길 구 가 감 가 갑 갑 갑 갑 갑 강
火：동 두 득 대 덕 도 동 두 득 람 람 록 륵 락 태 렬 록 롱 래

木：강 강 건 건 건 건 건 건 경 경 경 경 경 계 계 계 고 고
火：태 록 로 록 락 롱 률 립 락 래 록 렬 률 롱 록 림 립 록 락

木：광 광 광 광 광 구 국 귀 귀 귀 귀 근 근 금 금 기 기 기 기
火：래 로 록 롱 률 락 리 록 렬 령 롱 로 록 록 롱 로 록 락 롱

木：길 길 길 길 갑 강 건 건 건 계 계 계 경 경 경 고 고 관 관
火：락 림 래 롱 태 택 탁 태 택 태 택 특 탁 태 택 태 택 태 택

雲情 秋一鎬　329

木 : 광 광 구 구 국 권 권 귀 귀 규 규 규 균 근 근 근 금 금 기
火 : 태 택 태 택 태 태 탁 태 택 탁 태 택 태 탁 태 택 태 택 탁

木 : 기 기 기 길 길
火 : 태 택 특 탁 태

木 : 가 가 각 감 갑 갑 갑 갑 갑 갑 갑 갑 갑 강 강 강 강 강
土 : 유 욱 용 우 열 영 용 욱 원 유 윤 율 이 인 열 영 오 욱 용

木 : 강 강 강 강 강 강 개 개 건 건 건 건 건 건 건 건 건 건 건
土 : 우 욱 원 율 일 암 암 완 암 압 연 열 업 영 오 용 우 욱 운

木 : 건 건 건 건 건 건 건 건 건 건 건 건 견 견 경 경 경 경 경
土 : 웅 원 유 윤 율 은 업 의 익 일 용 엽 영 오 효 용 우 욱 운

木 : 경 경 경 경 경 경 경 계 계 계 계 계 계 계 계 계 계
土 : 웅 원 윤 율 은 일 인 열 엽 영 오 효 완 은 용 원 용 은 웅

木 : 계 계 계 계 고 고 고 고 고 고 고 고 고 고 고 공 공
土 : 원 윤 율 일 야 언 연 엽 용 우 욱 운 웅 원 윤 율 일 열 엽

木 : 공 공 공 공 공 공 곤 관 관 관 관 관 관 관 관 관 광 광
土 : 영 예 우 운 이 일 용 연 열 영 용 욱 욱 우 이 의 일 양 언

木 : 광 광 광 광 광 광 광 광 관 광 광 광 광 광 광 광 광 광
土 : 열 엽 영 오 호 용 우 욱 운 웅 원 윤 율 은 의 이 익 인 일

木 : 교 교 구 구 구 구 구 구 구 구 국 국 국 국 국 국 국 국 국
土 : 영 원 연 영 용 웅 원 의 이 인 양 언 영 열 용 웅 원 의 이

木 : 국 국 군 군 군 권 권 권 권 권 권 귀 귀 귀 귀 귀 귀 귀
土 : 인 일 열 욱 율 열 오 용 우 이 일 연 열 영 엽 옥 용 우 욱

木 : 귀 귀 귀 귀 귀 귀 규 규 규 규 규 규 규 규 규 규 규 규 규
土 : 웅 원 율 의 인 일 연 암 언 업 열 엽 영 오 용 욱 운 웅 원

木 : 규 규 규 규 규 규 극 극 극 극 근 근 근 근 근 근 근 근 근
土 : 윤 율 은 업 인 일 영 우 윤 인 안 열 오 용 우 욱 용 운 익

木 : 근 금 금 금 금 금 금 금 금 기 기 기 기 기 기 기 기 기 기
土 : 일 암 열 엽 영 용 우 율 원 안 암 언 업 연 열 엽 영 오 용

木 : 기 기 기 기 기 기 기 기 기 기 기 기 기 기 기 길 길 길
土 : 욱 완 우 운 웅 원 유 윤 은 을 율 읍 익 인 일 온 영 연 오

木 : 길 길 길 길 길 길 길 길 길 가 가 가 각 각 갑 갑 갑 갑
土 : 옥 용 왕 우 욱 운 웅 원 유 윤 현 형 호 환 훈 훈 현 호 환

木 : 강 강 강 강 강 강 강 강 감 감 건 건 건 건 건 건 건 건 건
土 : 한 헌 역 현 형 호 홍 휘 환 훈 하 학 한 호 홍 해 혁 현 형

木 : 건 건 건 건 건 건 경 경 경 경 경 경 경 경 경 경 경 경 경
土 : 환 효 후 훈 휘 희 하 학 한 헌 현 호 홍 해 환 효 훈 흠 회

木 : 계 계 계 계 계 계 계 계 계 계 계 계 계 고 고 고 고
土 : 하 학 한 호 홍 행 헌 현 혁 형 화 환 훈 홍 휘 헌 현 운 형

木 : 고 고 곤 곤 곤 공 공 공 공 공 공 관 관 관 관 광 광 광 광
土 : 환 홍 훈 환 홍 현 호 후 훈 환 휘 호 훈 홍 휘 한 해 학 헌

木 : 광 광 광 광 광 광 광 광 광 교 교 교 국 국 국 국
土 : 현 호 홍 화 환 해 효 후 훈 휘 흠 희 하 형 환 훈 현 호 홍

木 : 국 국 국 군 군 궁 구 구 구 국 권 권 권 권 권 권 권 권
土 : 황 환 회 호 희 화 화 해 현 회 하 한 현 훈 호 홍 화 환 효

木 : 귀 귀 귀 귀 귀 귀 귀 귀 규 규 규 규 규 규 규 규 규 극
土 : 해 현 호 홍 화 헌 훈 휘 하 학 호 한 혁 현 형 홍 환 훈 하

木 : 극 극 극 근 근 근 근 근 근 근 근 금 금 금 금 금 균 균 균
土 : 현 환 희 하 한 해 현 협 호 홍 환 탁 호 환 홍 훈 하 현 형

木 : 균 균 균 기 기 기 기 기 기 기 기 기 기 기 기 기 기
土 : 호 홍 환 하 학 한 항 호 혜 행 헌 현 홍 화 환 효 훈 휘 휴

木 : 기 기 기 길 길 길 길 길 길 길 길
土 : 흠 홍 회 하 현 형 호 홍 화 환 훈 훤

木 : 가 가 각 감 갑 갑 갑 갑 갑 갑 갑 갑 갑 갑 군 군 강
金 : 서 식 신 삼 상 생 서 석 선 성 세 수 술 시 식 신 센 셈 삼

木 : 감 개 개 강 강 강 강 강 강 강 강 강 거 거 건 건 건 건
金 : 수 순 식 섬 수 서 석 선 섭 세 성 순 식 성 제 삼 상 생 서

木 : 건 건 건 건 건 건 건 겸 경 경 경 경 경 경 경 경 경 경
金 : 석 섭 성 세 송 술 식 수 삼 상 서 석 선 섭 성 세 수 술 식

木 : 계 계 계 계 계 계 계 계 계 계 계 고 고 고 고 고 고
金 : 산 삼 생 서 석 선 섭 성 수 순 술 식 산 상 서 석 설 섭 수

木 : 고 고 곤 곤 곤 공 공 공 공 공 공 관 관 관 관 관 관 관
金 : 술 식 섭 수 식 삼 서 석 성 수 식 삼 서 섭 석 성 수 순 식

木 : 광 광 광 광 광 광 광 광 관 관 관 관 관 관 관 교 교 교
金 : 사 삼 상 생 서 석 선 섭 성 세 수 순 승 식 신 선 상 수 순

木 : 교 구 구 구 구 구 구 구 구 국 국 국 국 국 국 국 군 군 군
金 : 식 서 식 선 섭 수 성 순 식 서 선 성 송 수 순 식 서 수 식

木 : 권 권 권 권 권 권 권 권 권 귀 귀 귀 귀 귀 귀 규 규 규 규
金 : 상 서 석 성 세 수 순 술 식 석 섭 성 수 순 식 사 산 삼 상

木 : 규 규 규 규 규 규 규 규 규 규 규 규 규 균 균 균 균 균
金 : 새 서 석 선 설 섭 성 생 세 소 송 술 식 실 상 섭 성 수 식

木 : 극 근 근 근 근 근 근 근 근 근 근 근 금 금 금 금 금 금
金 : 수 상 생 서 석 섭 성 세 종 수 술 식 산 생 식 선 섭 성 세

木 : 금 금 금 기 기 기 기 기 기 기 기 기 기 길 길 길 길
金 : 수 술 식 산 상 서 석 선 설 성 송 수 술 식 상 신 생 서 석

木 : 길 길 길 길 길 길 갑 갑 갑 갑 갑 갑 갑 강 강 강 강 건
金 : 선 섭 성 세 송 식 제 정 조 종 주 준 중 진 정 조 진 준 재

木 : 건 건 건 건 건 건 건 건 건 경 경 경 경 경 경 경 경 계 계
金 : 제 정 조 종 준 주 중 진 제 재 조 종 주 준 중 진 전 재 정

木 : 계 계 계 계 계 계 고 공 공 공 공 공 관 관 관 관 관 광 광
金 : 조 종 주 준 증 진 진 제 주 준 진 제 조 종 주 진 제 정 조

木 : 광 광 광 광 광 광 교 교 구 구 구 국 국 국 국 국 국 국 군
金 : 종 주 준 중 지 진 진 준 조 종 진 전 정 제 종 주 준 진 자

木 : 군 군 권 권 권 권 권 궁 귀 귀 귀 귀 귀 귀 귀 귀 규 규 규
金 : 직 진 제 조 주 준 진 전 장 전 제 조 종 주 준 진 재 제 정

木 : 귀 귀 귀 귀 귀 귀 극 극 근 근 근 근 근 근 근 근 금 금 금
金 : 조 종 주 준 중 진 준 중 재 정 제 조 종 준 중 진 제 재 조

木 : 금 금 금 금 금 금 기 기 기 기 기 기 기 기 길 길 길 길
金 : 종 좌 주 준 중 진 재 제 정 조 종 주 준 중 진 재 제 조 종

木 : 길 길 길 길 갑 갑 갑 갑 강 강 건 건 건 건 건 경 경 경 경
金 : 주 준 중 진 채 천 철 출 철 춘 찬 창 철 춘 출 찬 창 철 천

木 : 경 경 계 계 계 계 계 계 계 고 공 공 관 광 광 광 광
金 : 춘 출 찬 창 채 천 철 칠 춘 출 출 천 철 철 찬 채 천 철 초

木 : 광 교 구 구 국 국 국 국 국 권 권 권 귀 귀 귀 규 규 규 규
金 : 춘 춘 철 청 창 천 철 치 찬 채 철 철 춘 출 찬 창 채 천 철

木 : 규 규 규 극 금 금 기 기 기 기 기 기 기 길 길 갈
金 : 칠 춘 출 찬 철 출 찬 창 채 천 출 철 춘 칠 찬 춘 천

木 : 갈 갑 갑 갑 갑 갑 강 강 강 거 건 건 건 건 건 건 건 경
水 : 매 만 명 묵 문 민 무 묵 민 만 만 모 목 무 묵 문 민 명 만

木 : 경 경 경 경 경 계 계 계 계 계 계 계 계 고 공 관 광 광
水 : 명 모 목 문 민 만 면 명 모 목 몽 목 문 민 명 민 무 만 명

木 : 광 광 광 구 구 국 국 귀 귀 귀 규 규 규 규 극 근 근 근 근
水 : 목 문 민 만 명 만 민 만 문 민 만 명 문 민 무 만 면 명 목

木 : 근 금 금 기 기 기 기 기 기 기 기 기 길 길 길 길 갑 갑
水 : 민 만 모 만 면 매 명 모 목 묘 묵 문 민 만 명 문 민 배 범

木 : 갑 갑 강 강 강 강 강 건 건 건 건 건 건 건 건 건 건 경
水 : 복 봉 배 범 병 복 부 반 방 배 백 범 병 보 복 봉 부 빈 배

木 : 경 경 경 경 경 경 계 계 고 고 고 고 고 공 공 관 관 광 광
水 : 범 보 복 봉 부 빈 보 부 방 배 범 복 빈 배 복 병 봉 배 백

木 : 광 광 광 광 광 광 구 구 국 국 국 국 권 권 권 귀 귀 규 규
水 : 범 병 보 복 부 빈 봉 병 보 범 부 빈 배 병 복 복 봉 배 백

木 : 규 규 규 규 규 규 규 규 균 근 근 근 근 금 금 금 금 기
水 : 범 방 병 보 복 봉 부 빈 보 배 백 복 봉 배 병 배 복 봉 배

木 : 기 기 기 기 기 기 길 길 길 길 길 갑 갑 건 건 경 경 계 계
水 : 백 복 봉 범 병 보 배 범 복 봉 부 판 표 표 필 표 필 표 필

木 : 공 관 광 광 광 구 권 규 규 규 근 근 금 금 기 기 기 기 길
水 : 표 표 평 표 파 평 표 평 표 필 표 필 표 필 평 표 풍 필 표

▣ "木"의 글자 ●───

*. 여자이름의 상호 포함

木 : 가 가
木 : 경 꿈

木 : 가 가 가 가 갈 감 갑 갑 갑 건 경 경 경 경 계 계 공 구 국
火 : 득 든 린 람 래 래 래 례 린 란 란 린 림 란 림 란 례 란 란

木 : 국 귀 권 규 근 금 기 길
火 : 린 란 례 란 림 란 란 란

木 : 가 가 가 가 가 가 가 가 가 가 갈 갈 갈 갈 갈 감 감 갑 갑
土 : 연 영 오 용 운 원 윤 은 인 임 연 영 원 은 인 연 영 연 임

木 : 강 강 강 강 거 거 거 건 건 건 건 건 건 건 거 겨 겨 겨 경
土 : 연 원 언 은 운 원 윤 연 영 운 유 윤 은 인 울 울 와 운 아

木 : 경 경 경 경 경 경 경 경 경 경 경 계 계 계 계 계 계 계
土 : 언 안 연 은 원 윤 은 인 영 안 애 임 원 은 연 영 옥 윤 인

木 : 고 고 고 고 고 공 공 공 공 공 광 구 구 구 구 구 권 권 권
土 : 아 와 운 은 윤 윤 애 은 이 인 은 연 영 옥 원 은 애 연 영

木 : 권 권 권 규 규 규 규 근 근 근 근 근 근 근 근 근 근 근 근
土 : 영 옥 원 연 영 윤 임 아 영 옥 애 원 윤 은 인 아 연 영 옥

木 : 금 금 금 금 금 기 기 기 기 길 길 길 길 가 가 가 가 가
土 : 애 윤 은 인 임 연 영 옥 윤 연 옥 원 윤 은 회 향 홍 해 현

木 : 가 가 각 갈 감 갑 강 강 거 건 건 건 건 경 경 경 계 계 계
土 : 화 희 희 홍 희 희 희 희 희 희 하 회 화 희 아 화 희 홍 현 화

木 : 경 고 곤 공 공 관 광 광 구 구 국 국 국 국 권 권 권 권 권
土 : 희 희 화 화 희 혜 혜 희 혜 희 하 화 혜 희 홍 희 혜 화 희

木 : 규 규 규 근 근 근 근 근 금 금 금 금 기 길 길
土 : 향 화 희 회 하 홍 혜 희 화 현 화 희 화 화 희

木 : 가 가 가 각 감 갑 강 강 건 건 경 경 경 경 경 계 계 계
金 : 선 설 실 시 선 선 실 숙 선 실 실 서 선 설 수 숙 선 숙 순

木 : 계 공 공 공 관 관 광 광 교 교 구 구 구 국 권 권 권 규 규
金 : 실 선 실 숙 선 숙 숙 순 선 숙 선 실 숙 선 선 숙 순 선 숙

木 : 근 근 근 금 금 금 기 기 기 길 길 가 가 가 각 갑 거 건 경
金 : 선 숙 실 선 실 숙 선 실 숙 선 순 정 주 진 주 주 정 주 진

木 : 경 계 계 공 공 광 교 구 국 국 군 권 권 권 규 규 근 금 금
金 : 주 주 진 주 진 주 진 진 자 진 자 주 진 자 정 진 주 자 지

木 : 금 기
金 : 주 주

木 : 강 건 경 경 공 공 금 금 가 건 건 경 공 국 권 근 금 기 길
水 : 미 미 미 묘 미 빈 미 비 빈 분 빈 분 비 분 미 미 분 뺨 분

雲情 秋一鎬 337

"火"의 글자

*. 남자이름 상호 포함

火 : 나 나 나 낙 낙 낙 낙 낙 낙 낙 낙 낙 낙 난 난 난 남
木 : 규 균 광 갑 건 걸 겸 경 곤 관 구 건 규 균 길 구 규 국 갑

火 : 남 남 남 남 남 남 남 남 년 노 노 녹 농 농 농 농 능 능
木 : 경 곤 관 광 권 규 근 기 길 규 경 기 기 구 근 균 길 규 기

火 : 능 다 다 다 달 달 달 달 달 갈 달 달 담 담 담 대 대 대 대
木 : 길 근 곤 균 곤 관 구 권 규 균 근 기 규 길 기 각 간 갑 건

火 : 대 대 대 대 대 대 대 대 대 대 대 대 대 대 대 대
木 : 걸 경 계 겸 곤 돤 교 구 견 광 국 군 권 기 규 균 극 근 길

火 : 덕 덕 덕 덕 덕 덕 덕 덕 덕 덕 덕 덕 도 도 도 도 도 도 도
木 : 갑 겸 경 곤 관 광 권 규 근 기 길 감 각 간 갑 건 걸 겸 경

火 : 도 도 도 도 도 도 도 도 도 도 도 도 도 도 도 도 돈 돈 돈
木 : 계 고 곤 관 교 구 국 군 권 기 규 균 극 귀 근 길 규 균 기

火 : 동 동 동 동 동 동 동 동 동 동 동 동 동 동 동 동 동 동 동
木 : 각 간 갑 건 걸 겸 경 계 고 곤 관 교 구 국 군 권 기 규 균

火 : 동 동 동 동 두 두 두 두 두 두 두 두 두 두 두 둘 득 득 득
木 : 극 귀 근 길 갑 겸 경 곤 관 광 권 규 근 기 길 기 계 곤 관

火 : 득 득 득 득 득 득 득 등 등 락 락 락 래 래 령 령 록 록 록
木 : 구 권 규 균 근 기 길 구 국 규 균 기 갑 근 관 근 귀 규 금

火 : 타 타 타 탁 탁 태 태 태 태 태 태 태 태 태 태 태 태
木 : 곤 관 근 규 곤 각 갑 강 건 걸 겸 경 곤 관 광 교 구 국 군

火 : 태 태 태 태 태 태 택 택 택 택 택 택 택 택 택 통 통 통 통
木 : 권 규 균 근 기 길 건 곤 관 구 권 규 균 근 기 구 국 규 길

火 : 다 대 덕 도 도 동 동 동 두 둘 득 등 탁 태 달 남 남 년 노
火 : 나 남 남 남 녕 남 년 녕 남 남 남 남 남 남 대 덕 득 득

火 : 대 대 대 대 덕 덕 덕 덕 도 도 도 도 동 동 동 동 동 동 두
火 : 덕 도 두 득 담 대 도 두 달 대 덕 득 달 대 덕 도 두 득 담

火 : 두 두 락 래 래 랭 탁 태 태 태 태 태 태 남 남 대 대 대 대
火 : 대 덕 돈 덕 득 도 돈 덕 도 동 두 득 동 래 룡 락 렬 록 룡

火 : 대 대 대 덕 덕 덕 덕 도 도 도 도 도 도 도 도 동 동 동
火 : 률 림 린 래 록 룡 리 림 락 래 릴 례 록 룡 률 립 락 래 렬

火 : 동 동 동 동 동 동 동 두 두 두 득 득 득 득 득 득 태 택 택
火 : 록 룡 률 리 린 림 립 태 룡 리 래 룡 롱 리 린 림 룡 렬 록

火 : 택 남 낙 달 대 대 덕 도 도 돈 동 동 동 두 득 령
火 : 림 태 택 태 탁 택 태 탁 택 태 탁 태 택 태 태 태

火 : 나 나 나 나 낙 낙 낙 낙 낙 낙 낙 낙 낙 낙 낙 낙 낙
土 : 용 융 인 열 연 영 용 우 원 운 일 윤 열 육 운 웅 율 익 일

火 : 남 남 남 남 남 남 남 남 남 남 남 노 노 노 노 노 노
土 : 업 연 열 엽 영 오 완 용 원 윤 이 익 일 암 열 영 옥 원 일

火 : 녹 능 능 능 능 능 다 다 달 달 달 달 달 달 달 달 달 달
土 : 윤 원 윤 열 원 일 웅 운 암 연 연 열 영 완 용 우 원 윤 이 인

火 : 달 담 대 대 대 대 대 대 대 대 대 대 대 대 대 대
土 : 일 용 아 안 암 애 양 억 언 업 연 열 엽 영 오 옥 욱 운 웅

火 : 대 대 대 대 대 대 대 대 대 덕 덕 덕 덕 덕 덕 덕
土 : 원 유 윤 율 은 읍 의 익 인 일 임 암 업 연 열 엽 영 오 완

火 : 덕 덕 덕 덕 덕 덕 도 도 도 도 도 도 도 도 도 도 도
土 : 용 원 윤 이 익 일 악 암 언 연 열 영 엽 완 용 우 욱 웅 원

火 : 도 도 도 도 도 돌 돌 동 동 동 동 동 동 동 동 동 동 동
土 : 윤 이 인 일 임 암 이 아 안 암 애 양 억 언 업 연 열 엽 영

火 : 동 동 동 동 동 동 동 동 동 동 동 동 동 동 동 동
土 : 예 오 옥 욱 운 웅 원 유 윤 율 은 음 읍 의 이 익 인 일 임

火 : 두 두 두 두 두 두 두 두 두 두 두 두 두 득 득 득 득 득
土 : 암 업 연 열 엽 영 옹 완 용 원 윤 이 익 일 암 연 열 영 완

火 : 득 득 득 득 득 득 득 등 등 락 락 락 락 락 록 록 록 리
土 : 용 우 원 윤 이 인 일 용 일 영 용 우 원 윤 암 용 운 원 용

火 : 리 타 타 타 탁 탁 태 태 태 태 태 태 태 태 태 태
土 : 우 연 용 원 인 연 용 암 언 연 열 엽 영 오 용 옥 완 우 운

火 : 태 태 태 태 태 태 태 택 택 택 택 택 택 택 택 통 통
土 : 웅 유 윤 은 익 인 원 일 인 연 열 영 웅 우 원 유 윤 우 일

火 : 나 나 남 남 남 남 남 남 남 남 남 남 남 남 년 노
土 : 현 훈 해 학 한 헌 현 형 호 환 희 후 훈 외 한 현 훈 호 홍

火 : 노 노 노 노 노 녹 능 능 능 능 능 다 다 달 달 달 달 달 담
土 : 학 해 혜 현 호 훈 훈 환 화 현 한 현 환 한 현 호 환 휘 현

火 : 담 대 대 대 대 대 대 대 대 대 대 대 대 대 대 대
土 : 훈 현 협 형 호 홍 화 환 회 효 후 훈 휘 휴 흔 홈 하 학 한

火 : 대 대 대 덕 덕 덕 덕 덕 덕 덕 덕 덕 덕 덕 덕 덕 덕
土 : 해 헌 혁 하 학 향 한 헌 현 형 호 홍 화 환 황 회 후 훈 희

火 : 도 도 도 도 도 도 도 도 도 도 도 도 도 도 돈 돈 동 동
土 : 하 학 한 해 행 헌 현 형 호 홍 화 환 훈 휘 회 호 하 하 학

火 : 동 동 동 동 동 동 동 동 동 동 동 동 동 동 동 동 동
土 : 한 해 헌 혁 현 협 형 호 홍 화 환 희 효 후 훈 휘 휴 휴 흠

火 : 두 두 두 두 두 두 두 두 두 두 두 둘 둘 둘 두 두 두 두 두
土 : 하 학 향 한 헌 현 형 호 홍 화 환 현 환 훈 황 희 후 훈 휘

火 : 두 득 득 득 득 득 득 등 락 락 락 래 래 리 타 타 타 타
土 : 회 하 한 현 호 환 희 현 헌 현 훈 호 훈 헌 현 환 형 홍 희

火 : 태 태 태 태 태 태 태 태 태 태 태 태 택 택 택 택 택 택
土 : 하 학 한 헌 현 형 호 홍 화 환 훈 홍 회 하 한 현 호 홍 현

火 : 태 태 특 특 퇴
土 : 환 훈 헌 호 하

火 : 나 나 나 난 낙 남 남 남 남 남 남 남 남 남 년 노 노
金 : 식 석 수 식 생 삼 생 식 석 선 섭 성 수 술 식 승 수 수 식

火 : 녹 녹 녹 녹 녹 논 논 능 능 능 달 달 달 달 달 달 달 담 담
金 : 세 수 산 성 승 산 성 석 수 식 삼 석 섭 성 세 수 식 석 수

火 : 담 대 대 대 대 대 대 대 대 대 대 대 대 대 덕 덕 덕
金 : 식 사 삼 상 서 석 선 설 섭 성 세 수 술 승 식 심 산 삼 생

火 : 덕 덕 덕 덕 덕 덕 덕 덕 덕 덕 도 도 도 도 도 도 도 도 도
金 : 식 선 선 섭 성 수 술 식 승 삼 상 석 선 섭 성 세 수 술 승

火 : 도 돈 돈 돌 돌 동 동 동 동 동 동 동 동 동 동 동 동 동 동
金 : 식 수 식 석 식 사 삼 상 서 석 선 설 섭 성 세 수 술 승 식

火 : 동 두 두 두 두 두 두 두 두 두 두 득 득 득 득 득 득 득
金 : 심 삼 생 식 석 선 섭 성 수 술 식 승 삼 석 섭 성 세 새 수

火 : 득 래 래 래 량 량 록 록 타 타 태 태 태 태 태 태 태 태 태
金 : 식 섭 성 수 석 수 성 수 수 식 산 삼 상 생 석 섭 성 수 술

火 : 태 택 택 택 택 택 택 택 택 통 특 특 낙 낙 남 남 남 남 남
金 : 식 산 삼 상 생 선 성 수 승 세 석 수 준 진 재 제 조 종 주

火 : 남 남 남 남 노 노 노 달 달 달 달 달 달 달 대 대 대 대 대
金 : 준 중 지 진 주 준 진 재 제 조 종 주 준 진 재 제 조 주 준

火 : 대 덕 덕 덕 덕 덕 덕 덕 덕 덕 도 도 도 도 도 도 도 도 도
金 : 진 재 제 조 종 주 준 중 지 진 집 정 재 제 조 종 주 준 중

342 작명대비전

火 : 도 동 동 동 동 동 동 두 두 두 두 두 두 두 두 득 득 득
金 : 진 제 재 조 주 준 진 재 제 조 종 주 준 중 지 진 재 제 조

火 : 득 득 득 득 락 락 락 란 란 래 래 록 타 태 태 태 태 태
金 : 종 주 준 진 조 주 진 제 조 준 진 주 준 재 제 정 조 종 주

火 : 태 태 태 택 택 택 택 퇴 퇴 낙 낙 낙 낙 낙 낙 남 남 남
金 : 준 중 진 조 종 중 진 조 중 찬 창 천 철 운 출 칠 찬 창 천

火 : 남 남 남 노 노 노 노 능 달 달 달 달 대 대 대 대 대 대
金 : 철 출 칠 채 천 철 출 철 찬 천 철 춘 찬 창 천 철 초 춘 출

火 : 대 덕 덕 덕 덕 덕 덕 도 도 도 도 동 동 동 동 동 동 동
金 : 칠 찬 창 천 철 출 칠 찬 천 출 철 찬 창 천 철 초 춘 출 칠

火 : 두 두 두 두 두 두 득 덕 덕 덕 락 래 록 록 태 태 태 태
金 : 찬 창 천 철 출 칠 찬 천 철 춘 춘 창 찬 천 창 천 철 청 춘

火 : 통
金 : 천

火 : 낙 남 남 남 남 달 달 달 달 달 대 대 대 대 대 대 대 덕
土 : 민 만 명 문 민 만 명 목 문 민 만 면 명 모 목 묵 문 민 만

火 : 덕 덕 덕 도 도 도 도 도 도 도 도 돌 동 동 동 동 동 동 동
土 : 명 문 민 만 면 명 모 목 묵 문 민 문 만 면 명 모 목 묵 문

火 : 동 두 두 두 두 득 득 득 득 득 득 타 타 태 태 택 택 택 낙
土 : 민 만 명 문 민 만 명 목 문 민 몽 만 문 만 문 만 모 민 범

雲情 秋一鎬　343

火 : 남 남 남 남 남 녹 능 다 다 달 달 달 달 대 대 대 대 대
土 : 범 병 복 봉 빈 범 범 봉 복 범 본 봉 부 본 반 방 배 백 번

火 : 대 대 대 대 대 대 대 덕 덕 덕 덕 덕 덕 보 보 보 보 보
土 : 범 병 복 봉 부 분 빈 배 범 병 복 봉 빈 보 도 반 방 배 백

火 : 보 보 보 보 보 보 보 보 보 돌 동 동 동 동 동 동 동 동
土 : 번 범 병 복 북 봉 부 분 빈 배 보 반 방 배 백 번 범 병 복

火 : 동 동 동 동 두 두 두 두 두 두 득 득 락 록 록 록 태 태 태
土 : 봉 부 분 빈 배 범 병 복 봉 빈 보 부 빈 배 범 부 범 복 봉

火 : 택 택 낙 낙 남 남 남 달 대 대 덕 덕 덕 도 동 동 동 두 두
土 : 봉 범 필 표 평 필 표 필 필 표 평 필 표 필 팔 필 표 필 평

火 : 득 태
土 : 필 평

"火"의 글자

*. 여자이름 상포 포함

火 : 난 남 논 논 내 다 다 도 태 태
木 : 경 경 개 경 경 기 경 경 경 금

火 : 달 두 나 나 난 래 다 다 달 달 도 도 도 동 동 두 두 두 두
火 : 림 나 래 루 린 린 린 래 래 림 란 린 림 란 림 란 린 점 례

火 : 두 두 두 등 태 태 덕
火 : 루 리 래 란 란 림 란

火 : 나 나 나 나 나 나 나 나 나 난 난 난 난 난 난 난
土 : 연 영 오 옥 운 애 원 윤 은 인 임 예 아 연 영 옥 애 원 윤

火 : 난 난 남 남 남 남 남 내 내 내 년 년 노 노 노 노 노 노
土 : 은 임 영 옥 애 윤 은 임 연 은 임 은 임 아 을 연 원 윤 은

火 : 녹 녹 녹 녹 녹 녹 농 농 능 능 능 다 다 다 다 다 다 다 다
土 : 연 옥 애 윤 은 임 윤 임 아 애 은 연 영 은 윤 예 운 이 임

火 : 다 다 다 달 달 달 달 달 달 달 담 담 담 담 담 덕 덕 덕 덕
土 : 옥 애 원 연 영 애 원 윤 은 임 연 옥 운 원 은 애 원 윤 은

火 : 도 도 도 도 도 도 도 도 도 도 도 도 도 동 동 동 동 동 동
土 : 아 와 연 영 옥 용 운 율 원 윤 은 인 임 애 연 영 옥 원 은

火 : 동 동 동 두 두 두 두 두 두 두 두 둥 등 태 태 태 태 태 태
土 : 윤 인 임 연 영 옥 애 원 윤 은 임 이 애 연 영 옥 원 윤 은

雲情 秋一鎬   345

火 : 태 나 나 나 나 나 낙 난 난 난 난 남 남 남 남 남 내
土 : 임 홍 혜 현 화 희 해 희 현 혜 화 희 홍 혜 현 화 회 희 현

火 : 내 년 년 년 년 노 노 노 노 노 노 노 녹 녹 논 논 농 농 농
土 : 희 하 혜 화 희 회 하 하 홍 혜 희 현 현 희 화 희 혜 희 희

火 : 다 다 다 다 다 다 달 담 담 대 덕 덕 도 도 도 도 도 도 도
土 : 희 혜 현 홍 희 해 희 회 현 희 혜 희 회 화 혜 현 홍 희 혜

火 : 동 동 동 동 동 두 두 두 두 둘 득 득 득 태 태 태 등 락 란
土 : 회 하 화 혜 희 회 하 혜 희 희 하 화 회 현 화 회 회 희 혜

火 : 란 난 난 난 남 남 남 남 내 내 년 년 년 노 노 녹 녹 녹 논
金 : 서 선 실 숙 선 실 숙 순 선 숙 선 순 숙 선 실 선 실 숙 선

火 : 농 능 능 능 다 다 다 덕 덕 덕 달 달 도 도 도 도 득 동 동
金 : 숙 선 실 숙 선 식 숙 순 숙 순 선 숙 선 실 숙 순 선 선 순

火 : 두 두 두 두 동 등 란 란 태 태 태 태 나 나 낙 난 난 남 남
金 : 선 실 숙 순 실 선 선 숙 선 숙 순 실 진 주 주 주 진 주 지

火 : 남 년 년 녹 녹 논 논 농 능 능 다 달 달 담 덕 덕 도 도 도
金 : 진 주 진 주 진 주 진 주 진 주 주 진 주 진 정

火 : 동 동 두 두 두 등 득 득 등 란 태 태 태
金 : 주 진 주 진 정 지 자 주 자 주 지 주 정

火 : 난 남 농 덕 동 동 두 등 난 남 내 녹 농 능 단 달 담 덕 도
水 : 미 미 미 미 분 미 미 미 비 분 분 분 분 분 비 분 비 분 빈

火 : 동 두 두 태
水 : 분 분 빈 분

"土"의 글자

*. 남자이름 상포 포함

土 : 아 아 아 안 안 안 안 안 안 안 안 암 암 암 암 암 암 암
木 : 교 군 균 갑 건 국 격 곤 관 규 기 길 갑 구 국 길 곤 관 규

土 : 암 약 약 양 양 양 양 양 양 양 양 양 억 억 억 억 억 여 여
木 : 길 요 곤 갑 건 곤 근 길 관 국 규 균 곤 구 규 균 기 균 권

土 : 여 연 연 연 연 연 연 연 연 열 열 열 열 열 염 염 염 영 영
木 : 길 갑 건 곤 관 국 규 길 기 건 결 곤 근 기 교 규 기 각 갑

土 : 영 영 영 영 영 영 오 오 오 오 오 오 오 오 오 오 오 오 오
木 : 건 경 곤 관 규 균 곤 관 구 건 겸 경 곤 국 권 규 균 길 근

土 : 옥 옥 옥 옥 옥 옥 옥 옥 옥 온 온 온 옹 옹 옹 옹 완 완 완
木 : 곤 관 구 권 근 규 균 기 길 규 근 기 기 규 갑 길 갑 겸 경

土 : 완 완 완 완 완 완 완 완 왕 왕 왕 왕 왕 왕 왕 왕 왕 왕 왕
木 : 곤 귀 규 권 기 구 국 길 갑 건 결 겸 경 곤 국 권 규 균 근

土 : 왕 왕 용 용 용 용 용 용 용 용 용 용 우 우 우 우 우 우 우
木 : 기 길 건 경 곤 관 국 군 권 균 극 길 근 갑 건 겸 경 곤 관

土 : 우 우 우 우 우 우 우 욱 욱 욱 욱 운 운 운 운 운 운 운 운
木 : 국 군 권 균 극 길 근 곤 규 근 기 길 갑 건 경 곤 관 국 규

土 : 운 운 웅 웅 웅 웅 웅 웅 웅 웅 웅 웅 웅 웅 웅 웅 웅 원 원
木 : 길 기 건 겸 곤 구 규 건 경 갑 곤 관 국 권 규 근 기 각 강

土 : 원 원 원 원 원 원 원 원 원 원 원 원 원 원 원
木 : 광 관 건 길 근 계 견 겸 고 교 곤 갑 걸 경 구 국 규 균 극

土 : 원 위 위 위 위 위 위 위 위 위 위 유 유 유 유 유 유
木 : 기 경 갑 곤 관 광 구 국 권 규 균 근 갑 건 견 겸 경 곤 관

土 : 유 유 유 유 유 유 육 육 육 윤 윤 윤 윤 윤 윤 윤 윤
木 : 광 구 권 규 균 기 곤 권 길 갑 건 걸 겸 곤 각 강 광 관 길

土 : 윤 윤 윤 윤 윤 윤 윤 윤 윤 윤 윤 율 율 율 율 융 융 융 융
木 : 근 계 견 교 경 구 국 규 균 극 기 권 규 기 근 광 구 근 길

土 : 은 은 은 은 은 은 은 은 은 은 은 은 은 은 은 은 은 은
木 : 각 강 광 관 건 길 근 계 견 겸 교 곤 갑 걸 구 국 규 균 극

土 : 은 을 을 을 을 을 을 을 을 응 응 응 응 응 응 응 응 응 응
木 : 기 균 곤 귀 규 권 기 구 국 갑 건 겸 곤 국 권 규 균 근 기

土 : 응 의 의 의 의 의 의 의 의 의 의 의 의 의 이 이 이 이 이
木 : 길 갑 걸 겸 곤 광 교 구 권 규 균 근 기 길 갑 강 건 겸 경

土 : 이 이 이 이 이 이 이 이 이 이 익 익 익 익 익 익 익
木 : 곤 관 광 교 구 국 권 규 균 근 기 갑 건 겸 국 경 곤 관 구

土 : 익 익 익 익 인 인 인 인 인 인 인 인 일 일 일 일 일 일
木 : 규 근 기 길 구 국 권 규 균 근 기 길 갑 건 겸 곤 관 광 구

土 : 일 일 일 일 일 일 일 임 임 임 임 임 임 임 하 하 하 하 하
木 : 국 권 규 균 근 기 길 감 건 근 구 권 균 기 교 건 겸 극 곤

土 : 하 하 하 하 하 하 하 하 하 학 학 학 학 학 학 학 학 학
木 : 관 국 군 권 규 균 극 길 근 건 결 경 곤 구 국 군 권 규 균

土 : 학 학 학 학 한 한 한 한 한 한 한 한 한 한 한 한 한 한
木 : 근 기 길 금 갑 건 걸 경 계 국 곤 관 구 군 권 규 균 기 길

土 : 항 항 항 항 항 항 해 해 해 해 해 해 해 해 행 행 행 행
木 : 경 구 규 근 기 길 갑 건 국 경 곤 관 규 기 길 구 규 균 근

土 : 행 행 행 행 행 행 행 행 행 향 향 향 향 향 헌 헌 헌 헌
木 : 기 갑 건 국 경 곤 관 규 기 길 교 규 구 기 길 갑 규 기 국

土 : 헌 헌 헌 헌 헌 헌 헌 헌 헌 혁 혁 혁 혁 혁 혁 혁 혁 혁
木 : 길 곡 강 건 걸 경 곤 관 규 건 근 걸 길 경 곤 관 군 귀 규

土 : 혁 혁 현 현 현 현 현 현 현 현 현 형 형 형 형 형 형 형 형
木 : 균 기 갑 건 국 경 곤 관 규 기 길 갑 건 국 경 곤 관 기 길

土 : 형 형 호 호 호 호 호 호 호 호 호 호 호 호 호 호 홍 홍
木 : 극 균 각 곽 갑 건 겸 경 균 국 근 금 곤 관 규 기 길 갑 걸

土 : 홍 홍 홍 홍 홍 홍 홍 홍 홍 화 화 화 화 화 화 화 화 화
木 : 귀 건 국 경 곤 관 규 기 길 걸 곤 갑 건 국 경 균 관 규 근

土 : 화 환 환 환 환 환 환 환 환 황 황 황 황 황 황 희 희 희 희
木 : 길 건 국 경 곤 근 규 기 길 구 규 기 국 균 길 규 기 길 건

土 : 희 희 효 효 효 효 효 효 효 효 효 효 효 효 효 효 효 효
木 : 균 극 갑 강 건 겸 경 곤 관 광 교 구 국 권 규 균 근 기 길

土 : 후 후 후 후 후 후 후 훈 훈 훈 훈 훈 훈 훈 훈 훈 훈
木 : 갑 건 국 경 곤 관 길 갑 광 규 구 걸 겸 곤 관 교 국 권 균

土 : 훈 휘 휘 휘 휘 혼 홀 홀 홀 홀 홀 홀 홀 홀 홀 홀 희 희
木 : 기 구 규 갑 국 강 구 국 걸 갑 근 곤 관 규 균 기 길 갑 강

土 : 희 희 희 희 희 희 희 희 희 희
木 : 건 구 권 국 경 곤 관 규 기 길

土 : 안 암 암 양 억 연 영 오 옥 온 온 응 용 우 우 운 웅 원 원
火 : 남 남 녹 남 남 남 남 남 남 녹 남 녹 남 녹 남 남 남 노

土 : 원 위 유 육 윤 윤 윤 융 은 은 은 을 의 이 익 인 일 임 하
火 : 녹 남 남 남 노 녹 남 남 노 녹 남 남 남 남 남 남 남 남

土 : 하 학 학 학 한 한 항 해 행 향 헌 헌 현 형 호 홍 화 환 회
火 : 녹 남 노 녹 남 녹 노 남 남 노 녹 남 남 남 남 남 남 남

土 : 효 후 훈 휘 홍 희 안 안 안 안 암 암 양 양 양 양 여 연 연
火 : 남 남 남 남 남 남 대 도 동 득 동 득 대 덕 도 득 덕 덕 도

土 : 연 연 영 영 영 영 영 영 영 오 오 오 오 오 옥 옥 옥 옥 옥
火 : 동 득 달 대 덕 도 돈 득 두 대 덕 도 동 득 달 대 덕 도 돌

土 : 옥 옥 온 온 온 온 온 온 온 온 온 온 완 완 완 완 완 완 완
火 : 동 두 달 태 덕 도 돈 돌 동 두 득 둔 달 도 득 대 덕 두 대

土 : 왕 용 용 용 용 용 용 용 용 우 우 우 우 우 우 우 우 욱 운
火 : 덕 닥 대 덕 도 동 두 득 둔 달 대 덕 도 동 두 득 둔 동 덕

雲情 秋一鎬   351

土 : 운 운 운 웅 웅 웅 웅 원 원 원 원 원 원 원 원 위 위 위
火 : 도 두 득 달 대 두 도 달 대 덕 도 돌 동 돈 두 득 달 대 덕

土 : 위 위 위 위 위 유 유 유 유 유 육 윤 윤 윤 윤 윤 윤 윤
火 : 도 돌 득 동 두 달 대 덕 동 두 득 도 달 대 덕 도 돌 동 돈

土 : 윤 윤 융 융 융 융 은 은 은 은 은 은 은 은 을 을 을 을 응
火 : 두 득 달 덕 도 동 달 대 덕 도 돌 동 두 득 도 득 덕 두 대

土 : 응 응 응 의 의 의 의 의 의 의 이 이 이 이 이 익 익 익 익
火 : 덕 도 두 대 덕 도 돈 동 두 득 대 덕 도 동 득 대 달 덕 동

土 : 익 인 인 인 인 인 인 인 일 일 일 일 일 일 임 임 임 임
火 : 두 달 덕 도 돈 동 두 득 달 대 덕 도 동 두 득 덕 도 동 두

土 : 임 하 하 하 하 하 하 하 하 하 학 학 학 학 학 학 학
火 : 득 닥 대 덕 도 돈 돌 동 두 득 둔 달 대 덕 도 돈 동 두 득

土 : 한 한 한 한 한 한 해 해 해 해 행 행 행 행 헌 헌 헌 헌 헌
火 : 대 덕 도 동 두 득 대 도 동 득 대 도 동 득 달 대 도 동 득

土 : 현 현 현 현 형 형 형 형 호 호 호 호 홍 홍 홍 홍 화 화 화
火 : 대 도 동 득 대 도 동 득 대 도 동 득 대 도 동 득 대 도 동

土 : 화 환 환 환 환 황 황 회 회 회 효 효 효 효 후 후 후 훈 훈
火 : 득 대 도 동 득 대 도 달 도 동 대 덕 도 득 도 동 득 덕 도

土 : 훈 훈 훈 휘 휘 휘 휘 휘 휘 홍 홍 홍 홍 홍 희 희 희 희
火 : 돈 동 득 달 도 동 돌 두 득 둔 달 덕 도 동 두 대 도 동 득

土 : 아 아 아 아 안 안 암 암 양 양 양 양 여 여 연 연 연 연 영
火 : 람 롱 름 림 락 룡 락 룡 락 래 록 림 록 락 록 락 룡 림 락

土 : 영 영 영 오 오 오 옥 옥 온 왕 왕 용 용 용 용 용 용 우 우
火 : 래 록 림 락 래 룡 룡 림 록 렬 린 로 록 락 린 립 림 로 록

土 : 우 우 우 우 우 운 운 운 운 운 웅 웅 웅 웅 원 원 원 원 원
火 : 락 룡 린 립 림 로 록 락 룡 림 래 록 렬 룡 록 락 래 률 린

土 : 원 위 위 위 위 유 윤 윤 윤 윤 은 은 은 은 은 은 은 응
火 : 림 락 래 록 룡 락 록 락 렬 린 림 록 락 래 렬 률 린 림 락

土 : 응 응 이 이 이 이 익 인 인 인 일 일 일 일 일 임 하 하 하
火 : 렬 록 락 래 룡 륙 록 랑 래 률 락 래 렬 로 룡 룡 록 림 락

土 : 하 하 학 학 학 학 학 학 학 학 한 한 한 한 한 한 한 한 한
火 : 룡 린 로 록 락 래 룡 렬 례 률 림 로 록 락 래 룡 렬 린 림

土 : 한 항 항 항 해 해 행 행 헌 헌 혁 현 현 형 형 형 형 형 형
火 : 롱 래 로 록 락 룡 락 룡 락 룡 래 락 룡 락 래 룡 렬 린 림

土 : 호 호 홍 홍 화 환 환 후 훈 휘 홍 희 희 아 안 안 안 암 암
火 : 락 룡 락 룡 락 룡 락 률 락 락 락 락 룡 택 탁 태 택 택 태

土 : 암 여 여 여 오 오 오 옥 온 완 완 완 왕 왕 왕 용 용 용 우
火 : 탁 탁 태 택 탁 태 택 태 태 택 태 탁 탁 태 택 탁 태 택 탁

土 : 우 우 욱 욱 운 운 운 웅 원 원 원 위 위 유 유 유 윤 윤 윤
火 : 태 택 태 택 탁 태 택 태 탁 태 택 탁 태 택 탁 태 택 탁 태 택

雲情 秋一鎬 353

土 : 은 은 을 을 을 응 응 의 의 의 의 이 이 이 익 익 인 인 인
火 : 탁 태 탁 태 탁 태 택 탁 태 택 특 탁 태 택 태 택 탁 태 택

土 : 일 일 임 임 하 하 학 한 한 한 해 해 해 행 행 행 헌 헌 헌
火 : 태 택 태 택 태 택 태 탁 태 택 탁 태 택 탁 태 택 탁 태 택

土 : 혁 혁 현 현 현 형 형 형 호 호 호 홍 홍 홍 환 환 환 효 효
火 : 태 탁 탁 태 택 탁 태 택 탁 태 택 탁 태 택 탁 태 택 탁 태

土 : 효 후 후 훈 훈 휘 휘 홍 홍 홍 희 희 희
火 : 택 태 택 탁 태 태 택 탁 태 택 탁 태 택

土 : 아 아 아 아 아 아 아 안 안 안 안 안 안 암 암 암 암 암
土 : 언 엽 열 웅 원 윤 응 열 엽 오 용 웅 익 일 열 엽 영 용 웅

土 : 암 약 약 양 양 양 양 양 양 양 양 양 양 어 억 억 여
土 : 일 우 응 열 연 영 오 우 웅 원 완 욱 운 익 일 용 우 일 암

土 : 여 여 여 여 여 여 여 여 여 여 여 여 연 연 연 연 연 연
土 : 언 업 영 용 운 욱 웅 원 윤 은 업 익 일 암 업 우 열 엽 욱

土 : 연 연 연 연 연 열 열 열 열 열 영 영 영 영 영 영 영 영
土 : 웅 원 업 익 일 우 욱 웅 원 암 암 안 언 열 연 영 오 옥 우

土 : 영 영 영 영 영 영 영 영 영 오 오 오 오 오 오 오 오 오
土 : 웅 원 완 욱 운 엽 익 인 일 암 언 억 연 영 용 웅 원 윤 일

土 : 오 옥 옥 옥 옥 옥 옥 옥 옥 옥 옥 옥 완 완 완 완 완 완 완
土 : 웅 열 엽 용 웅 웅 원 유 윤 은 인 일 영 용 운 일 익 율 엽

土 : 완 완 왕 왕 왕 왕 용 용 용 용 용 용 용 용 용 용 용 용
土 : 오 응 열 엽 익 일 암 언 연 열 엽 운 욱 웅 원 윤 율 은 업

土 : 용 용 우 우 우 우 우 우 우 우 우 우 우 우 우 우 우 우
土 : 익 일 암 언 업 연 열 엽 영 용 운 욱 웅 원 유 윤 율 은 업

土 : 우 우 우 욱 욱 욱 욱 운 운 운 운 운 운 운 운 운 운 운
土 : 의 익 일 연 열 영 우 암 업 연 열 엽 영 오 용 우 욱 웅 원

土 : 운 운 운 웅 웅 웅 원 원 원 원 원 원 원 원 원 원 원
土 : 업 익 일 열 영 일 안 암 언 업 연 열 영 오 옥 용 우 욱 운

土 : 원 원 원 원 원 원 위 위 위 위 위 위 유 유 유 유 유 유
土 : 웅 유 윤 일 익 인 암 열 영 용 원 윤 응 암 억 열 엽 영 온

土 : 유 유 유 유 유 유 유 육 윤 윤 윤 윤 윤 윤 윤 윤 윤 윤
土 : 용 옥 원 은 응 인 일 일 안 암 언 업 연 억 열 영 오 옥 용

土 : 윤 윤 윤 윤 윤 윤 윤 융 융 은 은 은 은 은 은 은 은 은
土 : 우 욱 운 웅 일 익 인 원 일 안 암 우 업 연 열 엽 영 오 용

土 : 은 은 은 은 은 은 은 은 은 을 을 을 을 을 을 을 응 응 응
土 : 욱 운 웅 유 윤 율 일 익 인 영 용 운 일 익 율 엽 열 엽 용

土 : 응 응 의 의 의 의 의 의 의 의 의 의 의 의 의 의 의 의 의
土 : 원 일 안 암 언 업 연 열 엽 영 용 욱 운 웅 원 윤 율 은 응

土 : 의 의 의 이 이 이 이 이 이 이 익 익 익 익 익 익 인 인
土 : 익 인 일 암 연 열 엽 용 욱 원 일 열 영 용 우 원 일 열 영

雲情 秋一鎬 355

土 : 인 인 인 인 인 인 인 인 인 인 일 일 일 일 일 일 일
土 : 엽 오 완 용 우 욱 웅 원 윤 의 일 암 억 연 열 엽 영 오 옥

土 : 일 일 일 일 일 일 임 임 임 임 임 하 하 하 하 하 하 하
土 : 용 완 우 운 웅 원 윤 열 용 원 윤 웅 안 열 엽 영 욱 운 웅

土 : 하 하 하 하 하 하 하 하 학 학 학 학 학 학 학 학 학
土 : 원 윤 율 은 업 익 인 일 응 연 안 암 언 업 열 엽 영 오 용

土 : 학 학 학 학 학 학 학 학 학 학 학 학 한 한 한 한 한 한 한
土 : 우 욱 운 웅 원 유 윤 율 은 업 인 일 열 엽 영 오 용 웅 익

土 : 한 항 항 항 해 해 해 해 해 해 해 행 행 행 행 행 행
土 : 일 언 우 욱 열 엽 영 오 용 웅 익 일 열 엽 영 오 용 웅 익

土 : 행 향 향 향 향 향 향 향 향 헌 헌 헌 헌 헌 헌 헌 헌 혁 현
土 : 일 열 엽 용 우 욱 웅 원 업 열 엽 영 오 용 웅 익 일 우 열

土 : 현 현 현 현 현 현 현 현 현 현 현 형 형 형 형 형 형 형 형
土 : 엽 영 오 용 웅 익 일 운 욱 의 이 열 엽 오 용 웅 익 일 운

土 : 형 형 형 호 호 호 호 호 호 호 호 호 호 호 호 호 홍 홍 홍
土 : 욱 의 이 열 엽 영 오 용 웅 율 익 일 운 욱 의 이 열 엽 영

土 : 홍 홍 홍 홍 홍 홍 홍 홍 홍 화 화 화 화 화 화 화 화 화
土 : 오 용 웅 이 일 운 욱 의 이 용 우 원 웅 윤 은 인 익 일 욱

土 : 환 환 환 환 환 환 환 환 환 환 황 황 황 황 회 회 회 회
土 : 열 엽 영 오 용 웅 익 일 원 의 인 영 용 우 원 우 옥 욱 웅

土 : 효 효 효 효 효 효 효 효 후 후 후 후 후 훈 훈 훈 훈 훈 휘
土 : 암 연 열 엽 용 욱 원 일 암 연 영 용 일 오 완 용 우 일 암

土 : 휘 휘 휘 휘 휘 휘 휘 휘 휘 휘 휘 휘 휘 흠 홍 홍 홍 홍
土 : 억 연 열 엽 영 오 옥 용 완 우 운 웅 원 윤 용 열 엽 영 웅

土 : 홍 홍 홍 홍 홍 희 희 희 희 희 희 희 희 희 희 아 아 아
土 : 익 일 운 욱 이 열 엽 영 오 용 웅 익 일 운 욱 의 홍 운 현

土 : 약 약 양 양 양 억 여 여 여 여 여 여 여 여 연 연 연 연
土 : 현 훈 현 호 훈 혁 학 한 홍 행 헌 혁 형 환 훈 하 학 한 호

土 : 연 연 연 연 연 연 연 연 연 염 염 영 영 영 영 영 영 영
土 : 홍 해 혁 형 환 효 후 휘 희 훈 환 학 화 현 한 해 헌 혁 협

土 : 영 영 영 영 영 영 오 오 오 오 오 오 옥 옥 옥 옥 옥 옥 옥
土 : 호 홍 환 후 휘 희 한 환 헌 행 형 훈 하 한 환 훈 헌 형 호

土 : 온 온 완 완 완 완 완 완 용 용 용 용 용 용 용 용 용
土 : 호 홍 학 현 협 형 호 홍 하 학 한 호 헌 혁 현 형 환 훈 휘

土 : 용 우 우 우 우 우 우 우 우 우 우 우 우 우 우 우 운 운
土 : 희 하 학 한 호 홍 행 헌 혁 형 환 효 훈 휘 희 홍 헌 하 학

土 : 운 운 운 운 운 운 운 운 운 운 운 운 웅 웅 웅 웅 웅 원 원
土 : 한 호 홍 해 혁 현 형 환 효 후 휘 희 하 학 환 현 회 하 학

土 : 원 원 원 원 원 원 원 원 원 원 원 원 원 원 원 원 위 위
土 : 한 항 헌 현 훈 형 환 홍 휘 행 호 혁 효 홍 해 화 후 헌 현

土 : 위 위 위 위 위 유 유 유 유 유 유 윤 윤 윤 윤 윤 윤
土 : 형 호 홍 한 홍 학 한 현 형 호 환 홍 하 학 한 헌 현 훈 형

土 : 윤 윤 윤 윤 윤 윤 윤 윤 은 은 은 은 은 은 을 을 을
土 : 환 홍 휘 호 혁 효 홍 해 후 하 학 한 현 훈 환 홍 현 협 형

土 : 을 을 을 응 응 의 의 의 의 의 의 의 의 의 의 의 의 이
土 : 호 홍 홍 현 호 한 항 호 홍 행 헌 현 혁 형 환 훈 홍 흠 학

土 : 이 이 이 이 이 이 익 익 익 익 익 익 익 인 인 인 인 인
土 : 한 헌 현 호 홍 환 한 현 형 호 홍 환 훈 하 학 한 해 헌 현

土 : 인 인 인 인 인 인 일 일 일 일 일 일 일 일 일 일 일 일
土 : 형 호 홍 환 훈 회 하 학 한 해 헌 혁 현 형 호 홍 환 훈 효

土 : 임 임 임 임 하 하 하 하 하 학 학 학 학 한 한 한 한 한
土 : 현 호 환 훈 학 훈 헌 현 홍 희 호 헌 현 환 호 홍 행 현 혁

土 : 한 한 한 한 한 한 한 항 항 해 해 해 해 해 해 해 해 행
土 : 요 후 훈 휘 회 홍 흠 희 훈 학 홍 행 현 혁 한 헌 훈 흠 현

土 : 행 행 향 향 헌 헌 헌 혁 현 형 형 형 호 호 호 호 호 홍 홍
土 : 혁 훈 현 훈 학 혁 환 훈 호 한 환 훈 한 헌 현 환 훈 한 행

土 : 홍 홍 홍 홍 화 화 환 환 효 효 효 후 후 휘 휘 휘 휘 휘
土 : 헌 현 환 훈 현 훈 호 훈 학 헌 현 현 형 하 학 한 해 헌 혁

土 : 휘 휘 휘 휘 휘 홍 홍 홍 희 희 희 희 희 희 희 희
土 : 현 형 호 홍 환 현 환 훈 한 행 헌 현 환 훈 홍 호

土 : 아 아 아 아 아 아 아 아 안 안 안 안 안 안 안 안 안 안
金 : 산 삼 생 설 섭 수 술 식 산 상 생 석 선 설 섭 성 세 수 식

土 : 암 암 암 암 암 암 암 암 암 약 약 양 양 양 양 양 양 양
金 : 상 생 석 선 설 섭 성 수 식 수 식 삼 상 서 생 석 선 섭 수

土 : 양 양 양 양 억 억 여 여 여 여 여 여 여 여 여 여 연 연
金 : 세 성 순 식 수 식 신 상 생 삼 산 석 섭 설 성 송 식 삼 상

土 : 연 연 연 연 연 연 연 연 연 연 염 염 영 영 영 영 영 영 영
金 : 생 서 석 섭 성 세 송 수 술 식 수 식 산 삼 상 생 서 석 선

土 : 영 영 영 영 영 영 영 영 오 오 오 오 오 오 오 오 오 오
金 : 섭 수 세 성 순 식 술 시 상 생 석 설 섭 성 세 수 술 식 실

土 : 옥 옥 옥 옥 옥 옥 옥 옥 온 온 온 온 완 완 완 완 완 완 완
金 : 산 삼 상 생 석 섭 성 수 석 섭 수 식 서 섭 상 삼 선 성 세

土 : 완 완 완 완 완 왕 왕 왕 왕 왕 왕 왕 왕 왕 용 용 용 용
金 : 수 순 술 식 시 선 생 석 선 설 섭 성 세 수 식 삼 산 상 생

土 : 용 용 용 용 용 용 용 용 용 우 우 우 우 우 우 우 우 우
金 : 석 섭 설 성 세 송 수 술 식 삼 산 상 생 서 석 섭 설 성 세

土 : 우 우 우 우 우 욱 욱 욱 욱 운 운 운 운 운 운 운 운 운
金 : 송 수 술 식 실 상 성 석 수 삼 상 생 서 석 섭 성 세 송 수

土 : 운 운 웅 웅 원 원 원 원 원 원 원 원 원 원 원 원 위
金 : 술 식 수 식 사 산 상 삼 서 석 선 성 세 소 설 섭 술 식 산

土 : 위 위 위 위 위 위 위 유 유 유 유 유 유 유 유 유 유
金 : 상 생 석 성 수 식 선 산 삼 상 생 석 섭 성 송 수 술 시 식

土 : 유 윤 윤 윤 윤 윤 윤 윤 윤 윤 윤 윤 윤 융 융 융 융
金 : 신 산 상 삼 서 석 선 성 세 설 섭 수 술 식 시 삼 생 석 성

土 : 융 은 은 은 은 은 은 은 은 은 은 은 을 을 을 을 을
金 : 식 서 산 상 삼 석 선 성 세 섭 수 술 식 시 서 섭 상 삼 선

土 : 을 을 을 을 응 응 응 응 응 응 응 응 의 의 의 의 의 의 의
金 : 성 세 수 식 삼 상 서 석 선 섭 수 식 삼 승 상 생 석 선 성

土 : 의 의 의 이 이 이 이 이 이 이 이 이 이 익 익 익 익 익
金 : 섭 수 식 산 삼 상 생 석 섭 성 수 술 승 식 삼 상 생 석 섭

土 : 익 익 익 인 인 인 인 인 인 인 인 인 인 일 일 일 일 일
金 : 성 수 승 산 상 생 서 석 선 섭 승 세 수 식 상 생 석 선 섭

土 : 일 일 일 일 임 임 임 임 임 임 임 하 하 하 하 하 하 하
金 : 성 수 식 심 삼 상 생 석 성 수 술 식 삼 생 석 선 설 섭 성

土 : 하 하 학 학 학 학 학 학 학 학 학 학 학 학 학 학 학
金 : 수 식 사 삼 산 상 생 서 석 선 설 섭 성 새 세 소 송 수 술

土 : 학 학 한 한 한 한 한 한 한 한 한 항 항 항 항 해 해 해
金 : 식 실 상 생 석 선 설 섭 성 세 수 식 석 성 식 신 산 상 생

土 : 해 해 해 해 해 해 해 행 행 행 행 행 행 행 행 향
金 : 석 선 설 섭 성 셰 수 식 산 상 석 선 설 섭 성 세 수 식 산

土 : 향 향 향 향 헌 헌 헌 헌 헌 헌 헌 헌 헌 헌 헌 혁 현 현
金 : 성 섭 수 식 산 상 생 석 선 신 설 섭 성 세 수 식 수 산 상

土 : 현 현 현 현 현 현 현 현 현 형 형 형 형 형 형 형 형 형
金 : 생 석 선 설 섭 성 세 수 식 산 상 생 석 선 설 섭 성 세 수

土 : 형 호 호 호 호 호 호 호 호 호 호 홍 홍 홍 홍 홍 홍 홍
金 : 식 산 상 생 석 선 설 섭 성 세 수 식 산 상 생 석 선 설 섭

土 : 홍 홍 홍 홍 화 화 화 화 화 화 환 환 환 환 환 환 환 황
金 : 성 세 수 식 석 섭 성 수 승 식 석 선 설 섭 성 세 수 식 수

土 : 황 황 황 효 효 효 효 효 효 효 효 효 효 후 후 후 후 훈
金 : 소 세 식 산 삼 상 생 석 섭 성 식 심 승 삼 상 생 석 식 산

土 : 훈 훈 훈 훈 훈 훈 훈 훈 훈 휘 휘 휘 휘 휘 휘 휘 휘 홍
金 : 상 생 서 석 선 섭 승 세 식 상 생 석 선 섭 성 수 식 신 산

土 : 홍 홍 홍 홍 홍 홍 홍 홍 홍 희 희 희 희 희 희 희 희 희
金 : 상 생 서 석 선 섭 승 세 식 상 생 석 선 섭 성 수 식 신 산

土 : 희 아 아 아 아 아 아 안 안 안 안 암 암 암 암 암 약 약
金 : 석 재 제 주 조 종 준 진 재 준 진 중 재 장 준 진 중 준 진

土 : 양 양 양 양 양 양 양 어 어 억 억 여 여 여 여 여 여 여
金 : 재 정 조 종 진 중 준 진 준 재 조 재 제 정 조 종 준 중 전

土 : 연 연 연 연 연 연 연 연 연 열 열 열 영 영 영 영 영 영 영
金 : 재 제 정 조 종 준 주 중 진 중 정 주 재 정 조 종 진 중 준

土 : 오 오 오 오 오 옥 옥 옥 옥 옥 옥 옥 온 온 온 온 완 완 완
金 : 제 종 준 중 진 재 제 조 종 주 준 중 조 주 진 준 준 재 제

土 : 완 완 완 완 완 완 완 왕 왕 왕 왕 용 용 용 용 용 용 우 우
金 : 자 정 조 종 중 준 진 재 준 진 중 재 제 정 주 중 진 재 제

土 : 우 우 우 우 우 우 우 욱 욱 욱 욱 운 운 운 운 운 운 운
金 : 정 조 종 준 주 중 진 주 준 중 진 종 재 제 정 조 종 준 주

土 : 운 운 웅 웅 웅 웅 웅 원 원 원 원 원 원 원 원 위 위 위
金 : 중 진 재 주 종 지 진 재 제 정 조 종 주 준 중 진 정 조 준

土 : 위 유 유 유 유 유 유 유 윤 윤 윤 윤 윤 윤 윤 윤 윤 융
金 : 진 재 제 정 조 종 준 중 진 재 제 정 조 종 주 준 중 진 제

土 : 융 은 은 은 은 은 은 은 을 을 을 을 을 을 을 응 응 응
金 : 준 재 조 제 종 준 중 진 재 제 조 종 주 중 준 진 재 제 진

土 : 응 응 의 의 의 의 의 의 의 이 이 이 이 이 이 이 이 이
金 : 주 준 재 제 조 종 주 중 준 진 재 제 진 주 준 중 전 존 종

土 : 익 익 익 익 익 익 익 익 인 인 인 인 인 인 인 인 일 일
金 : 재 제 조 종 준 주 중 진 재 제 정 조 종 주 준 중 진 장 재

土 : 일 일 일 일 일 임 임 임 임 임 하 하 하 하 하 하 하
金 : 제 종 주 준 진 재 제 조 종 준 진 재 제 조 종 주 준 중 진

土 : 학 학 학 학 학 학 학 학 한 한 한 한 항 항 항 항 항 해
金 : 제 재 정 조 종 주 준 중 진 재 준 진 중 재 제 종 주 진 재

土 : 해 해 해 행 행 행 행 향 향 헌 헌 헌 헌 혁 혁 혁 혁 혁 혁
金 : 준 진 중 재 준 진 중 준 진 재 준 진 중 주 재 조 중 준 진

土 : 현 현 현 현 현 현 형 형 형 형 형 형 호 호 호 호 호 홍
金 : 조 재 준 진 중 종 조 재 준 진 중 종 조 재 준 진 중 종 조

土 : 홍 홍 홍 홍 홍 화 화 화 환 환 환 환 환 환 황 황 황 황
金 : 재 준 진 중 종 종 준 진 조 재 준 진 중 종 재 주 정 종 중

土 : 희 희 희 희 효 효 효 효 효 효 효 효 효 후 후 후 후 훈 훈
金 : 주 준 중 종 재 제 정 조 종 준 준 중 진 재 주 중 진 재 제

土 : 훈 훈 훈 훈 훈 휘 휘 휘 휘 휘 휘 홍 홍 홍 홍 홍 홍 희
金 : 정 조 종 주 준 장 재 제 종 주 준 진 조 재 준 진 중 종 조

土 : 희 희 희 희 희 아 아 안 안 안 암 암 양 양 양 양 양 양 어
金 : 재 준 진 중 종 찬 철 찬 칠 춘 찬 철 찬 창 철 춘 출 칠 철

土 : 여 여 여 여 여 여 연 연 연 연 연 영 영 영 영 영 영 영 영
金 : 찬 창 철 춘 출 칠 찬 창 철 춘 출 찬 창 재 천 철 춘 출 칠

土 : 오 오 오 오 오 오 오 옥 옥 옥 옥 옥 완 완 완 왕 왕 왕 용
金 : 찬 창 채 철 칠 춘 출 찬 천 철 춘 출 철 칠 천 찬 철 춘 찬

土 : 용 용 용 용 용 우 우 우 우 우 우 욱 운 운 운 운 운 웅 웅
金 : 창 철 춘 출 칠 찬 창 철 춘 출 칠 채 찬 창 철 춘 출 천 철

土 : 원 원 원 원 원 위 위 유 유 유 유 유 유 윤 윤 윤 윤 윤 은
金 : 찬 채 철 칠 출 창 출 찬 창 청 충 찬 철 찬 채 철 칠 출 찬

雲情 秋一鎬　363

土 : 은 은 은 은 을 을 웅 웅 웅 웅 의 의 의 의 의 의 이 이 이
金 : 채 철 칠 출 철 칠 찬 철 칠 춘 찬 창 철 칠 춘 출 창 철 청

土 : 이 이 익 익 인 인 인 인 인 임 임 임 하 하 하 하 하 하 학
金 : 춘 출 철 추 찬 창 천 철 출 찬 철 출 찬 창 천 철 춘 출 찬

土 : 학 학 학 학 학 학 학 한 한 한 항 향 향 해 해 행 행 행 헌
金 : 창 채 천 철 칠 춘 출 찬 철 춘 철 찬 철 철 춘 찬 철 춘 찬

土 : 헌 헌 혁 현 현 현 형 형 형 호 호 호 홍 홍 홍 화 화 화 환
金 : 철 춘 찬 찬 철 춘 찬 철 춘 찬 철 춘 찬 철 춘 철 칠 춘 찬

土 : 환 환 회 회 효 효 효 효 효 후 훈 훈 훈 휘 휘 휘 휘 휘
金 : 철 춘 춘 천 창 철 청 춘 출 철 찬 창 철 찬 천 철 청 출 창

土 : 희 희 희
金 : 찬 철 춘

土 : 아 아 안 안 안 안 안 암 암 암 양 양 양 양 양 여 여
水 : 문 민 모 면 목 만 문 민 만 문 민 만 명 모 목 문 민 만 문

土 : 여 여 연 연 연 연 연 연 연 연 열 영 영 영 영 영 영 영 영
水 : 민 명 만 모 목 무 묵 문 민 명 만 만 명 모 목 묵 무 문 민

土 : 오 오 오 옥 옥 완 완 완 완 왕 용 용 용 용 용 용 용 용 우
水 : 만 명 민 만 민 면 무 묵 목 민 만 면 모 목 묵 문 민 명 만

土 : 우 우 우 우 우 우 우 우 운 운 운 운 운 운 운 운 웅 웅 웅
水 : 면 모 목 묘 묵 문 민 명 만 모 목 무 묵 문 민 명 만 모 문

土 : 웅 원 원 원 원 원 원 원 원 위 위 위 위 위 유 유 유 유
水 : 민 만 면 명 모 목 묵 문 민 만 명 모 문 목 만 매 명 문 민

土 : 윤 윤 윤 윤 윤 윤 윤 윤 은 은 은 은 은 은 을 을 을 을
水 : 만 면 명 모 목 묵 문 민 만 면 명 문 목 묵 민 면 문 묵 묵

土 : 을 응 응 응 의 의 의 이 이 이 이 이 이 익 억 인 인 인 인
水 : 민 만 묵 민 만 목 문 만 면 목 몽 문 민 모 만 만 명 모 목

土 : 인 일 일 일 일 하 하 하 하 하 하 학 학 학 학 한 한 한
水 : 묵 마 만 묵 문 민 만 면 명 목 묵 문 만 묵 문 민 모 면 목

土 : 한 한 한 해 해 해 해 해 해 행 행 행 행 행 행 헌 헌 헌 헌
水 : 만 문 민 모 면 목 만 문 민 모 면 목 만 문 민 모 면 목 만

土 : 헌 헌 현 현 현 현 현 현 현 형 형 형 형 형 형 호 호 호
水 : 문 민 모 면 명 목 만 문 민 모 면 명 목 만 문 민 모 면 명

土 : 호 호 호 호 홍 홍 홍 홍 홍 홍 화 화 환 환 환 환 환 회
水 : 목 만 문 민 모 면 명 목 만 문 민 묵 목 명 목 만 문 민 문

土 : 회 효 효 효 효 효 효 효 효 후 후 훈 훈 훈 훈 훈 휘 휘 휘
水 : 민 민 면 명 목 만 문 묵 민 민 문 민 명 모 목 묵 민 만 묵

土 : 휘 홍 홍 홍 희 희 희 희 희 희 희 아 아 아 아 아 아 안 안
水 : 문 만 민 문 모 면 명 목 만 문 민 방 번 백 번 병 빈 배 범

土 : 안 안 안 안 안 암 암 암 암 암 양 양 양 양 양 양 여 여 여
水 : 복 봉 보 비 빈 범 복 봉 보 빈 배 범 복 봉 부 빈 반 방 배

土 : 여 여 여 연 연 연 연 연 연 연 연 연 열 영 영 영 영 영
水 : 백 범 병 방 배 백 범 병 보 복 봉 부 빈 봉 방 배 백 범 보

土 : 영 영 영 영 영 오 오 오 오 오 오 옥 옥 옥 옥 완 완 완 완
水 : 복 봉 병 부 빈 배 백 범 병 봉 빈 배 범 봉 빈 범 부 배 복

土 : 완 완 왕 왕 용 용 용 용 용 용 용 용 우 우 우 우 우 우
水 : 봉 범 배 봉 방 배 백 범 병 보 복 봉 빈 반 방 배 백 범 병

土 : 우 우 우 우 우 욱 욱 욱 운 운 운 운 운 운 운 운 운 웅
水 : 보 복 봉 부 빈 부 배 범 방 배 백 범 병 보 복 봉 부 빈 배

土 : 웅 웅 웅 웅 웅 원 원 원 원 원 원 원 원 원 위 위 위 유
水 : 범 보 복 봉 빈 반 방 배 백 범 복 빈 봉 부 보 범 복 배 배

土 : 유 유 유 유 유 윤 윤 윤 윤 윤 윤 윤 윤 융 융 융 은
水 : 범 복 봉 분 빈 반 방 배 백 범 복 빈 봉 부 보 배 보 부 반

土 : 은 은 은 은 은 은 은 은 은 을 을 을 응 응 응 의 의 의 의
水 : 방 배 백 범 복 빈 봉 부 보 배 봉 범 배 봉 병 배 범 복 봉

土 : 의 이 이 이 이 이 이 이 익 익 익 익 익 인 인 인 인 인
水 : 빈 배 범 복 봉 보 비 빈 배 범 보 봉 부 밤 배 백 범 병 복

土 : 인 인 일 일 일 일 일 일 임 임 임 임 하 하 하 하 하 하
水 : 부 빈 배 백 범 본 봉 부 배 범 복 봉 반 방 배 범 분 빈 배

土 : 학 학 학 학 학 학 학 한 한 한 한 한 한 항 항 해 해 해 해
水 : 번 범 복 봉 보 비 빈 배 범 복 봉 보 빈 배 복 배 범 복 봉

土 : 해 해 해 행 행 행 행 향 향 향 향 향 향 헌 헌 헌 헌
水 : 보 비 빈 범 복 봉 보 빈 복 백 범 복 봉 보 빈 배 범 복 봉

土 : 헌 헌 혁 혁 현 현 현 현 현 현 형 형 형 형 형 형 호 호
水 : 보 빈 배 봉 배 범 복 보 비 빈 배 범 복 봉 보 비 빈 배 범

土 : 호 호 호 호 홍 홍 홍 홍 홍 홍 홍 화 화 화 환 환 환 환 환
水 : 복 봉 보 빈 배 범 복 봉 보 비 빈 백 범 봉 배 범 복 봉 보

土 : 환 황 황 회 회 효 효 효 효 효 후 후 후 후 후 훈 훈 훈
水 : 빈 복 백 범 복 병 범 복 봉 빈 배 범 보 봉 부 배 백 범 병

土 : 훈 훈 훈 훈 휘 휘 휘 휘 휘 휘 홍 홍 홍 홍 희 희 희 희 희
水 : 복 봉 부 빈 배 백 범 본 봉 부 배 백 복 빈 배 범 복 봉 보

土 : 희 안 안 암 약 양 양 여 여 여 연 영 영 옥 옥 완 왕 용 용
水 : 민 표 필 필 필 표 필 표 필 평 표 표 필 표 필 표 필 표 필

土 : 용 우 우 우 욱 운 운 원 원 원 위 유 윤 윤 윤 은 은 은 을
水 : 평 표 필 평 필 표 필 평 표 필 필 평 평 표 필 평 표 필 표

土 : 응 응 의 의 이 이 익 인 인 일 하 하 하 학 학 한 한 해 해
水 : 표 필 표 필 평 표 표 표 필 평 평 표 필 표 필 표 필 표 필

土 : 행 행 헌 헌 현 현 형 형 호 호 홍 홍 화 환 환 효 효 휘 홍
水 : 표 필 표 필 표 필 표 필 표 필 표 필 평 표 필 평 표 평 표

土 : 홍 희 희
水 : 필 표 필

◩ "土"의 글자 ●———

*. 여자이름 상호 포함

土 : 애 애 여 연 영 오 옥 옥 옥 용 우 우 운 원 원 위 유 유 윤
木 : 강 경 경 경 경 경 경 금 기 경 경 금 경 금 경 금 경 금 금

土 : 윤 은 은 을 을 응 응 의 의 이 이 외 인 인 월 일 일 임 하
木 : 경 금 경 경 금 경 금 경 금 금 경 경 경 금 금 금 경 경 금

土 : 하 학 학 한 한 해 해 해 헌 헌 현 현 형 혜 호 홍 화 화 휘
木 : 경 경 금 금 경 금 경 금 형 금 경 금 경 경 경 경 경 금 경

土 : 효 후 휘 휘 휘
木 : 경 경 경 경 금

土 : 안 여 연 영 예 예 옥 옥 옥 옥 우 운 원 원 원 월 월 월 유
火 : 나 남 남 남 남 나 난 남 년 님 남 남 남 님 년 년 남 님 년

土 : 유 유 육 육 윤 윤 윤 용 은 은 은 을 을 응 의 이 위 인 인
火 : 남 님 남 님 년 남 님 년 년 남 님 년 남 년 년 남 년 년 녀

土 : 인 일 일 하 하 하 한 한 해 해 해 해 행 행 행 향 향 헌 현
火 : 남 남 님 늘 남 님 남 님 년 남 님 녁 님 년 남 남 님 님 님

土 : 형 혜 혜 호 화 화 화 효 후 휘 아 애 연 영 예 옥 원 월 월
火 : 남 남 님 남 님 난 남 남 남 담 단 단 단 다 단 단 단 단 덕

土 : 월 위 위 위 유 유 육 윤 윤 윤 은 은 이 이 인 인 일 일 일
火 : 득 단 덕 득 단 덕 단 단 덕 득 단 덕 단 덕 단 덕 단 덕 득

土 : 하 하 한 한 해 행 행 행 향 예 화 아 아 아 아 아 아 아 애
火 : 단 덕 덕 득 단 단 덕 득 덕 단 단 라 란 람 롱 름 리 림 란

土 : 애 애 애 애 양 여 여 연 연 영 영 예 예 예 예 오 오 옥 옥
火 : 린 련 령 림 란 란 린 래 례 란 림 란 린 림 령 림 령 란 린

土 : 옥 옥 옥 옥 외 외 외 외 용 우 우 우 운 운 원 원 월 월
火 : 림 련 례 림 란 린 림 령 림 란 림 령 란 례 림 례 란 란 련

土 : 월 월 위 위 유 유 유 유 윤 윤 윤 윤 은 은 은 은 을 을 을
火 : 래 례 란 련 란 리 래 례 란 련 래 례 란 리 례 래 란 례 림

土 : 응 응 의 의 이 이 이 이 인 인 인 일 일 일 일 일 일 임 하
火 : 란 례 란 례 락 란 련 례 란 래 례 란 련 림 랑 련 례 란 란

土 : 하 하 하 학 학 한 한 한 해 해 해 해 해 행 행 행 향 향 향
火 : 리 래 례 란 림 란 래 례 란 리 래 례 림 란 래 림 란 립 림

土 : 헌 현 형 형 혜 혜 혜 혜 호 호 호 호 홍 홍 화 화 화 화 회
火 : 림 림 란 린 란 린 리 림 린 림 란 련 림 령 란 린 림 련 란

土 : 회 회 회 효 효 효 효 후 후 회 회 회 회
火 : 린 림 령 란 린 림 령 란 림 란 림 례 란

土 : 아 야 양 양 언 언 여 여 여 여 여 여 여 여 영 영 영 영 영
土 : 영 원 애 임 아 애 옥 운 원 은 아 옥 은 이 아 애 은 옥 이

土 : 영 예 예 예 오 오 오 오 오 오 옥 옥 옥 옥 옥 옥 외 외 외
土 : 임 은 인 임 연 영 원 윤 은 임 연 영 윤 은 이 임 은 임 옥

雲情 秋一鎬　369

土 : 용 용 용 용 우 우 우 우 우 우 우 우 운 운 운 운 원 원
土 : 연 옥 윤 임 이 아 연 옥 애 원 윤 은 임 양 영 옥 애 연 영

土 : 원 원 원 원 원 원 월 월 월 월 월 월 위 위 위 위 위 위
土 : 옥 애 예 윤 은 임 연 영 옥 애 윤 은 임 연 영 옥 애 원 윤

土 : 위 위 유 유 유 유 유 유 윤 윤 윤 윤 윤 윤 은 은 은
土 : 은 임 연 영 옥 애 원 은 임 연 영 옥 애 원 은 임 연 영 옥

土 : 은 은 을 을 을 을 을 을 을 의 의 의 의 의 의 이 이 이 이
土 : 윤 임 연 영 옥 애 원 윤 임 연 영 옥 원 윤 임 연 영 옥 애

土 : 이 이 이 이 이 이 이 인 인 인 인 인 인 일 일 일 일 일
土 : 원 윤 은 임 양 옥 완 영 옥 애 원 윤 은 연 영 옥 애 원 윤

土 : 일 일 임 임 임 하 하 하 하 하 하 하 한 한 한 한 한 한
土 : 은 임 연 영 옥 연 영 옥 애 원 윤 은 임 연 영 옥 애 원 윤

土 : 한 한 해 해 해 해 해 해 해 학 학 학 학 학 행 행 행 행
土 : 은 임 연 영 옥 애 원 윤 은 임 연 영 윤 인 임 연 영 옥 애

土 : 행 행 행 행 향 향 헌 헌 현 현 형 형 혜 혜 혜 혜 혜 혜
土 : 원 윤 은 임 연 임 영 아 영 아 옥 은 아 옥 은 이 연 영 윤

土 : 혜 혜 혜 혜 호 호 호 호 호 호 호 홍 홍 홍 홍 홍 홍 화 화
土 : 원 인 일 임 은 인 임 연 은 윤 영 연 영 윤 은 임 옥 연 영

土 : 화 회 회 회 회 효 효 효 효 효 효 후 후 후 휘 휘 회 회 회
土 : 윤 영 옥 은 임 연 영 윤 은 임 옥 양 영 연 옥 은 연 영 옥

土 : 아 안 애 양 양 양 언 언 여 여 연 연 연 연 연 영 영 영 영
土 : 희 희 희 희 혜 화 혜 희 화 희 하 화 희 향 홍 하 해 향 혜

土 : 영 영 옥 옥 옥 완 완 완 외 용 용 우 우 우 욱 욱 운 운 운
土 : 화 희 현 화 희 희 혜 현 홍 희 혜 현 화 희 희 화 현 화 희

土 : 운 운 운 원 원 원 원 원 월 월 월 월 위 유 유 유 유 유 유
土 : 혜 향 홍 현 화 회 희 혜 현 화 회 희 화 홍 혜 현 화 회 희

土 : 윤 윤 은 은 은 은 을 을 을 을 을 의 의 이 이 이 이 이 인
土 : 현 회 홍 혜 호 희 현 화 회 희 혜 홍 현 현 화 회 희 홍 홍

土 : 인 인 인 일 일 일 일 일 일 일 임 임 임 하 하 한 한 한 한
土 : 혜 현 화 하 혜 향 현 화 회 희 회 혜 화 홍 현 혜 화 회 희

土 : 해 해 행 행 향 헌 혜 혜 홍 홍 환 희 희
土 : 현 화 화 희 현 희 향 화 희 회 희 해 예

土 : 아 아 안 안 안 애 애 애 애 애 애 애 양 양 양 양 양 언 언
金 : 숙 순 선 순 숙 선 수 숙 순 시 실 심 선 숙 순 수 심 선 숙

土 : 언 엄 엄 여 여 여 여 연 연 연 연 연 연 영 영 영 영 영 영
金 : 순 실 숙 선 실 숙 순 선 실 숙 수 순 시 선 실 수 소 숙 순

土 : 영 영 영 영 예 예 예 예 예 예 예 오 오 오 오 옥 옥 옥 옥
金 : 시 신 실 심 사 선 솔 실 숙 순 슬 선 실 순 숙 선 숙 순 심

土 : 온 온 온 왕 왕 어 어 어 어 용 용 용 우 우 우 우 우 운 운
金 : 선 실 숙 선 숙 선 실 숙 순 선 순 숙 선 순 숙 실 심 선 실

土 : 운 운 운 원 원 원 원 월 월 월 위 위 위 유 유 유 유 유
金 : 숙 순 심 선 순 숙 실 심 선 순 숙 선 순 숙 선 순 숙 실 심

土 : 육 육 윤 윤 윤 은 은 은 은 은 을 을 을 을 을 을 을 의 의
金 : 선 순 선 순 숙 선 순 숙 실 심 선 순 숙 심 선 순 숙 선 순

土 : 의 의 의 이 이 이 인 인 인 인 인 일 일 일 일 임 임 임 하
金 : 숙 실 심 선 순 숙 선 순 숙 실 심 선 순 숙 심 선 순 숙 선

土 : 하 하 하 하 학 학 학 한 한 한 항 항 항 해 해 해 해 행
金 : 순 숙 실 심 선 순 숙 선 순 숙 선 순 숙 선 순 숙 실 심 선

土 : 행 행 행 향 향 향 향 향 헌 헌 헌 현 현 현 현 형 형 형 형
金 : 순 숙 심 선 실 숙 순 심 순 심 실 순 심 실 숙 선 실 숙 순

土 : 혜 혜 혜 혜 혜 혜 호 호 호 호 호 호 홍 홍 홍 홍 화 화 화
金 : 선 실 숙 수 순 시 선 실 수 숙 순 임 선 실 순 숙 선 숙 순

土 : 화 황 황 황 황 회 회 회 효 효 효 효 후 후 후 후 후 휘 휘
金 : 심 수 시 숙 순 선 숙 순 선 숙 순 선 실 숙 순 심 선 숙 순

土 : 홍 홍 홍 희 희 희 희 희 아 아 아 안 안 안 안 애 애 양 양
金 : 순 숙 심 선 순 숙 실 심 주 지 진 자 주 지 진 자 지 자 주

土 : 양 언 언 언 언 언 여 여 연 연 연 연 연 영 영 영 예 예 예
金 : 지 자 주 지 진 정 주 진 자 조 주 진 자 주 진 조 자 주 정

土 : 예 옥 옥 옥 옥 옥 온 완 외 외 외 용 용 우 우 우 우 운 운
金 : 진 자 주 조 지 진 주 주 자 주 정 자 주 자 정 주 진 자 지

土 : 운 운 원 원 원 원 원 월 월 월 위 위 위 유 유 유 유 윤
金 : 정 진 자 주 지 정 진 주 지 정 자 주 정 자 주 정 전 진 자

土 : 윤 윤 은 은 은 은 은 을 을 을 을 을 을 의 의 의 의 의 의
金 : 주 정 자 주 정 전 진 자 주 지 정 자 지 자 주 지 정 전 진

土 : 이 이 이 인 인 인 인 인 인 일 일 일 일 임 임 임 임 임
金 : 주 정 실 자 주 조 정 전 진 주 정 진 자 지 주 제 조 정 진

土 : 하 하 하 하 학 학 한 한 한 한 해 해 해 해 행 행 행 행 향
金 : 주 정 실 자 주 조 정 전 진 주 정 진 자 지 주 제 조 정 진

土 : 향 헌 헌 현 현 현 현 형 형 혜 혜 혜 혜 혜 혜 호 호 호
金 : 주 정 주 정 진 전 주 진 자 주 조 주 진 전 자 정 주 정 진

土 : 홍 홍 홍 회 회 회 회 효 효 효 효 후 후 후 휘 휘 휘 휘
金 : 주 정 조 자 주 진 정 자 주 정 진 자 정 진 자 제 주 정 진

土 : 홍 홍
金 : 주 자

土 : 아 양 언 엄 연 영 예 오 옥 온 외 용 우 운 원 월 위 유 윤
水 : 미 미 미 미 미 미 미 미 미 미 미 미 미 미 미 미 미 미 미

土 : 유 은 은 응 의 의 이 인 일 하 하 한 항 해 해 양 형 혜 호
水 : 민 미 민 미 미 민 미 미 미 미 민 미 미 미 민 미 미 미 미

土 : 홍 화 회 효 후 연 영 예 예 예 외 우 운 운 원 원 월 월 위
水 : 미 미 미 미 미 분 분 분 삐 빈 분 분 봉 빈 분 빈 분 빈 분

雲情 秋一鎬　373

土 : 위 유 유 유 윤 윤 은 은 은 은 을 응 의 의 의 익 인 인 일
水 : 빈 분 빈 복 분 빈 분 빈 복 분 분 분 빈 복 분 빈 빈 복 빈

土 : 일 임 하 하 하 학 한 한 해 해 해 행 행 향 향 헌 현 형 혜
水 : 분 분 분 빈 복 분 분 빈 분 빈 보 분 빈 분 빈 분 분 분 비

土 : 혜 혜 호 회 효 후 휘 희 희
水 : 분 빈 분 분 분 빈 분 분 빈

◧ "金"의 글자 ●───

*. 남자이름 상호포함

金 : 사 사 사 사 사 사 사 사 사 사 산 산 삼 삼 삼 삼 삼 삼
木 : 갑 균 근 건 국 경 곤 관 규 기 길 규 길 갑 건 겸 곤 관 곽

金 : 삼 삼 삼 삼 삼 삼 삼 삼 삼 상 상 상 상 상 상 상 상 상
木 : 광 극 길 교 구 국 군 균 근 기 구 강 곤 규 균 근 기 국 군

金 : 상 상 생 생 생 생 생 생 생 생 서 서 서 서 서 서 서 서
木 : 국 길 곤 구 규 균 건 결 겸 관 길 건 경 곤 구 규 균 기 길

金 : 석 석 석 석 석 석 석 석 석 석 석 석 석 석 선 선 선 선 선
木 : 갑 건 결 곤 관 광 교 구 권 규 균 근 기 길 갑 균 근 건 국

金 : 선 선 선 선 선 선 설 설 설 설 설 설 설 설 설 설 섭 섭 섭
木 : 경 곤 관 규 기 길 갑 균 근 건 국 경 곤 관 규 기 갑 권 규

金 : 섭 섭 성 성 성 성 성 성 성 성 성 성 성 세 세 세 세 세 세
木 : 균 기 갑 균 근 건 국 경 곤 관 규 기 길 갑 건 곤 광 구 권

金 : 세 세 세 세 세 소 소 소 소 소 소 손 손 손 손 송 송 송 송
木 : 규 균 근 기 길 곤 개 광 군 균 근 곤 관 극 길 갑 강 곤 규

金 : 송 송 송 쇠 수 수 수 수 수 수 수 수 수 수 수 수 수 수 수
木 : 균 근 기 곤 갑 건 걸 겸 곤 관 구 국 군 권 규 균 군 기 길

金 : 순 순 순 순 순 순 순 순 순 순 순 순 순 순 술 숭 숭 숭 숭
木 : 갑 건 걸 곤 관 광 교 구 권 규 균 근 기 길 규 갑 경 고 곤

雲情 秋一鎬 375

金 : 승 승 승 승 승 승 승 승 승 시 시 시 시 시 시 시 시
木 : 관 광 구 국 권 규 균 기 길 갑 건 걸 겸 곤 관 구 국 권 규

金 : 시 시 시 식 신 신 신 신 신 신 신 신 신 실 실 실 실
木 : 균 근 길 곤 강 건 곤 교 구 국 규 균 근 기 길 갑 건 경 곤

金 : 실 실 쌍 쌍 쌍 쌍 쌍 쌍 자 자 자 자 자 작 작 장 장 장
木 : 광 근 갑 권 구 규 균 기 균 근 경 국 군 권 규 기 간 계 걸

金 : 장 장 장 장 장 장 장 장 장 장 재 재 재 재 재 재 재
木 : 강 겸 겸 곤 관 구 규 균 근 기 길 갑 강 건 걸 겸 경 곤 관

金 : 재 재 재 재 재 재 재 재 재 재 전 전 전 전 전 점 점 점
木 : 교 구 군 국 권 규 균 근 금 기 길 겸 교 규 근 기 갑 곤 고

金 : 점 점 점 점 점 점 점 점 점 정 정 정 정 정 정 정 정 정
木 : 길 교 구 균 규 건 기 권 걸 갑 계 건 겸 겨 고 곤 관 광 교

金 : 정 정 정 정 정 정 정 정 정 제 제 제 제 제 제 제 제
木 : 구 국 군 권 규 균 극 기 길 건 경 곤 관 구 국 권 규 균 근

金 : 제 제 조 조 조 조 조 조 조 조 조 조 종 종 종 종 종
木 : 기 길 각 갑 견 경 곤 관 광 권 근 금 기 길 가 각 간 강 계

金 : 종 종 종 종 종 종 종 종 종 종 종 종 종 종 종 종 종
木 : 건 걸 겸 경 고 곤 관 광 교 구 국 군 권 귀 규 균 근 금 극

金 : 종 종 좌 좌 좌 좌 좌 주 주 주 주 주 주 주 주 주 주
木 : 기 길 겸 경 권 광 기 갑 강 권 겸 경 곤 관 광 권 기 길 갑

金 : 주 주 주 주 주 주 주 주 주 주 준 준 준 준 준 준 준 준
木 : 강 권 겸 경 곤 관 광 권 기 길 갑 걸 겸 경 곤 관 광 교 구

金 : 준 준 준 준 준 중 중 중 중 중 중 중 중 중 중 중 중 중
木 : 국 권 규 기 길 갑 건 겸 경 고 곤 광 교 구 국 권 규 균 기

金 : 중 중 지 지 지 지 지 지 지 지 지 지 진 진 진 진 진 진
木 : 근 길 갑 건 경 곤 관 국 군 권 균 근 길 각 갑 건 걸 견 겸

金 : 진 진 진 진 진 진 진 진 진 진 진 진 진 진 진 진 진 징
木 : 경 고 곤 관 광 교 구 국 군 권 귀 규 군 근 금 거 기 길 구

金 : 차 차 차 차 차 차 차 차 차 차 차 찬 찬 찬 찬 찬 찬 찬
木 : 갑 강 걸 겸 경 곤 관 구 규 근 기 길 갑 곤 관 구 권 규 근

金 : 찬 찬 창 창 창 창 창 창 창 창 창 창 창 창 창 창 창
木 : 기 길 갑 강 건 걸 겸 경 계 고 곡 곤 관 광 교 구 국 군 권

金 : 창 창 창 창 창 창 창 채 채 채 채 채 채 채 채 채 채
木 : 규 균 극 근 금 기 길 겸 경 곤 관 구 국 권 귀 규 근 기 길

金 : 천 천 천 천 천 천 천 천 천 천 천 철 철 철 철 철 철 철 철
木 : 갑 건 경 고 곤 구 권 규 근 기 길 갑 강 경 계 곤 교 구 국

金 : 철 철 철 철 철 철 철 철 철 철 청 청 청 청 청 청 청 청
木 : 군 권 규 균 극 근 기 길 관 광 강 곤 관 구 권 규 권 근 기

金 : 청 초 총 총 총 추 추 추 춘 춘 춘 춘 춘 춘 춘 춘 춘 춘
木 : 길 강 국 균 길 강 곤 길 갑 강 건 겸 경 계 곤 광 교 국 권

雲情 秋一鎬　377

金 : 춘 춘 춘 춘 춘 출 출 출 출 충 충 충 충 충 충 충 충 충 충
木 : 규 균 근 기 길 갑 곤 구 기 갑 걸 겸 곤 공 관 교 구 국 권

金 : 충 충 충 충 충 충 취 치 치 치 치 치 치 치 치 치 치 치
木 : 규 균 극 근 기 길 곤 걸 겸 경 곤 관 광 교 구 국 건 규 균

金 : 치 치 칠 칠 칠 칠 칠 칠 칠 칠
木 : 권 길 곤 광 구 국 규 균 건 기

金 : 사 사 사 사 사 사 사 사 사 사 사 사 산 산 산 산 산
火 : 남 녹 달 덕 대 두 도 동 득 룡 록 탁 태 택 남 동 두 득 덕

金 : 삼 삼 삼 삼 삼 삼 삼 삼 삼 삼 상 상 상 상 상 상 상 상
火 : 남 달 대 덕 도 두 득 태 택 특 남 녹 당 대 덕 돈 도 동 득

金 : 상 상 상 상 상 상 상 생 생 서 서 서 서 서 석 석 석 석 석
火 : 둔 록 탁 래 로 태 택 도 두 남 동 덕 태 택 노 도 당 동 득

金 : 석 석 석 석 석 석 석 석 선 선 선 선 선 선 선 선 선 선
火 : 록 락 례 룡 렬 탁 태 택 남 녹 달 덕 대 두 도 동 득 락 룡

金 : 선 선 선 선 설 설 설 설 설 설 설 설 설 설 설 설 설 섭 섭
火 : 록 탁 태 택 남 녹 덕 대 두 도 득 락 룡 록 탁 태 택 도 동

金 : 섭 성 성 성 성 성 성 성 성 성 성 성 성 성 성 세 세 세
火 : 득 남 녹 달 덕 대 두 도 동 득 락 룡 록 탁 태 택 도 동 득

金 : 세 소 소 소 소 소 속 손 손 손 손 손 손 손 손 송 송 송
火 : 태 남 덕 득 룡 림 덕 남 달 대 덕 도 득 두 태 택 남 대 덕

金 : 송 송 송 송 송 송 송 수 수 수 수 수 수 수 수 수 수
火 : 도 동 득 락 래 태 택 남 달 대 덕 도 돈 동 두 득 락 래 례

金 : 수 수 수 수 수 수 순 순 순 순 순 순 승 승 승 승 승 승
火 : 로 록 룡 림 태 택 도 득 렬 탁 태 택 남 대 덕 도 동 래 렬

金 : 승 승 승 승 시 시 시 시 시 시 시 시 식 신 신 신 신
火 : 룡 탁 태 택 남 달 대 덕 도 동 두 득 래 태 남 남 대 덕 도

金 : 신 신 신 신 신 심 심 심 심 쌍 쌍 자 자 자 자 자 자 자
火 : 동 득 락 렬 태 남 덕 도 득 동 태 로 록 룡 림 료 리 탁 태

金 : 잠 잠 잠 잠 장 장 장 장 장 장 장 창 창 창 창 재 재 재 재
火 : 덕 도 태 택 남 도 대 덕 동 득 락 렬 록 태 택 남 도 덕 동

金 : 재 재 재 재 재 재 재 재 재 전 점 점 점 점 점 점
火 : 두 득 락 량 룡 륜 록 림 탁 태 택 남 남 달 덕 도 동 두 덕

金 : 점 점 점 점 정 정 정 정 정 정 정 정 정 정 정 정 정 정
火 : 락 룡 태 택 남 노 녹 내 달 대 덕 도 동 득 락 랑 래 렬 림

金 : 정 정 정 정 정 정 정 제 제 제 제 제 제 조 조 조 종 종
火 : 로 록 룡 리 림 태 택 남 대 덕 둔 동 락 탁 남 동 득 남 달

金 : 종 종 종 종 종 종 종 종 종 종 종 종 종 종 종 종 좌 좌
火 : 대 도 덕 동 두 득 락 례 룡 륜 률 록 렬 림 탁 태 택 동 락

金 : 주 주 주 주 주 주 주 주 주 주 주 준 준 준 준 준 준 준
火 : 남 달 대 덕 도 동 득 락 태 탁 택 남 대 덕 동 득 래 렬 록

金 : 준 준 중 중 중 중 중 중 중 중 중 중 중 중 증 증 증
火 : 태 택 남 달 래 대 덕 도 동 락 래 렬 룡 림 태 택 남 덕 도

金 : 증 증 증 증 지 지 지 지 지 지 지 지 지 지 진 진 진
火 : 동 두 태 택 남 달 대 덕 도 동 돈 락 룡 탁 태 택 남 도 덕

金 : 진 진 진 진 진 진 진 진 진 진 진 차 차 차 차 차 차
火 : 동 두 득 락 래 룡 렬 륜 록 률 탁 태 택 남 대 덕 도 동 두

金 : 차 차 차 찬 찬 찬 찬 찬 찬 창 창 창 창 창 창 창 창
火 : 득 룡 태 남 덕 도 동 두 득 태 남 년 념 노 달 대 덕 도 돈

金 : 창 창 창 창 창 창 창 창 창 창 창 창 창 창 창 채 채
火 : 돌 동 두 득 락 래 력 령 록 룡 류 률 린 립 탁 태 택 남 덕

金 : 채 채 채 채 채 천 천 천 천 천 천 천 천 천 천 천 철
火 : 도 동 두 락 록 노 남 대 덕 도 동 두 덕 록 룡 태 택 탁 남

金 : 철 철 철 철 철 철 철 철 철 철 철 철 철 청 청 청 청
火 : 노 녹 대 덕 도 동 두 득 록 룡 탁 태 택 돈 남 대 덕 도 락

金 : 청 청 청 청 청 청 초 초 총 총 추 추 추 추 춘 춘 춘 춘 춘
火 : 래 렬 록 룡 림 태 남 달 덕 록 남 덕 도 탁 달 대 덕 도 동

金 : 춘 춘 춘 출 출 출 충 충 충 충 충 충 충 충 충 치 치 치
火 : 득 림 태 남 도 락 남 대 덕 도 득 락 래 량 렬 태 남 덕 도

金 : 치 치 치 치 치 치 치 칠 칠 칠 칠 칠 칠
火 : 돈 동 두 득 룡 태 택 남 덕 도 동 렬 록

金 : 사 사 사 사 사 사 사 사 사 사 사 사 사 사 산 산
土 : 열 엽 영 용 웅 익 일 운 욱 환 행 헌 현 환 훈 홍 호 우 일

金 : 산 산 산 산 산 산 산 삼 삼 삼 삼 삼 삼 삼 삼 삼 삼
土 : 영 용 호 현 훈 형 홍 안 암 열 영 일 엽 용 우 욱 웅 원 윤

金 : 삼 삼 삼 삼 삼 삼 삼 삼 삼 상 상 상 상 상 상 상 상
土 : 응 호 학 한 환 현 혁 형 훈 헌 함 언 연 열 완 영 엽 욱 웅

金 : 상 상 상 상 상 상 상 상 상 상 상 상 생 생 생 생 생 생
土 : 원 윤 의 일 한 학 현 호 환 훈 홍 헌 홈 연 용 윤 일 현 호

金 : 생 서 서 서 서 서 서 서 서 서 서 서 서 서 서 서 서
土 : 환 암 연 용 웅 우 안 양 억 언 연 열 업 엽 영 옥 완 우 욱

金 : 서 서 서 서 서 서 서 서 서 서 서 서 서 서 서 서 서
土 : 운 원 유 윤 은 웅 익 인 일 임 하 학 한 해 행 호 홍 현 환

金 : 서 선 선 선 선 선 선 선 선 선 선 선 선 선 선 선 선 선
土 : 훈 열 엽 영 오 용 웅 익 일 운 욱 의 이 한 행 헌 현 환 훈

金 : 선 설 설 설 설 설 설 설 설 설 설 설 설 설 설 설 설 섭
土 : 홍 열 엽 영 용 웅 익 일 운 욱 한 행 헌 현 환 훈 홍 호 웅

金 : 섭 섭 섭 성 성 성 성 성 성 성 성 성 성 성 성 성 성 성
土 : 호 헌 훈 열 엽 영 오 용 웅 익 일 운 욱 한 행 헌 현 환 훈

金 : 성 성 성 세 세 세 세 세 세 세 세 세 세 세 세 세 세 세
土 : 홍 호 휘 연 열 영 오 완 용 우 웅 웅 윤 은 일 한 현 환 형

金 : 세 세 소 소 속 손 손 손 손 손 송 송 송 송 송 송 송 송 송
土 : 홍 훈 함 열 우 암 열 영 일 호 연 열 완 열 욱 웅 원 윤 의

金 : 송 송 송 송 송 송 쇠 수 수 수 수 수 수 수 수 수 수 수
土 : 일 학 한 현 호 환 웅 안 암 양 억 언 연 열 업 엽 영 오 옥

金 : 수 수 수 수 수 수 수 수 수 수 수 수 수 수 수 수 수 수
土 : 완 용 우 욱 웅 원 윤 은 익 일 하 한 헌 혁 현 호 홍 환 훈

金 : 수 수 수 수 수 수 수 순 순 순 술 술 술 승 승 승 승 승 승
土 : 해 행 호 홍 현 환 훈 용 호 홍 영 용 환 아 언 엽 연 열 오

金 : 승 승 승 승 승 승 승 승 승 승 승 승 승 승 승 승 승 승 승
土 : 완 용 우 욱 웅 원 윤 은 익 일 하 한 헌 혁 현 호 홍 환 훈

金 : 시 시 시 시 시 시 시 시 시 시 시 시 시 시 시 시 시 시 시
土 : 억 언 업 연 열 엽 영 오 옥 완 용 우 욱 운 웅 원 윤 율 은

金 : 시 시 시 시 시 시 시 시 시 식 식 식 식 식 식 신 신 신
土 : 인 일 학 한 호 헌 현 환 훈 홈 영 우 운 원 형 홍 영 연 역

金 : 신 신 신 신 신 신 신 신 신 신 신 신 신 신 실 실 심
土 : 열 용 우 운 웅 원 윤 일 하 학 혁 형 호 한 환 휘 한 환 혁

金 : 쌍 쌍 쌍 쌍 쌍 쌍 쌍 쌍 쌍 자 자 자 자 자 자 자 자 자
土 : 열 연 영 용 우 윤 현 호 환 암 연 열 오 용 욱 운 웅 원 윤

金 : 자 자 자 자 자 자 자 자 자 자 자 잠 잠 잠 잠 장 장 장
土 : 율 은 한 홍 행 헌 혁 형 환 훈 현 홍 언 환 헌 훈 언 연 열

金 : 장 장 장 장 장 장 장 장 장 장 장 장 장 장 장 장 장
土 : 영 오 옥 은 완 용 우 운 욱 웅 원 윤 율 이 일 한 한 학 헌

金 : 장 장 장 장 장 장 재 재 재 재 재 재 재 재 재 재
土 : 현 호 홍 환 훈 희 안 암 언 연 열 엽 영 오 욱 옥 완 용 우

金 : 재 재 재 재 재 재 재 재 재 재 재 재 재 재 재
土 : 웅 운 유 윤 은 익 인 일 원 월 하 학 한 혁 현 형 호 홍 화

金 : 재 재 재 재 재 적 적 점 점 점 점 점 점 점 점 점 점
土 : 환 훈 훔 희 휘 적 암 열 영 오 안 용 유 윤 원 완 하 학 한

金 : 점 점 점 점 점 점 전 전 정 정 정 정 정 정 정 정 정
土 : 헌 현 호 홍 환 훈 호 환 암 언 읍 열 엽 영 오 용 우 욱 운

金 : 정 정 정 정 정 정 정 정 정 정 정 정 정 정 정 제 제
土 : 웅 원 유 윤 율 은 업 인 일 오 효 헌 현 환 훈 휘 희 헌 영

金 : 제 제 제 제 제 제 제 제 제 제 제 제 제 제 제 제 조
土 : 열 욱 웅 원 윤 율 은 의 인 일 하 학 헌 현 호 홍 환 훈 홍

金 : 조 조 조 조 조 조 조 조 조 조 조 종 종 종 종 종 종
土 : 양 언 업 연 영 용 욱 웅 운 원 인 일 안 암 언 연 열 엽 영

金 : 종 종 종 종 종 종 종 종 종 종 종 종 종 종 종 종 종
土 : 오 옥 완 용 우 욱 운 웅 유 윤 율 을 은 익 인 일 원 하 학

金 : 종 종 종 종 종 종 종 종 종 종 종 종 종 종 종 종 좌
土 : 한 해 헌 혁 현 형 호 홈 화 환 효 훈 홍 희 회 휘 홈 후 언

金 : 좌 좌 좌 좌 좌 좌 좌 좌 좌 주 주 주 주 주 주 주 주 주
土 : 업 엽 영 옥 욱 원 윤 현 홍 희 억 언 연 열 엽 영 오 옥 완

金 : 주 주 주 주 주 주 주 주 주 주 주 주 주 주 주 주 주 주
土 : 용 우 욱 운 웅 원 윤 이 익 인 일 하 학 한 헌 혁 현 형 호

金 : 주 주 주 주 죽 죽 죽 준 준 준 준 준 준 준 준 준 준 준
土 : 홍 화 환 훈 암 웅 원 안 언 연 열 영 오 옥 완 용 우 욱 웅

金 : 준 준 준 준 준 준 준 준 준 준 준 준 준 준 준 준 준 준
土 : 원 윤 익 익 인 일 하 학 한 해 행 헌 혁 현 형 호 홍 화 환

金 : 준 준 준 준 중 중 중 중 중 중 중 중 중 중 중 중 중 중
土 : 효 훈 휘 희 한 열 엽 영 오 옥 완 용 우 웅 원 익 인 일 하

金 : 중 중 중 중 중 중 중 중 중 증 증 증 증 증 증 증 증 증
土 : 학 한 해 헌 현 형 호 환 훈 연 열 우 욱 혁 현 형 호 환 훈

金 : 지 지 지 지 지 지 지 지 지 지 지 지 지 지 지 지 지 지
土 : 언 연 열 엽 영 옥 은 완 용 우 욱 운 원 윤 율 오 익 일 하

金 : 지 지 지 지 지 지 지 지 지 지 진 진 진 진 진 진 진
土 : 학 한 헌 형 호 홍 황 훈 한 현 훈 환 안 암 연 언 열 엽 영

金 : 진 진 진 진 진 진 진 진 진 진 진 진 진 진 진 진 진 진
土 : 오 옥 완 용 우 욱 운 웅 유 윤 율 을 의 은 익 인 일 원 하

金 : 진 진 진 진 진 진 진 진 진 진 진 진 질 질 징 차 차
土 : 학 한 헌 혁 현 형 호 홍 화 환 훈 홍 희 휘 환 형 호 암 영

金 : 차 차 차 차 차 차 차 차 찬 찬 찬 찬 찬 찬 찬 찬
土 : 용 운 원 윤 웅 현 한 호 환 홍 연 열 엽 영 오 용 우 욱 웅

金 : 찬 찬 찬 찬 찬 찬 찬 찬 찬 찬 찬 찬 찬 찬 찬 찬
土 : 원 융 업 이 익 인 일 하 해 형 헌 현 행 호 홍 화 효 훈 휘

金 : 창 창 창 창 창 창 창 창 창 창 창 창 창 창 창 창
土 : 안 암 업 언 연 열 엽 염 오 옥 완 용 우 운 욱 웅 원 위 유

金 : 창 창 창 창 창 창 창 창 창 창 창 창 창 창 창 창
土 : 윤 율 을 웅 은 이 익 일 하 학 한 해 행 헌 혁 현 형 호 홉

金 : 창 창 창 창 창 창 창 창 창 창 채 채 채 채 채 채
土 : 화 환 효 휘 환 활 황 희 후 훈 흠 홍 연 열 엽 영 오 완 용

金 : 채 채 채 채 채 채 채 채 채 채 채 채 채 채 채 채
土 : 우 욱 웅 원 위 율 익 인 일 한 향 헌 현 혁 형 호 홈 화 환

金 : 채 채 채 천 천 천 천 천 천 천 천 천 천 천 천 천 천
土 : 황 훈 홈 안 연 열 영 오 옥 용 우 욱 운 웅 유 윤 은 이 익

金 : 천 천 천 천 천 천 천 천 천 천 철 철 철 철 철 철 철
土 : 일 하 학 행 현 형 호 홍 화 환 훈 안 암 언 연 열 엽 영 오

金 : 철 철 철 철 철 철 철 철 철 철 철 철 철 철 철 철 철
土 : 옥 온 완 용 우 운 욱 웅 원 위 유 윤 율 을 음 은 이 인 익

金 : 철 철 철 철 철 철 철 철 철 철 철 철 철 철 철 철 청 청
土 : 일 임 하 학 한 핸 헌 현 형 호 홍 화 환 희 효 후 회 연 열

雲情 秋一鎬   385

金 : 청 청 청 청 청 청 청 청 청 청 청 청 청 청 청
土 : 엽 영 오 옥 완 용 우 욱 웅 원 율 익 인 일 한 향 헌 혁 현

金 : 청 청 청 청 청 청 초 초 초 초 총 최 최 추 추 추 추
土 : 형 호 홍 화 환 훈 안 엽 우 웅 환 헌 한 환 현 연 용 이 익

金 : 춘 춘 춘 춘 춘 춘 춘 춘 춘 춘 춘 춘 춘 춘 춘 춘 춘 춘
土 : 연 암 언 업 열 엽 영 오 용 우 욱 운 웅 원 유 윤 융 이 익

金 : 춘 춘 춘 춘 춘 춘 춘 춘 춘 춘 춘 춘 춘 출 출 출 출 충
土 : 율 은 인 일 학 한 호 해 헌 형 현 효 홍 환 현 효 화 환 언

金 : 충 충 충 충 충 충 충 충 충 충 충 충 충 충 충 충 충 충
土 : 연 열 영 오 옥 완 용 우 웅 원 윤 은 의 인 일 한 해 헌 현

金 : 충 충 충 충 충 충 충 충 충 치 치 치 치 치 치 치 치
土 : 호 홍 화 환 희 회 효 훈 휘 언 업 열 영 옥 우 왕 용 욱 운

金 : 치 치 치 치 치 치 치 치 치 치 치 치 치 치 치 칠 칠 칠
土 : 웅 웅 원 윤 인 일 한 행 현 헌 호 홍 화 황 환 훈 암 연 용

金 : 칠 칠 칠 칠 칠 칠 칠 칠 칠 칠 칠 칠 칠
土 : 열 염 옥 영 우 웅 원 이 익 현 형 호 휘

金 : 사 사 사 사 사 사 사 사 사 사 사 사 산 산 산 산
金 : 석 선 설 섭 성 식 조 재 준 진 중 종 찬 철 춘 석 섭 수 제

金 : 산 산 산 산 산 산 산 산 산 산 삼 삼 삼 삼 삼 삼 삼
金 : 정 조 종 준 찬 창 칠 춘 출 충 춘 서 설 수 제 정 조 종 준

金 : 삼 삼 삼 삼 삼 상 상 상 상 상 상 상 상 상 상 상 상
金 : 찬 창 칠 춘 출 서 생 석 섭 설 수 승 슬 식 재 제 정 준 직

金 : 상 선 선 선 선 선 선 선 선 선 선 선 선 선 설 설 설 설
金 : 층 석 설 섭 수 식 조 제 준 진 중 종 찬 철 춘 상 석 섭 석

金 : 설 설 설 설 설 설 설 설 섭 섭 섭 섭 섭 섭 섭 섭 성 성
金 : 식 준 진 중 종 찬 철 춘 재 정 종 종 주 준 진 철 칠 산 상

金 : 성 성 성 성 성 성 성 성 성 성 성 성 성 성 성 세 세 세
金 : 석 선 설 섭 제 수 식 조 재 준 진 중 종 찬 철 춘 종 주 준

金 : 세 세 세 세 세 소 소 손 손 손 손 송 송 송 송 송 송 송 송
金 : 중 진 창 천 철 재 진 서 시 정 출 삼 석 수 섭 술 식 재 정

金 : 송 송 수 수 수 수 수 수 수 수 수 수 수 수 수 수 수 수
金 : 준 춘 삼 산 상 생 석 선 설 섭 성 송 식 신 재 제 정 조 종

金 : 수 수 수 수 수 수 수 수 수 수 순 순 순 순 순 순 순 순
金 : 주 준 중 진 찬 창 천 철 칠 춘 석 섭 식 제 조 종 주 지 진

金 : 순 순 순 순 순 순 승 승 승 승 승 승 승 승 승 승 승 승
金 : 찬 창 체 천 철 칠 섭 석 수 식 재 제 조 종 주 준 중 진 찬

金 : 승 승 승 승 시 시 시 시 시 시 시 시 시 시 시 시 시
金 : 창 천 철 출 삼 생 석 선 섭 성 수 술 습 승 재 제 정 조 종

金 : 시 시 시 시 시 시 시 시 시 시 신 신 신 신 신 신 신 신
金 : 주 준 중 진 찬 창 천 철 칠 춘 출 삼 생 선 섭 성 수 식 재

金 : 신 신 신 신 생 생 생 생 생 생 서 서 서 서 서 서 서
金 : 조 종 진 철 수 식 재 조 준 철 춘 정 종 준 중 진 찬 창 천

金 : 서 서 서 석 석 석 석 석 석 석 석 석 석 석 신 신 신
金 : 철 치 춘 식 제 조 종 주 지 진 찬 창 재 천 철 칠 삼 생 선

金 : 신 신 신 신 신 신 신 쌍 쌍 쌍 차 차 차 차 차 차 차 장
金 : 섭 식 진 철 재 조 종 식 수 진 상 생 석 설 성 장 수 식 상

金 : 장 장 장 장 장 장 장 장 장 장 장 장 장 장 장 장 장 장
金 : 생 석 섭 성 수 순 술 시 식 재 제 주 준 진 찬 천 철 춘 출

金 : 재 재 재 재 재 재 재 재 재 재 재 재 재 재 재 재
金 : 산 삼 상 생 석 선 설 섭 성 수 술 승 식 실 심 정 점 조 종

金 : 재 재 재 재 재 재 재 재 재 전 전 전 전 점 점 점 점
金 : 주 준 중 진 창 천 철 청 춘 출 상 석 수 식 삭 상 생 석 섭

金 : 점 점 점 점 점 점 점 점 점 점 점 점 점 정 정 정 정
金 : 성 세 수 식 재 제 조 종 주 준 중 진 찬 철 출 산 삼 상 생

金 : 정 정 정 정 정 정 정 정 정 정 정 정 정 정 정 정 정
金 : 서 석 선 설 섭 성 새 세 소 수 식 재 제 조 주 준 중 진 찬

金 : 정 정 정 정 정 정 제 제 제 제 제 제 제 제 제 제
金 : 창 체 철 칠 춘 출 삼 상 석 섭 수 승 식 정 진 찬 창 철 출

金 : 조 조 조 조 조 조 종 종 종 종 종 종 종 종 종 종 종
金 : 순 정 준 찬 철 철 산 삼 상 생 석 선 설 섭 성 세 수 술 승

金 : 종 종 종 종 종 종 종 종 종 종 종 조 조 조 조 조 조 조 좌
金 : 식 실 심 제 정 조 종 주 준 중 진 찬 창 천 철 청 춘 출 산

金 : 좌 좌 좌 좌 좌 좌 좌 주 주 주 주 주 주 주 주 주 주 주
金 : 선 성 수 식 준 중 진 서 산 삼 상 생 섭 선 성 수 순 식 제

金 : 주 주 주 주 주 주 주 주 주 주 주 죽 죽 준 준 준 준 준 준
金 : 전 종 준 중 직 진 찬 창 천 철 출 산 송 삼 상 생 석 섭 성

金 : 준 준 준 준 준 준 준 준 준 준 중 중 중 중 중 중 중 중 중
金 : 세 수 식 시 재 제 조 종 천 철 산 삼 상 서 석 선 섭 성 수

金 : 중 중 중 중 중 중 중 중 증 증 증 증 증 증 증 증 지 지 지
金 : 식 재 제 종 주 진 천 철 식 상 수 종 준 진 철 산 상 생 서

金 : 지 지 지 지 지 지 지 지 지 지 지 지 지 진 진 지 진
金 : 석 선 섭 성 수 식 정 종 준 중 찬 창 철 춘 출 산 삼 상 생

金 : 진 진 진 진 진 진 진 진 진 진 진 진 진 진 진 진 진 진 진
金 : 석 선 설 섭 성 수 세 술 승 식 실 정 조 종 주 준 중 진 창

金 : 진 진 진 진 진 질 징 차 차 차 차 차 차 차 차 차 찬 찬
金 : 천 철 청 춘 출 수 제 상 석 섭 수 식 제 준 진 철 칠 상 서

金 : 찬 찬 찬 찬 찬 찬 찬 찬 찬 찬 찬 찬 찬 찬 찬 찬 찬
金 : 석 섭 성 세 수 식 재 제 정 조 종 주 준 중 진 삼 상 생 서

金 : 창 창 창 창 창 창 창 창 창 창 창 창 창 창 창 창 창
金 : 석 선 성 세 송 수 술 시 식 재 전 제 정 조 종 주 중 진 천

金 : 창 채 채 채 채 채 채 채 채 채 채 채 처 처 처
金 : 철 상 생 석 선 섭 성 수 승 식 신 종 준 중 진 철 재 종 진

金 : 천 천 천 천 천 천 천 천 천 천 천 천 천 천 천 천 천
金 : 생 서 석 선 섭 세 수 술 시 식 재 제 정 조 종 주 준 진 출

金 : 철 철 철 철 철 철 철 철 철 철 철 철 철 철 철 철 철
金 : 산 삼 상 생 서 석 선 섭 성 세 수 승 식 전 재 제 정 조 종

金 : 철 철 철 청 청 청 청 청 청 청 청 청 청 추 추 추 추
金 : 주 중 진 상 생 석 섭 성 수 식 자 준 중 진 치 섭 성 식 수

金 : 추 춘 춘 춘 춘 춘 춘 춘 춘 춘 춘 춘 춘 춘 춘 춘 춘 춘
金 : 철 삼 산 상 생 서 석 섭 성 새 세 수 식 재 제 정 조 종 진

金 : 춘 춘 춘 춘 춘 춘 출 충 충 충 충 충 충 충 충 충 충 충
金 : 주 준 중 채 천 철 성 사 세 서 석 선 섭 성 수 식 정 재 제

金 : 충 충 충 충 치 치 치 치 치 치 치 치 치 치 치 치 치 칠
金 : 조 종 진 찰 상 석 선 섭 성 수 식 재 제 정 조 종 중 진 석

金 : 칠 칠 칠 칠 칠 칠 칠 칠
金 : 성 수 승 식 제 조 중 찬

金 : 사 사 사 사 사 사 사 사 사 사 사 사 산 산 산 삼 삼
水 : 모 면 명 목 문 민 배 범 복 봉 보 빈 표 필 만 봉 복 만 문

金 : 삼 삼 삼 삼 삼 삼 상 상 상 상 상 상 상 상 상 상 상
水 : 민 배 범 보 표 필 만 면 명 모 목 묵 민 배 병 복 부 빈 백

金 : 상 상 생 생 생 생 생 생 서 서 서 서 서 석 석 석 석 석
水 : 범 봉 도 두 문 민 보 복 봉 봉 볻 평 표 필 명 모 목 문 범

金 : 석 석 선 선 선 선 선 선 선 선 선 선 선 선 선 선 선 설
水 : 보 표 모 면 명 목 만 문 민 방 범 복 봉 보 복 빈 표 필 모

金 : 설 설 설 설 설 설 설 설 설 설 설 섭 성 성 성 성 성 성
水 : 면 목 만 문 민 매 범 복 봉 빈 표 필 봉 모 면 명 목 만 문

金 : 성 성 성 성 성 성 성 성 성 세 세 세 세 세 세 세 소 소
水 : 민 배 범 복 봉 보 빈 표 필 만 명 문 민 복 북 빈 필 만 민

金 : 소 소 소 소 속 손 손 손 송 송 송 송 송 송 쇄 수 수 수 수
水 : 보 봉 붕 병 필 만 배 필 만 배 병 복 부 빈 병 만 명 모 묵

金 : 수 수 수 수 수 수 수 수 수 수 수 수 순 순 순 순 순 순
水 : 목 문 민 배 범 병 보 복 봉 빈 평 표 필 만 명 모 목 문 범

金 : 순 순 술 승 승 승 승 승 승 승 승 승 승 승 승 승 승 승
水 : 보 표 봉 만 명 모 분 민 배 백 범 병 보 복 봉 부 빈 표 필

金 : 시 시 시 시 시 시 시 시 시 시 식 식 식 식 식 식 식
水 : 만 면 명 목 묵 문 민 범 병 복 봉 부 만 문 민 병 봉 부 표

金 : 심 쌍 쌍 자 자 자 자 자 자 자 자 자 자 자 잠 장 장
水 : 복 문 병 만 명 면 목 문 묵 민 범 병 복 빈 펴 필 복 만 면

金 : 장 장 장 장 장 장 장 장 재 재 재 재 재 재 재 재 재 재
水 : 문 민 배 보 복 봉 빈 표 만 명 모 목 무 묵 문 민 발 방 백

金 : 재 재 재 재 재 재 재 전 전 점 점 점 점 점 점 점
水 : 범 보 복 봉 부 빈 표 필 배 복 배 만 모 목 명 무 묵 문 범

金 : 점 점 점 점 점 점 정 정 정 정 정 정 정 정 정 정
水 : 보 복 부 빈 표 필 만 명 민 모 목 무 묵 문 면 배 백 범 병

金 : 정 정 정 정 정 정 정 정 정 체 체 체 체 체 조 조 조 종 종
水 : 보 복 봉 부 분 빈 평 표 필 명 문 민 복 봉 무 문 부 만 명

金 : 종 종 종 종 종 종 종 종 종 종 종 종 종 종 종 종 종 종
水 : 모 목 무 묵 문 민 발 배 백 범 보 복 봉 부 빈 판 평 표 필

金 : 좌 좌 좌 주 주 주 주 주 주 주 주 주 주 주 주 죽
水 : 만 명 묵 만 명 묵 문 민 배 백 범 법 병 복 봉 빈 펴 필 부

金 : 죽 준 준 준 준 준 준 준 준 준 준 준 준 준 준 준 중
水 : 봉 만 명 모 무 묵 민 배 범 병 보 복 봉 부 빈 평 표 필 만

金 : 중 중 중 중 중 중 중 중 중 중 증 증 증 증 지 지 지 지
水 : 모 목 문 민 배 범 보 복 부 빈 표 만 묵 배 판 만 명 목 문

金 : 지 지 지 지 지 진 진 진 진 진 진 진 진 진 진 진
水 : 민 백 복 봉 부 만 명 모 목 무 묵 문 민 배 백 보 범 병 복

金 : 진 진 진 진 징 차 차 차 차 차 차 차 찬 찬 찬 찬 찬 찬
水 : 봉 평 표 필 복 만 묵 문 민 법 복 봉 필 만 명 모 목 문 민

金 : 찬 찬 찬 찬 찬 찬 찬 창 창 창 창 창 창 창 창 창
水 : 배 범 병 복 봉 표 필 만 명 모 목 문 무 묵 민 배 백 범 보

金 : 창 창 창 창 창 창 창 창 창 채 채 채 채 채 채 채 채
水 : 복 봉 부 빈 판 팔 평 표 필 만 문 민 반 범 법 병 복 봉 부

金 : 채 천 천 천 천 천 천 천 천 천 천 철 철 철 철 철 철 철
水 : 빈 만 명 묵 문 민 배 백 범 보 봉 빈 만 명 모 무 묵 문 민

金 : 철 철 철 철 철 철 철 철 철 청 청 청 청 청 청 최 추 춘
水 : 배 범 복 봉 부 빈 평 표 필 모 묵 배 범 복 부 빈 복 봉 만

金 : 춘 춘 춘 춘 춘 춘 춘 춘 춘 춘 춘 춘 춘 춘 춘 춘 출 출 출
水 : 명 목 무 묵 민 배 범 병 보 복 봉 부 빈 평 표 필 만 배 봉

金 : 충 충 충 충 충 충 충 충 충 충 충 충 충 치 치 치 치 치 치
水 : 만 명 모 목 무 묵 문 민 배 범 복 부 빈 명 묵 문 백 범 복

金 : 치 치 칠 칠 칠
水 : 봉 부 만 복 봉

🔲 "金"의 글자 ●──────

*. 여자이름 상호 포함

金 : 산 삼 서 선 설 성 세 수 숙 순 순 승 시 실 자 재 전 정 제
木 : 경 경 경 경 경 경 경 경 경 금 경 경 경 경 경 경 경 경

金 : 조 종 종 주 중 중 지 지 진 진 차 차 찬 찬 찬 채 체 천 추
木 : 경 경 금 경 금 경 금 경 금 금 경 금 경 경 경 경 경 경

金 : 춘 치
木 : 경 경

金 : 산 선 설 설 설 설 세 소 소 송 송 수 순 순 순 승 승 시 시
火 : 님 녀 님 남 녀 님 남 남 님 남 님 림 남 님 녀 남 녀 나 내

金 : 시 신 신 재 제 조 종 주 중 중 중 거 거 거 거 진 진 차 찬
火 : 나 림 라 녀 님 녀 녀 녀 녀 님 림 나 녀 님 녀 녀 님 녀 녀

金 : 천 창 창 성 성 세 세 소 소 순 순 순 조 주 주 중 중 지 지
火 : 녀 님 나 단 님 녀 림 녀 나 득 림 녀 나 림 녀 녀 림 림 나

金 : 성 성 세 세 소 소 사 사 산 삼 서 서 서 서 서 서 서 선 선 설
火 : 림 라 단 림 림 덕 라 림 례 려 라 림 란 린 령 란 령 란 란

金 : 설 설 설 성 성 세 세 세 세 소 소 소 소 송 송 송 송 송 수
火 : 린 림 례 례 림 라 란 련 례 란 리 래 례 란 련 림 리 래 라

金 : 수 수 숙 숙 숙 순 순 순 순 승 승 승 시 시 시 시 시 신 신
火 : 련 리 란 림 련 람 림 례 란 란 림 령 란 련 림 라 리 란 림

金 : 신 신 신 신 실 실 실 실 자 장 재 재 재 정 제 제 제 조 조
火 : 린 령 라 례 림 련 령 림 령 림 린 란 림 란 린 련 란 림 령

金 : 종 종 종 종 중 중 중 중 지 지 지 차 차 차 차 찬 찬 찬 찬
火 : 란 련 림 례 란 례 림 련 란 림 령 란 련 림 령 란 림 례 리

金 : 창 창 창 창 채 채 채 채 처 초 초 초 초 추 추 추 추 춘 처
火 : 란 련 례 림 림 련 라 령 령 란 림 롱 련 란 림 령 란 란 림

金 : 사 사 사 사 사 사 사 사 사 사 사 사 사 산 산 산 산
火 : 양 안 연 영 옥 운 애 원 윤 은 인 임 아 언 유 아 연 옥 애

金 : 산 산 산 산 삼 삼 삼 삼 삼 삼 삼 서 서 서 서 서 서 서 서
火 : 은 윤 임 영 아 연 옥 애 영 은 임 아 연 영 옥 운 은 애 양

金 : 선 선 선 선 선 선 설 설 설 설 설 설 설 설 성 성 성 성 세
火 : 연 영 옥 윤 인 애 아 연 영 옥 애 아 은 임 애 옥 아 애 연

金 : 세 세 세 세 세 세 세 세 세 세 소 소 소 소 소 소 소 손 손
火 : 영 옥 애 원 윤 은 임 아 인 인 연 영 옥 원 아 은 임 영 애

金 : 송 송 송 송 송 송 송 송 수 수 수 수 수 수 수 수 수 수
火 : 연 영 옥 애 은 임 아 이 아 연 은 인 임 이 애 옥 영 양 윤

金 : 숙 숙 숙 숙 숙 숙 숙 숙 숙 숙 숙 순 순 순 순 순 순 승
火 : 아 양 애 언 연 영 안 옥 이 은 원 윤 영 옥 애 연 은 임 아

金 : 승 승 승 승 승 승 승 승 승 승 승 승 승 승 시 시 시 시
火 : 애 연 영 옥 애 윤 은 인 이 예 임 여 하 현 혜 연 옥 애 윤

雲情 秋一鎬   395

金 : 시 시 시 시 시 시 시 신 신 신 신 신 신 신 신 신
火 : 은 임 야 언 영 양 아 현 아 연 영 안 옥 애 임 혜 은 윤 예

金 : 실 실 실 실 실 실 실 실 실 실 실 자 자 자 자 자 장
火 : 영 연 옥 윤 임 애 연 아 이 인 혜 예 야 연 옥 윤 은 임 연

金 : 장 장 장 장 장 장 장 장 재 재 재 재 재 재 재 재 전
火 : 아 이 애 은 인 임 혜 옥 아 연 영 아 애 은 임 혜 옥 예 연

金 : 전 전 전 전 전 전 전 정 정 정 정 정 제 제 제 제 제 조
火 : 영 애 은 임 옥 혜 예 아 옥 애 연 은 임 옥 은 임 애 옥 연

金 : 종 종 종 종 종 종 종 주 주 주 주 주 주 주 주 주 주 중
火 : 연 영 옥 원 임 인 애 아 연 영 옥 애 은 임 혜 이 예 원 연

金 : 중 중 중 중 중 중 중 중 지 지 지 지 지 지 지 진 진
火 : 연 영 옥 애 은 임 혜 아 영 영 옥 애 은 임 혜 예 연 영 옥

金 : 진 진 차 차 차 차 차 차 차 차 찬 찬 찬 찬 찬 찬 찬
火 : 애 아 연 영 옥 애 은 임 혜 임 예 연 영 옥 예 아 은 임 혜

金 : 창 창 창 창 창 창 창 창 채 채 채 채 채 채 채 채 채
火 : 연 영 옥 애 은 임 혜 아 연 영 옥 운 은 인 임 아 혜 예 안

金 : 처 처 처 처 처 천 천 천 천 천 청 청 청 청 청 체 체 체
火 : 영 연 옥 윤 임 연 옥 애 임 아 아 옥 애 은 임 혜 연 옥 윤

金 : 체 체 초 초 초 초 초 초 초 초 추 추 추 추 추 추 추
火 : 은 영 아 연 은 인 임 이 혜 예 옥 애 아 영 옥 용 애 혜 은

金 : 충 충 충 충 충 춘 춘 춘 춘 춘 춘 치 치 치 치 치 치 치 치
火 : 은 임 옥 은 혜 혜 예 아 해 임 영 연 영 애 은 임 혜 예 옥

金 : 사 사 사 사 사 산 산 산 삼 삼 삼 서 서 서 서 서 서 서 서
土 : 혜 희 임 영 옥 홍 화 희 옥 희 아 아 이 홍 혜 현 화 옥 희

金 : 서 서 선 선 선 선 선 선 설 설 설 성 성 성 세 세 세 세 소
土 : 홍 아 아 옥 영 혜 희 이 희 애 옥 희 화 애 화 희 옥 아 아

金 : 소 소 소 소 송 송 송 송 수 수 수 수 수 숙 숙 숙 숙 숙
土 : 희 화 애 옥 화 희 옥 연 화 희 애 옥 혜 은 향 희 애 아 은

金 : 순 순 순 순 순 승 승 승 승 승 승 시 시 시 시 시 신 신 신
土 : 아 혜 화 희 옥 아 화 희 애 옥 임 화 희 애 옥 은 희 아 혜

金 : 신 신 신 신 실 실 심 심 자 자 자 자 자 자 장 장 장 장
土 : 화 영 애 옥 화 희 옥 영 영 희 애 옥 임 은 혜 화 희 옥 애

金 : 재 재 재 재 전 전 전 전 전 정 정 정 정 정 제 제 조 조 종
土 : 아 희 은 옥 화 희 옥 영 애 화 희 아 옥 임 희 아 희 옥 옥

金 : 종 주 주 주 주 주 중 중 중 중 중 중 지 지 지 진 진 차 차
土 : 애 화 희 옥 영 아 화 희 애 옥 임 은 은 화 희 희 옥 희 옥

金 : 차 차 찬 찬 찬 찬 찬 찬 창 창 창 창 창 채 채 채 채
土 : 영 은 희 옥 애 이 화 임 희 화 옥 임 아 은 아 화 희 옥 은

金 : 채 채 천 천 천 청 청 청 체 초 초 초 초 초 추 추 추 추
土 : 영 임 화 희 옥 아 화 옥 은 화 희 옥 아 이 영 희 영 옥 은

金 : 춘 춘 춘 춘 춘 충 충 치 치 치 치
土 : 화 희 애 옥 은 희 옥 옥 화 영 은

金 : 사 사 산 삼 삼 서 서 서 서 선 선 선 설 성 성 성 성 성 세
土 : 순 숙 숙 숙 순 숙 순 선 숙 숙 순 실 순 순 숙 실 심 선 선

金 : 세 세 세 소 소 소 소 소 손 송 송 송 수 수 숙 숙 순 승 승
土 : 숙 실 심 선 순 숙 실 심 숙 선 순 숙 선 실 선 실 선 선 실

金 : 승 시 시 시 신 신 신 신 실 실 실 실 자 자 잠 잠 잠 장 장
土 : 숙 선 숙 순 선 실 숙 순 선 순 심 숙 선 숙 실 숙 선 선 숙

金 : 장 장 재 재 재 재 전 전 전 정 정 정 정 제 제 제 조 조
土 : 실 심 선 실 숙 순 선 순 숙 선 숙 순 실 심 선 숙 실 선 숙

金 : 조 종 종 종 종 종 주 주 주 주 중 중 중 중 중 지 지 지 진
土 : 심 선 순 숙 실 심 선 순 숙 실 선 순 숙 실 심 선 순 숙 선

金 : 진 진 진 진 차 차 차 찬 찬 찬 찬 찬 창 창 창 채 채 채 채
土 : 순 숙 실 심 선 숙 숙 선 순 숙 실 심 선 순 숙 선 실 숙 순

金 : 처 처 천 천 천 천 청 청 청 체 초 초 초 초 추 추 추 추 춘
土 : 숙 순 사 숙 순 심 선 숙 순 숙 선 실 숙 순 선 실 숙 순 선

金 : 춘 춘 충 충 충 치 치 치 사 사 산 삼 서 서 서 서 선 선 선 선
土 : 숙 순 선 숙 실 선 순 축 정 진 주 주 주 진 정 자 주 정 진

金 : 설 설 설 성 성 세 세 세 세 소 소 소 송 송 송 숙 숙 숙 숙
金 : 자 주 정 자 주 지 주 진 정 정 지 순 자 주 지 자 조 정 지

金 : 순 승 승 승 승 승 승 시 시 시 시 시 신 신 신 신 심 심 심
金 : 자 자 주 지 숙 정 선 주 자 숙 진 정 주 자 숙 정 숙 주 자

金 : 심 성 주 종 중 중 중 진 진 진 진 진 지 차 차 찬 찬 찬 채
金 : 정 자 숙 숙 숙 선 순 자 주 정 숙 선 숙 숙 선 숙 선 주 숙

金 : 채 채 천 천 청 추 추 춘 치
金 : 숙 정 숙 선 선 자 선 자 숙

金 : 사 사 서 선 선 설 성 세 소 손 송 수 순 승 승 신 심 자 장
水 : 미 민 미 명 미 미 미 미 미 미 미 미 미 민 미 분 미 미

金 : 전 정 제 종 종 주 중 지 진 진 차 찬 채 체 초 춘 충 사 사
水 : 미 미 미 미 분 미 미 미 민 미 미 미 미 미 미 분 빈

金 : 산 삼 서 선 설 세 세 소 소 소 손 송 송 수 수 숙 순 승 승
水 : 미 분 분 분 분 분 빈 분 빈 복 분 분 빈 분 빈 빈 분 분 빈

金 : 시 시 신 심 자 자 장 장 재 전 정 정 제 제 종 종 주 주 중
水 : 분 빈 분 빈 분 빈 빈 분 빈 분 빈 분 빈 분 복 분 빈 분

金 : 중 중 중 지 진 진 진 차 차 찬 찬 찬 창 창 채 청 초 추 춘
水 : 분 빈 복 빈 분 빈 복 분 빈 분 빈 복 분 빈 분 빈 빈 빈 분

▣ "水"의 글자 ●━━━

*. 남자이름 상호 포함

水 : 마 마 마 마 마 마 막 만 만 만 만 만 만 만 만 만 만
木 : 국 권 규 균 근 길 강 갑 강 건 겸 곤 구 국 권 규 균 근 기

水 : 만 말 매 매 맹 맹 맹 맹 면 명 명 명 명 명 명 명
木 : 길 균 곤 구 곤 구 균 근 기 길 갑 개 건 겸 경 계 고 곤 관

水 : 명 명 명 명 명 명 명 명 명 명 명 모 몽 묘 무 무 무
木 : 광 교 구 국 군 권 귀 규 균 극 근 기 길 금 규 길 갑 겸 경

水 : 무 무 무 무 무 무 무 무 무 무 무 문 문 문 문 문 문 문
木 : 곤 공 관 구 권 규 균 근 금 기 길 각 갑 강 건 걸 견 겸 경

水 : 문 문 문 문 문 문 문 문 문 문 문 물 미 미 미 미 미
木 : 곤 관 광 교 구 국 권 규 균 군 가 갈 겸 갑 강 군 권 균 길

水 : 민 민 민 민 민 민 민 민 민 민 민 민 민 민 박 방 방
木 : 갑 걸 경 곤 관 광 구 국 군 규 균 권 검 기 근 길 규 계 구

水 : 방 방 배 배 배 배 배 배 배 배 백 백 백 백 백 백 백
木 : 규 길 경 곤 관 규 균 권 금 기 길 경 곤 관 구 권 규 균 금

水 : 백 백 뱅 범 범 범 범 범 범 범 벽 법 버 버 버 버 병 병 병
木 : 기 길 곤 구 권 규 균 권 기 길 기 경 근 광 권 규 갑 건 걸

水 : 병 병 병 병 병 병 병 병 병 병 병 보 보 보 보 보 보 보
木 : 경 곤 관 구 국 권 규 균 극 근 기 길 검 겸 곤 관 광 구 국

水 : 보 보 보 보 보 복 복 복 복 복 복 복 복 복 복 복 복
木 : 권 규 균 근 길 갑 개 겸 경 계 곤 광 관 강 구 권 귀 규 균

水 : 복 복 복 본 본 본 본 봉 봉 봉 봉 봉 봉 봉 봉 봉 봉
木 : 극 근 길 권 규 기 길 근 갑 간 건 걸 겸 경 고 곤 관 구 국

水 : 봉 봉 봉 봉 봉 봉 봉 부 부 부 부 부 부 부 부 부 부
木 : 군 권 규 균 기 길 근 갑 건 걸 겸 경 곤 관 구 국 균 권 규

水 : 부 부 부 부 부 북 분 분 분 분 분 분 분 분 붕 붕 판 판 판
木 : 균 극 기 길 근 균 고 군 건 권 규 균 근 기 구 기 갑 건 걸

水 : 판 판 판 판 판 판 판 판 판 판 판 팔 팔 팔 팔 평 평 평 평
木 : 경 곤 관 구 권 규 균 극 기 길 근 국 균 근 기 건 걸 교 규

水 : 평 평 평 평 포 표 풍 풍 풍 풍 풍 풍 필 필 필 필 필 필 필
木 : 균 근 기 길 근 근 광 구 국 규 기 길 경 계 곤 관 구 국 권

水 : 필 필 필 필
木 : 규 균 근 기

水 : 명 명 명 모 묘 무 무 문 미 민 박 방 방 백 백 백 번 범 범
火 : 남 년 념 년 남 남 념 노 남 남 남 노 남 년 노 남 남 남

水 : 법 법 보 복 복 복 복 복 본 본 봉 봉 봉 봉 부 북 판 판 판
火 : 노 녹 남 남 노 녹 낙 내 남 녹 남 노 녹 녕 남 남 남 노 녹

水 : 막 막 만 만 만 만 만 만 말 말 말 말 맹 맹 맹 명 명 명
火 : 동 둘 대 덕 도 동 두 득 달 덕 도 두 득 도 두 덕 단 달 답

水 : 명 명 명 명 명 명 명 모 몽 묘 묘 무 무 무 무 문 문 문
火 : 대 덕 도 돈 돌 동 두 득 도 대 동 덕 대 덕 동 득 달 담 대

水 : 문 문 문 문 문 미 미 미 미 민 민 민 민 방 배 배 배 배 배
火 : 덕 도 동 두 득 대 덕 도 동 덕 도 돌 두 덕 덕 도 두 동 둔

水 : 백 백 범 범 범 범 병 병 병 병 병 병 병 보 보 보 보 복
火 : 두 둔 대 덕 두 득 달 대 덕 도 돈 동 두 득 대 덕 동 두 달

水 : 복 복 복 복 복 복 복 복 본 본 본 본 본 본 봉 봉 봉 봉
火 : 담 대 덕 도 돌 동 두 등 달 대 덕 도 돈 두 달 대 덕 도 돈

水 : 봉 봉 봉 봉 봉 봉 부 부 부 부 부 부 부 부 부 분 분 분 판
火 : 돌 동 두 둘 득 둔 달 대 덕 돈 돌 둥 두 득 둔 대 도 두 달

水 : 판 판 판 판 판 판 판 판 판 팔 평 평 포 필 필 필 필 막 만
火 : 대 덕 도 돈 돌 동 두 득 둔 동 대 도 덕 도 두 동 득 례 래

水 : 만 명 명 명 명 명 명 명 명 명 모 목 몽 몽 몽 무 무
火 : 룡 랑 래 렬 례 로 록 룡 륜 률 리 립 례 락 렬 룡 률 랑 룡

水 : 문 문 문 문 문 미 미 방 범 병 병 병 병 병 병 병 병 병 복
火 : 래 렬 례 록 룡 륵 룡 룡 룡 락 래 렬 로 록 룡 률 림 립 량

水 : 복 복 복 복 복 복 봉 봉 봉 봉 봉 봉 봉 봉 봉 부 부
火 : 렬 록 룡 률 리 림 로 록 락 래 룡 렬 례 률 리 림 립 로 록

水 : 부 부 부 부 부 붕 판 판 판 판 판 판 판 판 평 평 평 필 만
火 : 락 룡 린 림 립 로 로 록 락 래 룡 렬 림 립 래 렬 록 록 탁

水 : 만 만 말 말 말 명 명 명 모 무 무 무 문 문 문 민 민 배 백
火 : 태 택 탁 태 택 탁 태 택 태 탁 태 택 탁 태 택 태 택 택 태

水 : 번 범 범 범 병 병 병 병 보 보 복 복 복 복 본 본 봉 봉 봉
火 : 태 탁 태 택 탁 태 택 특 태 택 탁 태 택 탁 태 택 특 탁 특 탁 태 택

水 : 봉 부 부 부 부 판 필 필
火 : 특 탁 태 택 특 택 태 택

水 : 마 만 만 만 만 만 만 만 만 만 만 만 만 만 말 말 말
土 : 율 암 업 열 엽 영 오 용 우 웅 원 윤 율 은 이 일 용 우 웅

水 : 말 말 말 매 맹 맹 맹 맹 면 명 명 명 명 명 명 명 명
土 : 원 윤 율 웅 열 오 용 웅 언 우 암 언 연 열 엽 영 오 용 우

水 : 명 명 명 명 명 명 명 명 명 명 명 모 모 모 모 몽 묘 무
土 : 욱 운 웅 원 윤 율 은 의 이 인 일 임 영 용 일 인 임 열 안

水 : 무 무 무 무 무 무 무 무 무 무 무 무 무 무 무 문 문 문 문
土 : 암 억 언 열 엽 영 용 웅 원 율 의 이 익 인 일 업 연 열 엽

水 : 문 문 문 문 문 문 문 문 문 문 문 문 문 문 문 미 미 미 미
土 : 영 오 왕 용 웅 이 원 율 융 읍 응 의 익 일 임 욱 용 우 운

水 : 미 미 미 민 민 민 민 민 민 민 민 민 민 민 민 밀 박 박
土 : 웅 원 윤 열 영 오 옥 용 우 욱 웅 원 응 의 이 일 영 영 의

水 : 박 반 반 반 반 박 방 방 방 방 방 방 방 방 방 배 배 배
土 : 우 열 오 옥 원 우 언 용 우 운 얼 웅 원 율 일 열 영 응 원

水 : 배 배 배 백 백 백 백 백 백 백 백 백 백 번 번 번
土 : 율 익 인 연 열 엽 영 오 완 용 운 응 웅 원 윤 일 열 웅 이

水 : 번 범 범 범 범 범 범 범 범 범 법 법 병 병 병 병 병
土 : 일 안 연 열 영 용 우 운 운 울 인 일 용 웅 안 양 억 언 연

水 : 병 병 병 병 병 병 병 병 병 병 병 병 병 보 보 보 보
土 : 열 엽 영 오 옥 용 우 욱 원 윤 율 은 의 익 일 암 업 열 엽

水 : 보 보 보 보 보 보 보 보 복 복 복 복 복 복 복 복 복 복
土 : 용 우 운 웅 원 응 인 일 악 안 암 언 업 억 연 열 엽 영 오

水 : 복 복 복 복 복 복 복 복 복 복 복 본 본 본 본 본 본 본 본
土 : 옥 운 웅 원 유 윤 율 은 인 일 응 연 엽 영 오 용 욱 운 웅

水 : 본 본 본 본 본 본 봉 봉 봉 봉 봉 봉 봉 봉 봉 봉 봉 봉
土 : 원 윤 은 익 인 일 암 암 언 업 억 연 열 엽 영 오 옥 용 우

水 : 봉 봉 봉 봉 봉 봉 봉 봉 봉 부 부 부 부 부 부 부 부
土 : 욱 운 웅 윤 율 은 의 익 인 일 안 암 엽 언 억 연 열 영 오

水 : 부 부 부 부 부 부 부 부 부 부 부 부 부 북 북 북 분 분
土 : 옥 운 용 욱 웅 원 유 윤 은 엽 억 익 일 응 열 영 용 열 엽

水 : 분 분 불 불 불 판 판 판 판 판 판 판 판 판 판 판 판
土 : 영 용 연 열 용 암 언 엽 연 열 영 오 용 우 욱 운 웅 우 욱

水 : 판 판 판 판 판 판 판 판 판 팔 팔 팔 팔 팔 평 평 평
土 : 운 웅 원 유 윤 율 은 엽 익 일 암 연 영 용 우 원 율 엽 오

水 : 평 평 평 평 평 평 평 평 포 포 표 표 표 표 풍 풍 풍 풍 풍
土 : 옥 완 원 윤 율 은 이 일 용 우 영 월 운 원 영 우 운 웅 원

水 : 풍 풍 필 필 필 필 필 필 필 필 필 마 마 마 만 만 만 만
土 : 열 영 용 우 원 유 윤 은 인 일 운 응 홍 환 헌 하 현 형 호

水 : 만 만 만 만 만 만 만 말 말 말 말 말 말 말 말 말 맹 맹
土 : 홍 화 환 후 훈 흠 희 하 현 형 호 홍 화 환 훈 흠 희 회 휘

水 : 맹 면 면 면 명 명 명 명 명 명 명 명 명 명 명 명 명
土 : 환 형 호 환 하 학 한 해 형 헌 혁 형 협 호 환 효 후 훈 휘

水 : 명 모 모 모 목 목 몽 몽 몽 몽 묘 묘 묘 무 무 무 무 무 무
土 : 희 방 헌 환 한 환 학 호 화 환 학 한 환 하 학 한 헌 혁 현

水 : 무 무 무 무 무 묵 문 문 문 문 문 문 문 문 문 문 문 문 문
土 : 형 호 홍 환 훈 현 하 학 한 해 현 형 호 휘 홍 화 환 황 효

水 : 문 문 문 문 미 미 미 미 민 민 민 민 민 민 민 민 민 민 민
土 : 훈 홍 회 희 한 행 호 홍 하 한 해 현 형 호 홍 화 환 황 효

水 : 민 민 반 반 반 방 방 방 방 방 배 배 배 배 배 백 백 백
土 : 훈 홍 호 홍 헌 한 현 호 홍 환 휘 현 호 화 환 훈 합 현 형

水 : 백 백 백 백 백 번 번 범 범 범 범 범 범 법 변 병 병 병
土 : 호 환 훈 휘 희 호 환 한 환 현 호 훈 휘 회 홍 현 하 학 한

水 : 병 병 병 병 병 병 병 병 병 병 병 병 보 보 보 보 보 보 보
土 : 해 헌 현 호 협 형 홍 화 환 휘 훈 희 화 학 한 해 헌 혁 현

雲情 秋一鎬 405

水 : 보 보 보 보 보 보 복 복 복 복 복 복 복 복 복 복 복 복
土 : 형 홍 홍 환 훈 휘 하 학 한 함 합 항 해 행 헌 현 혁 형 호

水 : 복 복 복 복 복 복 복 복 복 본 본 본 본 본 본 본 본 본
土 : 홍 화 환 효 훈 휘 휴 희 홍 흠 하 학 한 헌 현 형 환 훈 휘

水 : 본 봉 봉 봉 봉 봉 봉 봉 봉 봉 봉 봉 봉 봉 봉 봉 봉
土 : 홍 하 학 한 항 호 해 행 헌 현 혁 형 화 환 효 후 훈 휘 희

水 : 봉 봉 봉 부 부 부 부 부 부 부 부 부 부 부 부 부 부 불
土 : 휴 홍 흠 하 항 호 홍 해 행 현 혁 화 환 훈 휘 홍 현 흠 환

水 : 비 비 비 비 비 비 비 비 판 판 판 판 판 판 판 판 판 판
土 : 호 훈 헌 현 환 홍 한 훈 학 한 호 홍 해 혁 형 환 훈 현 희

水 : 팔 팔 평 평 평 평 평 표 표 풍 필 필 필 필 필 필 필 필
土 : 현 형 하 한 호 화 환 횬 훈 환 하 학 한 항 호 홍 헌 현 형

水 : 필 필 필 필
土 : 화 훈 흠 환

水 : 만 만 만 만 만 만 만 만 만 만 맘 맘 매 매 맹 맹 명 명 명
金 : 상 생 석 섭 성 수 술 승 시 식 석 수 수 실 석 수 산 삼 상

水 : 명 명 명 명 명 명 명 명 명 명 모 모 모 모 모 목 몽 몽
金 : 생 서 석 섭 성 세 수 승 술 식 심 석 선 성 세 순 수 석 수

水 : 몽 몽 묘 묘 무 무 무 무 무 무 무 무 무 무 무 무 무 무
金 : 술 실 수 술 사 삼 상 생 석 설 섭 성 송 수 술 승 식 신 실

水 : 무 묵 문 문 문 문 문 문 문 문 문 문 문 문 문 문 문
金 : 심 수 산 상 생 서 석 선 섭 성 세 새 조 수 술 습 승 식 심

水 : 미 미 미 미 미 미 미 민 민 민 민 민 민 민 박 박
金 : 삼 생 석 성 섭 수 승 식 상 생 섭 선 성 수 술 시 식 새 소

水 : 박 반 반 반 반 반 방 방 방 방 방 배 배 배 배 배 백
金 : 승 석 선 수 순 식 상 석 섭 소 수 식 섭 선 성 수 순 식 석

水 : 백 백 백 백 백 백 백 백 범 범 범 범 범 범 법 법 벽 변 변
金 : 선 섭 성 수 설 술 식 석 섭 성 수 술 식 신 수 술 석 선 수

水 : 병 병 병 병 병 병 병 병 병 병 병 병 병 병 보 보 보 보 보
金 : 산 삼 생 서 석 선 섭 성 세 소 수 술 승 식 산 석 선 섭 성

水 : 보 보 복 복 복 복 복 복 복 복 복 복 복 복 복 복 본 본
金 : 수 식 산 삼 상 생 석 선 섭 성 세 수 술 시 식 신 심 성 소

水 : 본 본 봉 봉 봉 봉 봉 봉 봉 봉 봉 봉 봉 봉 봉 봉
金 : 수 식 삼 산 상 생 서 석 선 설 섭 성 새 세 소 송 수 술 성

水 : 봉 봉 부 부 부 부 부 부 부 부 부 부 북 분 분 분 판 판
金 : 시 식 삼 상 석 선 설 서 성 송 수 술 식 술 석 수 식 상 생

水 : 판 판 판 판 판 팔 팔 평 평 평 평 평 표 풍 풍 풍 풍 필
金 : 송 수 술 시 식 성 수 삼 상 석 섭 수 식 성 산 선 성 식 상

水 : 필 필 필 필 필 만 만 만 만 만 만 만 만 말 말 말 말
金 : 생 석 섭 세 수 재 정 제 조 종 주 준 중 진 제 정 재 조 종

水 : 말 말 말 맹 맹 맹 명 명 명 명 명 명 명 명 명 모
金 : 준 중 진 준 진 근 재 제 장 정 조 종 주 준 중 지 진 집 자

水 : 모 모 목 몽 몽 묘 무 무 무 무 무 무 무 문 문 문 문 문
金 : 정 종 조 정 직 진 장 재 정 조 준 중 지 진 재 점 정 제 조

水 : 문 문 문 문 문 미 민 민 민 미 민 민 민 민 민 민 민 민
金 : 종 주 준 중 진 준 재 점 정 제 조 종 좌 주 준 중 지 진 집

水 : 밀 박 박 박 방 방 방 방 배 배 배 배 백 백 백 백 백 번 번
金 : 준 진 준 중 조 준 지 진 정 주 준 중 자 재 준 중 지 자 장

水 : 범 범 범 범 범 범 범 범 법 병 병 병 병 병 병 병 병 보
金 : 재 제 조 종 주 중 준 진 진 재 제 정 조 종 주 준 중 진 재

水 : 보 보 보 보 복 복 복 복 복 복 복 복 복 본 본 본 본 본 본
金 : 제 정 중 진 재 제 정 조 종 주 준 중 진 재 조 주 준 중 진

水 : 봉 봉 봉 봉 봉 봉 봉 봉 봉 부 부 부 부 부 부 부 붕 붕 판
金 : 재 제 정 종 종 주 준 중 진 재 정 조 주 준 중 진 준 진 재

水 : 판 판 판 판 판 판 판 판 평 평 평 평 포 표 풍 풍 필 필 필
金 : 제 정 조 종 주 준 중 진 재 주 준 진 진 진 재 조 재 제 조

水 : 필 필 필 만 만 만 만 말 말 말 말 면 명 명 명 명 명 명
金 : 종 주 준 철 춘 출 칠 철 춘 출 칠 철 차 창 채 천 철 초 춘

水 : 명 모 모 무 무 무 무 무 문 문 문 문 문 문 문 문 미 민 민
金 : 출 철 춘 찬 창 철 춘 출 찬 창 채 천 철 출 치 칠 철 찬 창

水 : 민 민 민 민 민 박 박 방 방 백 백 범 범 범 범 범 병 병 병
金 : 채 천 철 청 출 창 철 춘 철 천 철 창 찬 철 출 춘 찬 창 채

水 : 병 병 병 병 병 보 보 복 복 복 복 복 복 복 복 본 본 본 본
金 : 천 철 칠 춘 출 천 충 찬 창 채 천 철 칠 출 출 찬 창 철 칠

水 : 본 봉 봉 봉 봉 봉 봉 봉 봉 부 부 부 부 부 부 불 판 판 판
金 : 춘 찬 창 채 천 철 칠 춘 출 찬 창 채 철 칠 출 철 철 칠 춘

水 : 판 평 평 필 필 필 필
金 : 출 칠 철 찬 창 춘 출

水 : 명 명 명 명 무 문 미 박 박 방 배 배 범 범 백 백 백 병 병
水 : 만 모 묵 문 민 모 박 무 문 목 만 명 만 모 만 명 문 만 면

水 : 병 병 병 병 병 병 병 보 복 복 복 복 복 봉 봉 봉 봉 봉
水 : 모 목 묘 무 묵 문 민 문 만 매 명 무 문 민 만 면 명 매 모

水 : 봉 봉 봉 봉 봉 부 부 부 부 부 부 부 분 판 판 판 팔 평 평
水 : 묘 목 묵 문 민 만 명 면 묘 목 문 민 묵 목 문 빈 만 만 문

水 : 필 필 필 만 만 만 만 만 말 말 말 명 명 명 명 명 명 명
水 : 문 민 명 배 병 보 복 봉 배 보 복 방 배 백 범 보 복 봉 부

水 : 명 무 무 무 무 무 무 무 문 문 문 문 문 문 문 문 문 미 미
水 : 빈 배 범 복 봉 부 비 범 박 배 백 범 보 복 봉 부 빈 복 봉

水 : 미 민 민 민 민 민 민 방 번 병 병 병 병 복 복 복 복 복 봉
水 : 분 박 배 백 범 복 부 부 부 배 보 복 봉 본 부 분 벽 범 배

水 : 봉 봉 봉 봉 봉 봉 봉 부 부 부 부 부 부 부 부 판 판 판
水 : 백 범 병 복 부 분 빈 방 배 백 번 변 병 복 봉 빈 배 번 범

水 : 판 판 판 판 필 필 만 명 명 명 무 문 문 문 미 민 민 민 범
水 : 보 복 봉 빈 복 봉 표 표 표 필 평 평 표 필 필 평 표 필 표

水 : 범 범 병 병 병 병 복 복 복 본 본 봉 봉 봉 부 부 부 판
水 : 필 봉 판 표 복 필 병 필 평 필 봉 평 필 표 평 표 필 보

- "水"의 글자 ●———

*. 여자이름 상호 포함

水 : 마 막 만 말 명 모 묘 무 무 문 문 미 미 미 민 반 보 보
木 : 경 경 경 금 경 경 경 경 금 경 금 겸 경 금 경 금 경 금

水 : 복 복 봉 봉 부 부 비 비
木 : 경 금 경 금 경 금 경 금

水 : 막 막 말 매 명 몽 무 미 미 방 병 복 복 복 복 봉 봉 봉 봉
火 : 님 녀 나 님 님 님 나 나 님 님 님 남 난 녀 님 님 녀 님 나

水 : 부 말 모 미 복 분 마 막 말 말 매 명 명 모 모 모 모 모 모
火 : 녀 녀 단 덕 덕 덕 령 례 림 례 량 녀 림 람 린 란 례 령 녀

水 : 몽 몽 묘 묘 묘 무 미 미 미 미 미 미 미 방 병 병 보 보
火 : 란 림 란 련 림 림 라 란 련 리 림 양 례 래 림 림 란 람 라

水 : 보 보 보 보 보 복 복 복 복 복 봉 봉 봉 봉 부 부 분 분 분
火 : 란 림 령 름 리 란 래 련 례 림 린 례 래 림 림 란 란 련 례

水 : 마 마 마 마 마 마 마 마 마 만 만 만 말 말 말 말 말 매 매
土 : 연 영 옥 용 애 원 윤 은 임 옥 윤 임 여 연 영 옥 임 영 연

水 : 매 맹 맹 명 명 명 명 명 명 명 명 모 모 모 모 모 모 모
土 : 은 연 은 안 애 여 연 은 영 임 언 옥 아 와 연 영 옥 용 운

水 : 모 모 모 모 모 모 목 목 목 목 목 목 목 몽 몽 몽 몽 묘
土 : 애 은 임 원 화 언 운 은 인 임 욕 영 애 아 은 임 아 화 안

水 : 묘 묘 무 무 무 무 무 무 무 문 문 문 문 문 문 문 미 미 미
土 : 연 임 아 영 인 임 애 옥 혜 아 연 영 애 은 임 옥 야 애 연

水 : 미 미 미 미 미 미 미 미 민 민 민 민 민 민 반 반 방 방
土 : 영 예 옥 용 은 이 아 은 아 야 옥 영 은 임 혜 옥 애 애 옥

水 : 방 방 병 병 병 보 보 보 보 보 보 보 보 보 보 보 보 복 복
土 : 영 은 애 은 아 애 연 영 은 인 임 옥 원 아 이 혜 화 애 연

水 : 복 복 복 복 봉 봉 봉 봉 봉 봉 봉 부 부 부 부 부 부 분
土 : 영 은 임 옥 애 연 영 옥 임 이 아 혜 옥 용 은 인 임 애 아

水 : 분 분 분 분 분 분 비 비 비 마 마 마 만 만 만 만 말 말 말
土 : 애 연 영 옥 이 임 연 영 옥 혜 연 희 혜 희 아 은 희 화 은

水 : 매 매 맹 맹 명 명 명 명 명 명 명 모 모 모 모 모 목 목 목
土 : 화 희 화 희 아 희 은 연 애 옥 혜 희 아 희 은 애 희 아 옥

水 : 몽 몽 몽 몽 몽 몽 묘 묘 무 무 무 무 무 문 문 문 문 미 미 밀
土 : 희 혜 화 옥 애 아 임 아 화 희 옥 은 화 희 옥 임 애 혜 화

水 : 미 미 미 미 민 민 민 방 방 병 병 병 보 보 보 보 보 보 복
土 : 희 옥 은 임 애 희 화 희 옥 화 희 옥 화 희 옥 연 애 은 희

水 : 복 봉 봉 봉 봉 부 부 부 분 분 분 분
土 : 화 화 희 옥 해 희 옥 애 화 희 옥 영

水 : 마 만 만 말 말 말 매 맹 명 명 명 명 모 모 목 목 몽 몽 몽
金 : 주 자 주 자 주 정 자 자 자 주 진 정 주 진 자 주 자 주 진

水 : 묘 무 무 무 무 문 문 문 문 미 미 미 미 미 미 미 민 민
金 : 자 자 정 진 주 자 주 진 정 자 재 전 점 정 지 주 전 자 정

水 : 민 방 방 병 보 복 복 봉 봉 봉 봉 분 분 봉 분 마 마 마 만
金 : 지 주 지 주 정 주 자 자 점 주 정 자 주 선 선 선 지 주 정

水 : 마 마 마 마 막 막 막 막 만 만 만 만 말 말 말 말 맹 맹 맹
金 : 선 숙 순 실 선 숙 순 심 선 숙 순 실 선 숙 순 심 선 순 숙

水 : 면 면 면 면 명 명 명 명 모 모 모 몽 몽 몽 몽 묘 묘 묘
金 : 선 숙 순 선 국 순 실 심 선 순 숙 선 실 숙 순 선 실 숙 순

水 : 무 무 무 무 문 문 문 문 미 미 미 미 미 미 민 민 민 반 반
金 : 선 숙 순 심 선 심 숙 순 선 성 수 숙 순 심 선 숙 순 선 실

水 : 반 방 방 방 방 방 병 병 병 병 보 보 보 복 복 복 복 복 봉
金 : 숙 선 숙 순 실 심 선 숙 순 실 송 숙 순 실 심 선 숙 순 선

水 : 봉 봉 봉 봉 부 부 부 부 분 분 분 분 비 비 비
金 : 숙 순 실 심 선 숙 순 심 선 숙 순 실 선 숙 순

水 : 비 병 모 모 몽 미 방 보 보 보 복 부 마 마 막 만 말 말 명
水 : 빈 미 명 빈 미 미 미 민 명 미 미 분 빈 분 분 빈 미 분

水 : 모 모 몽 묘 미 미 미 보 봉
水 : 분 빈 분 분 봉 빈 분 미 분

오행별로 분류한 대법원 선정 5,549한자

*. 작명이나 상호를 짓게 될 때 한문을 선택하여야 되는데 한문의 범위가 대단히 광범위하게 되어 있어 어느 것이 적합하고 문교부 선정 한자에 들어가 있는지를 모르고 막연히 한문을 선정하였다가 관할구청이나 동사무소 호적계 담장직원과 민원인 사이에 시시비비가 끊이지를 않아 낭패를 보는 수가 많다.

이에 대해 본 저자는 호적법에 나와 있는 시행규칙 제 37조에 기술되어 있는 대법원 인명용 한자 5,549자를 본 작명대비전에 첨부하여 학자 들이 상호나 성명을 지을 때 도움이 되도록 대단히 자세하게 오행별로 분류하여 기술하였으니 학자는 십분 응용하기 바란다.

또한 음령오행인 "木", "火", "土", "金", "水"의 오행을 삽입 "가", "나", "다", "라", "마", "바", "사" 등으로 순차분류하였던 것을 사주상 용신이나 희신의 기운을 선정한 뒤 본장 한문 도표에 의지하여 학자들이 원하는 글자를 찾게 된다면 대단히 빠르고 편리하게 작명을 하게 될 것이다.

1. 木(가, 캐)의 글자 · ○안의 숫자는 한자의 획수임

가 30	可⑤ 옳을	加⑤ 더할	伽⑦ 절	佳⑧ 아름다울	呵⑧ 꾸짖을	苛⑧ 가혹할	茄⑧ 연줄기	枷⑨ 칼	架⑨ 시렁
	珂⑨ 마노	柯⑨ 가지	迦⑨ 우연히만날해	哿⑩ 옳을	哥⑩ 성씨	家⑩ 집	痂⑩ 딱지	假⑪ 거짓	袈⑪ 세울
	街⑫ 거리	軻⑫ 수레	跏⑫ 책상다리할	訶⑫ 꾸짖을	嫁⑬ 시집갈	暇⑬ 한가위	賈⑬ 값	嘉⑭ 아름다울	歌⑭ 노래
	駕⑮ 멍에	稼⑮ 심을	價⑮ 값						
각 12	各⑥ 각각	却⑦ 물리칠	角⑦ 뿔	刻⑧ 새길	恪⑨ 공경	珏⑨ 쌍옥	恰⑨ 삼갈	脚⑪ 다리	殼⑫ 껍질
	閣⑭ 집	愨⑰ 성실할	覺⑳ 깨달음						
간 27	干③ 방패	刊⑤ 새길	艮⑥ 간방	杆⑦ 줄기	奸⑦ 간사할	肝⑦ 간	玕⑦ 옥돌	侃⑧ 강직할	柬⑨ 가릴
	姦⑨ 간사할	竿⑨ 대줄기	看⑨ 볼	栞⑩ 표할	桿⑩ 난간	稈⑫ 볏짚	揀⑫ 가릴	間⑫ 사이	幹⑭ 줄기
	澗⑮ 산골 물	墾⑯ 개간할	諫⑯ 간할	癎⑰ 간질	懇⑰ 정성	磵⑰ 산골짜기 물	癇⑰ 간질	艱⑰ 어려울	簡⑱ 편지
갈 10	乫⑥ 땅 이름	曷⑨ 어찌	喝⑫ 꾸짖을	渴⑫ 목마를	葛⑬ 칡	碣⑭ 비석	褐⑭ 갈색	竭⑭ 다할	蝎⑭ 전갈
	鞨⑱ 말갈								
감 20	甘⑤ 달	坎⑦ 구덩이	邯⑦ 땅 이름	柑⑨ 귤	疳⑩ 감질	勘⑪ 마감할	紺⑪ 감색	堪⑫ 견딜	減⑫ 감할
	敢⑫ 구태여	嵌⑫ 산골짜기	感⑬ 감동할	戡⑭ 이길	監⑭ 볼	橄⑯ 감람나무	憾⑯ 섭섭할	瞰⑰ 굽어볼	鑒㉒ 거울
	龕㉒ 감실	鑑㉒ 거울							
갑 6	甲⑤ 첫째천	岬⑧ 곶	胛⑨ 어깨뼈	匣⑪ 갑	閘⑬ 수문	鉀⑬ 갑옷			

강 31	江⑥ 물	杠⑦ 외나무다리	玒⑦ 옥 이름	羌⑧ 오랑캐	岡⑧ 산등성이	姜⑨ 성씨	舡⑨ 배	剛⑩ 굳셀	降⑩ 내릴
	康⑪ 편안	崗⑪ 언덕	強⑪ 강할	堈⑪ 언덕	腔⑫ 속 빌	强⑫ 굳셀	絳⑬ 진홍	畺⑬ 지경	跭⑭ 세울
	嫝⑭ 편안할	慷⑭ 강개할	綱⑭ 벼리	鋼⑯ 강철	畺⑯ 강할	講⑰ 외울	橿⑰ 감탕나무	襁⑰ 포대기	糠⑰ 겨
	薑⑱ 생강	鏹⑱ 굳셀	疆⑲ 지경	鱇㉒ 아귀					
개 21	介④ 소개할	价⑥ 클	芥⑦ 겨자	改⑦ 고칠	玠⑧ 홀	皆⑨ 모두	個⑩ 낱	豈⑩ 개가	盖⑪ 덮을
	疥⑫ 옴	凱⑫ 즐길	開⑫ 열	慨⑬ 성낼	塏⑬ 높은 땅	愷⑬ 편안할	概⑭ 대강	箇⑭ 낱	漑⑭ 물댈
	愾⑭ 슬퍼할	蓋⑭ 덮을	鎧⑱ 갑옷						
객 2	客⑨ 손	喀⑫ 토할							
갱 4	更⑦ 다시	坑⑦ 빠질	粳⑬ 메벼	羹⑰ 국					
갹 1	醵⑳ 추렴할								
거 17	去⑤ 갈	巨⑤ 클	車⑦ 수레	拒⑧ 막을	居⑧ 살	炬⑨ 횃불	祛⑩ 떨	倨⑩ 거만할	据⑪ 근거
	渠⑫ 도랑	距⑫ 뛸	鉅⑬ 클	踞⑮ 걸어앉을	據⑯ 의거할	鋸⑯ 톱	擧⑯ 들	遽⑰ 급할	
건 14	巾③ 수건	件⑥ 사건	建⑨ 엎지를	建⑨ 세울	虔⑩ 정성	健⑪ 굳셀	乾⑪ 하늘	楗⑬ 문빗장	慫⑬ 허물
	腱⑬ 힘줄	漧⑭ 마를	蹇⑮ 절뚝발이	鍵⑰ 열쇠	謇⑳ 이지러질				
걸 4	乞③ 빌	杰⑧ 호걸	桀⑩ 홰	傑⑫ 뛰어날					
검 7	鈐⑫ 비녀장	儉⑮ 검소할	劍⑮ 칼	黔⑯ 검을	劒⑯ 칼	檢⑰ 검사할	瞼⑱ 눈꺼풀		
겁 3	劫⑦ 위협할	怯⑧ 겁낼	迲⑨ 자래						
게 3	揭⑫ 들	憩⑯ 쉴	偈⑪ 굳셀						
격 7	格⑩ 격식	隔⑬ 사이뜰	覡⑭ 박수	膈⑭ 가슴	激⑯ 과격할	擊⑰ 부딪힐	檄⑰ 격문		

견 11	犬④ 개	見⑦ 볼	肩⑧ 어깨	牽⑪ 이끌	堅⑪ 굳을	絹⑬ 비단	甄⑭ 질그릇	遣⑭ 보낼	鵑⑱ 두견이
	繭⑲ 고치	譴㉑ 꾸짖을							
결 7	決⑦ 터질	抉⑦ 도려낼	缺⑩ 이지러질	訣⑪ 이별할	結⑫ 맺을	潔⑭ 깨끗할	潔⑮ 깨끗할		
겸 7	兼⑩ 겸할	慊⑬ 찐덥지 않을	鉗⑬ 칼	嗛⑬ 겸손할	箝⑭ 재갈먹일	謙⑰ 겸손할	鎌⑱ 낫		
경 55	冂② 멀	冏⑦ 빛날	囧⑦ 빛날	更⑦ 고칠	京⑧ 서울	炅⑧ 빛날	庚⑧ 별	坰⑧ 들	勁⑨ 굳셀
	京⑨ 서울	徑⑨ 곧을	勍⑩ 셀	徑⑩ 지름길	耕⑩ 밭갈	倞⑩ 셀	耿⑩ 빛날	涇⑩ 통할	頃⑪ 이랑
	炯⑪ 빛날	絅⑪ 끌어 질	脛⑪ 정강이	梗⑪ 대개	莖⑪ 줄기	竟⑪ 마침내	逕⑪ 좁은길	景⑫ 볕	硬⑫ 단단할
	痙⑫ 경련	卿⑫ 벼슬	傾⑬ 기울	敬⑬ 공경할	經⑬ 지날	境⑭ 지경	輕⑭ 가벼울	璟⑮ 옥빛	儆⑮ 경계할
	熲⑮ 빛날	慶⑮ 경사	憬⑮ 깨달을	頸⑯ 목	暻⑯ 밝을	璥⑰ 경옥	橳⑰ 도지개	憼⑰ 공경할	擎⑰ 들
	檠⑰ 등불	璟⑱ 옥빛	磬⑱ 경쇠	鶊⑲ 꾀꼬리	鏡⑲ 거울	鯨⑲ 고래	瓊⑲ 구슬	警⑳ 경계할	競⑳ 다툴
	驚㉓ 놀랄								
계 25	系⑦ 이을	戒⑦ 경계할	屆⑧ 이를	季⑧ 계절	癸⑨ 북방	計⑨ 셈할	界⑨ 지경	係⑨ 걸릴	契⑨ 맺을
	炷⑩ 화덕	桂⑩ 계수나무	械⑪ 기계	悸⑪ 두근거릴	啓⑪ 열	棨⑫ 창	堺⑫ 지경	階⑫ 섬돌	溪⑬ 시내
	誡⑭ 경계할	磎⑮ 시내	稽⑯ 상고할	谿⑰ 시내	繫⑲ 맬	繼⑳ 이을	鷄㉑ 닭		
고 41	尻⑤ 꽁무니	古⑤ 예	叩⑤ 두드릴	攷⑥ 생각할	考⑥ 상고할	告⑦ 알릴	呱⑧ 울	沽⑧ 팔	杲⑧ 밝을
	股⑧ 넓적다리	孤⑧ 홀로	固⑧ 굳을	姑⑧ 시어머니	苽⑨ 줄	故⑨ 연고	枯⑨ 마를	苦⑨ 괴로울	拷⑨ 칠
	高⑩ 높을	羔⑩ 새끼양	庫⑩ 곳집	皋⑩ 언덕	皐⑪ 언덕	袴⑪ 바지	辜⑫ 허물	雇⑫ 품 팔	菰⑫ 줄
	賈⑬ 장사	鼓⑬ 북칠	痼⑭ 고질	槁⑭ 마를	誥⑭ 고할	暠⑭ 흴	睾⑭ 불알	敲⑭ 두드릴	膏⑭ 기름
	稿⑮ 볏짚	錮⑯ 막을	藁⑱ 짚	顧㉑ 돌아볼	蠱㉓ 뱃속벌레				

공 16	工③ 장인	公④ 공평할	孔④ 구멍	功⑤ 공훈	共⑥ 한가지	攻⑦ 칠	空⑧ 빌	供⑧ 이바지할	拱⑨ 팔짱 낄
	恭⑩ 공손할	恐⑩ 두려울	貢⑩ 바칠	珙⑩ 옥	蚣⑩ 지네	控⑪ 당길	鞏⑮ 굳을		
곶 1	串⑦ 땅 이름								
과 12	戈④ 창	瓜⑤ 외	果⑧ 실과	科⑨ 과목	菓⑫ 과자	誇⑬ 자랑할	過⑬ 지날	跨⑬ 넘을	寡⑭ 적을
	課⑮ 공부할	顆⑰ 낟알	鍋⑰ 노구솥						
곽 4	郭⑪ 외성	廓⑭ 둘레	槨⑮ 외관	藿⑳ 콩잎					
관 21	串⑦ 꿸	官⑧ 벼슬	冠⑨ 갓	棺⑪ 도마	貫⑪ 꿸	琯⑫ 옥피리	棺⑫ 널	款⑫ 항목	菅⑫ 골풀
	管⑭ 대롱	慣⑭ 익숙할	寬⑭ 너그러울	寬⑮ 너그러울	舘⑯ 줏대	館⑯ 집	館⑰ 집	關⑲ 관계할	灌㉑ 물댈
	瓘㉒ 옥	鑵㉔ 두레박	觀㉕ 볼						
괄 4	刮⑧ 긁을	括⑨ 묶을	适⑩ 빠를	恝⑩ 여유가 없을					
광 16	広⑤ 넓을	光⑥ 빛	匡⑥ 바를	狂⑦ 미칠	侊⑧ 성찬	炛⑧ 빛	眖⑧ 빛	洸⑨ 성낼	胱⑩ 오줌통
	珖⑩ 옥피리	桄⑩ 광랑나무	筐⑫ 광주리	廣⑮ 넓을	壙⑱ 뫼	曠⑲ 빌	鑛㉓ 쇳돌		
괘 3	卦⑧ 점	掛⑪ 걸	罫⑬ 줄						
괴 9	怪⑧ 괴이할	拐⑧ 후릴	乖⑧ 어그러질	傀⑫ 허수아비	愧⑬ 부끄러울	塊⑬ 덩어리	槐⑭ 회화나무	魁⑭ 괴수	壞⑲ 무너질
굉 4	宏⑦ 클	肱⑧ 팔뚝	紘⑩ 끈	轟㉑ 울릴					

418 작명대비전

교 30	巧⑤ 공교할	交⑥ 사귈	佼⑧ 예쁠	狡⑨ 교활할	咬⑨ 물	郊⑨ 들	姣⑨ 아리따울	校⑩ 학교	皎⑪ 달
	教⑪ 가르칠	敎⑪ 가르칠	蛟⑫ 교룡	絞⑫ 목맬	較⑫ 견줄	喬⑫ 높을	僑⑭ 더부살이	嬌⑮ 아리따울	膠⑮ 아교
	嶠⑮ 산 쭈뼛할	矯⑮ 바로잡을	憍⑮ 교만할	餃⑮ 경단	噭⑯ 부르짖을	橋⑯ 다리	鮫⑰ 상어	翹⑱ 뛰어날	蕎⑱ 메밀
	轎⑲ 가마	驕㉒ 교만할	攪㉓ 흔들						
구 58	九② 아홉	口③ 입	久③ 오랠	勾④ 글귀	仇④ 원수	句⑤ 글귀	丘⑤ 언덕	臼⑥ 절구	求⑦ 구할
	灸⑦ 뜸	究⑦ 연구할	玖⑦ 옥돌	具⑧ 갖출	垢⑧ 언덕	邱⑧ 언덕	狗⑧ 개	拘⑧ 잡을	咎⑧ 허물
	柩⑨ 널	垢⑨ 때	珣⑨ 옥돌	枸⑨ 구기자	苟⑨ 진실로	耉⑨ 늙을	俱⑩ 함께	矩⑩ 모날	球⑪ 공
	寇⑪ 도적	區⑪ 구분할	逑⑪ 짝	耇⑪ 늙을	救⑪ 구원할	毬⑪ 공	鉤⑬ 갈고리	絿⑬ 급할	舅⑬ 시아버지
	溝⑬ 도랑	鳩⑬ 비둘기	構⑭ 얽을	嘔⑭ 힘할	廐⑭ 마구간	廏⑭ 마구간	嘔⑭ 게울	銶⑮ 끌	歐⑮ 구라파
	毆⑮ 때릴	駒⑮ 망아지	龜⑯ 땅이름	颶⑰ 구풍	購⑰ 살	謳⑱ 노래	瞿⑱ 놀랄	軀⑱ 몸	舊⑱ 예
	懼㉑ 두려워할	驅㉑ 몰	鷗㉒ 갈매기	衢㉔ 네거리 구					
국 7	局⑦ 판	国⑧ 나라	國⑪ 나라	菊⑫ 국화	鞠⑰ 공	鞫⑱ 국문할	麴⑲ 누룩		
군 6	君⑦ 임금	軍⑨ 군사	郡⑩ 고을	窘⑫ 군색할	裙⑫ 치마	群⑬ 무리			
굴 4	屈⑧ 굽힐	堀⑪ 굴	掘⑪ 팔	窟⑬ 굴					
궁 6	弓③ 활	芎⑦ 궁궁이	穹⑧ 하늘	躬⑩ 몸	宮⑩ 집	窮⑮ 다할			

권11	券⑧ 문서	卷⑧ 책	拳⑩ 주먹	倦⑩ 게으를	眷⑪ 돌볼	圈⑪ 우리	淃⑪ 물 돌아 흐를	權⑮ 권세	捲⑰ 거둘
	勸⑳ 권할	權㉒ 권세							
궐5	厥⑫ 그	獗⑮ 날뛸	蕨⑯ 고사리	闕⑱ 대궐	蹶⑲ 넘어질				
궤6	机⑥ 책상	軌⑨ 바퀴	詭⑬ 속일	潰⑮ 무너질	櫃⑱ 궤	饋㉑ 보낼			
귀7	句⑤ 글귀	鬼⑩ 귀신	晷⑫ 그림자	貴⑫ 귀할	鏡⑭ 삽	龜⑯ 거북	歸⑱ 돌아갈		
규19	叫⑤ 부르짖을	圭⑥ 서옥	糺⑦ 꼴	糾⑧ 얽힐	邽⑨ 고을 이름	奎⑨ 별	赳⑨ 헌걸찰	珪⑩ 서옥	硅⑪ 규소
	規⑪ 법	逵⑫ 길거리	湀⑫ 물이 솟아 흐를	揆⑫ 헤아릴	葵⑬ 해바라기	槻⑭ 가는 허리	閨⑭ 안방	槻⑮ 물푸레 나무	窺⑯ 엿볼
	竅⑱ 구멍								
균7	勻④ 고를	均⑦ 고를	昀⑨ 개간할	菌⑫ 버섯	鈞⑫ 서른 근	筠⑬ 대	龜⑯ 터질		
귤1	橘⑯ 귤								
극7	克⑦ 이길	剋⑨ 이길	棘⑫ 가시	戟⑫ 창	極⑬ 극진할	隙⑬ 틈	劇⑮ 심할		
근18	斤④ 도끼	劤⑥ 힘	近⑧ 가까울	芹⑧ 미나리	根⑩ 뿌리	菫⑫ 진흙	筋⑫ 힘줄	僅⑬ 겨우	勤⑬ 부지런할
	漌⑭ 맑을	墐⑭ 매흙질할	嫤⑭ 여자의 자	槿⑮ 무궁화	瑾⑮ 아름다운 옥	懃⑰ 은근할	覲⑱ 볼	謹⑱ 삼갈	饉⑳ 주릴
글1	契⑨ 부족 이름								

금 14	今④ 이제	妗⑦ 외숙모	昑⑧ 밝을	金⑧ 쇠	芩⑧ 풀 이름	衿⑨ 옷깃	衾⑩ 이불	琴⑫ 거문고	禁⑬ 금할
	禽⑬ 새	錦⑯ 비단	擒⑯ 사로잡을	檎⑰ 능금나무	襟⑱ 옷깃				
급 7	及④ 미칠	伋⑥ 속일	汲⑦ 길을	扱⑦ 미칠	急⑨ 급할	級⑩ 등급	給⑫ 줄		
긍 5	亘⑥ 뻗칠	瓦⑥ 뻗칠	肯⑧ 즐길	矜⑨ 자랑할	兢⑭ 떨릴				
기 68	己③ 몸	企⑥ 꾀할	肌⑥ 살가죽	伎⑥ 재간	岐⑦ 갈림길	圻⑦ 경기	杞⑦ 구기자	妓⑦ 기생	忌⑦ 꺼릴
	汽⑦ 물 끓는 김	沂⑦ 물 이름	技⑦ 재주	玘⑦ 패옥	其⑧ 그	奇⑧ 기특할	祁⑧ 성할	祇⑨ 땅귀신	紀⑨ 벼리
	祈⑨ 빌	記⑩ 기록할	氣⑩ 기운	耆⑩ 늙을	豈⑩ 어찌	起⑩ 일어날	埼⑪ 갑	淇⑪ 물 이름	寄⑪ 부칠
	旣⑪ 이미	飢⑪ 주릴	基⑪ 터	崎⑪ 험할	期⑫ 기약할	朞⑫ 돌	幾⑫ 몇	棋⑫ 바둑	棄⑫ 버릴
	欺⑫ 속일	琪⑫ 아름다운 옥	琦⑫ 옥 이름	祺⑬ 길할	畸⑬ 뙈기밭	碁⑬ 바둑	嗜⑬ 즐길	稘⑬ 돌	旗⑭ 기
	曁⑭ 날씨	綺⑭ 비단	箕⑭ 키	檕⑭ 오리나무	畿⑮ 경기	堪⑮ 피변 꾸미개	錡⑯ 가마솥	璣⑯ 구슬	器⑯ 그릇
	冀⑯ 바랄	機⑯ 틀	鎡⑯ 호미	磯⑰ 물가	耭⑱ 갈	騎⑱ 말 탈	騏⑱ 준마	麒⑲ 기린	譏⑲ 비웃을
	璂⑲ 모난 구슬	夔⑳ 조심할	饑㉑ 주릴	羈㉔ 굴레	驥㉖ 천리마				
긴 1	緊⑭ 긴할								
길 5	吉⑥ 길할	佶⑧ 헌걸찰	姞⑨ 삼갈	拮⑨ 일할	桔⑩ 도라지				

김1	金⑧ 성씨								
끽1	喫⑫ 먹을								

2. 火(나, 다, 라, 타)의 글자

나 14	那⑦ 어찌	奈⑧ 어찌	柰⑨ 능금나무	拏⑨ 붙잡을	娜⑩ 아름다울	拿⑩ 붙잡을	胗⑩ 성길	挪⑩ 옮길	拿⑩ 잡을
	梛⑪ 나무이름	喇⑫ 나팔	懦⑰ 나약할	糯⑳ 찰벼	儺㉑ 푸닥거리				
낙 1	諾⑯ 허락할								
난 3	煖⑬ 따뜻할	暖⑬ 따뜻할	難⑲ 어려울						
날 2	捏⑩ 꾸밀	捺⑪ 누를							
남 5	男⑦ 사내	柟⑧ 녹나무	南⑨ 남녘	湳⑫ 물이름	楠⑬ 녹나무이름				
납 2	衲⑨ 기울	納⑩ 들일							
낭 2	娘⑩ 여자	囊㉒ 주머니							
내 5	乃② 이에	內④ 안	奈⑧ 어찌	柰⑨ 능금나무	耐⑨ 견딜				
녀 1	女③ 여자								
년 3	年⑥ 해	秊⑧ 해	撚⑮ 비틀						
념 4	念⑧ 생각할	拈⑧ 집을	恬⑨ 편안할	捻⑪ 비틀					
녕 3	佞⑦ 아첨할	甯⑬ 차라리	寧⑭ 편안할						
노 6	奴⑤ 종	努⑦ 힘쓸	弩⑧ 쇠뇌	怒⑨ 성낼	瑙⑬ 마노	駑⑮ 둔한말			
농 3	農⑬ 농사	濃⑯ 짙을	膿⑰ 고름						
뇌 2	惱⑫ 번뇌할	腦⑬ 골							

뇨 3	尿⑦ 오줌	鬧⑬ 시끄러울	撓⑮ 어지러울					
눈 1	嫩⑭ 어릴							
눌 1	訥⑪ 말더듬거릴							
뉴 3	杻⑧ 감탕나무	紐⑩ 맺을	鈕⑫ 인꼭지					
능 1	能⑩ 능할							
니 6	尼⑤ 여승	泥⑧ 진흙	柅⑨ 무성할	馜⑭ 진한 향기	膩⑯ 기름질	瀰⑰ 많을		
닉 2	匿⑪ 숨길	溺⑬ 빠질						
다 5	多⑥ 많을	夛⑥ 많을	茶⑩ 차	爹⑩ 마름	爹⑩ 아버지			
단 22	丹④ 붉을	旦⑤ 아침	但⑦ 다만	昍⑨ 밝을	象⑨ 판단할	段⑨ 층계	袒⑩ 웃통	蛋⑪ 새알	單⑫ 홑
	短⑫ 짧을	湍⑫ 여울	煅⑬ 불꽃	亶⑬ 믿음	團⑭ 둥글	端⑭ 끝	緞⑮ 비단	鄲⑮ 조나라	壇⑯ 단
	鍛⑰ 불릴	檀⑰ 박달나무	簞⑱ 소쿠리	斷⑱ 끊을					
달 5	疸⑩ 황달	達⑬ 통달할	澾⑯ 미끄러울	撻⑯ 때릴	獺⑲ 수달				
담 18	坍⑦ 무너질	倓⑩ 고요할	聃⑪ 귓바퀴 없을	淡⑪ 맑을	啖⑪ 씹을	覃⑫ 깊을	湛⑫ 괼	痰⑬ 가래	潭⑮ 못
	談⑮ 말씀	蕁⑯ 지모	擔⑯ 멜	憺⑯ 참담할	錟⑯ 창	曇⑯ 흐릴	澹⑯ 맑을	膽⑰ 쓸개	譚⑲ 클
답 5	畓⑧ 겹칠	畓⑨ 논	答⑫ 대답	遝⑭ 뒤섞일	踏⑮ 밟을				
당 12	唐⑩ 당나라	堂⑪ 집	棠⑫ 아가위	當⑬ 마땅	塘⑬ 못	幢⑮ 기	撞⑮ 칠	糖⑯ 엿	螗⑰ 사마귀
	黨⑳ 鐺㉑ 戇28								

		무리	쇠사슬	어리석을					

타 15	他⑤ 다를	打⑤ 칠	朶⑥ 늘어질	妥⑦ 온당할	拖⑧ 끌	陀⑧ 비탈질	咤⑨ 꾸짖을	唾⑪ 침	舵⑪ 키
	惰⑫ 게으를	楕⑬ 길고 둥글	駄⑬ 실을	駝⑮ 낙타	墮⑮ 떨어질	橢⑯ 길쭉할			
탁 19	托⑥ 맡길	卓⑧ 높을	拓⑧ 박을	坼⑧ 터질	柝⑨ 딱따기	度⑨ 헤아릴	託⑩ 부탁할	倬⑩ 클	啄⑪ 쪼
	琢⑫ 다듬을	晫⑫ 밝을	琸⑫ 사람이름	橐⑭ 전대	踔⑮ 멀	槖⑯ 전대	濁⑯ 흐를	擢⑰ 뽑을	濯⑰ 씻을
	鐸㉑ 방울								
탄 10	呑⑦ 삼킬	坦⑧ 평탄할	炭⑨ 숯	誕⑭ 낳을	嘆⑭ 탄식할	綻⑭ 터질	憚⑮ 꺼릴	歎⑮ 탄식할	彈⑮ 탄알
	灘㉒ 여울								
탈 2	脫⑪ 벗을	奪⑭ 빼앗을							
탐 4	眈⑨ 노려볼	耽⑩ 즐길	貪⑪ 탐낼	探⑪ 찾을					
탑 2	塔⑬ 탑	榻⑭ 걸상							
탕 5	帑⑧ 금고	宕⑧ 호탕할	湯⑫ 끓일	蕩⑯ 방탕할	糖⑯ 엿				
태 17	太④ 클	台⑤ 별	兌⑦ 바꿀	汰⑦ 일	邰⑧ 나라이름	珆⑨ 옥 무늬	殆⑨ 거의	怠⑨ 게으를	胎⑨ 아이밸
	苔⑨ 이끼	泰⑩ 클	笞⑪ 볼기칠	跆⑫ 밟을	鈦⑫ 티타늄	態⑭ 모습	颱⑭ 태풍	鮐⑯ 복어	
택	宅⑥	垞⑨	擇⑯	澤⑯					

대 1	大④ 큰	代⑤ 대신할	徳⑤ 이름	昊⑧ 햇빛	抬⑧ 들	坮⑧ 대	岱⑧ 대산	垈⑧ 집터	待⑨ 기다릴	玳⑨ 대모
	擡⑮ 들	帶⑪ 띠	袋⑪ 자루	隊⑫ 무리	貸⑫ 빌릴	臺⑭ 대	對⑭ 대할	黛⑰ 눈썹먹	擡⑰ 들	戴⑰ 일
댁 1	宅⑥ 댁									
덕 3	悳⑫ 큰	徳⑭ 큰	德⑮ 큰							
도 41	刀② 칼	到⑧ 이를	挑⑨ 돋울	度⑨ 법도	倒⑩ 넘어질	逃⑩ 도망할	徒⑩ 무리	桃⑩ 복숭아	島⑩ 섬	
	途⑪ 길	悼⑪ 슬퍼할	淘⑪ 쌀 일	陶⑪ 질그릇	掉⑪ 흔들	渡⑫ 건널	棹⑫ 노	堵⑫ 담	盗⑫ 도둑	
	都⑫ 도읍	屠⑫ 죽일	萄⑫ 포도	道⑬ 길	跳⑬ 뛸	滔⑬ 물 넘칠	搗⑬ 찧을	塗⑬ 칠할	圖⑭ 그림	
	睹⑭ 볼	嶋⑭ 섬	稻⑮ 벼	馟⑯ 향기로울	賭⑯ 내기	覩⑯ 볼	導⑯ 인도할	鍍⑰ 도금할	濤⑰ 물결	
	蹈⑰ 밟을	櫂⑱ 노	燾⑱ 비칠	韜⑲ 감출	禱⑲ 빌					
독 10	禿⑦ 대머리	毒⑨ 독	督⑬ 감독할	篤⑯ 도타울	獨⑯ 홀로	瀆⑱ 도랑	牘⑲ 서찰	犢⑲ 송아지	讀㉒ 읽을	
	纛㉕ 기									
돈 10	沌⑦ 엉길	旽⑧ 밝을	惇⑪ 도타울	豚⑪ 돼지	焞⑫ 귀갑 지지는 불	敦⑫ 도타울	頓⑬ 조아릴	墩⑮ 돈대	燉⑯ 불빛	
	暾⑯ 아침해									
돌 2	乭⑥ 이름	突⑨ 갑자기								
동 24	冬⑤ 겨울	仝⑤ 한가지	同⑥ 한가지	彤⑦ 붉을	東⑧ 동녘	垌⑨ 항아리	洞⑨ 골	烔⑩ 뜨거운 모양	疼⑩ 아플	
	凍⑩ 얼	棟⑩ 오동나무	胴⑩ 큰창자	動⑪ 움직일	棟⑫ 마룻대	童⑫ 아이	董⑬ 감독할	銅⑭ 구리	蝀⑭ 무지개	
	憧⑮ 동경할	潼⑮ 물이름	橦⑯ 나무 이름	朣⑯ 달 뜰	曈⑯ 동틀	瞳⑰ 눈동자				

두 12	斗④ 말	阧⑦ 치솟을	杜⑦ 막을	豆⑦ 콩	枓⑧ 주공	逗⑪ 머무를	荳⑪ 콩	兜⑪ 투구	痘⑫ 역질
	頭⑯ 머리	竇⑳ 구멍	讀㉒ 구절						
둔 6	屯④ 진칠	芚⑧ 싹 나올	鈍⑫ 둔할	遁⑬ 숨을	遯⑮ 달아날	臀⑰ 볼기			
둘 1	乧⑤ 음역자								
득 1	得⑪ 얻을								
등 9	等⑫ 무리	登⑫ 오를	嶝⑮ 고개	鄧⑮ 나라 이름	橙⑯ 귤	燈⑯ 등	謄⑰ 베낄	藤⑲ 등나무	騰⑳ 오를
라 12	剆⑨ 가지 칠	喇⑫ 나팔	裸⑬ 벗을	柰⑭ 열매	摞⑭ 정돈할	螺⑰ 소라	覼⑲ 자세할	懶⑲ 게으를	羅⑲ 벌일
	癩㉑ 문둥이	邏㉓ 순라	蘿㉓ 쑥						
락 8	洛⑨ 물 이름	珞⑩ 구슬 목걸이	烙⑩ 지질	絡⑫ 이을	落⑬ 떨어질	酪⑬ 쇠젖	樂⑮ 즐길	駱⑯ 낙타	
란 10	丹④ 정성스러울	卵⑦ 알	亂⑬ 어지러울	瀾⑳ 물결	瓓㉑ 옥 광채	欄㉑ 난간	蘭㉑ 난초	爛㉑ 빛날	欒㉓ 둥글
	鸞㉚ 난새								
랄 2	剌⑨ 발랄할	辣⑭ 매울							
람 13	姌⑪ 예쁠	婪⑪ 탐할	嵐⑫ 남기	濫⑰ 넘칠	擥⑱ 가질	藍⑱ 쪽	襤⑲ 헌 누더기	籃⑳ 대바구니	灠㉑ 오이김치
	覽㉑ 볼	攬㉔ 가질	欖㉕ 감람나무	纜㉗ 닻줄					
랍 3	拉⑧ 끌	臘⑲ 섣달	蠟㉑ 밀						

랑 11	郎⑨ 사내	浪⑩ 물결	郞⑩ 사내	狼⑩ 이리	烺⑪ 빛 밝을	朗⑪ 밝을	琅⑪ 옥돌	螂⑬ 사마귀	廊⑬ 사랑채
	瑯⑭ 옥돌	螂⑯ 사마귀							
래 5	来⑦ 올	來⑧ 올	峽⑪ 산이름	徠⑪ 올	萊⑫ 명아주				
랭 1	冷⑦ 찰								
략 2	掠⑪ 노략질할	略⑪ 간략할							
량 14	良⑦ 어질	兩⑧ 두	亮⑨ 밝을	凉⑩ 서늘할	倆⑩ 재주	涼⑪ 서늘할	梁⑪ 들보	量⑫ 헤아릴	樑⑬ 기장
	粮⑬ 양식	樑⑮ 들보	諒⑮ 살펴	輛⑮ 수레	糧⑱ 양식				
려 18	呂⑦ 성씨	戾⑧ 어그러질	侶⑨ 짝	旅⑩ 나그네	黎⑮ 검을	閭⑮ 마을	慮⑮ 생각할	勵⑰ 힘쓸	濾⑱ 거를
	麗⑲ 고을	廬⑲ 농막집	藜⑲ 명아주	櫚⑲ 종려	礪⑳ 숫돌	蠣㉑ 굴조개	儷㉑ 짝	驢㉖ 당나귀	驪㉙ 검은 말
력 7	力② 힘	歷⑯ 지날	曆⑯ 책력	瀝⑲ 스밀	礫⑳ 조약돌	轢㉒ 칠	靂㉔ 벼락		
련 13	連⑪ 잇닿을	煉⑬ 달굴	漣⑭ 잔물결	輦⑮ 가마	憐⑮ 불쌍히여길	蓮⑮ 연꽃	練⑮ 익힐	璉⑮ 호련	鍊⑰ 불릴
	聯⑰ 연이을	變㉒ 아름다울	攣㉓ 걸릴	戀㉓ 그리워할					
렬 6	劣⑥ 못할	列⑥ 벌일	洌⑧ 맑을	冽⑨ 맑을	烈⑩ 매울	裂⑫ 찢을			
렴 5	廉⑬ 청렴할	濂⑯ 물 이름	斂⑰ 거둘	殮⑰ 염할	簾⑲ 발				
렵 1	獵⑱ 사냥								

령 22	令⑤ 하여금	伶⑦ 영리할	岺⑧ 고개	岭⑧ 고개	泠⑧ 깨우칠	姈⑧ 슬기로울	怜⑧ 영리할	囹⑧ 옥	玲⑨ 옥소리
	昤⑨ 햇빛	翎⑪ 깃	笭⑪ 도꼬마리	聆⑪ 들을	羚⑪ 영양	逞⑪ 쾌할	零⑬ 떨어질	鈴⑬ 방울	領⑭ 거느릴
	澪⑯ 깨우칠	嶺⑰ 고개	齡⑳ 나이	靈㉔ 신령					
례 6	礼⑥ 예도	例⑧ 법식	澧⑯ 강 이름	隷⑯ 종	禮⑱ 예도	醴⑳ 단술			
로 19	老⑥ 늙을	鹵⑪ 소금	虜⑫ 사로잡을	勞⑫ 일할	路⑬ 길	輅⑬ 수레	撈⑮ 건질	魯⑮ 노나라	擄⑮ 노략질할
	潞⑯ 강 이름	盧⑯ 성씨	璐⑰ 아름다운옥	嚧⑲ 웃을	濾⑲물 이름	櫓⑲ 방패	蘆⑳ 갈대	爐⑳ 화로	露㉑ 이슬
	鷺㉔ 백로								
록 8	彔⑧ 새길	鹿⑪ 사슴	菉⑫ 조개풀	祿⑬ 녹	碌⑬ 푸른 돌	綠⑭ 푸를	錄⑯ 기록할	麓⑲ 산기슭	
론 1	論⑮ 논할								
롱 7	弄⑦ 희롱할	壟⑲ 밭두둑	瀧⑲ 비올	瓏⑳ 옥소리	朧⑳ 흐릿할	聾㉒ 귀먹을	籠㉒ 대바구니		
뢰 9	牢⑦ 우리	賂⑬ 뇌물	雷⑬ 우레	磊⑮ 돌무더기	賚⑮ 줄	賴⑯ 의뢰할	瀨⑯ 의뢰할	儡⑰ 꼭두각시	瀨⑲ 여울
료 11	了② 마칠	料⑩ 헤아릴	聊⑪ 애오라지	僚⑭ 동료	廖⑭ 동관	寥⑮ 텅 빌	蓼⑮ 여뀌	遼⑯ 멀	燎⑯ 횃불
	瞭⑰ 밝을	療⑰ 병 고칠							
룡 2	竜⑩ 용	龍⑯ 용							
루 15	陋⑨ 더러울	婁⑪ 끌	淚⑪ 눈물	累⑪ 여러	嶁⑭ 봉우리	慺⑭ 정성스러울	漏⑭ 샐	屢⑭ 여러	樓⑮ 다락
	蔞⑮ 산쑥	瘻⑯ 부스럼	褸⑯ 헌 누더기	縷⑰ 실	壘⑱ 보루	鏤⑲ 새길			

류 14	柳⑨ 버들	留⑩ 머무를	流⑩ 흐를	琉⑪ 유리	硫⑫ 유황	旒⑬ 깃발	溜⑬ 처마물	瑠⑭ 맑은	榴⑭ 석류나무
	劉⑮ 죽일	瘤⑮ 혹	謬⑱ 그르칠	瀏⑱ 맑을	類⑲ 무리				
륙 3	六④ 여섯	陸⑪ 뭍	戮⑮ 죽일						
륜 8	侖⑧ 생각할	倫⑩ 인륜	崙⑪ 산이름	淪⑪ 빠질	崘⑪ 산이름	綸⑭ 벼리	輪⑮ 바퀴	錀⑯ 금	
률 5	律⑨ 법칙	栗⑩ 밤	率⑪ 비율	嵂⑫ 가파를	慄⑬ 떨릴	r			
륭 1	隆⑫ 높을								
륵 2	肋⑥ 갈빗대	勒⑪ 굴레							
름 3	凜⑮ 찰	凛⑮ 찰	廩⑯ 곳집						
릉 6	凌⑩ 업신여길	陵⑪ 언덕	菱⑫ 마름	楞⑬ 네모질	稜⑬ 모 날	綾⑭ 비단			
리 30	吏⑥ 벼슬아치	里⑦ 마을	李⑦ 오얏	利⑦ 이로울	俐⑨ 똑똑할	厘⑨ 다스릴	悧⑨ 속될	浬⑩ 다다를	唎⑩ 가는 소리
	狸⑩ 삵	悧⑩ 영리할	浬⑩ 해리	离⑪ 떠날	理⑪ 다스릴	莉⑪ 말리	梨⑪ 밭 갈	梨⑪ 배나무	犁⑫ 밭 갈
	痢⑫ 설사	裡⑫ 속	裏⑬ 속	摛⑭ 퍼질	履⑮ 밟을	璃⑮ 유리	罹⑯ 걸릴	釐⑱ 다스릴	鯉⑱ 잉어
	離⑲ 떠날	蠃⑲ 파리할	籬㉕ 울타리						
린 13	吝⑦ 아낄	撛⑮ 붙들	鄰⑮ 이웃	獜⑮ 튼튼할	潾⑮ 맑을	隣⑮ 이웃	燐⑯ 도깨비불	璘⑯ 옥빛	鏻⑳ 굳셀
	藺⑳ 골풀 린	麟㉓ 기린	鱗㉓ 비늘	躪㉗ 짓밟을 린					
림 8	林⑧ 수풀	淋⑪ 임질	琳⑫ 무성할	惏⑫ 알고자 할	琳⑫ 옥	碄⑬ 깊을	霖⑯ 장마	臨⑰ 임할	
립 4	立⑤ 설	砬⑩ 돌 소리	粒⑪ 낟알	笠⑪ 삿갓					

터 1	攄⑱ 펼							
토 5	土③ 흙	吐⑥ 토할	兎⑧ 토끼	兔⑨ 토끼	討⑩ 칠			
통 7	洞⑨ 밝을	桶⑪ 통	通⑪ 통할	統⑫ 거느릴	筒⑫ 대통	痛⑫ 아플	慟⑭ 서러워할	
퇴 6	退⑩ 물러날	堆⑪ 쌓을	腿⑭ 넓적다리	槌⑭ 망치	褪⑮ 바랠	頹⑯ 무너질		
투 6	投⑦ 던질	妬⑧ 샘낼	套⑩ 씌울	透⑪ 사무칠	偸⑪ 훔칠	鬪⑳ 싸울		
특 2	特⑩ 특별할	慝⑮ 사특할						
틈 1	闖⑱ 엿볼							

3. 土(아, 하)의 글자

아 29	牙④ 어금니	我⑦ 나	亞⑦ 버금	兒⑦ 아이	芽⑧ 싹	亞⑧ 버금	兒⑧ 아이	阿⑧ 언덕	妸⑧ 아름다울
	砑⑨ 갈	俄⑨ 아까	峨⑩ 높을	峩⑩ 높을	娥⑩ 예쁠	哦⑩ 읊조릴	啞⑪ 벙어리	婀⑪ 아리따울	訝⑪ 의심할
	娾⑪ 동서	莪⑪ 쑥	婀⑪ 아리따울	峨⑫ 흰빛	硪⑫ 바위	雅⑫ 맑을	蛾⑬ 나방	衙⑬ 마을	鴉⑮ 갈까마귀
	餓⑯ 주릴	鵝⑱ 거위							
악 14	岳⑧ 큰산	堊⑪ 흰흙	鄂⑫ 나라이름	愕⑫ 놀랄	渥⑫ 두터울	惡⑫ 악할	握⑫ 쥘	幄⑫ 휘장	樂⑮ 노래
	鍔⑰ 칼날	嶽⑰ 큰산	顎⑱ 턱	鰐⑳ 악어	齷㉔ 악착할				
안 14	安⑥ 편안	岸⑧ 언덕	按⑨ 누를	姲⑨ 종용할	晏⑩ 늦을	桉⑩ 안석	案⑩ 책상	眼⑪ 눈	婩⑪ 고울
	雁⑫ 기러기	鴈⑮ 기러기	鞍⑮ 안장	鮟⑰ 아귀	顔⑱ 낯				
알 4	軋⑧ 삐걱거릴	斡⑭ 돌	閼⑯ 가로막을	謁⑯ 뵐					
암 8	岩⑧ 바위	唵⑪ 머금을	庵⑪ 암자	菴⑫ 암자	暗⑬ 어두울	闇⑰ 숨을	癌⑰ 암	巖㉓ 바위	
압 4	押⑧ 누를	狎⑧ 익숙할	鴨⑯ 오리	壓⑰ 누를					
앙 8	央⑤ 가운데	仰⑥ 우러를	昻⑧ 밝을	昂⑨ 밝을	殃⑨ 재앙	怏⑨ 불빛	秧⑩ 모	鴦⑯ 원앙	
애 15	艾⑥ 쑥	厓⑧ 언덕	哀⑨ 슬플	唉⑩ 물을	埃⑩ 티끌	涯⑪ 물가	崖⑪ 언덕	焥⑪ 빛날	硋⑬ 거리낄
	愛⑬ 사랑	隘⑬ 좁을	睚⑮ 사람이름	曖⑰ 희미할	礙⑲ 거리낄	靄㉔ 아지랑이			
액 7	厄④ 액	扼⑦ 잡을	掖⑪ 겨드랑이	液⑪ 진액	腋⑫ 겨드랑이	縊⑯ 목맬	額⑱ 이마		

앵 4	罌⑳ 양병	鶯㉑ 꾀꼬리	櫻㉑ 앵두	鸚㉘ 앵무새				
야 13	也③ 잇기	冶⑦ 풀무	夜⑧ 밤	若⑨ 반야	耶⑨ 어조사	揶⑩ 야유할	倻⑪ 가야	野⑪ 들	埜⑪ 들
	捓⑫ 야유할	爺⑬ 아버지	椰⑬ 야자나무	惹⑬ 이끌				
약 7	若⑨ 같을	約⑨ 맺을	弱⑩ 약할	葯⑬ 꽃밥	蒻⑭ 구약나물	藥⑲ 약	躍㉑ 뛸		
양 26	羊⑥ 양	佯⑧ 거짓	洋⑨ 큰바다	易⑨ 볕	恙⑩ 병	痒⑪ 가려울	揚⑫ 날릴	陽⑫ 볕	楊⑬ 버들
	敭⑬ 오를	煬⑬ 쬘	暘⑬ 해돋이	漾⑭ 출렁거릴	瘍⑭ 헐	養⑮ 기를	樣⑮ 모양	襄⑰ 도울	瀁⑱ 내이름
	攘⑳ 물리칠	孃⑳ 아가씨	壤⑳ 흙덩이	椋㉒ 푸조나무	禳㉒ 제사 이름	穰㉒ 짚	讓㉔ 사양할	釀㉔ 술 빚을	
어 11	於⑧ 어조사	圄⑩ 옥	御⑪ 거느릴	魚⑪ 물고기	唹⑪ 고요히 웃을	馭⑫ 말 부릴	瘀⑬ 어혈질	漁⑭ 고기잡을	語⑭ 말씀
	禦⑯ 막을	齬㉒ 어긋날							
억 5	抑⑦ 누를	億⑮ 억	憶⑯ 생각할	臆⑰ 가슴	檍⑰ 감탕나무				
언 8	言⑦ 말씀	彦⑨ 선비	彥⑨ 선비	偃⑪ 쓰러질	焉⑪ 어찌	堰⑫ 둑	嫣⑭ 아름다울	諺⑯ 언문	
얼 4	孽⑲ 서자	蘖㉑ 그루터기	蘗㉒ 누룩	糱㉓ 누룩					
엄 8	奄⑧ 문득	俺⑩ 클	掩⑪ 가릴	淹⑪ 담글	厳⑰ 엄할	嚴⑳ 엄할	奭⑳ 고명할	儼㉒ 엄연할	
업 2	業⑬ 업	嶪⑯ 높고험할							
엔 1	円④ 화폐 단위								

여 15	予④ 나	如⑥ 같을	汝⑥ 너	余⑦ 나	妤⑦ 여관	茹⑩ 먹을	悆⑪ 잊을	艅⑬ 배 이름	與⑭ 더불
	餘⑯ 남을	轝⑰ 수레	歟⑱ 어조사	璵⑱ 옥	礖⑲ 돌 이름	轝㉑ 수레			
역 10	亦⑥ 또	役⑦ 부릴	易⑧ 바꿀	疫⑨ 전염병	逆⑩ 거스릴	域⑪ 지경	晹⑫ 해 반짝 날	繹⑲ 풀	譯⑳ 번역할
	驛㉓ 역								
연 44	沇⑦ 강이름	延⑦ 늘일	妍⑦ 고울	沿⑧ 물따라갈	充⑧ 바를	姸⑨ 고울	衍⑨ 넓을	兗⑨ 바를	娟⑨ 예쁠
	挻⑩ 늘일	捐⑩ 버릴	涓⑩ 시내	烟⑩ 연기	娟⑩ 예쁠	宴⑩ 잔치	涎⑩ 침	姸⑩ 빛날	研⑪ 갈
	莚⑪ 벋을	軟⑪ 연할	淵⑪ 못	硏⑪ 벼루	然⑫ 그럴	淵⑫ 못	硯⑫ 벼루	堧⑫ 빈 터	鉛⑬ 납
	筵⑬ 대자리	椽⑬ 서까래	煙⑬ 연기	瑌⑬ 옥돌	鳶⑭ 솔개	演⑭ 펼	緣⑮ 인연	燃⑮ 성씨	燕⑯ 제비
	燃⑯ 탈	輭⑯ 연할	縯⑰ 길	瑌⑱ 옥돌	嚥⑲ 삼킬	嬿⑲ 아름다울	曣⑳ 청명할	醼㉓ 잔치	
열 6	咽⑨ 목멜	悅⑩ 기쁠	說⑭ 기뻐할	熱⑮ 더울	閱⑮ 볼	渷⑮ 물 흐르는 모양			
염 11	炎⑧ 불꽃	染⑨ 물들	苒⑨ 풀 우거질	焰⑫ 불꽃	琰⑬ 옥	厭⑭ 싫어할	髥⑮ 구레나룻	閻⑯ 마을	艶⑲ 고울
	鹽㉔ 소금	豔㉔ 고울							
엽 4	葉⑬ 잎	熀⑭ 이글거릴	曄⑯ 빛날	燁⑯ 빛날					
영 34	永⑤ 길	迎⑧ 맞을	咏⑧ 읊을	泳⑧ 헤엄칠	英⑨ 꽃부리	映⑨ 비칠	盈⑨ 찰	栄⑨ 영화	荣⑩ 약초 이름
	渶⑫ 물맑을	詠⑫ 읊을	楹⑬ 기둥	塋⑬ 무덤	暎⑬ 비칠	煐⑬ 빛날	瑛⑬ 옥빛	朠⑬ 달빛	榮⑭ 영화
	潁⑮ 강 이름	影⑮ 그림자	瑩⑮ 밝을	穎⑯ 이삭	嬴⑯ 찰	嶸⑰ 가파를	營⑰ 경영할	濚⑰ 물소리	鍈⑰ 방울소리
	嬰⑰ 어린아이	霙⑰ 진눈깨비	瀛⑲ 바다	瀯⑳ 물소리	蠑⑳ 영원	瓔㉑ 옥돌	纓㉓ 갓끈		

예 34	乂② 벨	刈④ 벨	艾⑥ 쑥	曳⑥ 끌	汭⑦ 물굽이	芮⑧ 성씨	芸⑧ 재주	玴⑨ 옥돌	羿⑨ 사람 이름
	倪⑩ 어린이	猊⑪ 사자	埶⑪ 재주	堄⑪ 성가퀴	睿⑫ 밝을	預⑬ 맡길	詣⑬ 이를	裔⑬ 후손	睿⑭ 슬기
	嫕⑭ 유순할	銳⑮ 날카로울	蘂⑮ 심을	藝⑮ 재주	蕊⑯ 꽃술	霓⑯ 무지개	豫⑯ 미리	叡⑯ 밝을	濊⑯ 종족 이름
	榮⑯ 꽃술	瘱⑯ 고요할	穢⑱ 더러울	蓺⑲ 재주	睿⑲ 밝을	蘂⑳ 꽃술	譽㉑ 기릴		
오 33	午④ 낮	五④ 다섯	伍⑥ 다섯사람	汚⑥ 더러울	吾⑦ 나	吳⑦ 성씨	昨⑧ 밝을	俉⑨ 맞이할	烏⑩ 까마귀
	悟⑩ 깨달을	娛⑩ 즐길	浯⑩ 강 이름	敖⑪ 거만할	梧⑪ 오동나무	晤⑪ 총명할	珸⑪ 옥돌	惡⑫ 미워할	傲⑬ 거만할
	奧⑬ 깊을	塢⑬ 둑	筽⑬ 버들고리	嗚⑬ 슬플	蜈⑬ 지네	誤⑭ 그르칠	寤⑭ 잠 깰	獒⑮ 개	熬⑮ 볶을
	澳⑯ 깊을	墺⑯ 물가	懊⑯ 한할	熬⑰ 불	鰲㉒ 자라	鼇㉔ 자라			
옥 5	玉⑤ 구슬	沃⑦ 기름질	屋⑨ 집	鈺⑬ 보배	獄⑭ 옥				
온 9	昷⑨ 어질	溫⑬ 따뜻할	媼⑬ 할머니	瑥⑭ 사람이름	穩⑭ 편안할	瘟⑮ 염병	縕⑯ 헌솜	穩⑲ 편안할	蘊⑲ 쌓을
올 1	兀③ 우뚝할								
옹 9	瓮⑨ 독	翁⑩ 늙은이	邕⑩ 막힐	雍⑬ 화할	擁⑯ 안을	壅⑯ 막을	甕⑱ 독옹	饔㉒ 아침밥	癰㉓ 악창
와 8	瓦⑤ 기와	臥⑧ 누울	訛⑪ 그릇될	蛙⑫ 개구리	渦⑫ 소용돌이	窩⑭ 움집	窪⑭ 웅덩이	蝸⑮ 달팽이	
완 23	岏⑦ 산 뾰족할	阮⑦ 성씨	完⑦ 완전할	妧⑦ 좋을	宛⑧ 완연할	玩⑧ 희롱할	垸⑩ 바를	浣⑩ 빨	梡⑪ 도마
	脘⑪ 밥통	婉⑪ 순할	琓⑪ 옥 이름	莞⑪ 왕골	婠⑪ 품성 좋을	椀⑫ 주발	腕⑫ 팔뚝	琬⑫ 홀	碗⑬ 사발
	頑⑬ 완고할	緩⑮ 느릴	豌⑮ 완두	翫⑮ 희롱할	鋺⑯ 주발				
왈 1	曰④ 가로								

왕 5	王④ 임금	汪⑦ 넓을	往⑧ 갈	枉⑧ 굽을	旺⑧ 왕성할			
왜 4	歪⑨ 기울	娃⑨ 예쁠	倭⑩ 왜나라	矮⑬ 난쟁이				
외 5	外⑤ 바깥	畏⑨ 두려워할	猥⑫ 외람할	嵬⑬ 높을	巍㉑ 높고 클			
요 28	夭④ 일찍죽을	凹⑤ 오목할	妖⑦ 요사할	拗⑧ 우길	姚⑨ 예쁠	要⑨ 요긴할	窈⑩ 고요할	堯⑫ 요임금	腰⑬ 허리
	搖⑬ 흔들	遙⑭ 멀	瑤⑭ 구슬	僥⑭ 요행	暚⑭ 햇빛	窯⑮ 기와 가마	嶢⑮ 높을	樂⑮ 좋아할	橈⑯ 굽을
	謠⑰ 노래	邀⑰ 맞을	繇⑰ 역사	繞⑱ 두를	曜⑱ 빛날	燿⑱ 빛날	擾⑱ 시끄러울	蟯⑱ 요충	耀⑳ 빛날
	饒㉑ 넉넉할								
욕 6	浴⑩ 목욕할	辱⑩ 욕될	欲⑪ 하고자할	褥⑮ 요	慾⑮ 욕심	縟⑯ 꾸밀 욕			
용 26	冗④ 쓸데없을	用⑤ 쓸	宂⑤ 한가로울	甬⑦ 길	勇⑨ 날랠	俑⑨ 목우	埇⑩ 길 돋울	涌⑩ 물솟을	容⑩ 얼굴
	茸⑩ 풀날	庸⑪ 떳떳할	湧⑫ 물솟을	俗⑫ 익숙할	溶⑬ 녹을	傭⑬ 품 팔	㤨⑭ 권할	墉⑭ 담	踊⑭ 뛸
	榕⑭ 벵골보리수	熔⑭ 쇠 녹일	蓉⑭ 연꽃	瑢⑭ 패옥소리	槦⑮ 나무 이름	聳⑰ 솟을	鎔⑱ 쇠녹일	鏞⑲ 쇠북	
우 42		又② 또	于③ 어조사	尤④ 더욱	友④ 벗	牛④ 소	右⑤ 오른쪽	羽⑥ 깃	宇⑥ 집	圩⑥ 오목할
	扜⑥ 당길	邘⑥ 땅 이름	佑⑦ 도울	迂⑦ 에돌	玗⑦ 옥돌	吁⑦ 클	芋⑦ 토란	宋⑦ 비	雨⑧ 비
	盂⑧ 사발	紆⑨ 굽을	禹⑨ 성씨	俁⑨ 클	祐⑩ 복	雩⑪ 기우제	郵⑪ 우편	偶⑪ 짝	釪⑪ 창고달
	隅⑫ 모퉁이	堣⑫ 모퉁이	寓⑫ 붙일	惆⑫ 기쁠	遇⑬ 만날	愚⑬ 어리석을	虞⑬ 염려할	瑀⑬ 패옥	禑⑭ 복
	慪⑭ 공경할	霧⑭ 물소리	憂⑮ 근심	優⑰ 넉넉할	燠⑰ 위로할	藕⑲ 연뿌리			

욱 11	旭⑥ 아침해	郁⑨ 성할	昱⑨ 햇빛밝을	彧⑩ 문채	栯⑩ 산앵두	勖⑪ 힘쓸	煜⑬ 빛날	項⑬ 삼갈	稢⑬ 서직 무성할
	穢⑮ 서직 무성할	燠⑰ 따뜻할							
운 19	云④ 이를	沄⑦ 끓을	耺⑦ 높을	8芸 평지	耘⑩ 김맬	雲⑫ 구름	隕⑬ 떨어질	暈⑬ 어지러울	運⑬ 옮길
	熉⑭ 노란 모양	殞⑭ 죽을	澐⑮ 큰물결	賱⑮ 떨어질	橒⑯ 나무 무늬	篔⑯ 왕대	蕓⑯ 평지	暉⑯ 넉넉할	簑⑱ 왕대
	韻⑲ 운								
울 3	菀⑫ 무성할	蔚⑮ 고을이름	29鬱 울창할						
웅 2	雄⑫ 수컷	熊⑭ 곰							
원 35	元④ 으뜸	沅⑦ 강이름	阮⑦ 나라 이름	杬⑧ 나무 이름	肒⑧ 희미할	苑⑨ 나라동산	垣⑨ 담	洹⑨ 물이름	怨⑨ 원망할
	爰⑨ 이에	貟⑨ 수효	袁⑩ 성	原⑩ 언덕	冤⑩ 원통할	員⑩ 인원	院⑩ 집	笎⑩ 대무늬	婉⑪ 순할
	寃⑪ 원통할	援⑫ 도울	媛⑫ 여자	湲⑫ 흐를	瑗⑬ 구슬	源⑬ 근원	園⑬ 동산	圓⑬ 둥글	嫄⑬ 사람이름
	猿⑬ 원숭이	遠⑭ 멀	愿⑭ 원할	褑⑭ 패옥 띠	鴛⑯ 원앙	鋺⑯ 저울판	轅⑰ 끌채	願⑲ 원할	
월 3	月④ 달	越⑫ 넘을	鉞⑬ 도끼						
위 26	危⑥ 위태할	位⑦ 자리	委⑧ 맡길	韋⑨ 가죽	胃⑨ 밥통	威⑨ 위엄	尉⑪ 벼슬	偉⑪ 클	渭⑫ 물이름
	萎⑫ 시들	圍⑫ 에워쌀	爲⑫ 할	葦⑬ 갈대	違⑬ 어긋날	瑋⑬ 옥	暐⑬ 햇빛	偽⑭ 거짓	禕⑭ 아름다울
	蝟⑮ 고슴도치	緯⑮ 씨	慰⑮ 위로할	衛⑮ 지킬	蔿⑯ 애기풀	謂⑯ 이를	衛⑯ 지킬	魏⑱ 나라이름	

유 56	由⑤ 말미암을	幼⑤ 어릴	有⑥ 있을	酉⑦ 닭	攸⑦ 바	侑⑧ 권할	油⑧ 기름	乳⑧ 젖	洧⑨ 강이름
	幽⑨ 그윽할	宥⑨ 너그러울	兪⑨ 대답할	囿⑨ 동산	柔⑨ 부드러울	柚⑨ 유자	臾⑨ 잠깐	姷⑨ 짝	釉⑩ 무성할
	悠⑪ 멀	惟⑪ 생각할	唯⑪ 오직	逌⑪ 웃을	婑⑪ 아리따울	呦⑪ 교요할	庾⑫ 곳집	釉⑫ 광택	裕⑫ 넉넉할
	遊⑫ 헤엄칠	琟⑫ 옥돌	喩⑫ 깨우칠	揄⑫ 야유할	愉⑫ 즐거울	猶⑫ 오히려	渘⑫ 깊을	猷⑬ 꾀	愈⑬ 나을
	逾⑬ 넘을	遊⑬ 놀	楡⑬ 느릅나무	萸⑬ 수유	瑜⑬ 아름다운옥	楢⑬ 졸참나무	誘⑭ 꾈	維⑭ 벼리	牖⑮ 들창
	遺⑯ 남길	踰⑯ 넘을	蹂⑯ 밟을	儒⑯ 선비	諛⑯ 아첨할	諭⑯ 타이를	鍮⑰ 놋쇠	濡⑰ 적실	孺⑰ 젖먹이
	癒⑱ 병 나을	曘⑱ 햇빛							
육 4	肉⑥ 고기	育⑧ 기를	堉⑪ 기름진땅	毓⑭ 기를					
윤 15	允④ 맏	尹④ 성씨	阭⑦ 높을	玧⑧ 구멍이 구슬	昀⑧ 햇빛	胤⑨ 자손	均⑪ 연뿌리	䄖⑪ 자손	鈗⑫ 병기
	閏⑫ 윤달	閠⑬ 윤달	瀹⑮ 물깊고넓을	潤⑮ 부를	贇⑮ 윤달	贇⑲ 예쁠 윤			
율 5	聿⑥ 붓	汩⑦ 흐를	建⑩ 걸어가는 모양	㶅⑮ 사주	燏⑯ 빛날				
융 4	戎⑥ 병장기	絨⑫ 가는 베	融⑯ 녹을	瀜⑲ 물 깊고 넓은 모양					
은 21	圻⑦ 지경	听⑦ 웃을	垠⑨ 지경	泿⑨ 물가	殷⑩ 성할	珢⑩ 옥돌	恩⑩ 은혜	訢⑪ 화평할	溵⑬ 물소리
	憖⑭ 괴로워할	銀⑭ 은	蒑⑭ 풀빛 푸른	慦⑭ 풀 이름	誾⑮ 향기	憖⑯ 억지로	㒚⑯ 기댈	隱⑰ 숨을	檃⑰ 도지개
	溵⑰ 강 이름	櫽⑱ 마룻대	蘟㉑ 은총						

을 2	乙① 새	圪⑥ 흙더미 우뚝할						
음 8	吟⑦ 읊을	音⑨ 소리	陰⑪ 그늘	淫⑪ 음란할	愔⑫ 조용할	飮⑬ 마실	蔭⑮ 그늘	馨⑳ 화할
읍 3	邑⑦ 고을	泣⑧ 울	揖⑫ 읍할					
응 4	凝⑯ 엉길	膺⑰ 가슴	應⑰ 응할	鷹㉔ 매				
의 19	衣⑥ 옷	矣⑦ 어조사	宜⑧ 마땅	依⑧ 의지할	倚⑩ 의지할	椅⑫ 의자	意⑬ 뜻	義⑬ 옳을	疑⑭ 의심할
	儀⑮ 거동	毅⑮ 굳셀	誼⑮ 정	擬⑰ 비길	薏⑰ 율무	醫⑱ 의원	蟻⑲ 개미	艤⑲ 배 댈	議⑳ 의논
	懿㉒ 아름다울								
이 32	二② 두	已③ 이미	以⑤ 써	耳⑥ 귀	弛⑥ 늦출	而⑥ 말 이을	夷⑥ 오랑캐	伊⑥ 저	杝⑦ 피나무
	怡⑧ 기쁠	易⑧ 쉬울	珆⑨ 옥돌	姨⑨ 이모	苡⑨ 질경이	姼⑨ 여자의 자	珥⑩ 귀고리	蛜⑩ 벌	胰⑩ 힘줄
	異⑪ 다를	痍⑪ 상처	移⑪ 옮길	貽⑫ 끼칠	貳⑫ 두	肄⑬ 익힐	嬰⑬ 기쁠	爾⑭ 너	飴⑭ 엿
	彛⑯ 떳떳할	頤⑯ 턱	鷈⑰ 제비	邇⑱ 가까울	彝⑱ 떳떳할				
익 7	益⑩ 더할	翌⑪ 다음날	翊⑪ 도울	熤⑮ 사람 이름	翼⑰ 날개	謚⑰ 웃을	瀷⑳ 강이름		
인 28	人② 사람	儿② 어진 사람	刃③ 칼날	引④ 끌	仁④ 어질	印⑥ 도장	因⑥ 인할	臸⑥ 어질	汭⑥ 젖어 맞붙을
	忍⑦ 참을	屳⑦ 어질	牣⑦ 찰	芢⑧ 씨	咽⑨ 목구멍	姻⑨ 혼인	氤⑩ 기운 어릴	茵⑩ 자리	蚓⑩ 지렁이
	寅⑪ 범	絪⑫ 기운	湮⑫ 묻힐	靭⑫ 질길	韌⑫ 질길	靷⑬ 가슴걸이	認⑭ 알	𪔂⑭ 작은 북	璌⑮ 사람 이름
	諲⑯ 공경할								

일 9	一① 한	日④ 날	佚⑦ 편안할	佾⑧ 줄 춤	逸⑫ 편안할	壹⑫ 한	溢⑬ 넘칠	馹⑭ 역말	鎰⑱ 무게이름
임 9	壬④ 북방	任⑥ 맡을	妊⑦ 아이밸	姙⑨ 아이밸	荏⑩ 들깨	恁⑩ 생각할	註⑪ 생각할	稔⑬ 여물	賃⑬ 품삯
입 3	入② 들	廿③ 스물	卄④ 스물						
잉 4	仍④ 인할	孕⑤ 아이 밸	芿⑧ 새 풀싹	剩⑫ 남을					
하 20	下③ 아래	何⑦ 어찌	呀⑦ 입 딱 벌릴	河⑧ 물	昰⑨ 여름	夏⑩ 여름	荷⑪ 멜	廈⑫ 문간방	賀⑫ 하례할
	遐⑬ 멀	厦⑬ 문간방	瑕⑬ 허물	閜⑬ 크게 열릴	嘏⑬ 클	碬⑭ 숫돌	蝦⑮ 두꺼비	椴⑯ 붉을	霞⑰ 노을
	嚇⑰ 웃음소리	鰕⑳ 새우							
학 7	学⑧ 배울	虐⑨ 모질	嗃⑬ 엄할	學⑯ 배울	謔⑯ 희롱할	壑⑰ 골	鶴㉑ 학		
한 19	汗⑥ 땀	旱⑦ 가물	罕⑦ 드물	恨⑨ 한	限⑨ 한할	悍⑩ 사나울	寒⑫ 찰	閑⑫ 한가할	閒⑫ 한가할
	僩⑭ 굳셀	漢⑭ 한수	嫻⑮ 우아할	澗⑮ 넓을	澣⑯ 빨래할	翰⑯ 편지	槶⑯ 큰 나무	閴⑯ 익힐	韓⑰ 한국
	瀚⑲ 넓고 큰 모양								
할 2	割⑫ 벨	轄⑰ 다스릴							
함 13	含⑦ 머금을	函⑧ 함	咸⑨ 다	陷⑪ 빠질	啣⑪ 재갈 머금을	涵⑪ 젖을	喊⑫ 소리칠	菡⑫ 연꽃	銜⑭ 재갈
	緘⑮ 봉할	檻⑱ 난간	鹹⑳ 짤	艦⑳ 큰 배					
합 7	合⑥ 합할	哈⑨ 물고기 많은 모양	陜⑩ 좁을	盒⑪ 합	蛤⑫ 대합조개	閤⑭ 쪽문	闔⑱ 문짝		
항 18	亢④ 높을	伉⑥ 짝	行⑥ 항렬	抗⑦ 겨룰	沆⑦ 넓을	肛⑦ 항문	杭⑧ 건널	巷⑨ 거리	降⑨ 항복할
	恒⑨ 항상	恆⑨ 항상	姮⑨ 항아	缸⑨ 항아리	航⑩ 배	桁⑩ 차꼬	港⑫ 항구	項⑫ 항목	嫦⑭ 항아

해 20	亥⑥ 돼지	咍⑧ 비웃을	咳⑨ 어린아이 웃을	孩⑨ 어린아이	垓⑨ 지경	海⑩ 바다	奚⑩ 어찌	害⑩ 해할	偕⑪ 함께
	該⑬ 갖출	瑎⑬ 검은 옥돌	楷⑬ 본보기	解⑬ 풀	懈⑯ 게으를	駭⑯ 놀랄	骸⑯ 뼈	諧⑯ 화할	邂⑰ 만날
	蟹⑲ 게	瀣⑲ 이슬 기운							
핵 2	劾⑧ 꾸짖을	核⑩ 씨							
행 6	行⑥ 다닐	杏⑦ 살구	幸⑧ 다행	荇⑩ 노랑어리연꽃	倖⑩ 요행	涬⑪ 기운			
향 11	向⑥ 향할	享⑧ 누릴	香⑨ 향기	珦⑩ 옥이름	晑⑩ 밝을	鄕⑬ 시골	餉⑮ 건량	嚮⑲ 향할	麙⑳ 시향 사슴
	響㉒ 울릴	饗㉒ 잔치할							
허 4	許⑪ 허락할	虛⑫ 빌	噓⑮ 불	墟⑮ 터					
헌 4	軒⑩ 집	憲⑯ 법	櫶⑳ 나무 이름	獻⑳ 드릴					
헐 1	歇⑬ 쉴								
험 2	險⑯ 험할	驗㉓ 시험							
혁 7	侐⑧ 고요할	革⑨ 가죽	奕⑨ 클	炫⑪ 빛날	焱⑫ 불꽃	赫⑭ 빛날	爀⑱ 불빛		
현 31	玄⑤ 검을	見⑦ 뵈올	呟⑧ 소리	弦⑧ 시위	泫⑧ 이슬빛날	怰⑧ 팔	炫⑨ 밝을	俔⑨ 염탐할	玹⑨ 옥돌
	眩⑨ 햇빛	峴⑩ 고개	眩⑩ 어지러울	晛⑪ 한정할	現⑪ 나타날	舷⑪ 뱃전	琄⑪ 옥 모양	衒⑪ 자랑할	絃⑪ 줄
	晛⑪ 햇살	發⑪ 활	絢⑫ 무늬	睍⑫ 불거진 눈	鉉⑬ 솥귀	鋗⑮ 노구솥	賢⑮ 어질	儇⑮ 영리할	縣⑯ 고을
	顯⑱ 나타날	懸⑳ 달	譞⑳ 영리할	顯㉓ 나타날					

雲情 秋一鎬

혈 4	孑③ 외로울	穴⑤ 구멍	血⑥ 피	頁⑨ 머리				
혐 1	嫌⑬ 싫어할							
협 13	夾⑦ 낄	冾⑧ 화할	協⑧ 화합할	俠⑨ 의기로울	峽⑩ 골짜기	挾⑩ 낄	浹⑩ 두루 미칠	脅⑩ 위협할	脇⑩ 위협할
	狹⑩ 좁을	莢⑪ 꼬투리	鋏⑮ 집게	頰⑯ 뺨				
형 21	兄⑤ 형	刑⑥ 형벌	形⑦ 모양	邢⑦ 성씨	亨⑦ 형통할	泂⑧ 멀	逈⑨ 멀	型⑨ 모형	炯⑨ 빛날
	荊⑩ 가시나무	珩⑩ 노리개	迥⑩ 멀	熒⑭ 등불	滎⑭ 실개천	瑩⑮ 의혹할	螢⑯ 반딧불	衡⑯ 저울대	瀅⑱ 물 맑을
	鎣⑱ 줄	馨⑳ 꽃다울	瀅㉑ 물 이름						
혜 15	兮④ 어조사	恵⑩ 은혜	彗⑪ 살별	惠⑫ 은혜	憓⑮ 밝힐	暳⑮ 별 반짝일	慧⑮ 슬기로울	鞋⑮ 신	憓⑮ 사랑할
	蕙⑯ 풀 이름	蹊⑰ 좁은 길	醯⑲ 식혜	譓⑲ 슬기로울	鏸⑳ 날카로울	譿㉒ 슬기로울			
호 46	互④ 서로	戶④ 집	号⑤ 이름	乎⑤ 어조사	好⑥ 좋을	芐⑦ 지황	虎⑧ 범	呼⑧ 부를	岵⑧ 산
	狐⑧ 여우	芦⑧ 지황	昊⑧ 하늘	弧⑧ 활	胡⑨ 되	浩⑩ 넓을	祜⑩ 복	娚⑪ 재치 있을	扈⑪ 따를
	淏⑪ 맑을	瓠⑪ 박	晧⑪ 밝을	毫⑪ 터럭	壺⑫ 병	琥⑫ 호박	湖⑫ 호수	皓⑫ 흴	葫⑬ 마늘
	瑚⑬ 산호	號⑬ 이름	滸⑭ 물가	蒿⑭ 쑥	豪⑭ 호걸	犒⑭ 호궤할	蝴⑮ 나비	滈⑮ 넓을	皡⑮ 밝을
	糊⑮ 풀칠할	縞⑯ 명주	濩⑰ 퍼질	壕⑰ 해자	濠⑰ 호수	鎬⑱ 호경	護㉑ 도울	顥㉑ 클	頀㉓ 구할
	灝㉔ 넓을								

혹 3	或⑧ 혹	惑⑫ 미혹할	酷⑭ 심할					
혼 7	昏⑧ 어두울	俒⑨ 완전할	混⑪ 섞을	婚⑪ 혼인할	渾⑫ 흐릴	琿⑬ 아름다운 옥	魂⑭ 넋	
홀 3	忽⑧ 갑자기	笏⑩ 홀	惚⑪ 황홀할					
홍 11	弘⑤ 클	汞⑦ 수은	泓⑧ 물깊을	洪⑨ 넓을	哄⑨ 떠들썩할	虹⑨ 무지개	紅⑨ 붉을	訌⑩ 어지러울	烘⑩ 화톳불
	鉷⑭ 쇠뇌 고동	鴻⑰ 기러기						
화 16	化④ 될	火④ 불	禾⑤ 벼	花⑧ 꽃	和⑧ 화할	貨⑪ 재물	畵⑫ 그림	華⑫ 빛날	畫⑬ 그림
	話⑬ 말씀	靴⑬ 신	禍⑭ 재앙	嬅⑮ 탐스러울	澅⑮ 깊을	樺⑯ 벚나무	譁⑲ 시끄러울		
확 6	廓⑭ 클	確⑮ 굳을	碻⑮ 굳을	擴⑱ 넓힐	穫⑲ 거둘	攫㉓ 움킬 확			
환 19	丸③ 둥글	幻④ 헛것보일	宦⑨ 벼슬	奐⑨ 빛날	紈⑨ 흰 비단	桓⑩ 굳셀	患⑪ 근심	睆⑪ 환할	換⑫ 바꿀
	喚⑫ 부를	渙⑫ 흩어질	煥⑬ 불꽃	圜⑯ 두를	環⑰ 고리	還⑰ 돌아올	鐶㉑ 고리	鰥㉑ 환어	歡㉒ 기쁠
	驩㉘ 기뻐할							
활 6	活⑨ 살	猾⑬ 교활할	滑⑬ 미끄러울	豁⑰ 뚫린 골	闊⑰ 넓을	濶⑰ 넓을			
황 28	況⑧ 상황	皇⑨ 임금	恍⑨ 황홀할	荒⑩ 거칠	晃⑩ 밝을	晄⑩ 밝을	凰⑪ 봉황	堭⑫ 당집	黃⑫ 누를
	惶⑫ 두려울	湟⑫ 성지	媓⑫ 어머니	隍⑫ 해자	徨⑫ 헤맬	遑⑬ 급할	滉⑬ 깊을	愰⑬ 마음 밝을	煌⑬ 빛날
	慌⑬ 어리둥절할	幌⑬ 휘장	楻⑬ 깃대	熀⑭ 이글거릴	榥⑭ 책상	篁⑮ 대숲	蝗⑮ 메뚜기	潢⑮ 웅덩이	璜⑯ 패옥
	簧⑱ 혀								

회 22	会⑥ 모일	回⑥ 돌아올	灰⑥ 재	恢⑨ 넓을	廻⑨ 돌	徊⑨ 머뭇거릴	悔⑩ 뉘우칠	茴⑩ 회향풀	晦⑪ 그믐
	淮⑪ 이름	蛔⑫ 회충	繪⑫ 그림	會⑬ 모일	匯⑬ 물 돌아나갈	賄⑬ 재물	誨⑭ 가르칠	獪⑯ 교활할	澮⑯ 봇도랑
	檜⑰ 전나무	膾⑰ 회	繪⑲ 그림	懷⑲ 품을					
획 2	劃⑭ 그을	獲⑰ 얻을							
횡 3	宖⑧ 집 울릴	橫⑯ 가로	鐄⑳ 종						
효 19	爻④ 사귈	孝⑦ 효도	效⑧ 본받을	肴⑧ 안주	効⑩ 복받을	哮⑩ 성낼	洖⑩ 성씨	淆⑪ 뒤섞일	梟⑪ 올빼미
	傚⑫ 본받을	窙⑫ 높은 기운	酵⑭ 삭힐	歆⑭ 오를	皛⑮ 나타날	曉⑯ 새벽	嚆⑰ 울릴	譓⑱ 부를	斅⑳ 가르칠
	驍㉒ 날랠								
후 15	朽⑥ 썩을	后⑥ 임금	吼⑦ 울부짖을	厚⑨ 두터울	垕⑨ 두터울	後⑨ 뒤	侯⑨ 제후	候⑩ 기후	逅⑩ 만날
	珝⑩ 옥 이름	堠⑫ 돈대	喉⑫ 목구멍	帿⑫ 제후	煦⑬ 따뜻하게 할	嗅⑬ 맡을			
훈 12	訓⑩ 가르칠	君⑪ 김쐴	勛⑫ 공	暈⑬ 무리	塤⑬ 질나발	熏⑭ 불길	勲⑮ 공	勳⑯ 공	壎⑰ 질나발
	燻⑱ 연기낄	薰⑱ 향풀	纁㉒ 금빛 투색할						
훙 1	薨⑰ 훙서								
훤 4	喧⑫ 지껄일	暄⑬ 온난할	萱⑬ 원추리	煊⑬ 마를					
훼 4	卉⑤ 풀	喙⑫ 부리	毀⑬ 헐	毁⑬ 헐					
휘 9	揮⑫ 휘두를	煒⑬ 빨갈	彙⑬ 고슴도치	暉⑬ 빛	煇⑬ 빛날	麾⑮ 기	輝⑮ 빛날	諱⑯ 숨길	徽⑰ 표기
휴 5	休⑥ 쉴	烋⑩ 아름다울	畦⑪ 밭두둑	携⑬ 이끌	隳⑬ 이지러질				

휼 3	恤⑨ 불쌍할	譎⑲ 속일	鷸㉓ 도요새					
흉 5	凶④ 흉할	匈⑥ 오랑캐	兇⑥ 흉악할	洶⑨ 용솟음칠	胸⑩ 가슴			
흑 1	黑⑫ 검을							
흔 5	忻⑦ 기쁠	昕⑧ 새벽	欣⑧ 기쁠	炘⑧ 기뻐할	痕⑪ 흔적			
흘 4	屹⑥ 우뚝솟을	吃⑥ 말더듬을	紇⑨ 묶을	訖⑩ 이를				
흠 4	欠④ 하품	欽⑫ 공경할	歆⑬ 흠향할	鑫㉔ 기쁠				
흡 4	吸⑦ 마실	恰⑨ 흡사할	洽⑨ 흡족할	翕⑫ 합할				
흥 1	興⑯ 일							
희 29	希⑦ 바랄	俙⑨ 비슷할	姬⑨ 여자	姫⑨ 여자	晞⑪ 마를	烯⑪ 불빛	喜⑫ 기쁠	稀⑫ 드물	熙⑬ 빛날
	僖⑭ 기쁠	熙⑭ 빛날	凞⑭ 빛날	憘⑮ 기쁠	熺⑮ 빛날	嬉⑮ 아름다울	憙⑯ 기뻐할	羲⑯ 복희씨	熹⑯ 빛날
	嬉⑯ 빛날	暿⑯ 빛날	噫⑯ 한숨 쉴	戱⑯ 희롱할	樳⑯ 나무 이름	戲⑰ 놀이	禧⑰ 복	爔⑳ 불	曦⑳ 햇빛
	犧⑳ 희생	囍㉒ 쌍희							
힐 1	詰⑬ 꾸짖을							

4. 金(사, 자, 차)의 글자

사 60	巳③ 뱀	士③ 선비	四⑤ 넉	司⑤ 맡을	史⑤ 사기	仕⑤ 섬길	乍⑤ 잠깐	糸⑥ 실	寺⑥ 절
	死⑥ 죽을	邪⑦ 간사할	似⑦ 닮을	沙⑦ 모래	私⑦ 사사로울	伺⑦ 엿볼	社⑧ 모일	泗⑧ 물이름	事⑧ 일
	些⑧ 적을	祀⑧ 제사	舍⑧ 집	使⑧ 하여금	俟⑨ 기다릴	砂⑨ 모래	思⑨ 생각	柶⑨ 수저	査⑨ 조사할
	唆⑩ 부추길	紗⑩ 비단	祠⑩ 사당	師⑩ 스승	射⑩ 쏠	娑⑩ 춤출	蛇⑪ 긴 뱀	捨⑪ 버릴	梭⑪ 북
	斜⑪ 비낄	莎⑪ 사초	徙⑪ 옮길	赦⑪ 용서할	詞⑫ 말씀	奢⑫ 사치할	詐⑫ 속일	絲⑫ 실	斯⑫ 이
	裟⑬ 가사	肆⑬ 방자할	獅⑬ 사자	嗣⑬ 이을	飼⑭ 기를	羲⑭ 도롱이	寫⑮ 베낄	駟⑮ 사마	僿⑮ 잘게 부술
	賜⑮ 줄	篩⑯ 체	謝⑰ 사례할	瀉⑱ 쏟을	辭⑲ 말씀	麝㉑ 사향노루			
삭 6	削⑨ 깎을	索⑩ 노	朔⑩ 초하루	數⑮ 자주	爍⑲ 빛날	鑠㉓ 녹일			
산 14	山③ 뫼	汕⑥ 오구	刪⑦ 깎을	疝⑧ 산증	珊⑨ 산호	祏⑩ 셈	産⑪ 낳을	産⑪ 낳을	傘⑫ 우산
	散⑫ 흩을	蒜⑭ 마늘	算⑭ 셈할	酸⑭ 실	霰⑳ 싸라기눈				
살 5	乷⑧ 음역자	殺⑪ 죽일	煞⑬ 죽일	撒⑮ 뿌릴	薩⑱ 보살				
삼 8	三③ 석	杉⑧ 삼나무	芟⑧ 벨	衫⑧ 적삼	參⑪ 석	森⑫ 수풀	渗⑭ 스며들	蔘⑮ 삼	
삽 5	挿⑫ 꽂을	鈒⑫ 창	插⑫ 꽂을	颯⑭ 바람 소리	澁⑮ 떫을				

446

상 35	上③ 윗	床⑦ 평상	尙⑧ 오히려	狀⑧ 평상	狀⑧ 형상	峠⑨ 고개	相⑨ 서로	庠⑨ 학교	桑⑩ 뽕나무
	常⑪ 떳떳할	祥⑪ 상서	爽⑪ 시원할	商⑪ 장사	湘⑫ 강이름	翔⑫ 날	喪⑫ 잃을	象⑫ 코끼리	廂⑫ 행랑
	傷⑬ 다칠	想⑬ 생각	詳⑬ 자세할	塽⑭ 높고 밝은 땅	嘗⑭ 맛볼	像⑭ 모양	裳⑭ 치마	慡⑭ 성품 밝을	潒⑮ 세찰
	樣⑮ 상수리나무	箱⑮ 상자	賞⑮ 상줄	橡⑯ 상수리나무	償⑰ 갚을	霜⑰ 서리	觴⑱ 잔	孀⑳ 홀어머니	
새 3	塞⑬ 변방	賽⑰ 굿할	璽⑲ 옥새						
색 5	色⑥ 빛	索⑩ 찾을	塞⑬ 막힐	嗇⑬ 아낄	穡⑱ 거둘				
생 5	生⑤ 날	省⑨ 덜	牲⑨ 희생	笙⑪ 생황	甥⑫ 생질				
서 43	西⑥ 서녘	序⑦ 차례	抒⑦ 풀	恕⑦ 용서할	胥⑨ 서로	叙⑨ 펼	書⑩ 글	栖⑩ 깃들일	恕⑩ 용서할
	徐⑩ 천천히할	逝⑪ 갈	棲⑪ 깃들일	庶⑪ 여러	敍⑪ 펼	偦⑪ 재주 있을	忞⑪ 느슨해질	敘⑪ 펼	惰⑫ 지혜
	湑⑫ 거를	揟⑫ 고기 잡을	黍⑫ 기장	棲⑫ 깃들일	犀⑫ 무소	壻⑫ 사위	婿⑫ 사위	絮⑫ 솜	舒⑫ 펼
	暑⑬ 더울	瑞⑬ 상서	筮⑬ 점	鼠⑬ 쥐	墅⑭ 농막	署⑭ 마을	誓⑭ 맹세할	緖⑮ 실마리	鋤⑮ 호미
	縃⑮ 서로	諝⑯ 슬기	輿⑰ 섬	嶼⑰ 섬	糈⑱ 아름다울	薯⑱ 감자	曙⑱ 새벽		
석 20	夕③ 저녁	石⑤ 돌	汐⑥ 조수	昔⑧ 예	析⑧ 쪼갤	秳⑩ 섬	席⑩ 자리	惜⑪ 아낄	淅⑪ 일
	晳⑫ 밝을	晰⑫ 밝을	舃⑫ 신	鉐⑬ 놋쇠	蓆⑭ 자리	碩⑭ 클	潟⑮ 개펄	奭⑮ 클	錫⑯ 주석
	鼫⑱ 석서	釋⑳ 풀							

선 38	仙⑤ 신선	先⑥ 먼저	亘⑥ 베풀	宣⑨ 베풀	洒⑨ 엄숙할	珗⑩ 옥돌	扇⑩ 부채	旋⑪ 돌	船⑪ 배
	琁⑪ 옥	渲⑫ 바림	愃⑫ 잊을	善⑫ 착할	瑄⑬ 도리옥	詵⑬ 많을	跣⑬ 맨발	羨⑬ 부러워할	腺⑬ 샘
	僊⑬ 춤출	銑⑭ 무쇠	煽⑭ 부채질할	嫙⑭ 예쁠	嬋⑮ 고울	墡⑮ 백토	璇⑮ 옥	線⑮ 줄	選⑯ 가릴
	敾⑯ 기울	膳⑯ 선물	鮮⑰ 고울	禪⑰ 선	璿⑱ 구슬	繕⑱ 기울	蟬⑱ 매미	鐥⑳ 복자	饍㉑ 반찬
	蘚㉑ 이끼	癬㉒ 옴 선							
설 17	舌⑥ 혀	泄⑧ 샐	洩⑨ 샐	契⑨ 사람 이름	屑⑩ 가루	雪⑪ 눈	偰⑪ 맑을	設⑪ 베풀	卨⑪ 사람이름
	渫⑫ 파낼	离⑫ 사람 이름	楔⑬ 문설주	說⑭ 말씀	設⑮ 향풀	褻⑰ 더러울	薛⑰ 성씨	齧㉑ 물	
섬 8	刹⑩ 땅 이름	陝⑩ 땅 이름	閃⑩ 번쩍일	暹⑯ 햇살 치밀	蟾⑲ 두꺼비	贍⑳ 넉넉할	殲㉑ 다 죽일	纖㉓ 가늘	
섭 5	涉⑩ 건널	葉⑬ 땅 이름	燮⑰ 불꽃	攝㉑ 다스릴	欇㉑ 삿자리				
성 23	成⑦ 이룰	姓⑧ 성씨	性⑧ 성품	星⑨ 별	省⑨ 살필	胜⑨ 비릴	娍⑩ 아름다울	宬⑩ 서고	城⑩ 재
	晟⑪ 밝을	珹⑪ 옥 이름	唋⑪ 밝을	賋⑫ 재물	惺⑫ 깨달을	盛⑫ 성할	猩⑫ 성성이	腥⑬ 비릴	筬⑬ 바디
	聖⑬ 성인	珵⑬ 옥빛	誠⑭ 정성	醒⑯ 깰	聲⑰ 소리				
세 12	世⑤ 인간	洗⑨ 씻을	洒⑨ 씻을	忕⑥ 익숙해질	涗⑩ 잿물	細⑪ 가늘	笹⑪ 조릿대	稅⑫ 세금	貰⑫ 세낼
	歲⑬ 해	勢⑬ 형세	說⑭ 달랠						

소 46	小③ 작을	少④ 적을	召⑤ 부를	邵⑦ 높을	劭⑦ 힘쓸	沼⑧ 못	所⑧ 바	邵⑧ 땅 이름	炤⑨ 밝을
	昭⑨ 밝을	吷⑨ 웃음	柖⑨ 흔들릴	玿⑨ 아름다운 옥	宵⑩ 밤	素⑩ 본디	消⑩ 사라질	笑⑩ 웃음	逍⑪ 노닐
	巢⑪ 새집	掃⑪ 쓸	梳⑪ 얼레빗	紹⑪ 이을	甦⑫ 깨어날	疎⑫ 성길	疏⑫ 소통할	訴⑫ 호소할	遡⑬ 거스릴
	搔⑬ 긁을	塑⑬ 흙 빚을	愫⑬ 정성	溯⑭ 거스를	韶⑭ 풍류 이름	銷⑮ 녹일	瘙⑮ 피부병	霄⑮ 하늘	蔬⑯ 나물
	燒⑯ 사를	嘯⑯ 휘파람 불	穌⑯ 깨어날	蕭⑰ 쓸쓸할	篠⑰ 조릿대	簫⑲ 퉁소	鷔⑲ 하늘	瀟⑳ 강 이름	蘇⑳ 되살아날
	騷⑳ 떠들								
속 9	束⑦ 묶을	俗⑨ 풍속	涑⑩ 헹굴	速⑪ 빠를	粟⑫ 조	謖⑰ 일어날	屬㉑ 무리	續㉑ 이을	贖㉒ 속죄할
손 7	孫⑩ 손자	飧⑪ 저녁밥	巽⑫ 부드러울	飡⑫ 저녁밥	損⑬ 덜	遜⑭ 겸손할	蓀⑭ 향풀 이름		
솔 3	帥⑨ 장수	乺⑨ 솔	率⑪ 거느릴						
송 9	宋⑦ 성씨	松⑧ 소나무	悚⑩ 두려울	送⑩ 보낼	淞⑪ 강 이름	訟⑪ 송사할	竦⑫ 공경할	頌⑬ 칭송할	誦⑭ 외울
쇄 6	刷⑧ 인쇄할	殺⑪ 빠를	碎⑬ 부술	鎖⑱ 쇠사슬	鏁⑱ 쇠사슬	灑㉒ 뿌릴			
쇠 2	衰⑩ 쇠할	釗⑩ 쇠							

수 71	水④ 물	手④ 손	囚⑤ 가둘	收⑥ 둘	戍⑥ 수자리	守⑥ 지킬	秀⑦ 빼어날	寿⑦ 목숨	峀⑧ 산굴
	垂⑧ 드리울	受⑧ 받을	岫⑧ 산굴	首⑨ 머리	洙⑨ 물가	狩⑨ 사냥할	帥⑨ 장수	殊⑩ 다를	修⑩ 닦을
	袖⑩ 소매	茱⑩ 수유	琇⑪ 옥돌	授⑪ 줄	脩⑪ 포	羞⑪ 부끄러울	隋⑫ 수나라	須⑫ 모름지기	酬⑬ 갚을
	愁⑬ 근심	睢⑬ 물 이름	睟⑬ 바로 볼	睡⑬ 졸음	搜⑬ 찾을	嫂⑬ 형수	綏⑬ 편안할	竪⑬ 세울	遂⑬ 나아갈
	綬⑭ 끈	蒐⑭ 모을	壽⑭ 목숨	蓚⑭ 수산	粹⑭ 순수할	需⑭ 쓰일	漱⑭ 양치질할	銖⑭ 저울눈	嗽⑭ 기침할
	誰⑮ 누구	豎⑮ 세울	數⑮ 셈	瘦⑮ 여윌	睟⑮ 재물	穗⑮ 이삭	鏽⑮ 슬	隧⑯ 길	樹⑯ 나무
	隨⑯ 따를	輸⑯ 보낼	澅⑯ 물 이름	燧⑰ 부싯돌	雖⑰ 비록	穗⑰ 이삭	璲⑰ 패옥	邃⑱ 깊을	藪⑲ 늪
	繡⑲ 수놓을	獸⑲ 짐승	鷞⑲ 새매	瓏⑳ 구슬	鬚㉓ 수염	髓㉓ 뼛골	雠㉓ 원수	讐㉓ 원수	
숙 13	夙⑥ 이를	叔⑧ 아저씨	孰⑪ 누구	淑⑪ 맑을	宿⑪ 잘	琡⑫ 옥이름	菽⑫ 콩	肅⑫ 엄숙할	塾⑭ 글방
	熟⑮ 익을	潚⑯ 빠를	橚⑰ 줄지어 설	璹⑱ 옥그릇					
순 28	旬⑥ 열흘	巡⑦ 돌	徇⑨ 돌	盾⑨ 방패	恂⑨ 정성	洵⑨ 참으로	栒⑩ 가름대	殉⑩ 따라죽을	純⑩ 순수할
	珣⑩ 옥이름	荀⑩ 풀이름	淳⑪ 순박할	脣⑪ 입술	循⑫ 돌	舜⑫ 순임금	順⑫ 순할	筍⑫ 죽순	焞⑫ 밝을
	馴⑬ 길들일	楯⑬ 난간	詢⑬ 물을	蓴⑮ 순채	醇⑮ 전국술	諄⑮ 타이를	蕣⑯ 무궁화	橓⑯ 무궁화나무	錞⑯ 악기이름
	瞬⑰ 깜짝일								
술 4	戌⑥ 개	述⑨ 펼	術⑪ 재주	鉥⑬ 돗바늘					

숭 3	崇⑪ 높을	崧⑪ 우뚝 솟을	嵩⑬ 높은 산					
슬 4	瑟⑬ 큰거문고	蝨⑮ 이	膝⑮ 무릎	瑟⑰ 푸른 구슬				
습 5	拾⑨ 주울	習⑪ 익힐	褶⑯ 주름	濕⑰ 젖을	襲㉒ 엄습할			
승 14	升④ 오를	永⑤ 이을	阩⑦ 오를	丞⑥ 정승	昇⑧ 오를	承⑧ 이을	陞⑩ 오를	乘⑩ 탈	勝⑫ 이길
	塍⑬ 밭두둑	僧⑭ 중	塍⑭ 잉아	繩⑲ 노끈	蠅⑲ 파리				
시 36	尸③ 주검	示⑤ 보일	市⑤ 저자	矢⑤ 화살	豕⑦ 돼지	侍⑧ 모실	始⑧ 비로소	柿⑨ 감나무	枾⑨ 감나무
	屎⑨ 똥	施⑨ 베풀	恃⑨ 어머니	是⑨ 옳을	屍⑨ 주검	柿⑨ 감나무	翅⑩ 날개	時⑩ 때	柴⑩ 섶
	豺⑩ 승냥이	偲⑪ 굳셀	匙⑪ 숟가락	猜⑪ 시기할	視⑫ 볼	媤⑫ 시집	弑⑫ 윗사람 죽일	偲⑫ 책선할	媞⑫ 복
	翄⑬ 날개 칠	詩⑬ 시	試⑬ 시험	禔⑭ 복	蒔⑭ 모종 낼	蓍⑭ 톱풀	嘶⑮ 울	諡⑯ 시호	諟⑯ 이
식 16	式⑥ 법	食⑨ 밥	拭⑨ 씻을	息⑩ 쉴	栻⑩ 점치는 기구	埴⑪ 찰흙	湜⑫ 물 맑을	殖⑫ 불릴	植⑫ 심을
	寔⑫ 이	軾⑬ 가로나무	飾⑭ 꾸밀	熄⑭ 불 꺼질	篒⑮ 대밥통	蝕⑮ 좀먹을	識⑲ 알		
신 25	申⑤ 거듭	臣⑥ 신하	辰⑦ 때	辛⑦ 매울	身⑦ 몸	迅⑦ 빠를	伸⑦ 펼	侁⑧ 걷는 모양	呻⑧ 읊조릴
	信⑨ 믿을	神⑩ 귀신	宸⑩ 대궐	訊⑩ 물을	娠⑩ 아이 밸	紳⑪ 띠	晨⑪ 새벽	莘⑪ 족두리풀	腎⑫ 콩팥
	愼⑬ 삼갈	新⑬ 새	蜃⑬ 큰 조개	薪⑰ 섶	燼⑱ 불탄 끝	藎⑱ 조개풀	璶⑱ 옥돌		
실 5	失⑤ 잃을	室⑨ 집	實⑧ 열매	悉⑪ 다	實⑭ 열매				

심 10	心④ 마음	沈⑦ 성씨	沁⑦ 스며들	芯⑧ 골풀	甚⑨ 심할	深⑪ 깊을	尋⑫ 찾을	審⑮ 살필	諶⑯ 참
	瀋⑱ 즙 낼 심								
십 3	十② 열	什④ 열사람	拾⑨ 열						
쌍 2	双④ 두	雙⑱ 두							
씨 1	氏④ 각시								
자 28	子③ 아들	仔⑤ 자세할	字⑥ 글자	自⑥ 스스로	孜⑦ 힘쓸	炙⑧ 구울	姉⑧ 손위누이	刺⑧ 찌를	姊⑧ 손위 누이
	秄⑧ 북을 돋울	者⑨ 놈	姿⑨ 모양	咨⑨ 물을	恣⑩ 방자할	茲⑩ 불을	茨⑩ 지붕 일	瓷⑪ 사기그릇	疵⑪ 허물
	滋⑫ 불을	紫⑫ 자줏빛	慈⑬ 사랑	煮⑬ 삶을	資⑬ 재물	雌⑭ 암컷	磁⑭ 자석	蔗⑮ 사탕수수	諮⑯ 물을
	藉⑱ 깔								
작 14	勺③ 구기	灼⑦ 불사를	作⑦ 지을	芍⑦ 함박꽃	斫⑨ 벨	昨⑨ 어제	炸⑨ 터질	酌⑩ 술 부을	雀⑪ 참새
	鵲⑫ 까치	綽⑭ 너그러울	爵⑱ 벼슬	鵲⑲ 까치	嚼㉑ 씹을				
잔 5	棧⑫ 사다리	孱⑫ 잔약할	殘⑫ 잔인할	盞⑬ 잔	潺⑮ 졸졸 흐를				
잠 7	岑⑦ 봉우리	箴⑮ 경계	潛⑮ 잠길	潜⑮ 잠길	暫⑮ 잠깐	簪⑱ 비녀	蠶㉔ 누에		
잡 1	雜⑱ 섞일								

장 42	③丈 어른	⑤仗 의장	⑥庄 씩씩할	⑥匠 장인	⑥壯 장할	⑦壯 장할	⑦杖 지팡이	⑧長 길	⑧狀 문서
	⑩奘 클	⑩将 장수	⑪章 글	⑪張 베풀	⑪莊 씩씩할	⑪帳 장막	⑪將 장수	⑫粧 단장할	⑫場 마당
	⑫掌 손바닥	⑬裝 꾸밀	⑬葬 장사 지낼	⑬腸 창자	⑭獐 노루	⑭障 막을	⑭漳 물 이름	⑭獎 장려할	⑭臧 착할
	⑮樟 녹나무	⑮暲 밝을	⑮蔣 성씨	⑮漿 즙	⑮璋 홀	⑮獎 권면할	⑯墻 담	⑰牆 담	⑰檣 돛대
	⑰薔 장미	⑱藏 감출	⑱醬 장	㉑臟 장물	㉒臟 오장	㉒欌 장롱			
재 19	才③ 재주	再⑥ 두	⑥在 있을	⑦材 재목	⑦災 재앙	⑨哉 어조사	⑩栽 심을	⑩財 재물	⑩宰 재상
	⑩捚 손바닥에 받을	⑪梓 가래나무	⑫裁 마를	⑫滓 맑을	⑬載 실을	⑬滓 찌꺼기	⑯縡 일	⑯賊 재물	⑰齋 재계할
	㉑齎 가져올								
쟁 4	⑧爭 다툴	⑭箏 쟁	⑮諍 간할	⑯錚 쇳소리					
저 28	⑦低 낮을	⑦佇 우두커니설	⑧杵 공이	⑧姐 누이	⑧抵 막을	⑧沮 막을	⑧底 밑	⑧咀 씹을	⑧狙 원숭이
	⑧邸 집	⑨苧 모시풀	⑩疽 등창	⑪紵 모시	⑪這 이	⑫菹 김치	⑫猪 돼지	⑫渚 물가	⑫貯 쌓을
	⑫詛 저주할	⑬著 나타날	⑬楮 닥나무	⑬雎 물수리	⑮樗 가죽나무	⑮箸 젓가락	⑱儲 쌓을	⑳藷 감자	⑳躇 머뭇거릴
	⑳齟 어긋날								
적 25	⑥吊 이를	⑦赤 붉을	⑦狄 오랑캐	⑧的 과녁	⑧炙 구울	⑨迪 나아갈	⑩迹 자취	⑪寂 고요할	⑪荻 물억새
	⑪笛 피리	⑬勣 공적	⑬賊 도둑	⑬跡 발자취	⑭翟 꿩	⑭摘 딸	⑭滴 물방울	⑭嫡 정실	⑮敵 대적할
	⑮適 맞을	⑯積 쌓을	⑰績 길쌈할	⑱謫 귀양 갈	⑱蹟 자취	⑲鏑 화살촉	⑳籍 문서		

전 43	⑤田 밭	⑥全 온전할	⑦甸 경기	⑦佃 밭 갈	⑧典 법	⑧佺 신선 이름	⑨前 앞	⑨畑 화전	⑩悛 고칠
	⑩栓 마개	⑩展 펼	⑩荃 향초	⑪專 오로지	⑪剪 자를	⑫琠 귀막이	⑫奠 정할	⑫筌 통발	⑬煎 달일
	⑬塡 메울	⑬電 번개	⑬鈿 비녀	⑬詮 설명할	⑬殿 전각	⑬傳 전할	⑬膞 살찐 고기	⑭箋 기록할	⑭塼 벽돌
	⑭銓 사람 가릴	⑮廛 가게	⑮篆 전자	⑮箭 전자	⑯錢 돈	⑯戰 싸움	⑯澱 앙금	⑰輾 돌아누울	⑰氈 모전
	⑰餞 보낼	⑱轉 구를	⑲顚 엎드러질	㉑鐫 새길	㉑纏 얽을	㉒顫 떨	㉔癲 미칠		
절 10	④切 끊을	⑦折 꺾을	⑩浙 강 이름	⑪晢 밝힐	⑫絶 끊을	⑫截 끊을	⑭截 끊을	⑮節 마디	⑳癤 부스럼	㉒竊 훔칠
점 10	⑤占 점령할	⑧店 가게	⑧岾 땅 이름	⑧点 점찍을	⑨点 점	⑪粘 붙을	⑭漸 점점	⑯鮎 메기	⑯霑 젖을	⑰點 점
접 3	⑪接 이을	⑭摺 접을	⑮蝶 나비							
정 71	②丁 고무래	④井 우물	⑤汀 물가	⑤正 바를	⑥灯 등잔	⑥玎 옥 소리	⑥朾 칠	⑦呈 드릴	⑦町 밭두둑
	⑦廷 조정	⑦侹 황급할	⑦姃 엄전할	⑧妌 단정할	⑧定 정할	⑧征 칠	⑨貞 곧을	⑨訂 바로잡을	⑨炡 빛날
	⑨柾 사람 이름	⑨酊 술 취할	⑨政 정사	⑨亭 정자	⑨穽 함정	⑨胜 새 이름	⑩庭 뜰	⑩釘 못	⑩挺 빼어날
	⑩涏 곧을	⑩玎 바라볼	⑪旌 기	⑪程 기둥	⑪淨 깨끗할	⑪情 뜻	⑪梃 막대기	⑪停 머무를	⑪淀 앙금
	⑪偵 염탐할	⑪斑 옥 이름	⑪頂 정수리	⑪珵 패옥	⑪埩 밭 갈	⑫幀 그림 족자	⑫晶 맑을	⑫淳 물 골	⑫湞 물 이름
	⑫婷 예쁠	⑫程 한도	⑬綎 가죽 띠	⑬楨 광나무	⑬睛 눈동자	⑬碇 닻	⑬艇 배	⑬鼎 솥	⑬鉦 징 소리
	⑬晸 해 뜨는 모양	⑬靖 편안할	⑭禎 상서로울	⑭精 정할	⑭艴 검푸른빛	⑭靜 고요할	⑮鄭 나라	⑮靚 단장할	⑮鋌 쇳덩이
	⑮霆 천둥 소리	⑮鋥 칼날 세울	⑯整 가지런할	⑯靜 고요할	⑯錠 덩이	⑯諄 조정할	⑰檉 위성류	⑲瀞 깨끗할	

제 28	⑦弟 아우	⑧制 절제할	⑨帝 임금	⑩悌 공손할	⑩除 덜	⑪梯 사다리	⑪祭 제사	⑪第 차례	⑪濟 건널
	⑫提 끌	⑫堤 둑	⑫啼 울	⑫媞 안존할	⑬瑅 옥 이름	⑭齊 가지런할	⑭禔 복	⑭際 즈음	⑭製 지을
	⑯蹄 굽	⑯醍 맑은 술	⑯諸 모두	⑯儕 무리	⑯劑 약제	⑰濟 건널	⑱薺 냉이	⑱臍 배꼽	⑱題 제목	㉒霽 비 갤
조 47	④爪 손톱	④弔 조상할	⑥早 이를	⑥兆 조	⑦助 도울	⑧阻 막힐	⑨昭 밝을	⑨俎 도마	⑩蚤 벼룩
	⑩祚 복	⑩曺 성씨	⑩凋 시들	⑩晁 아침	⑩租 조세	⑩祖 할아버지	⑪條 가지	⑪粗 거칠	⑪釣 낚을
	⑪措 둘	⑪曹 무리	⑪眺 바라볼	⑪鳥 새	⑪彫 새길	⑪窕 으늑할	⑪造 지을	⑪組 짤	⑫棗 대추
	⑫朝 아침	⑫詔 조서	⑬照 비칠	⑬稠 빽빽할	⑭趙 나라	⑭漕 배로 실어 나를	⑭肇 비롯할	⑮調 고를	⑮槽 구유
	⑮遭 만날	⑮潮 밀물	⑮嘲 비웃을	⑯雕 독수리	⑯操 잡을	⑰燥 마를	⑰璪 연류관 드림 옥	⑰糟 지게미	⑲繰 야청 통견
	⑳藻 마름	⑳躁 조급할 조							
족 4	⑦足 발	⑪族 겨레	⑰簇 가는 대	⑲鏃 화살촉					
존 2	⑥存 있을	⑫尊 높을							
졸 3	⑧拙 옹졸할	⑧卒 마칠	⑪猝 갑자기						
종 21	⑧宗 마루	⑨柊 나무 이름	⑩倧 상고 신인	⑪終 마칠	⑪淙 물소리	⑪從 좇을	⑪悰 즐길	⑫琮 옥홀	⑫椶 종려나무
	⑬腫 종기	⑬椶 종려나무	⑭綜 모을	⑭種 씨	⑮慫 권할	⑮踪 자취	⑮瑽 패옥 소리	⑯踵 발꿈치	⑰縱 세로
	⑰鍾 쇠북	⑱蹤 발자취	⑳鐘 쇠북						
좌 5	⑤左 왼	⑦佐 도울	⑦坐 앉을	⑩挫 꺾을	⑩座 자리				

雲情 秋一鎬   455

죄 1	⑬罪 허물								
주 51	⑤主 임금	⑥州 고을	⑥舟 배	⑥朱 붉을	⑦走 달릴	⑦住 살	⑧侏 난쟁이	⑧周 두루	⑧拄 버틸
	⑧注 부을	⑧呪 빌	⑧宙 집	⑧姝 사람 이름	⑨柱 기둥	⑨紂 껑거리끈	⑨洲 물가	⑨炷 심지	⑨奏 아뢸
	⑨姝 예쁠	⑨靑 투구	⑨邾 나라 이름	⑩珠 구슬	⑩株 그루	⑩酒 술	⑩酎 전국술	⑪晝 낮	⑪紬 명주
	⑪做 지을	⑪酎 닥칠	⑫蛛 거미	⑫註 글 뜻 풀	⑫週 돌	⑫湊 모일	⑫絑 붉을	⑫紸 재물	⑬適 닥칠
	⑬誅 벨	⑬銤 쇳돌	⑬稠 밝을	⑭瘊 부추길	⑭綢 얽을	⑭惆 귀	⑮澍 단비	⑮駐 머무를	⑮廚 부엌
	⑯輳 몰려들	⑱燽 밝을	⑲疇 이랑	⑳籌 살	㉑躊 머뭇거릴	㉒鑄 불릴			
죽 2	⑥竹 대	⑫粥 죽							
준 32	⑨俊 준걸	⑩純 가선	⑩浚 깊게 할	⑩埈 높을	⑩峻 높을	⑩隼 송골매	⑩准 준할	⑩洵 앞설	⑩陖 가파를
	⑪埻 과녁	⑪焌 구울	⑪逡 뒷걸음질칠	⑪晙 밝을	⑫畯 농부	⑫竣 마칠	⑫準 준할	⑫朘 볼	⑫容 준설할
	⑬憃 어수선할	⑬雋 영특할	⑬準준 할	⑬俊 클	⑭傅 모일	⑮儁 준걸	⑯餕 대궁	⑯寯 모일	⑯樽 술통
	⑯遵 좇을	⑰濬 깊을	⑰駿 준마	⑰蹲 기쁠	㉑蠢 꾸물거릴				
줄 1	⑨茁 싹								
중 4	④中 가운데	⑥仲 버금	⑨重 무거울	⑫衆 무리					
즉 2	⑦即 곧	⑨卽 곧							

즐 1	⑲櫛 빗							
즙 3	⑤汁 즙	⑬楫 노	⑬葺 기울					
증 11	⑨拯 건질	⑩烝 김 오를	⑩症 증세	⑫曾 일찍	⑭蒸 찔	⑮增 더할	⑮憎 미울	⑰甑 시루	⑱繒 비단
	⑲贈 줄	⑲證 증거						
지 40	④之 갈	④止 그칠	④支 지탱할	⑤只 다만	⑥地 땅	⑥旨 뜻	⑥池 못	⑥至 이를	⑦志 뜻
	⑦沚 물가	⑦址 터	⑦坻 숫돌	⑦吱 가는 소리	⑦汦 붙을	⑧枝 가지	⑧知 알	⑧芷 어수리	⑧芝 지초
	⑧肢 팔다리	⑨指 가리킬	⑨持 가질	⑨祉 복	⑨咫 여덟치	⑨枳 탱자	⑨坻 섬	⑩脂 기름	⑩祇 다만
	⑩砥 숫돌	⑩紙 종이	⑪趾 발	⑫智 슬기	⑭蜘 거미	⑭誌 기록할	⑭漬 담글	⑭駭 굳셀	⑮摯 잡을
	⑮鋕 기록할	⑯遲 더딜	⑱贄 폐백	⑲識 적을					
직 5	⑧直 곧을	⑬稙 올벼	⑮稷 피	⑱職 직분	⑱織 짤				
진 49	⑥尽 다할	⑦辰 별	⑧抮 되돌릴	⑧枃 바디	⑨津 나루	⑨殄 다할	⑨珍 보배	⑨昣 밝을	⑩晉 나아갈
	⑩唇 놀랄	⑩畛 두둑	⑩振 떨칠	⑩疹 마마	⑩秦 성씨	⑩陣 진 칠	⑩晋진 나라	⑩眞 참	⑩袗 홑옷
	⑩真 참	⑪陳 베풀	⑪桭 평고대	⑪跡 밝을	⑫進 나아갈	⑫軫 수레 뒤턱 나무	⑫診 진찰할	⑬塡 진정할	⑬搢 꽂을
	⑬溱 많을	⑬鉁 보배	⑬嗔 성낼	⑭榛 결 고울	⑭瑱 누를	⑭榛 개암나무	⑭賑 구휼할	⑭盡 다할	⑭瑨 아름다운 돌
	⑭蓁 우거질	⑭塵 티끌	⑮蓁 더위지기	⑮瞋 부릅뜰	⑮稹 빽빽할	⑮震 우레	⑮禛 복 받을	⑯縝 고울	⑯儘 다할
	⑯縉 붉은 비단	⑯璡 옥돌	⑯臻 이를	⑱鎭 진압할					

雲情 秋一鎬

질 15	⑤叱 꾸짖을	⑧侄 조카	⑧帙 책권 차례	⑨迭 번갈아들	⑨姪 조카	⑩疾 병	⑩桎 차꼬	⑩秩 차례	⑪窒 막힐
	⑫跌 거꾸러질	⑫蛭 거머리	⑬嫉 미워할	⑮質 바탕	⑮膣 음도	⑲瓆 사람 이름			
짐 2	⑩朕 나	⑬斟 짐작할							
집 8	④什 세간	⑪執 잡을	⑫集 모을	⑬楫 노	⑮緝 모을	⑮潗 샘솟을	⑯輯 모을	⑳鏶 판금	
징 3	⑮澄 맑을	⑮徵 부를	⑲懲 징계할						
차 19	叉③ 갈래	且⑤ 또	次⑥ 버금	此⑥ 이	車⑦ 수레	侘⑧ 낙망할	奼⑨ 자랑할	差⑩ 다를	借⑩ 빌릴
	茶⑩ 차	硨⑫ 옥돌	嗟⑬ 우뚝 솟을	嗟⑬ 탄식할	瑳⑭ 고울	箚⑭ 찌를	遮⑮ 가릴	磋⑮ 갈	蹉⑰ 미끄러질
	艖㉔ 관대할								
착 7	捉⑩ 잡을	窄⑩ 좁을	着⑫ 붙을	搾⑬ 짤	錯⑯ 어긋날	齪㉒ 악착할	鑿㉘ 뚫을		
찬 23	粲⑬ 정미	撰⑮ 지을	賛⑮ 도울	澯⑯ 맑을	餐⑯ 밥	篡⑯ 빼앗을	償⑰ 모을	燦⑰ 빛날	篡⑰ 빼앗을
	璨⑰ 옥빛	竄⑱ 숨을	贊⑲ 도울	纂⑳ 모을	儧㉑ 모을	饌㉑ 반찬	攢㉒ 모일	巑㉒ 산 뾰족할	讃㉒ 기릴
	欑㉓ 모을	瓚㉓ 옥잔	纘㉕ 이을	讚㉖ 기릴	鑽㉗ 뚫을				
찰 5	札⑤ 편지	刹⑥ 절	紮⑪ 감을	察⑭ 살필	擦⑰ 문지를				
참 11	站⑩ 역마을	斬⑪ 벨	參⑪ 참여할	塹⑭ 구덩이	慚⑭ 부끄러워할	僭⑭ 주제넘을	慘⑭ 참혹할	慙⑮ 부끄러울	懺⑳ 뉘우칠
	讖㉔ 예언	讒㉔ 참소할							

창 22	昌⑧ 창성할	昶⑨ 해 길	倉⑩ 곳집	倡⑩ 광대	猖⑪ 미쳐 날뜀	唱⑪ 부를	窓⑪ 창	娼⑪ 창녀	脹⑫ 부을
	創⑫ 비롯할	敞⑫ 시원할	菖⑫ 창포	愴⑬ 슬플	滄⑬ 큰 바다	漲⑭ 넘칠	彰⑭ 드러날	槍⑭ 창	蒼⑭ 푸를
	暢⑭ 화창할	廠⑮ 공장	瘡⑮ 부스럼	艙⑯ 부두					
채 17	采⑧ 풍채	宋⑪ 녹봉	釵⑪ 비녀	埰⑪ 사패지	砦⑪ 진터	彩⑪ 채색	採⑪ 캘	債⑪ 빚	婇⑪ 여자의 자
	琗⑫ 옥빛	菜⑫ 나물	棌⑫ 참나무	債⑬ 빚	睬⑬ 주목할	寨⑭ 목책	綵⑭ 비단	蔡⑮ 성씨	
책 5	冊⑤ 책	册⑤ 책	柵⑨ 울타리	責⑪ 꾸짖을	策⑫ 꾀				
처 4	妻⑧ 아내	凄⑩ 쓸쓸할	處⑪ 곳	悽⑪ 슬퍼할					
척 18	尺④ 자	斥⑤ 물리칠	拓⑧ 넓힐	刺⑧ 찌를	坧⑧ 터	偶⑩ 기개 있을	脊⑩ 등마루	剔⑩ 뼈 바를	陟⑩ 오를
	隻⑩ 외짝	戚⑪ 친척	慽⑭ 근심할	滌⑭ 씻을	墌⑭ 터	慼⑮ 근심할	瘠⑮ 여윌	擲⑱ 던질	蹠⑱ 밟을
천 20	川③ 내	千③ 일천	天④ 하늘	仟⑤ 일천	阡⑥ 두렁	舛⑥ 어그러질	玔⑦ 옥고리	穿⑨ 뚫을	泉⑨ 샘
	茜⑩ 꼭두서니	淺⑪ 얕을	釧⑪ 팔찌	喘⑫ 숨찰	踐⑮ 밟을	遷⑮ 옮길	賤⑮ 천할	擅⑯ 멋대로 할	薦⑰ 천거할
	闡⑳ 밝힐	韆㉔ 그네							
철 13	凸⑤ 볼록할	哲⑩ 밝을	悊⑪ 밝을	喆⑫ 밝을	鉄⑬ 쇠	綴⑭ 엮을	撤⑮ 거둘	輟⑮ 그칠	澈⑮ 맑을
	徹⑮ 통할	瞮⑰ 눈 밝을	轍⑲ 바퀴 자국	鐵㉑ 쇠					

첨 11	尖⑥ 뾰족할	沾⑧ 더할	甛⑪ 달	䑛⑪ 달	添⑪ 더할	僉⑬ 다	詹⑬ 이를	諂⑮ 아첨할	瞻⑱ 볼
	簽⑲ 제비	籤㉓ 제비							
첩 10	帖⑧ 문서	妾⑧ 첩	捷⑪ 빠를	貼⑫ 붙일	堞⑫ 성가퀴	睫⑬ 속눈썹	牒⑬ 편지	輒⑭ 문득	諜⑯ 염탐할
	疊㉒ 거듭								
청 10	青⑧ 푸를	靑⑧ 푸를	清⑪ 맑을	淸⑪ 맑을	晴⑫ 갤	菁⑫ 우거질	請⑮ 청할	鯖⑲ 청어	聽㉒ 들을
	廳㉕ 관청								
체 11	切④ 온통	剃⑨ 머리 깎을	涕⑩ 눈물	替⑫ 바꿀	逮⑫ 잡을	遞⑭ 갈릴	滯⑭ 막힐	締⑮ 맺을	諦⑯ 살필
	諟⑯ 살필	體㉓ 몸							
초 30	艸⑥ 풀	肖⑦ 닮을	抄⑦ 뽑을	初⑦ 처음	岧⑧ 높을	炒⑧ 볶을	招⑧ 부를	秒⑨ 분초	苕⑨ 완두
	俏⑨ 거문고 탈	哨⑩ 망볼	草⑩ 풀	鈔⑪ 좋은 쇠	梢⑪ 나뭇가지 끝	貂⑫ 담비	超⑫ 뛰어넘을	椒⑫ 산초나무	酢⑫ 신맛 나는 조미료
	稍⑫ 점점	焦⑫ 탈	硝⑫ 화약	剿⑬ 끊을	楚⑬ 초나라	醋⑮ 초	憔⑮ 파리할	樵⑯ 나무할	蕉⑯ 파초
	礁⑰ 암초	礎⑱ 주춧돌	醮⑲ 제사 지낼						
촉 6	促⑨ 재촉할	蜀⑬ 나라 이름	燭⑰ 촛불	觸⑳ 닿을	囑㉔ 부탁할	矗㉔ 우거질			
촌 4	寸③ 마디	忖⑥ 헤아릴	村⑦ 마을	邨⑦ 마을					

총 13	冢⑩ 무덤	悤⑪ 바쁠	塚⑬ 무덤	總⑭ 다	忽⑭ 분주할	銃⑭ 총	総⑭ 다	聡⑭ 귀 밝을	蔥⑮ 파
	聰⑰ 귀 밝을	總⑰ 다	叢⑱ 떨기	寵⑲ 사랑할					
촬 1	撮⑮ 모을								
최 3	崔⑪ 성씨	最⑫ 가장	催⑬ 재촉할						
추 24	抽⑧ 뽑을	秋⑨ 가을	酋⑨ 우두머리	皺⑩ 꼴	追⑩ 쫓을	推⑪ 밀	湫⑫ 다할	椎⑫ 쇠몽치	楸⑬ 가래
	萩⑬ 사철쑥	鄒⑬ 추나라	墜⑮ 떨어질	諏⑮ 물을	皺⑮ 주름	樞⑮ 지도리	錐⑯ 송곳	錘⑯ 저울추	趨⑰ 달아날
	醜⑰ 추할	雛⑱ 병아리	鎚⑱ 쇠망치	騶⑳ 마부	鰍⑳ 미꾸라지	鯔⑳ 미꾸라지			
축 12	丑④ 소	竺⑧ 나라 이름	祝⑩ 빌	畜⑩ 짐승	逐⑪ 쫓을	軸⑫ 굴대	筑⑫ 악기 이름	蓄⑭ 모을	築⑯ 쌓을
	縮⑰ 줄일	蹙⑱ 닥칠	蹴⑲ 찰						
춘 4	春⑨ 봄	瑃⑬ 옥 이름	椿⑬ 참죽나무	賰⑯ 넉넉할					
출 3	出⑤ 날	朮⑤ 차조	黜⑦ 내칠						
충 9	充⑥ 채울	冲⑥ 화할	虫⑥ 벌레	沖⑦ 화할	忠⑧ 충성	琉⑩ 귀고리 옥	衷⑩ 속마음	衝⑮ 찌를	蟲⑱ 벌레
췌 4	悴⑪ 파리할	萃⑫ 모을	膵⑯ 췌장	贅⑱ 혹					
취 14	吹⑦ 불	取⑧ 가질	炊⑧ 불 땔	臭⑩ 냄새	脆⑩ 연할	娶⑪ 장가들	就⑫ 나아갈	聚⑭ 모을	翠⑭ 푸를
	趣⑮ 뜻	醉⑮ 취할	嘴⑯ 부리	鷲㉓ 독수리	驟㉔ 달릴				

측 6	仄④ 기울	厠⑪ 뒷간	側⑪ 곁	惻⑫ 슬퍼할	廁⑫ 뒷간	測⑫ 헤아릴			
층 1	層⑮ 층								
치 24	治⑧ 다스릴	侈⑧ 사치할	峙⑨ 언덕	値⑩ 값	恥⑩ 부끄러울	蚩⑩ 어리석을	致⑩ 이를	淄⑪ 검은빛	梔⑪ 치자나무
	痔⑪ 치질	雉⑬ 꿩	馳⑬ 달릴	置⑬ 둘	嗤⑬비웃을	痴⑬ 어리석을	稚⑭ 어릴	緇⑭ 검을	幟⑮ 기
	齒⑮ 이	輜⑮ 짐수레	緻⑯ 빽빽할	熾⑯ 성할	穉⑰어릴	癡⑲ 어리석을			
칙 3	則⑨ 법칙	勅⑨ 칙서	飭⑬ 신칙할						
친 1	親⑯ 친할								
칠 3	七② 일곱	柒⑨ 옻	漆⑭ 옻						
침 10	沈⑦ 잠길	枕⑧ 베개	侵⑨ 침노할	砧⑩ 다듬잇돌	針⑩ 바늘	浸⑩ 잠길	琛⑫ 보배	棽⑫ 우거질	寢⑭ 잘
	鍼⑰ 침								
칩 1	蟄⑰ 숨을								
칭 2	秤⑩ 저울	稱⑭ 일컬을							

5. 水(마, 바, 파)의 글자

마 9	馬⑩ 말	麻⑪ 삼	媽⑬ 어머니	痲⑬ 저릴	瑪⑭ 차돌	碼⑮ 마노	摩⑮ 문지를	磨⑯ 갈	魔㉑ 마귀
막 6	莫⑪ 없을	寞⑭ 고요할	漠⑭ 넓을	幕⑭ 장막	膜⑮ 꺼풀	邈⑱ 멀			
만 20	万③ 일만	卍⑥ 만자	娩⑩ 낳을	挽⑩ 당길	曼⑪ 길게 끌	晚⑫ 늦을	萬⑬ 일만	慢⑭ 거만할	輓⑭ 애도할
	滿⑭ 찰	漫⑭ 흩어질	蔓⑮ 덩굴	瞞⑯ 속일	鏋⑲ 금	饅⑳ 만두	彎㉒ 굽을	巒㉒ 뫼	鰻㉒ 뱀장어
	灣㉕ 물굽이	蠻㉕ 오랑캐							
말 7	末⑤ 끝	沫⑧ 물거품	抹⑧ 지울	茉⑨ 말리	帍⑩ 끝	靺⑭ 말갈	襪⑳ 버선		
망 13	亡③ 망할	妄⑥ 망령될	忙⑥ 바쁠	邙⑥ 북망산	芒⑦ 까끄라기	忘⑦ 잊을	罔⑧ 그물	茫⑩ 아득할	莽⑩ 우거질
	望⑪ 바랄	網⑭ 그물	朢⑭ 바랄	輞⑮ 바퀴 테					
매 15	每⑦ 매양	枚⑧ 낱	妹⑧ 누이	苺⑨ 딸기	昧⑨ 어두울	埋⑩ 묻을	梅⑪ 매화	買⑫ 살	寐⑫ 잘
	媒⑫ 중매	煤⑬ 그을음	罵⑮ 꾸짖을	魅⑮ 매혹할	賣⑮ 팔	邁⑰ 갈			
맥 5	陌⑨ 길	脈⑩ 줄기	麥⑪ 보리	貊⑬ 맥국	驀㉑ 말 탈				
맹 6	孟⑧ 맏	氓⑧ 백성	盲⑧ 소경	猛⑪ 사나울	萌⑫ 움	盟⑬ 맹세			
멱 2	覓⑪ 찾을	冪⑯ 덮을							
면 12	沔⑦ 물 이름	免⑧ 면할	眄⑨ 곁눈질할	面⑨ 밀가루	勉⑨ 힘쓸	眠⑩ 잘	冕⑪ 면류관	棉⑫ 목화	綿⑭ 이어질
	緬⑮ 가는 실	麪⑮ 밀가루	麵⑳ 밀가루						

멸 2	滅⑬ 꺼질	蔑⑮ 업신여길							
명 19	皿⑤ 그릇	名⑥ 이름	命⑧ 목숨	明⑧ 밝을	洺⑨ 강 이름	明⑨ 밝을	冥⑩ 어두울	茗⑩ 차 싹	椧⑫ 홈통
	溟⑬ 바다	酩⑬ 술 취할	慏⑬ 너그러울	莫⑭ 명협	銘⑭ 새길	鳴⑭울	暝⑭저물	瞑⑮ 눈 감을	螟⑯ 멸구	鸚⑲ 초명새
메 1	袂⑨ 소매								
모 25	毛④ 터럭	母⑤ 어머니	矛⑤ 창	牟⑥ 소 우는 소리	牡⑦ 수컷	芼⑧ 우거질	姆⑧ 유모	茅⑨ 띠	冒⑨ 무릅쓸
	某⑨ 아무	侮⑨ 업신여길	耗⑩ 소모할	眸⑪ 눈동자	帽⑫ 모자	募⑬ 모을	瑁⑬ 옥홀	貌⑭ 모양	摸⑭ 본뜰
	慕⑮ 그릴	摹⑮ 베낄	模⑮ 본뜰	暮⑮ 저물	謀⑯ 꾀	橅⑯ 법	謨⑱ 꾀		
목 7	木④ 나무	目⑤ 눈	沐⑦ 머리 감을	牧⑧ 칠	睦⑬ 화목할	穆⑯ 화목할	鶩⑳ 집오리		
몰 2	沒⑦ 빠질	歿⑧ 죽을							
몽 3	夢⑭ 꿈	蒙⑭ 어두울	朦⑱ 흐릴						
묘 13	卯⑤ 토끼	妙⑦ 묘할	杳⑧ 아득할	苗⑨ 모	玅⑨ 묘할	昴⑨ 별 이름	畝⑩ 이랑	猫⑫ 고양이	描⑫ 그릴
	渺⑫ 아득할	墓⑭ 무덤	廟⑮ 사당	錨⑰ 닻					
무 23	母④ 말	无④ 없을	戊⑤ 천간	巫⑦ 무당	拇⑧ 엄지손가락	武⑧ 호반	茂⑨ 무성할	畝⑩ 이랑	務⑪ 힘쓸
	貿⑫ 무역할	無⑫ 없을	珷⑫ 옥돌	楙⑬ 무성할	誣⑭ 속일	舞⑭ 춤 출	撫⑮ 어루만질	憮⑮ 어루만질	蕪⑯ 거칠
	橅⑯ 법	懋⑰ 무성할	繆⑰ 얽을	霧⑲ 안개	鵡⑲ 앵무새				

묵 2	墨⑮ 먹	默⑯ 잠잠할							
문 14	文④ 글월	刎⑥ 목 벨	汶⑦ 물 이름	吻⑦ 입술	抆⑦ 닦을	炆⑧ 따뜻할	門⑧ 문	們⑩ 들	蚊⑩ 모기
	紋⑩ 무늬	紊⑩ 문란할	問⑪ 물을	雯⑫ 구름 무늬	聞⑭ 들을				
물 3	勿④ 말	沕⑦ 아득할	物⑧ 물건						
미 30	未⑤ 아닐	米⑥ 쌀	尾⑦ 꼬리	彌⑦ 두루	味⑧ 맛	弥⑧ 미륵	侎⑧ 어루만질	眉⑨ 눈썹	美⑨ 아름다울
	洣⑨ 강 이름	迷⑩ 미혹할	娓⑩ 장황할	梶⑪ 나무 끝	湄⑫ 물가	渼⑫ 물놀이	嵄⑫ 산 이름	媄⑫ 아름다울	媚⑫ 예쁠
	嵋⑫ 산	媚⑬ 빛날	瑂⑬ 옥돌	楣⑬ 문	微⑬ 작을	嬍⑬ 착하고 아름다울	躾⑯ 가르칠	謎⑰ 수수께끼	薇⑰ 장미
	瀰⑰ 물 가득할	靡⑲ 쓰러질	黴㉓ 곰팡이						
민 27	民⑤ 백성	忞⑦ 힘쓸	泯⑧ 망할	岷⑧ 산 이름	玟⑧ 아름다운 돌	旻⑧ 하늘	旼⑧ 화할	忞⑧ 힘쓸	珉⑨ 옥돌
	眠⑨ 볼	砇⑨ 옥돌	敃⑨ 강인할	敏⑪ 민첩할	脗⑪ 물결 가없는 모양	悶⑫ 답답할	閔⑫ 성씨	暋⑬ 굳셀	愍⑬ 근심할
	鈱⑬ 돈꿰미	瑉⑬ 옥돌	碈⑭ 옥돌	頣⑭ 강할	閩⑭ 종족 이름	緡⑮ 낚싯줄	憫⑮ 민망할	慜⑮ 총명할	潣⑮ 물 졸졸 흘러 내릴
밀 3	密⑪ 빽빽할	蜜⑭ 꿀	謐⑰ 고요할						
박 19	朴⑥ 성씨	泊⑧ 머무를	拍⑧ 칠	迫⑨ 핍박할	珀⑨ 호박	剝⑩ 벗길	舶⑪ 배	粕⑪ 지게미	博⑫ 넓을
	雹⑬ 우박	鉑⑬ 금박	駁⑭ 논박할	箔⑭ 발	膊⑭ 팔뚝	樸⑯ 순박할	縛⑯ 얽을	璞⑯ 옥돌	撲⑯ 두드릴
	薄⑰ 엷을								

반 26	反④ 돌이킬	半⑤ 반	伴⑦ 짝	返⑧ 돌이킬	泮⑧ 물가	拌⑧ 버릴	盼⑨ 눈 예쁠	叛⑨ 배반할	般⑩ 가지
	班⑩ 나눌	畔⑩ 밭두둑	絆⑪ 얽어맬	斑⑫ 아롱질	頒⑬ 나눌	飯⑬ 밥	搬⑬ 옮길	槃⑭ 쟁반	磐⑮ 너럭바위
	潘⑮ 성씨	盤⑮ 소반	瘢⑮ 흉터	磻⑰ 강 이름	圖⑰ 얼룩	蟠⑱ 서릴	攀⑲ 더위잡을	礬⑳ 명반	
발 11	拔⑧ 뽑을	勃⑨ 노할	跋⑫ 밟을	發⑫ 필	鉢⑬ 바리때	潑⑭ 물 솟아 오르는 모양	魃⑮ 가뭄	撥⑮ 다스릴	潑⑮ 물 뿌릴
	髮⑮ 터럭	醱⑲ 술 괼							
방 29	方④ 모	邦⑦ 나라	坊⑦ 동네	防⑦ 막을	妨⑦ 방해할	尨⑦ 삽살개	彷⑦ 헤맬	芳⑧ 꽃다울	放⑧ 놓을
	枋⑧ 다목	昉⑧ 밝을	房⑧ 방	肪⑧ 살찔	旁⑩ 곁	紡⑩ 길쌈	舫⑩ 방주	蚌⑩ 방합	倣⑩ 본뜰
	訪⑪ 찾을	傍⑫ 곁	幇⑫ 도울	滂⑬ 비 퍼부을	榜⑭ 방 붙일	膀⑭ 오줌통	蒡⑭ 우엉	磅⑮ 돌 떨어지는 소리	幫⑰ 도울
	謗⑰ 헐뜯을	龐⑲ 어지러울							
배 20	北⑤ 달아날	杯⑧ 잔	背⑨ 등	胚⑨ 아기 밸	盃⑨ 잔	拜⑨ 절	倍⑩ 곱	配⑩ 나눌	俳⑩ 배우
	陪⑪ 모실	排⑪ 밀칠	培⑪ 북을 돋울	徘⑪ 어정거릴	湃⑫ 물결칠	焙⑫ 불에 쬘	裵⑭ 성씨	褒⑭ 성씨	褙⑭ 속적삼
	輩⑮ 무리	賠⑮ 물어줄							
백 9	白⑤ 흰	百⑥ 일백	伯⑦ 맏	帛⑧ 비단	佰⑧ 일백	柏⑨ 측백	苩⑨ 성씨	栢⑩ 측백	魄⑮ 넋
번 11	番⑫ 차례	煩⑬ 번거로울	幡⑮ 깃발	樊⑮ 울타리	燔⑯ 사를	蕃⑯ 우거질	磻⑰ 강 이름	繁⑰ 번성할	翻⑱ 날
	藩⑲ 울타리	飜㉑ 번역할							
벌 4	伐⑥ 칠	筏⑫ 뗏목	罰⑭ 벌할	閥⑭ 문벌					

봉 18	奉⑧ 받들	封⑨ 봉할	俸⑩ 녹	峯⑩ 봉우리	峰⑩ 봉우리	浲⑩ 물 이름	逢⑪ 만날	捧⑪ 받들	烽⑪ 봉화
	棒⑫ 막대	琫⑫ 칼집 장식	蜂⑬ 벌	漨⑭ 내 이름	鳳⑭ 봉새	熢⑮ 봉화	蓬⑮ 쑥	鋒⑮ 칼날	縫⑰ 꿰맬
부 43	不④ 아닐	父④ 아버지	夫④ 지아비	付⑤ 줄	缶⑥ 장군	扶⑦ 도울	孚⑦ 미쁠	否⑦ 아닐	斧⑧ 도끼
	府⑧ 마을	咐⑧ 분부할	附⑧ 붙을	阜⑧ 언덕	芙⑧ 연꽃	赴⑨ 다다를	訃⑨ 부고	負⑨ 질	釜⑩ 가마
	俯⑩ 구부릴	浮⑩ 뜰	剖⑩ 쪼갤	莩⑪ 갈대청	部⑪ 떼	婦⑪ 며느리	副⑪ 버금	埠⑪ 부두	符⑪ 부호
	趺⑪ 책상다리 할	復⑫ 다시	富⑫ 부유할	傅⑫ 스승	腑⑫ 육부	鳧⑬ 오리	艀⑬ 작은 배	溥⑬ 펼	腐⑭ 썩을
	孵⑭ 알 깔	駙⑮ 곁마	賦⑮ 부세	膚⑮ 살갗	敷⑮ 펼	賻⑰ 부의	簿⑲ 문서		
북 1	北⑤ 북녘								
분 19	分④ 나눌	扮⑦ 꾸밀	吩⑦ 분부할	汾⑦ 클	奔⑧ 달릴	忿⑧ 성낼	昐⑧ 햇빛	芬⑧ 향기	盆⑨ 동이
	粉⑩ 가루	紛⑩ 어지러울	雰⑫ 눈 날릴	焚⑫ 불사를	賁⑫ 클	墳⑮ 무덤	憤⑮ 분할	噴⑮ 뿜을	奮⑯ 떨칠
	糞⑰ 똥								
불 5	不④ 아닐	弗⑤ 아닐	佛⑦ 부처	彿⑧ 비슷할	拂⑧ 떨칠				
붕 6	朋⑧ 벗	崩⑪ 무너질	棚⑫ 사다리	硼⑬ 붕사	繃⑰ 묶을	鵬⑲ 붕새			

雲情 秋一鎬　467

범 12	凡③ 무릇	氾⑤ 넘칠	犯⑤ 범할	汎⑥ 넓을	帆⑥ 돛	机⑦ 떳목	泛⑧ 뜰	范⑨ 성씨	釩⑪ 떨칠
	梵⑪ 불경	渢⑫ 풍류 소리	範⑮ 법						
법 2	法⑧ 법	琺⑫ 법랑							
벽 12	辟⑬ 임금	碧⑭ 푸를	僻⑮ 궁벽할	劈⑮ 쪼갤	壁⑯ 벽	擘⑰ 엄지손가락	檗⑰ 황벽나무	璧⑱ 구슬	癖⑱ 버릇
	霹㉑ 벼락	闢㉑ 열	蘗㉑ 황경나무						
변 8	卞④ 성씨	弁⑤ 고깔	釆⑦ 분별할	便⑨ 똥오줌	辨⑯ 분별할	邊⑲ 가	辯㉑ 말씀	變㉓ 변할	
별 7	別⑦ 나눌	莂⑪ 모종 낼	撇⑰ 털	瞥⑰ 깜짝할	鱉㉓ 금계	鼈㉓ 자라	鼈㉕ 자라		
병 21	丙⑤ 남녘	并⑥ 아우를	兵⑦ 병사	抦⑧ 잡을	並⑧ 나란히	幷⑧ 아우를	秉⑧ 잡을	昞⑨ 불꽃	昺⑨ 불꽃
	炳⑨ 불꽃	柄⑨ 자루	竝⑩ 나란히	病⑩ 병	倂⑩ 아우를	屛⑪ 병풍	棅⑫ 자루	瓶⑬ 병	軿⑮ 수레
	鉼⑯ 판금	餠⑰ 떡	駢⑱ 나란히 할						
보 20	步⑦ 걸음	甫⑦ 클	俌⑨ 도울	洑⑨ 보	保⑨ 지킬	宝⑧ 보배	歩⑧ 걸음	珤⑩ 보배	珼⑩ 보배
	報⑫ 갚을	補⑫ 기울	普⑫ 넓을	湺⑫ 보	菩⑫ 보살	堡⑫ 작은 성	輔⑭ 도울	褓⑭ 포대기	潽⑮ 물 이름
	譜⑲ 족보	寶⑳ 보배							
복 18	卜② 점	伏⑥ 엎드릴	宓⑧ 성씨	服⑧ 옷	茯⑩ 복령	匐⑪ 길	復⑫ 회복할	腹⑬ 배	福⑭ 복
	僕⑭ 종	複⑭ 겹칠	蔔⑮ 무	輻⑯ 바퀴살	輹⑯ 복토	鍑⑰ 솥	覆⑱ 다시	馥⑱ 향기	鰒⑳ 전복
본 1	本⑤ 근본								
볼 1	乶⑧ 음역자								

비 47	匕② 비수	比④ 견줄	庀⑤ 다스릴	丕⑤ 클	妃⑥ 왕비	庇⑦ 덮을	批⑦ 비평할	沸⑧ 끓을	卑⑧ 낮을
	泌⑧ 분비할	枇⑧ 비파나무	肥⑧ 살찔	非⑧ 아닐	飛⑨ 날	毖⑨ 도울	毘⑨ 도울	砒⑨ 비상	悲⑨ 삼갈
	秕⑨ 쭉정이	匪⑩ 비적	秘⑩ 숨길	祕⑩ 숨길	粃⑩ 쭉정이	婢⑪ 여자 종	棐⑪ 클	備⑫ 갖출	棐⑫ 도지개
	斐⑫ 문채 날	琵⑫ 비파	扉⑫ 사립문	悲⑫ 슬플	費⑫ 쓸	菲⑫ 엷을	脾⑫ 지라	裨⑬ 도울	碑⑬ 비석
	痺⑬ 저릴	鄙⑭ 더러울	翡⑭ 물총새	輩⑭ 바퀴	緋⑭ 비단	榧⑭ 비자나무	鼻⑭ 코	誹⑮ 헐뜯을	憊⑯ 고단할
	臂⑰ 팔	譬⑳ 비유할							
빈 24	牝⑥ 암컷	份⑥ 빛날	邠⑦ 나라 이름	玭⑧ 구슬 이름	浜⑩ 물가	貧⑪ 가난할	彬⑪ 빛날	斌⑫ 빛날	賓⑭ 손
	償⑯ 인도할	頻⑯ 자주	嬪⑰ 궁녀 벼슬 이름	國⑰ 나라 이름	濱⑰ 물가	擯⑰ 물리칠	檳⑱ 빈랑나무	殯⑱ 빈소	璸⑱ 구슬 이름
	穦⑲ 향기	瀕⑲ 물가	霦⑲옥 광채	嚬⑲ 찡그릴	繽⑳ 어지러울	鑌㉒ 강철			
빙 4	氷⑤ 얼음	聘⑬ 부를	憑⑯ 기댈	騁⑰ 달릴					
파 16	巴④ 꼬리	把⑦ 잡을	爬⑧ 긁을	波⑧ 물결	杷⑧ 비파나무	坡⑧ 언덕	芭⑧ 파초	派⑨ 갈래	破⑩ 깨뜨릴
	婆⑪ 할머니	琶⑫ 비파	跛⑫ 절름발이	頗⑭ 자못	罷⑮ 마칠	播⑮ 뿌릴	擺⑱ 열		
판 9	坂⑦ 언덕	阪⑦ 언덕	判⑦ 판단할	板⑧ 널빤지	版⑧ 판목	販⑪ 팔	鈑⑫ 금박	辦⑯ 힘들일	瓣⑲ 외씨

팔 3	八② 여덟	叭⑤ 입 벌릴	捌⑩ 깨뜨릴						
패 12	沛⑦ 비 쏟아질	貝⑦ 조개	佩⑧ 찰	浿⑩ 강 이름	悖⑩ 거스를	唄⑩ 염불 소리	狽⑩ 이리	敗⑪ 패할	牌⑫ 패
	稗⑬ 피	霸⑲ 으뜸	覇㉑ 으뜸						
팽 4	烹⑪ 삶을	彭⑫ 성씨	澎⑮ 물소리	膨⑯ 부를					
퍅 1	愎⑫ 강퍅할								
편 10	片④ 조각	扁⑨ 작을	便⑨ 편할	偏⑪ 치우칠	遍⑬ 두루	翩⑮ 나부낄	編⑮ 엮을	篇⑮ 책	鞭⑱ 채찍
	騙⑲ 속일								
폄 1	貶⑫ 낮출								
평 6	平⑤ 평평할	坪⑧ 들	泙⑧ 물소리	枰⑨ 바둑판	萍⑫ 부평초	評⑫ 평할			
폐 10	肺⑥ 허파	吠⑦ 짖을	陛⑩ 대궐 섬돌	閉⑪ 닫을	弊⑮ 폐단	廢⑮ 폐할	幣⑮ 화폐	蔽⑯ 덮을	嬖⑯ 사랑할
	斃⑱ 죽을								
포 29	布⑤ 베	包⑤ 쌀	抛⑦ 던질	佈⑦ 펼	泡⑧ 거품	咆⑧ 고함지를	怖⑧ 두려워할	抱⑧ 안을	匍⑨ 길
	胞⑨ 세포	苞⑨ 쌀	拋⑧ 던질	浦⑩ 개	砲⑩ 대포	袍⑩ 도포	哺⑩ 먹일	疱⑩ 물집	捕⑩ 잡을
	圃⑩ 채마밭	逋⑪ 도망갈	匏⑪ 박	脯⑪ 포	葡⑬ 포도	飽⑭ 배부를	蒲⑭ 부들	褒⑮ 기릴	暴⑮ 사나울
	鋪⑮ 펼	鮑⑯ 절인 물고기							

폭 6	幅⑫ 폭	暴⑮ 사나울	輻⑯ 바퀴살	瀑⑱ 폭포	爆⑲ 불 터질	曝⑲ 사나울			
표 15	杓⑦ 북두자루	表⑧ 겉	俵⑩ 나누어 줄	豹⑩ 표범	彪⑪ 범	票⑪ 표	剽⑬ 겁박할	慓⑭ 급할	漂⑭ 떠다닐
	標⑮ 표할	瓢⑯ 바가지	飄⑳ 나부낄	颮㉑ 폭풍	驃㉑ 황부루	飆㉑ 폭풍			
품 2	品⑨ 물건	稟⑬ 여쭐							
풍 6	風⑨ 바람	馮⑫ 성씨	楓⑬ 단풍	豊⑬ 풍년	諷⑯ 풍자할	豐⑱ 풍년			
피 7	皮⑤ 가죽	陂⑧ 방죽	彼⑧ 저	披⑧ 헤칠	被⑩ 입을	疲⑩ 피곤할	避⑰ 피할		
필 12	匹④ 짝	必⑤ 반드시	疋⑤ 짝	佖⑦ 점잖을	泌⑧ 스며흐를	珌⑨ 칼집 장식	苾⑨ 향기로울	畢⑪ 마칠	弼⑫ 도울
	筆⑫ 붓	鉍⑬ 창자루	馝⑭ 좋은 향내가 날						
핍 2	乏⑤ 모자랄	逼⑬ 핍박할							

雲情 秋一鎬

작명대비전

인 쇄 일 : 2013년 8월 27일
발 행 일 : 2013년 8월 31일
재 판 일 : 2023년 5월 10일
저　　자 : 운정 추일호
발 행 처 : 도서출판 청연
등록번호 : 제18-75호
주　　소 : 서울시 금천구 독산동967번지 2층
전　　화 : (02) 851-8643
팩　　스 : (02) 851-8644

* 지적 재산권 보호법에 따라 무단복제복사 엄금함.
* 책값과 바코드는 표지 뒷면에 있습니다.

ⓒ 추일호, 2013, Printed in Korea